Teatro em Progresso

Coleção Estudos
Dirigida por J. Guinsburg

Equipe de realização – Revisão: Évia Yasumaru; Índice onomástico: Maria Amélia Fernandes Ribeiro; Sobrecapa: Sérgio Kon; Produção: Ricardo W. Neves, Heda Maria Lopes e Maria Amélia Fernandes Ribeiro.

Décio de Almeida Prado

TEATRO EM PROGRESSO
CRÍTICA TEATRAL (1955-1964)

EDITORA PERSPECTIVA

Direitos reservados à
EDITORA PERSPECTIVA S.A.
Av. Brigadeiro Luís Antônio, 3025
01401-000 – São Paulo – SP – Brasil
Telefax: (0--11) 3885-8388
www.editoraperspectiva.com.br
2002

Sumário

O Crítico em Progresso – *João Roberto Faria* XI
Prefácio XVII
1. *Deu Freud Contra* 1
2. *Maria Stuart* 4
3. *Esperando Godot* 7
4. *A Casa de Chá do Luar de Agosto* 12
5. *Pluft, o Fantasminha* 16
6. *Hamlet* 21
7. *A Dama das Camélias* 27
8. *Moral em Concordata* 30
9. *Dona Xepa* 33
10. *Otelo* 36
11. *As Provas de Amor* 39
12. *Auto da Compadecida* 42
13. *Chá e Simpatia* 46
14. *Gl'innamorati* 50
15. *Il Diario di Anna Frank* 53
16. *Ponha a Mulher no Seguro* 56
17. Marcel Marceau 58
18. *Só o Faraó tem Alma* 60
19. *Rua S. Luís 27, 8º* 63
20. *D. Juan* 66
21. *Marie Tudor* 69
22. *Le triomphe de l'amour* 72

23. *Vestido de Noiva* 75
24. *Dona Violante Miranda* 80
25. *Juventude sem Dono* 83
26. *Um Panorama Visto da Ponte* 86
27. *I Demoni* 89
28. *La Locandiera* 93
29. *A Boa Alma de Se-Tsuan* 96
30. *Alô!... 36-5499...* 100
31. *Ubu Rei* 104
32. *Pedreira das Almas* 107
33. Circo Acrobático Chinês 110
34. Espetáculo Ionesco 113
35. *Jornada de um Longo Dia para Dentro da Noite* 116
36. *Gimba* 120
37. *Pedro Mico* 123
38. *La Mamma* 126
39. *Eles não Usam Black-tie (e Gimba)* 129
40. *Frankel* 134
41. *Plantão 21* 137
42. *Seis Personagens à Procura de um Autor* 140
43. *Calúnia* 144
44. *O Anjo de Pedra* 148
45. *Mãe Coragem* 152
46. *Geração em Revolta* 156
47. Teatro de Vanguarda 160
48. *Eu Sou o Espetáculo* 163
49. *Esses Maridos!!!* 167
50. *O Pagador de Promessas* 170
51. *Exercício para Cinco Dedos* 175
52. *Boca de Ouro* 179
53. *O Prodígio do Mundo Ocidental* 182
54. *As Feiticeiras de Salém* 185
55. *Em Moeda Corrente no País* 191
56. *Um Elefante no Caos* 194
57. *A Semente* 197
58. *Raízes* 203
59. *Os Males da Juventude* 205
60. *O Testamento do Cangaceiro* 207
61. *As Almas Mortas* 211
62. *Oscar* 214
63. *A Vida Impressa em Dólar* 216
64. *A Escada* 220
65. *José, do Parto à Sepultura* 224
66. *A Morte do Caixeiro-Viajante* 229
67. *Yerma* 234

68. *A Visita da Velha Senhora* 239
69. Festival de Comédia 243
70. *Todo Anjo é Terrível* 247
71. *O Marido Vai à Caça* 251
72. *Society em Baby-Doll* 253
73. *Os Ossos do Barão* 256
74. *Dibuk* 259
75. *Terror e Miséria do III Reich* 263
76. *Onde Canta o Sabiá* 267
77. *O Bem-Amado* 270
78. *Um Sábado, em 30* 273
79. *O Filho do Cão* 276
80. *O Inoportuno* 279
81. *A Noite do Iguana* 283
82. *Vereda da Salvação* 289
83. *Depois da Queda* 294

Décio de Almeida Prado: A Consciência Teatral de São Paulo
   João Roberto Faria 301
Índice Onomástico 309

O Crítico em Progresso

A expressão que Décio de Almeida Prado utilizou no título deste livro — *work in progress* —, para significar a situação do teatro brasileiro entre 1955 e 1964, pode igualmente ser aproveitada para qualificar o que ocorria com o próprio crítico, cujo trabalho no jornal *O Estado de S. Paulo* havia começado em 1946, quando tinha 29 anos de idade. Ou seja, tanto o nosso teatro quanto o seu atento observador progrediram juntos, naqueles anos que viram nascer e se desenvolver a modernidade nos palcos nacionais. O aprendizado das novas formas de encenar uma peça e interpretar um papel não foi exclusivo dos artistas e estendeu-se igualmente ao crítico, que tratou não apenas de compreender e apoiar a revolução que se operava, mas também de explicá-la aos seus leitores. Mais que isso, o próprio repertório dramático, que passou a incluir desde autores clássicos até os de vanguarda, precisou ser estudado com afinco, uma vez que o exercício da crítica, em termos modernos, exigia seriedade e conhecimento profundo do assunto. Por conta das dificuldades naturais para um jovem crítico iniciante, Décio lembrou, em depoimento prestado ao Serviço Nacional de Teatro, que seus primeiros textos eram curtos, uma ou duas páginas datilografadas. Mas, conforme afirmou, "no fim de vinte anos cheguei a escrever artigos com sete, oito páginas, isto é, eu já era capaz de ver num espetáculo muito mais coisas". Um crítico, pois, em constante progresso! E com um olhar cada vez mais aguçado, qualidade que o tempo e a experiência de espectador aprimoraram.

A impressão que se tem, lendo o livro de estréia do autor, *Apresentação do Teatro Brasileiro Moderno*, coletânea que reúne as críticas publicadas entre 1947 e 1955, e recentemente reeditado por esta editora, é que seu aprendizado foi rápido e consistente. Se há, no volume, algumas críticas dos primeiros tempos, que lhe pareceram "mal escritas, insuficientes", para usar suas próprias palavras, mas que foram aproveitadas porque diziam respeito a uma peça ou a um espetáculo importante, a grande maioria já apresenta as qualidades estilísticas, que veremos em seus textos da maturidade, bem como a segurança no manejo dos conceitos teatrais, o julgamento baseado numa honesta impressão pessoal e, mais importante, a defesa constante da modernização do nosso teatro.

Num prefácio que mais parece um manifesto, Décio esclarece o seu posicionamento crítico em relação ao chamado "velho teatro", afirmando preferir os jovens atores que estão na casa dos vinte ou trinta anos a atores consagrados, que não gostavam de trabalhar sob a batuta de um encenador. Identificado com os novos rumos implementados em nossos palcos por alguns grupos amadores do Rio de Janeiro e São Paulo, tendo inclusive dirigido um deles, o Grupo Universitário de Teatro, nosso crítico animou-se com o trabalho do grupo Os Comediantes, responsável pela encenação histórica de *Vestido de Noiva,* de Nelson Rodrigues, em 1943, com direção do polonês Ziembinski. Igualmente viu com bons olhos a vinda de outros encenadores e cenógrafos europeus para o Teatro Brasileiro de Comédia, criado pelo industrial Franco Zampari em 1948, em São Paulo. Sua experiência em anos anteriores como espectador em teatros franceses e norte-americanos e a leitura de obras teóricas de Louis Jouvet e Jacques Copeau lhe ensinaram que o espetáculo teatral moderno tinha um novo demiurgo: o encenador, artista responsável por todos os detalhes de uma montagem, espécie de "intérprete" entre o autor dramático e o público. Nesse sentido, como se sabe, o papel desempenhado pelos europeus contratados por Zampari foi decisivo. Eles impuseram um novo padrão cênico ao teatro brasileiro e conquistaram o público com montagens de textos quase sempre de expressivo valor artístico, às quais não faltavam, além de excelentes interpretações dos atores, o cuidado com a iluminação, o cenário adequado e os figurinos feitos com esmero. Sob a orientação do encenador, fazia-se no TBC um teatro de equipe, no qual não havia lugar para o vedetismo que caracterizava a prática teatral das décadas anteriores. Abolido o ponto, exigia-se dos intérpretes um domínio pleno do papel a ser representado e bania-se a improvisação, o "caco", em nome do respeito ao texto dramático.

Se o primeiro livro de Décio deixa claro que o preço da modernização do nosso teatro foi um certo abandono das raízes nacionais, em nome de uma internacionalização que se fazia necessária para nos atualizar esteticamente, o segundo, *Teatro em Progresso,* acompanhando os espetáculos realizados em São Paulo entre 1955 e 1964, mostra sobretudo a reação nacionalista. Por um lado, é a dramaturgia brasileira moderna que se consolida, com encenações de peças de Nelson Rodrigues, Jorge Andrade, Dias Gomes, Antônio Callado, Millôr Fernandes, Ariano Suassuna e Gianfrancesco Guarnieri, para citar os mais importantes; por outro, é a própria arte do encenador que passa a ser assinada por brasileiros. Aos poucos, jovens que estudaram na Escola de Arte Dramática — criada em 1948 por Alfredo Mesquita — ou que foram atores ou assistentes de direção no TBC conquistam seu espaço, formando uma primeira geração autóctone de encenadores modernos. No início da década de 60, já haviam se destacado, entre outros, José Renato, Augusto Boal, Sérgio Cardoso, Antunes Filho, Flávio Rangel, Antônio Abujamra, Luís de Lima e José Celso Martinez Corrêa.

Décio registra com enorme simpatia esse momento de afirmação do teatro nacional, tão dependente, no início de seu processo de modernização, da dramaturgia estrangeira e do encenador europeu. "Começamos, pois, a andar com as nossas próprias pernas", escreve, em 1958, assinalando que, "se nos dissessem, há alguns anos, que um dia nos veríamos sem Celi e Ziembinski, sem Salce e Gianni Ratto, sem Bollini e Vaneau, pareceria o fim, o desastre, a catástrofe". Além disso, também o progresso dos atores é substancial, nessa altura em que a Escola de Arte Dramática completa dez anos de atividades. Ainda que não haja um número satisfatório de artistas mais velhos e de bons coadjuvantes para determinados espetáculos, "a safra atual de atores é mais numerosa e sobretudo mais firme, apresentando-se, nos seus primeiros passos, com outra segurança e experiência de teatro". Para o crítico, a primeira grande atriz do moderno teatro brasileiro é Cacilda Becker, cujos desempenhos são minuciosamente analisados. Dotada de uma espécie de "flama interior" — leia-se a antológica descrição de sua interpretação da rainha Maria Stuart —, ela se destaca do conjunto pela qualidade excepcional de seu trabalho. De qualquer modo, toda justiça é feita aos grandes artistas do período, aos que deixaram sua marca na construção do nosso teatro moderno, artistas como Sérgio Cardoso, Cleyde Yáconis, Paulo Autran, Tônia Carrero, Leonardo Vilar, Fernanda Montenegro, Ítalo Rossi, Nydia Lícia, Maria Della Costa, Sérgio Britto, Walmor Chagas, Nathália Timberg e Juca de Oliveira, entre tantos outros.

Dramaturgos, encenadores e intérpretes brasileiros são os protagonistas deste *Teatro em Progresso,* ainda que não seja pequeno o número de peças estrangeiras e espetáculos dirigidos por estrangeiros em suas páginas. Bastaria lembrar aqui alguns autores, como Eugene O'Neill, Tennessee Williams, Arthur Miller, Bertolt Brecht, Samuel Beckett, Ionesco, Alfred Jarry, Pirandello, Garcia Lorca, entre outros, para se ter uma idéia da vitalidade do nosso palco no período compreendido pelo livro.

Fenômeno realmente digno de nota é o da reação nacionalista. Impossível ignorar que o acontecimento mais importante do teatro brasileiro do final dos anos 50 foi o novo rumo tomado pelo Teatro de Arena, após o sucesso de *Eles não Usam Black-tie,* de Gianfrancesco Guarnieri. A peça ficou um ano em cartaz e seu sucesso não só estimulou o surgimento de outros jovens dramaturgos como abriu o caminho para a crescente politização do teatro brasileiro — sua marca mais forte nos anos que se seguiram. Sob a orientação de Augusto Boal, Guarnieri e Oduvaldo Vianna Filho, o Arena opôs-se vigorosamente ao esteticismo e cosmopolitismo do TBC e condenou tanto os seus vínculos com a burguesia paulista quanto o seu desinteresse pela nossa dramaturgia. Adeptos de um nacionalismo de cunho crítico, os três jovens lideravam um grupo de esquerda que desejava um teatro que fosse expressão da nossa realidade social, apreendida em suas contradições básicas. Ao abordar o mundo operário e suas greves em *Eles não Usam Black-tie,* Guarnieri havia criado o modelo dessa dramaturgia visceralmente política, que rapidamente se enriqueceu com outras produções. Aliás, o sucesso das peças brasileiras no Arena fez com que o TBC, já enfrentando as suas próprias crises internas, abrisse as portas aos autores nacionais, encenando, na passagem dos anos 50 aos 60, peças de Jorge Andrade (*Pedreira das Almas*), Dias Gomes (*O Pagador de Promessas*) e Guarnieri (*A Semente*).

Décio acompanha, realça e explica as transformações pelas quais passa o teatro na cidade de São Paulo. No dia 8 de janeiro de 1961, por exemplo, observa que, "desde que se iniciou a renovação do teatro paulista, 1960 foi o primeiro ano em que os originais brasileiros despertaram maior interesse que os estrangeiros, tanto junto à crítica, como ao grande público". A seu ver, o compromisso político dessa nova dramaturgia se deve a dois fatores principais: em primeiro lugar, ao clima de radicalização política do próprio país, dividido entre o avanço das forças de esquerda e a direita conservadora; em segundo, à popularização das peças de Brecht e de suas técnicas do teatro épico. O engajamento, não só no teatro, mas em todas as artes e em diferentes setores do pensamento crítico, torna-se atitude comum entre artistas e intelectuais brasileiros. E todos nós sabemos o quanto custou para um bom número de brasileiros esse sonho de fazer da arte um instrumento de transformação social. Não estava longe o golpe militar de 1964.

As idéias de Décio acerca da arte engajada estão expostas no breve prefácio que escreveu para o volume: ele aceita o compromisso político do artista, mas não que a arte seja mera propaganda. Seu critério é antes de tudo estético: o texto dramático, a interpretação dos artistas, a direção, o espetáculo teatral como um todo devem em primeiro lugar atender ao quesito da qualidade artística. Tal postulado dirigiu não apenas as críticas que enfocaram as peças brasileiras politicamente comprometidas, mas todas as outras do volume. Por isso encontramos, por vezes, algumas passagens em que o autor faz duras restrições a dramaturgos, atores, atrizes e diretores que não corresponderam ao seu ideal de realização artística. Leia-se, por exemplo, a crítica contundente a Abílio Pereira de Almeida, que teria abusado do chavão e da grosseria na peça *Dona Violante Miranda,* com o intuito de "causar sensação e atrair bilheteria". Décio condena com veemência o teatro puramente comercial, feito apenas para ganhar dinheiro. E coloca Abílio no campo oposto ao que estão o Teatro de Arena, o TBC ou o Pequeno Teatro de Comédia. Ainda que também necessitem de dinheiro, há algo que os impede de fazer concessões ao público: "o respeito pelo teatro". O crítico não vê neutralidade possível entre esses dois modos de encarar o teatro e conclui: "Abílio pensa que tem contra si a ira gratuita da crítica. Não vê que esta não existe autonomamente, no vazio: tomada na sua totalidade, não passa de expressão de um grupo incomparavelmente maior, que inclui encenadores e intérpretes, cenógrafos e autores, todos os que formam a consciência teatral da cidade. O seu teatro, para confrangimento daqueles que se iniciaram ao seu lado, vai assumindo progressivamente, perante essa consciência, a feição de um símbolo, de uma bandeira que é preciso combater a todo custo, se não quisermos ceder o terreno trabalhosamente conquistado em quinze anos de luta".

Essas palavras valem por um programa. Na defesa do teatro moderno, Décio não transigiu jamais com o mau gosto no palco, com o espetáculo comercial, com a baixa literatura dramática ou com o velho histrionismo. Daí não aceitar pacificamente peças como *Dona Xepa,* de Pedro Bloch, ou certas interpretações de Alda Garrido, Dercy Gonçalves e Raul Roulien. Nem mesmo o público escapa de suas críticas, quando demonstra gostar muito de textos fracos e de artistas tão distantes das novas exigências de disciplina, estudo e obediência às orientações do encenador. Nesses momentos, o crítico parece até desacreditar do progresso do teatro brasileiro. Mas basta uma nova estréia de um bom espetáculo moderno e ei-lo mais uma vez animado, reassumindo o papel que desempenhou como ninguém: o de formador da "consciência teatral da cidade". Por meio de textos críticos escritos com clareza, sensibilidade, argumentos sólidos e inteligência, Décio estabeleceu um diálogo produtivo com autores dramáticos, encenadores, artistas e leitores comuns — o público em potencial —, oferecendo a todos um ponto de vista, uma idéia, um julgamento, um caminho, enfim, para se avaliar e melhorar o teatro que se fazia em São Paulo.

A importância deste *Teatro em Progresso* já seria grande se nos desse a conhecer apenas o pensamento crítico do autor ou uma parte da história recente do teatro brasileiro, mas há algo mais em suas páginas: elas nos ensinam que o exercício da crítica pode ser uma atividade superior, se feito com o devido senso ético. Machado de Assis já apontava, no século XIX, as qualidades que o crítico devia ter: ciência e consciência, sinceridade, coerência, independência, imparcialidade, tolerância, moderação e urbanidade na expressão e perseverança. No nosso tempo, foi Décio quem realizou esse "ideal do crítico", conquistando assim o respeito e a admiração da classe teatral e tornando-se mestre e modelo de mais de uma geração de estudiosos do teatro brasileiro.

João Roberto Faria

Prefácio

Antes de considerá-lo terminado, James Joyce publicou vários fragmentos de *Finnegans Wake* sob o título de *Work in Progress* — isto é, obra em andamento, ainda não concluída. É esse o primeiro sentido de *Teatro em Progresso*. Não há dúvida de que toda obra de arte, todo gênero literário, jamais deixa de evoluir. Mas não é bem a isto ou apenas a isto que me refiro. A poesia e o romance brasileiro da fase propriamente modernista, por exemplo, alcançaram por vezes plenamente os seus objetivos. Dentro das perspectivas estéticas que eram as suas, realizaram-se com perfeição. Foram aquilo que a sua época esperava e desejava que fossem. Podemos atribuir-lhes maior ou menor valor, conforme as nossas preferências, pessoais ou de escola, mas não lhes negar o caráter de obras acabadas, completas, prontas para entrar na história. Ora, é essa plenitude, embora relativa, que buscaríamos em vão no moderno teatro brasileiro. Para todos os efeitos, ele permanece ainda a *work in progress*.

Não devemos esquecer, entretanto, o outro sentido da palavra progresso, também presente no título deste livro. A verdade é que o teatro brasileiro tem crescido sem cessar, ainda que no ritmo desordenado, cheio de altos e baixos, que é o da própria vida nacional. Quando comecei a fazer crítica jornalística, em 1946, houve um momento em que São Paulo ficou reduzida a duas salas de espetáculos: o Municipal, sempre ocupado pela música, e o Santana, praticamente destinado às companhias de revista. Hoje, possuímos cinco companhias estáveis e continuamos a construir pequenos teatros. A qualidade igualmente tende a melhorar. A atividade dramática, entre nós, é ainda uma ocupação irregular, insegura, não passando com freqüência de um entusiasmo de juventude. Com a idade da razão, que para a gente de teatro parece começar um pouco mais tarde, a maioria cria juízo e vai cuidar de profissões menos precárias e mais rendosas. Os nossos elencos, se excetuarmos as suas primeiras figuras, estão assim perpetuamente recomeçando a partir do amadorismo: sobram os atores de vinte anos mas escasseiam os de trinta ou quarenta, para não falarmos de idades ainda mais legendárias. Acontece, contudo, que a experiência de uma geração transmite-se misteriosamente às posteriores: os estreantes de agora chegam ao palco com outra desenvoltura e bagagem artística.

O progresso é particularmente sensível quanto aos encenadores e dramaturgos. Durante muito tempo estivemos confinados, em tais setores, ao papel de testemunhas ou de participantes canhestros. O período abarcado por esta coletânea marcou o momento da reação nacionalista, que, de programa teórico e algo polêmico, transformou-se aos poucos em realidade inteiramente aceita pelo público. Autor nacional e encenador nacional, na passagem da década de 50 para a de 60, deixaram de ser *box-office poison*, integrando-se nos hábitos normais do nosso teatro. O que foi certamente uma excepcional conquista das gerações mais novas.

Ao mesmo tempo, acentuou-se a inclinação política para a esquerda, nos textos e por vezes até mesmo nas encenações, provocada tanto pela situação interna do País como pela influência das idéias de Bertolt Brecht, as mais vivas e atuantes no panorama do teatro universal moderno, principalmente, é curioso observar, nos países não comunistas, em que há ampla liberdade para receber e discutir qualquer inovação estética. O teatro brasileiro repetia dessa forma, com algum atraso histórico, a mesma linha da evolução sofrida pela poesia e pelo romance na década de 30.

É fácil, para as pessoas formadas dentro dos princípios da arte pura, denunciar e rejeitar em bloco o teatro de protesto social como sendo mera propaganda. Foi o que fiz sempre que o ímpeto político pareceu-me extravasar os próprios limites. Mas é forçoso convir, de outra parte, que nem sempre os fatos se passam com tanta simplicidade. Quem, por exemplo, desqualificaria como obras de arte certos romances de Jorge Amado, de Graciliano Ramos, ou toda a fase empenhada de Carlos Drummond de Andrade, por muitos tida como a mais alta de sua poesia? É que o entusiasmo político pode também exercer uma ação benéfica, conforme o caso, despertando no escritor o gosto pelas coisas brasileiras, sobretudo as populares, ainda tão distantes das nossas experiências citadinas de homens civilizados, ou infundindo-lhe a paixão necessária para elevar o tonus moral e humano da obra de arte. Não há nenhum motivo para que a fé, a crença em alguma coisa maior do que o simples destino individual, seja numa religião, num sistema de valores ou numa orientação política, revele-se menos propícia à eclosão artística no Brasil de hoje do que na França de Paul Claudel — ou, se quiserem, na Atenas de Sófocles. O ceticismo será talvez uma excelente doutrina crítica, mas raramente estimula o espírito criador.

Solicitado pela posição dos escritores de esquerda, também eu, como se verá, não poucas vezes transpus as fronteiras que separam os assuntos artísticos dos políticos — se não o fizesse, não estaria compreendendo nada do que ocorria à minha volta. E já que o fiz, quero deixar aqui bem claro que não vejo mal algum na existência de um pensamento de esquerda. Ao contrário, acredito que o diálogo democrático é por essência um interminável confronto entre direita e esquerda, sendo-lhe fatal a supressão permanente tanto de uma como de outra — da direita, no comunismo, da esquerda, no fascismo.

Muitos comentadores, reportando-se à minha primeira coletânea de crônicas teatrais, publicadas há tempos por esta mesma editora, aludiram a uma possível generosidade crítica de minha parte, alguns para louvá-la, outros, veladamente, para deplorá-la. Respeito ambas as opiniões — talvez eu seja mesmo mais propenso ao otimismo do que ao pessimismo. Mas não posso deixar de refletir que lhes escapou um detalhe: é que eu havia dado preferência, declaradamente, às críticas favoráveis, por acreditar que as peças, encenações e interpretações falhadas não merecem registro. Todo espetáculo é um ensaio, uma tentativa. Por que conservar memória dos que, em nossa maneira de ver, erraram por completo o alvo? Se se encontrar, portanto, nas páginas que seguem, palavras menos amáveis — e há algumas infelizmente — não se veja nelas senão a obrigação que senti de definir-me sem ambigüidade perante determinadas questões de estética ou de moralidade artística.

Todas estas críticas foram publicadas, como notas de redação, em *O Estado de S. Paulo*, a quem agradeço a perfeita liberalidade com que acolheu pontos de vista nem sempre coincidentes com os de sua direção. É esta proveniência jornalística que explica a ortografia adotada: resolveu-se manter a dos originais, conservando-se os artigos, salvo pequenas correções, tal como apareceram pela primeira vez. Quanto à organização da matéria, que vai em ordem cronológica, e não dividida por autores e companhias como no volume precedente, sobre ser o atual sistema o mais costumeiro em tal tipo de publicação, apresenta ele ainda outra decisiva vantagem: a economia do papel, que permitiu reduzir em mais de um terço a quantidade de páginas, sem sacrificar o número de peças analisadas.

1. Deu Freud Contra

Deu Freud contra — mas deu também Silveira Sampaio a favor. O mestre de Viena, aliás, na estrutura da comédia que está no Teatro Maria Della Costa, não passa de um pretexto, de um "deus ex-machina" caído providencialmente do céu para resolver os impasses morais criados pelo seu colega brasileiro, reconduzindo pais e filhos transviados ao santo aprisco do lar. Quanto à tarefa bem mais interessante de desviá-los do bom caminho, submetendo-os às seduções do mal, esta cabe inteiramente a Silveira Sampaio, que reservou para si, como vêem os senhores, a parte do leão. As tentações íntimas e inconfessáveis de um marido exemplar, torturado entre o dever — que é bonito e cacete — e a aventura — que é feia e excitante — constituem o núcleo de *Deu Freud Contra*. A sua matéria não é verdadeiramente o adultério, mas os preâmbulos do adultério, esse dúbio estado de espírito que o antecede, feito em partes iguais de nostalgia da liberdade e do cuidado com a própria reputação. O terreno específico de Silveira Sampaio são as contradições da moral burguesa, que diz uma coisa e faz outra, que elogia publicamente os maridos incorruptíveis e admira secretamente aqueles que dão todos os dias provas irrefutáveis da sua audácia e da sua virilidade. O protagonista da peça hesita entre dois papéis, o do pai e o do homem, ou entre dois mitos, o do "machão" e o do "chefe de família modelo", não querendo parecer nem bobo, nem devasso, e se num instante fulmina o filho com a sua severidade moral, no instante seguinte não resiste e berra eufórico, não admitindo dúvidas a seu respeito: "fique sabendo que em solteiro seu pai foi uma fera, ouviu bem, uma fera!". As idas e vindas de um extremo ao outro, entre o quarentão enamorado, talvez pela última vez, naturalmente envaidecido ao descobrir que é correspondido, e o pai austero que deve dar exemplo, não tendo, graças a Deus, nada a esconder de ninguém (porque, como acentua o filho, todos já estão fartos de conhecer o seu segredo), formam o primeiro ato — o mais engraçado e o mais original dos três. Depois, vêm as complicações sentimentais de praxe, os embaraços, e, finalmente, só para dar contra, Freud, encarnado inesperadamente na pessoa de um alfaiate italiano, sem qualquer outra função dentro do enredo. E acentuam-se então as deficiências de Silveira Sampaio: a sua incapacidade para desenvolver e aproveitar integralmente as suas ótimas idéias, seja por falta de técnica, seja, mais provavelmente, por se contentar logo com as primeiras soluções, deixando de trabalhar suficientemente o material dramático. Sente-se, por exemplo, que muitas cenas foram esticadas, prolongadas, para preencher o espetáculo. Não é esta crítica, de forma alguma, um convite para que ele comece a imitar o que os outros fazem em teatro: dentro da sua maneira, tão inconfundível, deverá haver lugar para uma elaboração e um amadurecimento maior.

Cometeríamos, todavia, uma grave injustiça, se, dando à peça um peso dramático que ela, na sua leveza, não tem e não quer ter, esquecêssemos o outro Silveira Sampaio, o imitador, o mímico, a pessoa que nasceu para representar, não querendo dizer nada, mas apenas divertir-se com a própria imaginação, deixando-se levar alegremente, como fazem todos os verdadeiros autores cômicos, pela fantasia, pelo amor da brincadeira gratuita, pela invenção inesperada e burlesca, pelo espírito da loucura e da farsa. Está ele muito mais próximo, pela natureza se não pelo gênero que escolheu, de um Danny Kaye do que de qualquer ator de comédia. O que este procura, em geral, é a sutileza, o subentendido, é fazer-se entender por meias palavras, contando com a colaboração do público. Silveira Sampaio adota o método oposto: salienta a intenção, amplifica-a, estiliza-a, até chegar ao grotesco, exprimindo unicamente com um sorriso, tremendamente sorriso, por exemplo, todo esse, indizível estado de imbecilidade em que nos lança a satisfação conosco mesmo. Até a voz é outra, aguda, fanhosa, tentando em vão disfarçar a impaciência, a ansiedade, quando pergunta em tom casual, só por perguntar: "Mas... o que foi mesmo que ela disse sobre mim?". Já não é um homem, é uma caricatura do autocomprazimento, mas uma caricatura singularmente parecida com cada um de nós. Não há ninguém que não tenha sido, pelo menos uma vez na vida, personagem de Silveira Sampaio.

Deu Freud Contra, em relação às suas outras peças, baseia-se menos neste estilo: o modo de representar é mais discreto, mais natural, e o espetáculo da vaidade humana nunca atinge esse estágio de estupidez perfeita, em estado de pureza química, dos heróis grotescos anteriores. Não sabemos, entretanto, se esta relativa reaproximação e reconciliação com o teatro normal terá sido em verdade um ganho. Nós, pelo menos — e em comédias como esta as opiniões ainda são mais pessoais do que habitualmente em arte — confessamos preferir o tratamento mais de farsa sobre motivos também mais de farsa. *Deu Freud Contra* é um bom mas não um excepcional Silveira Sampaio — ainda assim uma diversão espirituosa, pensada e escrita por um homem extremamente agudo ao apanhar o ridículo humano.

Magalhães Graça é o magnífico ator de sempre, desde os tempos de Os Comediantes, mas poderia representar, às vezes, com maior economia de meios, não tendo a precaução de tornar didaticamente clara cada situação psicológica. Compreende-se que o exemplo de Silveira Sampaio deva tentá-lo, mas a sua vocação cômica, embora indiscutível, é outra, menos de farsa e mais de comédia propriamente dita. Sônia Corrêa e Wanda Oiticica são naturais, e não têm mais nada a fazer: a peça é, no fundo, um diálogo entre pai e filho — ou, talvez, um longo monólogo do protagonista com a própria consciência, em que os outros só servem como pontos de apoio. Raimundo Furtado, sem ir mal, não consegue reproduzir o alfaiate italiano com a mesma perfeição de mímica e pronuncia com que criou, em outras temporadas, um inesquecível senador nortista. Os traços exteriores estão bem, mas falta certa convicção íntima, que se comunica ou deixa de se comunicar ao público. Cenários abstratos e agradáveis, sem mais, de Harry Cole.

(1955)

2. Maria Stuart

Maria Stuart começa como um drama político, um quadro histórico traçado em torno de um desses acontecimentos que, embora de natureza predominantemente individual, tem o dom de repercutir com a maior intensidade na consciência coletiva. A protagonista de toda esta parte da peça não é a vítima mas o algoz, não é a Rainha da Escócia mas, ao contrário, a da Inglaterra, sobre a qual pesa o ônus da grande decisão. Elizabeth gostaria de se ver livre de sua rival, mas não tem forças para assumir diretamente a responsabilidade do ato: hesita, tergiversa, escuda-se em terceiros, procura em vão passar adiante o fardo da escolha, querendo recolher os frutos e não o encargo da condenação. É o problema do horror e do fascínio exercido pelo crime de Estado, executado por motivos superiores, polarizando os espíritos, dividindo-os em duas apaixonadas facções, tornando agudo e inadiável o desfecho violento. A peça retrata as hesitações do pensamento de Elizabeth, demora-se nesta complexa motivação política e psicológica, não querendo tanto comover como aclarar o conflito entre dois gêneros de deveres. O drama de Schiller, neste sentido, não termina com a morte de Maria Stuart, como os espectadores apenas interessados no caso individual pensavam, prolongando-se através de suas terríveis conseqüências sobre a consciência de Leicester, de Shrewsbury, e, principalmente, da própria Rainha. A condenação dá fim a um processo — mas inicia outro, em esfera mais alta. Eis o que Elizabeth nunca deixa de perceber, eis o que a impede de agir livremente, como deseja.

Na representação do Teatro Brasileiro de Comédia, dirigida por Ziembinski com a competência e consciência profissionais que todos lhe reconhecem, esta é a parte que sentimos menos próxima de nós, seja porque o nosso público prefira um tratamento mais pessoal e emocional dos fatos, seja porque os atores nos tenham mantido à distância, na sua tentativa de encontrar o tom nobre da tragédia. Sem tradição clássica que os ampare, perdem não raro a naturalidade da inflexão ao buscar o estilo, caindo numa eloqüência algo falsa e enfática. Os primeiros atos de *Maria Stuart* ainda que mantendo um nível sempre digno, não nos pareceram ter essa genuína simplicidade que é uma das tendências mais marcantes e felizes do teatro moderno. Seria fácil, entretanto, inspirar-se na belíssima tradução de Manuel Bandeira, clássica exatamente porque simples e desataviada.

Para felicidade nossa, todavia, e também do espetáculo, a peça de Schiller contém um segundo aspecto: o drama pessoal da rainha prisioneira, a sua luta íntima em busca de uma redenção de outra natureza. Enquanto Elizabeth percorre com relutância o caminho que leva da dúvida à ação, Maria Stuart evolui das coisas terrenas para as divinas. À medida que perde a partida no plano político, ganha-a no plano moral e religioso. Vitória, naturalmente, não sobre os outros, mas sobre si mesma, devida a um penoso processo de depuração espiritual. Quanto mais próxima está da morte, menos a merece — e menos a teme também, preparando-se para recebê-la com a serenidade que lhe advém da purgação de todas as suas graves faltas da mocidade. O momento da execução marca, num paradoxo muito comum à vida moral, o triunfo de Maria Stuart e a condenação de Elizabeth. Como na tragédia grega, em que Schiller se inspirou, a culpa foi expiada — e esta satisfação moral retira da peça qualquer travo de amargor ou de sentimentalismo. O que se afirma, acima de tudo, é uma certa justiça de ordem superior, no instante preciso em que falha a justiça dos homens.

Tal drama, Cacilda Becker estava especialmente indicada para vivê-lo, agora que ela volta, consagrada como a maior atriz brasileira, ao palco de onde partiu, há oito anos, para a difícil escalada. Cacilda é uma atriz essencialmente moderna, sem qualquer pompa exterior. A sua voz e a sua dicção são secas, incisivas, nervosas, cortantes, martelando e destacando as sílabas, não sabendo prolongar musicalmente as inflexões e fazer cantar o período, à maneira dos atores ingleses shakespearianos. Quando o experimenta fazer, não obstante a sua extraordinária voluntariedade, deixa apenas de ser Cacilda Becker. Mas as cenas capitais da peça, o encontro com Elizabeth e a despedida antes de partir para o cadafalso, servem admiravelmente para nos devolver, intacta, a sua melhor, a sua rara, a sua privilegiada qualidade: o pudor na emoção, o sofrimento autêntico, despido de qualquer exibicionismo. Seria impossível representar com maior severidade, severidade que chega até a uma aparente frieza, para quem não é capaz de perceber a intensidade contida da intérprete. O que Cacilda possui, mais do que qualquer outra atriz, não são qualidades físicas, não é uma voz excepcional, não é o estilo: é a flama interior.

A rainha Elizabeth, feita por Cleyde Yáconis, é uma mulher frustrada, insegura de si, no começo da velhice, quase lamentavelmente só, à beira do ridículo, carregando tristemente a sua famosa virgindade. Um extraordinário desempenho, uma verdadeira criação, no sentido de composição física e psicológica, de retrato ideado com grande inteligência e realizado com grande sensibilidade. Certas frases suas, todavia, fugiram ao natural, forçando as notas graves, assumindo esse timbre e inflexão pouco espontâneas que certos *speakers* de rádio costumam emprestar às pessoas de alta sociedade. Acreditamos, aliás, que muitos dos atores do TBC estejam correndo o risco de viciar-se num estranho ritmo musical, perdendo o contato com a fala de todos os dias, talvez por trabalharem tão isolados, quase sem oportunidade de ouvir outros atores, sofrendo uma fortíssima influência recíproca. É uma questão de ouvido, que os que estão de fora percebem melhor, tornando-se particularmente sensível às pessoas não habituadas ao estilo da companhia.

Maria Stuart é uma peça dominada pelas mulheres. Além de Cacilda e Cleyde, também Silvia Ortof aparece com relevo num papel difícil para a sua idade, bem assistida por todo o séquito de acompanhamento da Rainha da Escócia. Quanto aos homens, quem mais se distingue é Walmor Chagas, nascido para este tipo de papel, tendo o físico, a maleabilidade de timbre, a elegância e a graça natural dos atores clássicos, não precisando ser artificial para ser requintado ou precioso. Igualmente em bom plano estão Leonardo Vilar, embora carregando nas consoantes, Wellington (que pena para o nosso teatro o seu sotaque inglês!), Freddi Kleeman e Ziembinski, este, num papel pequeno, representando bem, mas de um modo um tanto mecânico, com gestos e modulações algo convencionais. Do grupo principal de intérpretes, Luís Linhares, em nossa opinião, é o único que está deslocado. O seu temperamento não se ajusta bem à impetuosidade romântica e descuidada de Mortimer. Linhares sugere sempre dúvida, incerteza, complexidade psicológica — não é por acaso que faz tão bem personagens torturadas ou mais velhas. A sua veemência, em *Maria Stuart*, parece antes desvario, delírio, do que ardor juvenil.

O nosso teatro não possui, por enquanto, infelizmente, o quadro de atores secundários de que necessita. Cada vez que entrava na Corte da Inglaterra um mensageiro, um pajem, antes mesmo, que tivesse tido tempo de abrir a boca, parecia-nos ver um comprimário de ópera nacional — o mesmo espanto, no rosto, de se encontrar dentro daquelas roupas. Tais são, não ignoramos, os percalços de um teatro jovem — mas não deixam de afetar um espetáculo como *Maria Stuart*, contrastando com a riqueza da encenação. Mauro Francini forrou o palco de cortinas negras, colocando em cena somente uns poucos elementos ou acessórios, e Clara Hetenyl coloriu-o com alguns dos mais belos e suntuosos trajes que já vimos no TBC — e no Brasil.

(1955)

3. Esperando Godot

Quem espera Godot são dois vagabundos, de roupas esfarrapadas e chapéu-coco. Que é que estão fazendo? Esperando Godot. Que mais? Mais nada. Quem é precisamente Godot? Eles mesmos não o sabem. Sabem apenas que Godot: — será esse exatamente o nome? — os está esperando em algum lugar — será esse exatamente o lugar? — com um certo objetivo que eles não saberiam igualmente definir. No entanto, é essa espera, somente ela, que dá um vago sentido às suas vidas — uma esperança confusa, sempre desmentida e sempre renovada.

Esperando Godot, de Samuel Beckett, é um apólogo sobre a vida humana, um pouco como os contos e os romances de Kafka. O seu tema é Deus, menos o Deus antropomórfico, dos profetas do que o Deus dos filósofos, entendido primordialmente como princípio de explicação racional do universo. Se há Deus, tudo se esclarece, tudo se simplifica, a vida adquire um sentido metafísico superior, provindo de um pensamento e de um propósito divino. E se não existe Deus? Os primeiros a propor essa questão — há dois ou três séculos atrás — não perceberam bem a enormidade do que estavam pensando. Eram otimistas porque confiavam cegamente no homem e porque pretendiam sacrificar Deus — observou-o Sartre — sem sacrificar a crença em valores absolutos, eternos e universais, como se uma coisa não estivesse ligada necessariamente à outra. Desaparecia Deus, mas, para todos os efeitos práticos e teóricos, era como se continuasse existindo.

A nossa época, ao contrário, é a do ateísmo triste, do ateísmo que não se orgulha da sua falta de crença porque percebe que não há nada de particularmente alegre e confortador na idéia do homem desamparado, só, perante um universo igualmente absurdo, vazio de qualquer significação. O que vale um gesto de amor? Metafisicamente, tanto quanto o seu contrário. Todos os valores são puramente humanos, logo relativos e subjetivos. Em contrapartida, já não temos a ingenuidade de crer — com exceção dos comunistas, últimos herdeiros do otimismo racionalista do século XVIII — que, livre finalmente da religião, o homem irá realizar rapidamente o paraíso sobre a terra. Dois séculos já passaram e o progresso não tem sido grande.

Samuel Beckett propõe a questão do sentido — ou da falta de sentido — da vida humana, e é apenas nesse ponto que podemos aparentá-lo a Kafka. Porque cada artista, digno verdadeiramente desse nome, traz consigo, se não novos problemas, pelo menos novas maneiras de formular os velhos e eternos problemas da humanidade, criando um novo vocabulário estético, uma nova perspectiva que nos faça ver os mesmos fatos sob outra luz. O grande mérito de *Esperando Godot* é o de não se parecer com nada que se conheça na literatura teatral. Poderíamos dizer que é uma forma de teatro abstrato, ao dispensar enredo, história etc. Mas o teatro nunca poderá ser abstrato — como a música ou a pintura — por que parte do homem, do ator, que é, antes de mais nada, uma presença viva. O teatro de Beckett afirma-se, portanto, por ser essencialmente concreto, antiliterário. Embora dizendo alguma coisa sobre os homens, exprimindo uma sensação avassaladora de angústia e desespero, nunca deixa de ter um valor teatral direto, apoiando-se sobre a representação, sobre o desempenho, sobre a presença imediata dos atores, estribando-se dramaticamente sobre uma série de atos bem cotidianos, bem reais, como calçar ou descalçar um sapato, experimentar um chapéu-coco ou comer uma cenoura. A idéia de esterilidade, de vazio, de insegurança, e expressa de mil maneiras concretas, pelas coisas que se procuram inutilmente nos bolsos, pelo diálogo sempre interrompido em seu fio lógico, pelas perguntas que ficam no ar, sem nunca obter resposta: "que é que eu estava dizendo?" ou "onde é mesmo que estávamos?". As personagens vivem exclusivamente no presente, sem a noção ordenadora do tempo. Estão sempre no mesmo lugar, repetindo os mesmos gestos, encontrando as mesmas pessoas, esperando em vão o mesmo Godot, mas não chegam a percebê-lo, porque os acontecimentos não se inscrevem numa certa ordem, numa certa seqüência lógica. Sobem-lhes à consciência, às vezes, farrapos do passado, a lembrança da vindima em alguma região indeterminada ou a recordação indistinta de uma fase da vida, mais feliz, em que podiam, ao mesmos se suicidar, pulando da Torre Eiffel. Mas as reminiscências não se organizam em qualquer imagem coerente, o dia de ontem já parece tão longínquo e confuso como o passado remoto, e a própria idéia do suicídio, julgada freqüentemente como a única saída, nunca é levada avante porque o esforço de pensá-la e de executá-la seria demasiado.

Não se compreende *Esperando Godot* pela razão, mas pela sensibilidade, intuitivamente. Não se deve, sobretudo, procurar um motivo lógico para cada frase sua, para cada fato, em vez de recebê-los como são, com o seu fortíssimo impacto emocional. Um homem puxado por uma corda pelo pescoço, como um animal, recitando uma algaravia incompreensível, semifilosófica, e uma presença que nos choca e nos sacode diretamente — se não deixarmos que a vontade de compreender e de explicar tudo interfira indevidamente.

A diferença que separa a chamada arte moderna da antiga não está na inteligência. Os mais moços não compreendem melhor certas formas de arte — seja na pintura, seja na poesia — por que não mais perspicazes, mas, ao contrário, porque aprenderam a não se basear unicamente na razão, aceitando o que há também de irracional, de inexplicável, em toda manifestação artística. Para todos aqueles que não se opuserem pela inteligência, que souberem se deixar levar, *Esperando Godot* cria uma atmosfera extraordinariamente original e convincente, irreal e concreta, poética e terra-a-terra, que nos vai conquistando aos poucos. Não é um discurso, com suas qualidades lógicas, mas uma imagem inesquecível da condição humana.

* * *

Wladimir e Estragon acham-se ligados pelo vínculo mais poderoso que se possa imaginar — o medo da solidão. Juntos, ainda conseguem simular, mal e mal, um arremedo de vida. Isolados, cairiam no vácuo, no vazio absoluto. Há, portanto, uma coisa que a peça de Samuel Beckett, não obstante todo o seu desespero, não deixa de afirmar decisivamente em cada uma de suas frases: a força da solidariedade humana. O homem está só, desamparado em face de um universo sem qualquer significação humana, mas pode pelo menos agarrar-se aos outros homens, como uma criança amedrontada pela escuridão. O que importa não é o que se diz, mas o próprio ato de falar, de comunicar seja lá o que for; não é o que se faz, mas a própria circunstância de fugir de alguma maneira, embora provisória, embora superficial, ao sentimento de abandono e insulamento. Até Pozzo, aparentemente tão seguro de si, tão crente de sua superioridade, no fundo é frágil, solitário e indefeso como os outros, pronto a cair de joelhos ou a confessar: "Pois é isso, meus amigos, não posso dispensar por muito tempo a companhia de meus semelhantes (olha para os dois semelhantes). Ainda que eles não se pareçam comigo". E quanto a Lucky, também ele, coitado, o que teme não é tanto a sujeição abjeta em que vive como o isolamento: tudo, menos a falta de relação humana. É terrível a exploração do homem pelo homem, o desprezo de um ser humano por outro; porém, ainda essa exploração, ainda esse desprezo, são bem-vindos na medida em que representam, apesar de tudo, um começo de vida em comum. Ricos ou pobres, poderosos ou desprotegidos, todos estamos embarcados na mesma sinistra aventura. Órfãos de Deus, não nos resta senão o homem — pobre consolo do ponto de vista metafísico — mas é a ele que temos de nos aferrar, fingindo uma segurança, uma despreocupação que, na verdade, estamos longe de possuir. Daí o sentido burlesco de tantas cenas de *Esperando Godot*, quase alegres dentro do seu total pessimismo. Tem-se de fazer alguma coisa, de cantar, de dançar ou pensar, enquanto se espera — inutilmente — por Godot.

Emanuel Corinaldi e Luiz Eugênio Barcelos — respectivamente Wladimir e Estragon — são dois atores de temperamentos completamente diversos, trazendo, para a representação, qualidades quase opostas: o primeiro, mais expansivo e teatral, com maior capacidade mímica, de utilização de todo o corpo, e maior sentido de estilização grotesca; o segundo, mais natural, arriscando-se menos a representar, ainda preso ao medo do ridículo, porém tocando-nos às vezes exatamente pela simplicidade e autenticidade da emoção, pela ausência de qualquer artificialismo.

Eduardo Waddington deu a Pozzo a tonalidade psicológica exata, uma mistura de brutalidade, egocentrismo, e ingênua satisfação consigo mesmo, e Geraldo Mateus interpretou Lucky com aquela capacidade de devotamento, inclusive físico, aquele dom integral de si mesmo, que põe em tudo que faz. Alceu Nunes chamou a atenção, pelo acerto das inflexões, numa ponta que, de outra forma, poderia passar despercebida.

A direção de Alfredo Mesquita é excelente. O que o distingue, entre os encenadores nacionais, não é tanto a técnica como o gosto, a sensibilidade literária, a maturidade artística geral, que lhe permitem encarar cada texto dentro da perspectiva que melhor lhe convém, seja a ingenuidade, de legenda popular, de *Liliom*, de Molnar, seja o tom levemente e finamente paródico de *O Diletante*, de Martins Pena. Nem sempre as suas encenações extraem o máximo do ator, devido talvez às próprias condições em que trabalha, numa Escola, onde importa menos criar obras-primas do que exercitar constante e rapidamente os alunos.

Em *Esperando Godot* dois pontos do seu trabalho sobressaem: o uso total do corpo, por parte dos atores, dentro da tradição "clownesca" em que a peça indiretamente se inscreve, e o respeito ao ritmo de cada cena, criando um ambiente de expectativa, de alvoroço, ou de desânimo, pelo simples aceleramento ou retardamento da frase, pela ênfase ou economia dos gestos. A inflexão é a parte mais fraca do espetáculo, permanecendo freqüentemente ainda escolar, ainda recitada e sem espontaneidade — mas a culpa aqui cabe à relativa inexperiência dos atores-alunos. Se dependesse de nós, a única mudança de orientação que proporíamos seria uma maior importância dada ao lado cômico — de humor negro — da peça. *Esperando Godot* é uma pantomima trágica e quanto mais respeitarmos esse seu duplo aspecto, maior rendimento dramático obteremos. O método de Beckett é o de alternar falas carregadas de sentido com outras perfeitamente insignificantes e é preciso atribuir a todas elas, na representação, o mesmo valor, dizendo-as com a mesma suposta indiferença, como faz o autor, com uma espécie de ironia cortante, ácida, pungente.

Somente a Escola de Arte Dramática, entre nós, poderia representar *Esperando Godot*, não só em virtude do seu caráter de obra que não faz qualquer concessão ao teatro comercial, mas pelo fato da peça de Samuel Beckett exigir dos intérpretes um esforço de compreensão intelectual, de participação afetiva, que muitos poucos atores estariam dispostos a lhe dar. A encenação de *Esperando Godot*, como foi realizada, é, antes de mais nada, uma alta prova de respeito e de amor ao teatro. Fez bem, portanto, o Teatro Brasileiro de Comédia, ao acolhê-la no palco da rua Major Diogo, honra que não havia concedido, até agora, a nenhum conjunto paulista. E melhor ainda fará, levando-a ao Rio de Janeiro, como prova de que não foram mal gastos estes oito anos de trabalho que alguns professores e um punhado de alunos, sob a direção de Alfredo Mesquita, dedicaram desinteressadamente à criação de uma verdadeira escola de teatro em nossa terra.

(1955)

4. A Casa de Chá do Luar de Agosto

Brilhantíssima a estréia de Maurice Vaneau no Teatro Brasileiro de Comédia. Nos oito anos de existência do TBC, ainda não havíamos visto, na rua Major Diogo, em espetáculo de comédia, uma platéia tão alvoroçada, tão feliz, como a que assistiu à primeira representação de *A Casa de Chá do Luar de Agosto*. E não se trata, desta vez, de alguma interpretação excepcional, mas isolada. O entusiasmo dirigia-se ao espetáculo como um todo, visando diretamente o trabalho do encenador belga que em tão boa hora Franco Zampari trouxe para São Paulo. A ele, sentiu-o o público, deve-se tudo o que vimos de excelente no palco, e, em primeiro lugar, essa leveza, essa graciosidade aparentemente fácil, esse ar contagiante de despreocupação e bom humor que é a nota característica da peça de John Patrick.

A Casa de Chá é, na verdade, um quase nada, uma brincadeira. A sua comicidade é simples, o seu espírito de crítica mantém-se sempre à flor da pele, sem ferir ninguém porque o texto tem a sabedoria de nunca se tomar a sério, marcando, com mão levíssima, o traço caricatural, até chegar a uma espécie de fantasia poética, de apólogo humorístico, como se fosse uma história em quadrinhos para gente grande. A arma com que enfrenta e vence o público, angariando-lhe a simpatia e a cumplicidade, é dessas que nunca falham: mostrar o fraco triunfando sobre o forte. Acrescente-se que os fracos são humildes camponeses de Okinawa e os fortes o exército de ocupação, e o nosso prazer será perfeito porque não há nada mais agradável do que rir dos Estados Unidos depois que eles se tornaram a maior potência militar do Ocidente. Rimos com essas lições de astúcia e de saber viver dadas aos donos do mundo (ou de meio-mundo), até percebermos que também essa capacidade de autocrítica, de se divertir à custa dos próprios defeitos, é, afinal de contas, norte-americana, e que nem todos os sargentos e coronéis do exército de Tio Sam, como muita gente candidamente imagina, se contentam em ler *Bufalo Bill*; alguns até escrevem peças como *A Casa de Chá do Luar de Agosto*. A comédia de John Patrick desfaz alegremente a lenda da eficiência total e absoluta de Washington — e essa é a única maneira que os norte-americanos têm de fazerem perdoar o próprio poderio. Parece que, se não os generais, pelo menos alguns membros mais modestos das tropas de ocupação aprenderam com os indígenas de Okinawa a insidiosa arte da diplomacia e da persuasão sorridente.

A graça francesa, para tomar um ponto de reparo bem conhecido, está na frase de espírito, no torneio inesperado e mordaz do pensamento. A norte-americana, ao contrário, prefere pôr em evidência não como os homens são inteligentes, mas como são bobos, no fundo verdadeiras crianças, do Coronel Purdy III, o único a acreditar que existe de fato essa coisa chamada "exército", ao Sargento Gregovich, que caiu num tonel de aguardente e, ao abrir a boca para pedir socorro, segundo, conta, não pôde deixar de ficar um tanto embriagado. Até os psiquiatras, como de há muito havíamos suspeitado, são pessoas docemente lunáticas, alheias à realidade, presas a duas ou três idéias fixas, exatamente como qualquer um de nós.

A euforia de viver em Okinawa, de construir uma casa de chá em vez de uma escola, de vestir quimono em vez de farda, de possuir uma coleção de gaiolas de grilos em vez de fazer discursos patrióticos, de obedecer à voz misteriosa do luar de agosto em vez de seguir as ordens burocráticas emanadas de Washington, brota do palco, espalha-se, invade capciosamente a platéia, irmanando-nos na mesma satisfação, como se também estivéssemos levemente tocados pela bebida, tornando-nos todos mais ou menos habitantes dessa Okinawa gentil e imaginária, levando-nos a admitir, como sabedoria suprema, as palavras risonhas e quase imperceptivelmente irônicas de Sakini, o intérprete: "Conclusão: nenhuma".

* * *

A Casa de Chá do Luar de Agosto é a representação mais norte-americana que já vimos feita por atores brasileiros — e essa fidelidade tanto à letra como ao espírito do texto explica, mais do que qualquer outra coisa, o espantoso êxito que o espetáculo está alcançando. O teatro da Broadway, por muitos que sejam os seus defeitos e limitações, sabe, talvez como nenhum outro, planejar e obter os seus efeitos junto ao público, tirando o máximo partido humorístico ou poético dos menores nadas. É um teatro de alta competência profissional, a começar pelos autores e terminando pelos mais modestos auxiliares técnicos.

Pois foi esse conhecimento artesanal e artístico, essa segurança técnica, que Maurice Vaneau transplantou para o palco da rua Major Diogo, recriando com absoluto rigor um espetáculo norte-americano, exatamente como o vemos em Nova York, com a mesma maneira de representar, os mesmos gestos, diríamos quase as mesmas inflexões, não obstante a diferença de língua. Tudo o que John Patrick confiou à peça, cada pequenina intenção ou subintenção, transpareceu de forma exemplar no desempenho dos atores, principalmente esse equilíbrio constantemente mantido pelo texto entre a observação e a imaginação, entre a naturalidade e a nota poética ou satírica.

A Casa de Chá não representa, todavia, somente os Estados Unidos: representa também o Japão, não talvez como ele é de fato, mas pelo menos como o imaginamos idealmente que seja — e em arte, como se sabe, basta esta força de persuasão, que os clássicos chamavam de verossimilhança. Aqui também Vaneau soube captar, em duas ou três belíssimas cenas, o que há de grave e austero na arte oriental, essa dignidade, essa concentração voluntária sobre si mesmo, dos atores japoneses.

Maria Helena Dias, desse ponto de vista, nos dá a maior interpretação da peça. Tudo é estudado e composto no seu papel: a voz gutural, a postura graciosamente exótica do corpo, o modo hierático de apanhar uma flor ou de lidar com o leque. Tudo nela é artificial como uma obra-de-arte — porque uma "geisha" é, na verdade, menos uma mulher do que uma obra de arte — mas, ao mesmo tempo, tudo parece natural, fácil, harmonioso, de tal forma entregou-se a atriz, de corpo e alma, à sua criação.

A Ítalo Rossi cabia a responsabilidade mais pesada: a de dar o tom de cada cena, ligando-as umas às outras. Ítalo é um Sakini encantador, malicioso, sonso, simpaticíssimo, a que não falta nada, a não ser, talvez, um pouco mais de graça excêntrica e poética, a exemplo de "Flor de Lotus". O quadro dos nativos, se assim podemos dizer, completa-se com Nathália Timberg, Célia Biar, Oscar Felipe e Sérgio Britto, fazendo um velho com voz e técnica longinquamente herdadas de Ziembinski, mas que não representam um retrocesso ou uma repetição na sua carreira de ator.

Quanto aos oficiais norte-americanos, Fregolente, voltando ao teatro em melhor forma do que nunca, com a força, a veemência, porém, sem os exageros histriônicos de outrora, compõe um Coronel Purdy III perfeitamente integrado na psicologia, se não na inteligência — que esta quase não existe — da personagem, Eugênio Kusnet está igualmente engraçadíssimo, como o psiquiatra em luta com uma tardia e imperiosa vocação agrícola: apenas alguns gestos bastam-lhe para traduzir toda a sua indecisão, essa espécie de calor, de mal-estar generalizado que lhe sobe ao rosto, quando lhe oferecem a oportunidade de sua vida (isto é, a oportunidade de pôr em prática as suas idéias sobre a função fertilizante das minhocas e das abelhas). Milton Morais contribui sobretudo com a sua simpatia, a impressão que causa de gentileza e real modéstia, qualidades essenciais ao Capitão Fisby, e Mauro Mendonça estréia bem em São Paulo, embora numa parte de poucas possibilidades — o Sargento Gregovich.

É uma regra de teatro, supomos, que num espetáculo feliz, baseado numa interpretação exata do texto, todos os elementos parecem se acordar misteriosamente entre si. É o que acontece com a música de Simonetti, os figurinos de Clara Hetenyl, e os cenários que Mauro Francini desenhou e executou para *A Casa de Chá*, aproveitando com gosto e habilidade os levíssimos materiais japoneses de construção.

O espetáculo levou semanas e semanas de preparação, até atingir o ponto ideal de maturidade no dia da estréia. Mas, isso não é tudo, como pensam às vezes os nossos atores. Há uma segunda proeza, tão difícil e importante como essa primeira: manter o espetáculo daí por diante em tal nível. Os dramas ainda costumam se aguentar entre nós. Mas as comédias sofrem, freqüentemente, verdadeiros colapsos. Donde muitas quedas repentinas de bilheteria e a divergência de opiniões de pessoas que viram determinado espetáculo nas suas primeiras ou nas suas últimas semanas. O TBC mesmo, se puser a mão na consciência e forçar a memória, encontrará numerosos exemplos do que afirmamos. Ora, para conservar o espetáculo, como para prepará-lo, só há um caminho: ensaio, ensaio, ensaio. *Porgy and Bess* percorreu o mundo inteiro, durante anos, dando cada noite a sensação de frescor e espontaneidade, como se tivesse nascido naquele momento. Qual a chave do mistério? Muito fácil: todas as tardes, numa rotina já perfeitamente estabelecida, algumas cenas eram reensaiadas por parte do elenco, em rodízio, de maneira a que não se cristalizassem ou se deteriorassem pela repetição. O TBC, com *A Casa de Chá*, tem peça para meio ano, no mínimo, entre São Paulo e Rio. Mas para que isso aconteça, sem prejuízo do alto renome artístico do primeiro conjunto do País, é preciso que o espectador da centésima representação reconheça o espetáculo que viu na estréia. A tarefa de Maurice Vaneau, ao contrário do que parece, ainda não está terminada.

(1956)

5. Pluft, o Fantasminha

Era uma vez um fantasminha chamado Pluft, que tinha medo de gente (às vezes desconfiava que gente nem existia). Quem tomava conta dele — ou dela? — era a mãe, uma senhora simpática, de cabelos brancos e óculos, o dia inteiro ocupada em falar no telefone com a prima Bolha de Sabão e em fazer *tricot* para os fantasminhas pobres. Apenas uma coisa conseguia tirá-la fora do sério, pondo-a em estado de ebulição: a palavra "Visitas"! Mas até para esse problema tinha a solução na ponta da língua: "Pastéis! Pastéis de vento!". Havia também Gerúndio, que lá na terra dos fantasmas, mais feliz que a nossa, não era figura de gramática e sim um tio velho e aposentado, que morava dentro de um baú e contava histórias de gente, só para assustar Pluft. O pai de Pluft, já falecido, pertencera ao teatro, como acontece com tanta gente mesmo nas melhores famílias: nos seus bons tempos fôra o famoso Fantasma da Ópera!

Um dia surgiu por lá a menina Maribel, de olhos cor do céu e cabelos cor de mel, perseguida pelo terrível marinheiro Perna-de-Pau, tão vilão quanto o nome dá a entender. O seu único traço simpático era conhecer essa terminologia poderosa e nostálgica — "Levantar velas! Afrouxar a bujarrona! Todos a bombordo!" — que, pelo menos há trinta anos atrás, ainda tinha o dom de dominar as ondas revoltas, para quem sabia pronunciá-las nos momentos propícios, com grande admiração e espanto dos que nunca navegaram outras águas que não as da imaginação.

Infelizmente a reserva profissional impede-nos de contar o fim da história: quem não for vê-la, de preferência munido de filhos e sobrinhos, morrerá sem saber o que continha o tesouro do Capitão Bonança, personagem que até agora, por inadvertência, não havia entrado nesta crônica, nem de que maneira e em que exatas circunstâncias se salvou da perseguição do Perna-de-Pau a menina Maribel, com a ajuda dos seus três amigos, João, Julião e Sebastião, e da mais aguerrida corte de fantasmas-navais que já se viu num palco, comandados pelo próprio Tio Gerúndio em pessoa.

Maria Clara Machado, autora de *Pluft, o Fantasminha*, iniciou-se no teatro por uma das melhores e mais sólidas vias: a do contato imediato com o público, a da experiência pessoal de ator. A sua peça, por isso mesmo, parte, não de palavras, mas de fatos cênicos: porque ela foi, de início, visualizada, percebida como uma realidade calcada diretamente sobre o palco — e não apenas escrita sobre o papel — até os acessórios aparecem solidamente integrados no entrecho. Música, ruídos, gestos, mímicas, marcações, participam da ação quase como se fossem personagens. Mais importante do que o texto, freqüentemente, são os longos e bem-elaborados jogos da cena, a maneira particular de uma determinada personagem desmaiar, uma cartola e um fraque velho vestidos por um fantasma, o vento que responde aos desafios do Perna-de-Pau, um baú que se abre ou se fecha nos momentos precisos. Tudo isto, em que consiste habitualmente o trabalho criador da direção, já aparece aqui incorporado ao texto, tornando impossível, além de ociosa, a questão de saber até onde vai a Maria Clara autora, e onde começa a Maria Clara encenadora de *Pluft*. A representação não se confina, aliás, ao palco, usando livremente toda a sala, passando e saindo pelas portas destinadas ao público, numa demonstração de familiaridade, de ausência de cerimônia, com o teatro. E não é preciso dizer o que significam estes valores todos, predominantemente visuais, num espetáculo para crianças.

Mas o conhecimento do teatro, naturalmente, nunca foi mais do que um meio: as peças para ter um certo valor, necessitam sempre de alguma coisa a mais, não podendo viver só da representação. Essa outra alguma coisa, no caso de Maria Clara, são o senso poético e o senso de humor. As duas qualidades, de resto, são uma só, porque a poesia do texto está precisamente na fantasia cômica, exprimindo-se através da sugestão inesperada, surpreendendo-nos, pondo em funcionamento a nossa imaginação, como nos melhores e mais ingenuamente absurdos *cartoons* norte-americanos. *Pluft* tem o bom gosto de permanecer sempre dentro dos limites do cômico, evitando qualquer poesia meramente de palavras, qualquer declamação propositadamente lírica que, numa peça infantil, seria insuportável.

Vez ou outra, entretanto, Maria Clara não resiste e faz uma alusão humorística acessível somente aos grandes ("quem vai cantar na festa é a prima Aerofagia"), piscando o olho aos adultos por cima das cabeças das crianças, o que nos parece um feio pecado artístico de lesa-inocência. Também a trama do enredo poderia ser mais cerrada, guardando-se de pontos mortos e de certas repetições: o marinheiro Perna-de-Pau, por exemplo, chega três vezes ao palco, sempre de forma idêntica, interrompendo-se a ação por motivos mais ou menos gratuitos. Toda a peça, aliás, é uma longa expectativa para um único e decisivo encontro das forças envolvidas no conflito. Parece que Maria Clara, como muitos autores teatrais brasileiros, esquece-se às vezes de que teatro é drama, no sentido grego de coisa que está permanentemente em movimento. *Pluft* está sempre em movimento, é verdade, mas como espetáculo, como representação, não como progressão dramática do texto. Numa palavra, o tratamento de cada cena é esplêndido, mas o planejamento geral do enredo poderia ser mais rigoroso.

Pluft, sendo das melhores peças infantis que já se fez no Brasil, só comparável à *Ilha dos Papagaios*, não encontra dificuldade, por esse mesmo motivo, em transcender o gênero. É uma peça que encantará qualquer auditório capaz de apreciar, num extremo, *Le petit prince*, e no outro, *Narizinho Arrebitado*. Fizeram muito bem os responsáveis pelo Teatro Natal de trazer este espetáculo do Tablado para São Paulo e de exibi-lo em horário normal (além do especial para crianças).

* * *

Os fantasminhas de Maria Clara Machado têm uma qualidade simpática: parecem gente. Diríamos mais: gente boa, gente brasileira, gente quase docemente provinciana. A Senhora Fantasma-Mãe, na espirituosa interpretação de Kalma Murtinho, é a tradicional dona de casa do interior do Brasil, mas já com algumas veleidades de vida mundana e social: de um lado, pastéis, como em qualquer boa família mineira; de outro, preocupações com intercâmbio cultural (entre gente e fantasma) e com a organização de festinhas literomusicais.

Pluft, esse então é a criança por excelência, no que tem de mais puro, com o rostinho redondo, os olhos arregalados e surpresos perante as maravilhas do mundo, sorrindo para disfarçar o medo e o embaraço, aproximando-se das outras crianças com um misto de irreprimível simpatia, curiosidade e timidez, até que a simpatia, encontrando resposta, acaba por predominar alegremente. O encontro de Pluft e Maribel, quando as duas acham o tão necessário ponto de apoio em comum ("O fantasma do navio do seu avô era meu tio. Que coincidência: seu tio e meu avô trabalharem no mesmo navio!") é um excepcional momento de teatro, em que a justeza da psicologia infantil aparece plenamente realizada num plano intuitivo e artístico, sem explicações desnecessárias. Maria Clara não diz, não descreve teoricamente como são as crianças; faz uma coisa mais difícil: mostra-as em ação diante dos nossos olhos, como uma realidade que é poética por ser tão depurada, tão simples e verdadeira. Pluft é Carmem Silvia Murgel — e era necessário, mesmo, a sua sensibilidade de atriz, para retratar, sem pieguismo, com uma linha extraordinária de graça e delicadeza, uma criança que é um amor de criança (desculpem-nos, mas não é possível criticar Pluft a não ser na linguagem feminina).

Em compensação, as pretensas pessoas de carne e osso parecem-se estranhamente com fantoches: Emílio Matos, como o marinheiro Perna-de-Pau, é a própria idéia da vilania marítima, tal como foi criada para a legenda na época heróica das descobertas, e tal como a vê, através dos livros, a imaginação infantil, para a qual não existe traço psicológico que não possua o seu correspondente físico, como se a maldade e a bondade transparecessem obrigatoriamente no rosto e no corpo. Por isso a criança, como o primitivo, tem tanta fascinação e horror pelos cegos, pelos corcundas, pelos anões, deformidades que devem esconder alguma terrível realidade moral. Emílio Matos foi ferozmente cômico — e, ao agradecer, teve a alta recompensa artística de ser vaiado estrepitosamente pelo auditório infantil, ainda não pervertido pelas nossas condescendências e transigências de adultos. Fora os vilões! Também Maribel não é alguém, mas somente a imagem convencional da inocência oprimida, com as suas lindas e artificiais tranças louras, imagem ingênua e simpática que Vania Veloso Borges soube compreender e realizar.

A língua francesa tem uma palavra só — *jeu* — para exprimir indiferentemente representação, jogo esportivo e a simples brincadeira infantil. *Pluft* é um constante *jeu* nos três sentidos do termo. Os amigos de Maribel, por exemplo, formam uma equipe única, jogando sempre em conjunto, valendo-se da mímica coletiva como nos números cômicos de circo. Assim mesmo é possível distinguir dois ou três esplêndidos momentos individuais: o "Vivôo!" desanimadíssimo de Edy Rezende, figura que é uma síntese de todos os cômicos do cinema, de Chester Conklin até os *Três Patetas*; o desmaio em câmara lenta de Paulo Araújo, com a expressão de espanto transformando-se aos poucos numa espécie de beatitude e inefável ausência interior; e os esforços apenas parcialmente bem-sucedidos de João Augusto, já sem voz e quase sem gestos, para transmitir aos amigos a impressão que lhe causou Tio Gerúndio emergindo abruptamente do fundo de um baú e solicitando, como fantasma susceptível que é, que por favor não sentem em cima dele.

É necessário não esquecer ainda, além do Tio Gerúndio (Germano Filho) supracitado — que, em verdade, não tem quase nada a fazer, fora bocejar e pedir pastéis, mas fá-lo com perfeita dignidade — as outras personagens que emprestam ocultamente a sua colaboração ao espetáculo, a prima Bolha de Sabão, que ganha muito em ser conhecida nos bastidores, o primo Xisto, e todos os outros fantasmas que nem sequer nome têm, mas não deixam de aparecer no palco sob a forma modesta de bonecos de pano. Significa esta profusão de fantasmas, vistos ou ouvidos, que conta o Tablado, por detrás do palco, com um numeroso grupo de técnicos, de rapazes e moças que aceitaram servir ao teatro sem ao menos a recompensa do aplauso ou do reconhecimento por parte da crítica e do público, numa louvável demonstração de espírito de equipe e de consciência do que é teatro.

Os senhores nos desculpem outra vez, mas temos de fazer mais alguns e derradeiros elogios, não por culpa nossa, podem acreditar, mas deste espetáculo que tem todas as melhores qualidades do teatro infantil e do teatro amador; não poderíamos encerrar a crítica, sem uma referência rápida aos figurinos de Kalma Murtinho e ao cenário de Napoleão Muniz Freire, tão coloridos e alegres os primeiros, tão falsamente soturno o segundo, e ambos tão cheios de fantasia, tão dentro do espírito do texto.

É um prazer verificar que o poeta bissexto Maria Clara Machado é — se assim podemos dizer — um admirável homem de teatro, e um homem de teatro, não bissexto, felizmente para nós, mas de todos os dias e todos os instantes.

(1956)

6. Hamlet

Será fácil dizer o que o *Hamlet*, apresentado na estréia do Teatro Bela Vista, não é: não é o maior *Hamlet* jamais produzido no mundo; não é uma lição dada aos estrangeiros; não se compara, nem de longe, aos melhores espetáculos shakespearianos, encenados ultimamente em São Paulo por companhias visitantes, como o próprio *Hamlet*, de Barrault, ou *A Noite de Reis*, pelo Teatro Nacional da Bélgica. Sérgio Cardoso, numa palavra, na qualidade de encenador, não é como Carlos Gomes: não começa onde terminam John Gielgud e Jean Vilar.

Dada esta triste notícia à nossa ingênua vaidade, infligido este golpe, para muitos mortal, ao nosso amor próprio nacionalista, podemos, com mais serenidade, passar ao que este *Hamlet* é: é a primeira tentativa profissional para se representar Shakespeare no teatro paulista; é um espetáculo integrado por atores quase todos abaixo dos 25 anos de idade; é, sobretudo, uma encenação extraordinariamente honesta, trabalhada de forma exaustiva pelos seus intérpretes e pelo seu diretor, com perfeito acabamento em todas as suas minúcias, a melhor encenação, se não erramos, que qualquer jovem elenco brasileiro poderia realizar no grau atual de evolução do nosso teatro.

Se isso não chega para outras pessoas, de maior espírito crítico, chega integralmente para nós. Não importa se estamos ou não em condições de representar um Shakespeare sem falhas; importa começarmos, desde que o façamos com o mesmo talento, a mesma dedicação, a mesma imensa vontade de acertar, de trabalhar seriamente, revelados pelos atores do Teatro Bela Vista. Afinal, não fazemos teatro para nos exibirmos, para nos compararmos; os nossos padrões têm de ser os nossos mesmos.

O pior defeito do espetáculo, em conjunto, é não se fazer ouvir e entender com a necessária clareza. Já a tradução de Péricles Eugênio da Silva Ramos, admirável quanto à fidelidade, realmente impressionante, ao texto, não é muito teatral, não sendo facilmente assimilável numa primeira e rápida audição, como é forçosamente a do teatro. Uma tradução, em suma, muitas vezes mais de erudito do que de poeta. Ora, este texto, algo duro, é dito a toda velocidade e servido por vozes de timbre freqüentemente ainda imaturo e por uma dicção nem sempre bem articulada, que perde a nitidez antes de chegar ao fundo da platéia, estabelecendo um curioso conflito de opiniões entre os espectadores das primeiras e os das últimas fileiras. Mas estas falhas, de inexperiência de palco, de adaptação acústica ao público e ao teatro, corrigir-se-ão por si mesmas, provavelmente, com o simples correr das representações.

Menos susceptível de progresso, porque decorrente de um ponto de vista errôneo da direção, afigura-se-nos a tentativa, feita em muitas cenas, de reproduzir a constante modulação musical dos grandes intérpretes shakespearianos, tal como os podemos ouvir em discos. Esses efeitos justificam-se, em inglês, devido à índole da língua, ou à tradição, mas, em português, parecem artificiais, quando não francamente declamatórios. A primeira vez que vimos atores nossos cantando cada palavra, prolongando as sílabas, subindo e descendo ousadamente a escala musical, foi na *Antígone*, de Sófocles, na direção de Adolfo Celi. Depois, Cacilda Becker, em *Maria Stuart*, repetiu deliberadamente a mesma experiência. Ora, esse formalismo, esse rebuscamento estético, essa afetação de uma técnica e de um virtuosismo vocal que estamos longe de possuir, o mais que conseguiu, até agora, foi tirar a espontaneidade e a naturalidade das nossas representações. No *Hamlet*, toda a primeira aparição do Espectro, para citar só um exemplo, calca-se diretamente sobre modelos de discos ingleses: em lugar de "Adeus, adeus, recorda-te de mim", quase poderíamos ouvir, tal a semelhança de inflexão, o "Adieu, adieu, remember me" do original.

A maior virtude do espetáculo, indo de um pólo a outro, é certamente a direção e a interpretação individual de Sérgio Cardoso, ambas excepcionais. O seu primeiro *Hamlet*, há oito anos, tinha um máximo de permanente vibração emocional para um mínimo de análise do texto. Ficava-se arrepiado — mas não se sabia bem por quê. A compreensão, a lucidez intelectual, ao contrário, é a própria marca deste seu segundo *Hamlet*, como prova de que todos estes anos não se passaram em vão. Sérgio Cardoso transformou-se no mais apaixonado exegeta da peça e do papel, lendo tudo que lhe caia ao alcance, pesquisando a tradição, certificando-se de como cada intérprete famoso resolveu cada problema proposto pelo texto — e *Hamlet* é cheio de problemas. O resultado é uma interpretação consciente e segura ao extremo. Sente-se que não há nada improvisado, de brilhante e superficial, no seu desempenho ou na encenação, nada que não tenha sido pensado e resolvido pela inteligência antes de ser submetido à sensibilidade, a começar pela marcação, pelo hábil aproveitamento do espaço em cena. Porém, o que Sérgio mais aprendeu, desde a sua estréia, foi a economia de meios, lição árdua para um ator de temperamento dramático exuberante e facilmente histriônico como o seu, capaz de fazer uma grande cena, de impressionar o público com um *morceau de bravoure*, no momento que quiser. Que ele se tenha abstido, recusando-se qualquer recurso melodramático, criando o *Hamlet* mais simples, mais despojado que se possa imaginar, sem a menor concessão, sem qualquer efeito fácil, é uma admirável vitória sobre si mesmo. Podemos dizer, agora, que ele é finalmente o grande ator que a sua fulgurante estréia prefigurava. Para não dizer que não tenha perdido nada, perdeu, talvez, um pouco da sua força sarcástica de outrora. Hamlet é um bufão intelectual, como ele mesmo se classifica, no sentido de pessoa que se paga com palavras e não com atos. Para lutar contra a má-fé de Cláudio, contra a estupidez de Polônio, contra o espírito cortesão de Rosencrantz e Guildenstern, não dispõe senão de sua ferinidade — mas essa, em suas mãos, é sempre uma arma de penetrante gume. Parece-nos que o primitivo *Hamlet* de Sérgio Cardoso lacerava melhor, feria com mais agressividade e humor — ou será que os críticos nunca estão mesmo satisfeitos?

* * *

Um dos pilares do trabalho de Sérgio Cardoso, ao dirigir o *Hamlet*, foi a tradução de Péricles Eugênio da Silva Ramos: é ela que impõe aos atores a sua linha retórica, no bom sentido da palavra, da mesma forma que a versão tão simples de André Gide refletia-se a cada momento no espetáculo de Jean-Louis Barrault. Péricles Eugênio, com efeito, não procurou, no texto de Shakespeare, a nota atual, a transposição moderna, a correspondência com o gosto de nossos dias. Ao contrário, timbrou em conservar, na medida do possível, toda a extraordinária riqueza de imagens e vocábulos do original inglês. Com isso certamente não facilitou a tarefa para o auditório, mas, dentro do seu ponto de vista, revelou excepcional probidade, engenhosidade e senso poético.

A segunda viga-mestra do espetáculo é dada pelos cenários de Eduardo Suhr. Trazer qualquer peça de Shakespeare para palcos modernos é sempre um problema, porque toda a nossa concepção cênica dificulta a realização desses locais múltiplos, desse encadeado de pequenas cenas, em que consiste o sistema de construção da dramaturgia isabelina. A tendência mais em voga, na cenografia atual, é a redução do cenário ao seu mínimo, aos seus elementos estritamente indispensáveis — plataformas, cortinas — deixando à luz, à marcação, às vestimentas, o encargo de ressaltar o lado plástico do espetáculo. Esse é o método de Jean Vilar, do Teatro Nacional da Bélgica, seguido igualmente por Aldo Calvo e Adolfo Celi, segundo dizem os críticos, na encenação de *Otelo* que está sendo neste momento apresentada no Rio de Janeiro.

Eduardo Suhr partiu de princípios opostos, construindo um cenário sólido, um castelo de Elsinor como se fosse de verdade. O seu primeiro passo foi anular a separação entre cena e proscênio, disfarçando a moldura em que se enquadra a cena nos nossos teatros modernos, incorporando-a por assim dizer ao cenário, fazendo com que o espaço destinado aos atores invadisse o proscênio e chegasse até a fossa da orquestra. Dentro dessa estrutura fixa, as mudanças de cenário são feitas à vista do público, mediante alguns simples expedientes mecânicos ou cênicos, alguns telões de fundo que sobem e descem, e duas torres laterais que giram sobre si mesmas, revelando o interior. Cria-se, dessa forma, uma série de áreas de representação — a exemplo do que sucedia na época de Shakespeare — permitindo que o espetáculo corra natural e ininterruptamente, sem qualquer esforço visível. Tais dispositivos, ao lado de tantas vantagens, tem somente um inconveniente: projetam, com alguma monotonia, toda a representação sobre o proscênio, jogando-a quase aos pés dos espectadores, não aproveitando a profundidade e a largura integral do palco. Dá aos atores o contato direto com o público, necessário aos monólogos shakespearianos, mas priva as cenas de conjunto daquele recuo, daquela transfiguração poética, que somente a distância proporciona. O tom é neutro, severo, como as pedras do próprio castelo, apenas aqui e ali colorido e matizado por alguns desenhos de linhas e cores sugestivamente primitivos. Em suma, um belo e bem concebido cenário, resolvendo com inteligência e habilidade todas as dificuldades da encenação. As vestimentas, também de autoria de Eduardo Suhr, embora imaginadas e realizadas com a mesma alta competência profissional, pareceram-nos menos felizes, de um gosto um tanto sobrecarregado.

Com respeito às personagens, Hamlet, como o vê Sérgio Cardoso, destaca-se por voltar-se de preferência para dentro de si mesmo. Também ele, sem dúvida, tem repentes de intensidade e exaltação, ao ouvir as primeiras revelações do Espectro, ao enfrentar a Rainha, ao surpreender o Rei com a pantomima dos cômicos, ao debater-se contra Laertes junto à sepultura de Ofélia. Mas cai logo em seguida na sua melancolia, no seu incessante solilóquio, no seu torpor para tudo que não seja o seu enleio e as suas hesitações morais e intelectuais.

Daí o contraste entre a interiorização de Sérgio Cardoso, a sua representação freqüentemente sem gestos, e o desempenho muito mais fortemente delineado e marcado dos outros. Ainda aqui, entretanto, há uma certa variação do grau de teatralidade, conforme o papel e o temperamento de cada ator.

De todas as personagens, a desenhada com maior simplicidade e naturalidade é a Rainha, na interpretação de Nydia Lícia. A mãe de Hamlet, a esposa de Cláudio, passa pelo drama sem tomar praticamente conhecimento dele, apenas como mãe e amante, sem ser cúmplice de crime algum, pecando, quando peca, só por fraqueza ou omissão. Nydia Lícia empresta à personagem a sua própria serenidade e dignidade em cena, alcançando ainda um excelente momento poético na descrição da morte de Ofélia.

Ofélia, interpretada por Berta Zemel, é, a princípio, uma criaturinha apagada e discreta, jogada impiedosamente de um lado para outro, entre Polônio, Cláudio e Hamlet. Mas na cena da loucura, das mais difíceis e ambíguas de todo o repertório clássico universal, Berta dá toda a medida do seu talento, evitando tanto a vulgaridade quanto o embelezamento romântico da personagem. Ofélia é um misto, como só Shakespeare ousaria compor, de lirismo e de realidade bem terrestre, até mesmo prosaica. A loucura, com o seu sopro poético, passou por sobre a sua face, apagou-lhe a memória e desfez-lhe o entendimento, mas ela continua, de certa forma, a pertencer a este nosso pobre mundo, a ser o que sempre fora, uma menina esmagada pela incompreensão e sofrimento porém sem nada de extraterreno. A dificuldade é unir a realidade e a irrealidade — e Berta consegue admiravelmente unir as duas pontas da interpretação num único desenho.

Jorge Fischer Jr. é um encantador Laertes, quando se despede da irmã e do pai, cheio de simpatia, ternura e ímpeto juvenil. Nas cenas de desespero, todavia, já denota um certo esforço, uma certa tensão, que se trai inclusive na voz, que perde parte da sua espontaneidade, tornando-se levemente gutural, imperfeição que não basta, entretanto, para impedi-lo de manter-se no seu nível habitual, um dos mais altos entre os nossos jovens atores.

Carlos Zara e Emanuel Corinaldi, respectivamente Cláudio e Polônio, enfrentaram idêntico problema: o de simular uma idade que estão muito longe de possuir. E ambos o solucionaram da mesma forma, recorrendo a artifícios de colocação de voz: Carlos Zara só usou o grave, forçando o timbre, o que lhe tirou, e continuará a tirar-lhe, algo em naturalidade e força dramática, até que a prática do palco acabe por robustecer e enriquecer a sua voz. Quanto a Polônio, o seu gênero de tolice é desses que não dispensam a idade exata do intérprete porque o douto primeiro-ministro só é tolo na medida em que o hábito de se considerar importante e um começo de senilidade o tornam surdo a tudo o que não seja o som de sua própria voz. Polônio adora ouvir-se, ainda que à custa de perder qualquer contato com a realidade que o cerca. Ora, Corinaldi tem vinte, não setenta ou oitenta anos. A maneira como resolveu o impasse foi empregar uma voz de falsete que, embora solucionando satisfatoriamente a questão, não deixa de dar um colorido extra ao sutil grotesco que a personagem já por si possuía.

Das personagens principais, a única que nos pareceu verdadeiramente fraca, muito inferior às possibilidades do papel, foi o Horácio do estreante Líbero Miguel — e neste qualificativo estreante talvez esteja a sua melhor desculpa. Entre os intérpretes menores, salientaríamos O 1º Coveiro de Zéluiz Pinho, esplêndido de presença e vigor popular, e O Espectro de Gustavo Pinheiro, graças principalmente à sua privilegiada voz. Os demais, como Líbero Ripoli Filho, José Miziara, Jurandir Mendes, sem destoar. Guilherme Corrêa, não obstante o seu talento para a comédia e a farsa, poderia ter dado ao desenho de Osric um traço, não menos caricatural — Osric é uma caricatura —, porém mais finamente e espirituosamente caricatural.

A presente encenação do *Hamlet*, com as suas compreensíveis falhas e as suas surpreendentes qualidades, é um espetáculo de classe, que coloca Sérgio Cardoso como o primeiro entre os encenadores nacionais. Resta agora que o público continue a prestigiá-lo como já vem fazendo. Seria uma pena, em verdade, que o espetáculo de estréia do Teatro Bela Vista deixasse de agradar por aquele defeito referido pelo próprio Hamlet — por ser "caviar para o populacho".

(1956)

7. A Dama das Camélias

Que o título acima não induza nenhum conspícuo leitor a erro: exceto pelo fato incontestável de ambas usarem camélias e nenhuma das duas ser propriamente uma dama, não há qualquer semelhança entre a Margarida Gauthier de Dumas Filho e a personagem criada por Dercy Gonçalves. Esta nova *Dama das Camélias*, portanto, não é mais do que um pretexto para que Dercy continue aumentando a sua galeria de famosas heroínas históricas, entre a Lucrécia Borgia da última temporada e uma Dalila que já se anuncia para futuro não remoto.

O problema, com Dercy, é saber como usar o seu inegável talento histriônico, é achar peças talhadas à medida do seu exótico temperamento artístico. Comédias comuns, obviamente não servem, porque foram escritas para serem representadas, não para serem demolidas pelos intérpretes. Por que não recorrer então à paródia, à contrafacção do próprio teatro, deixando a protagonista em liberdade para cometer tantas heresias quantas lhe derem alegremente na veneta?

Mas a paródia, por sua natureza, é um gênero curto, rápido, incisivo, como a caricatura: trata-se de realçar, em dois ou três traços essenciais, o que há de ridículo numa personagem, numa peça, numa época, numa maneira de ser ou de representar. Capriolli, Bonucci e Franca Valeri, quando estiveram em São Paulo, não necessitavam mais do que um quarto de hora, ou menos ainda, para esboçar uma fita moderna norte-americana ou um melodrama do século passado, com todos os seus ingredientes clássicos. A paródia, exercida desse modo, passa a ser um gênero de teatro tão válido como outro qualquer, um instrumento de conhecimento e de análise, um comentário crítico feito à margem de uma pessoa ou de uma obra de arte.

A *Dama das Camélias* de Dercy Gonçalves está longe de possuir semelhante poder satírico. O autor, Hermilo Borba Filho, e o diretor, Ruggero Jacobbi, ainda tentaram obter aqui e ali alguns efeitos paródicos, auxiliados por artistas tais como Darcy Reis e Lindberg Leite. Mas Dercy, que representa noventa e cinco por cento do espetáculo, não se vale nunca de qualquer ponto de referência alheio à sua própria personalidade: para ela pouco interessa quem foi Dumas Filho, Margarida Gauthier, como era ou como deixava de ser o dramalhão de cem anos atrás. Os seus momentos mais autenticamente engraçados são os que escapam a qualquer classificação, a qualquer sistematização crítica, não os de intensa confusão e exagero, como parecem sempre crer os seus encenadores, mas, ao contrário, aqueles em que ela se exprime quase sem palavras, quase sem gestos, porque o que está pensando nunca poderia ser dito ou mesmo indicado num palco. Reduzida então a alguns meneios mímicos, a algumas frases vazias de sentido (do tipo "Sá cum'é?") Dercy consegue comunicar diretamente ao público o que lhe passa pela cabeça, com uma eficiência cômica admirável. Em compensação, as outras graças, preparadas pela peça ou pela encenação, como dirigir-se ao ponto ou jogar "pirolito-que-bate-bate" com o velho Duval, parecem já forçadas, frias, fabricadas, porque não se pode simular verdadeiramente a improvisação. Dercy, em suma, é uma atriz totalmente indomesticável, irredutível. Daí, igualmente, o paradoxo de suas peças: devem ser escritas especialmente para ela, mas só valem na medida em que Dercy as abandona para revelar o que há na sua personalidade de mais popularmente primário, de mais absurdamente infantil. A sua própria imoralidade choca-nos muito menos do que devia porque é direta e ingênua, como a das crianças, que dão a vida para dizer algumas porcarias.

Seria injusto, entretanto, não assinalar que a presente Dama das Camelias resolve aquelas contradições de maneira um pouco mais feliz do que as precedentes peças do repertório de Dercy. Não queremos dizer com isso que nos tenhamos divertido tanto quanto o resto da platéia, quase caindo literalmente da cadeira nas ondas mais fortes de hilaridade, como vimos à nossa volta na noite da estréia, no pequeno auditório da Cultura Artística. Mas não deixamos também de rir, um tanto surpresos, francamente, de estarmos achando graça em coisas tão claramente pueris, e mesmo tão sem espírito — o que é uma homenagem a mais ao talento da atriz.

Como fenômeno teatral, o êxito de Dercy, ou de Alda Garrido, ou de Oscarito, são indícios do desequilíbrio provocado pelo crescimento do nosso teatro. Passamos abruptamente demais, talvez, das "chanchadas" nacionais ao repertório clássico, e o público parece conservar, secreta ou confessadamente, uma certa nostalgia da graça simples de outrora. Fingimos que adoramos as comédias francesas, porém o que faz rir de fato uma platéia brasileira, mas rir de perder o fôlego, é algo intraduzível, incompreensível em qualquer outra língua e qualquer outro teatro, algo de muito mais elementar e rudimentar do que a graça européia. Significativo, a esse propósito, é a circunstância de que as estréias de Dercy são as que atraem maior número de atores de outras companhias, inclusive das companhias jovens, que afetam só dar valor ao grande teatro. Peças de vanguarda, companhias estrangeiras, tudo isso só os atinge de forma superficial, um tanto da boca para fora. Mas basta Dercy aparecer em cena, ei-los positivamente transportados, divertindo-se como nunca jamais haviam sonhado.

Hermilo Borba Filho e Ruggero Jacobbi, que são homens de teatro conscientes, não podem deixar de ficar abalados com o êxito de *A Dama das Camélias*, depois de tantos medíocres resultados de público com peças e espetáculos infinitamente mais sérios. Talvez a eles também tenha ocorrido o mesmo terrível pensamento que nos assaltou no meio do espetáculo, tirando parte do nosso prazer: o de que *A Dama das Camélias* exprime porventura mais profundamente o verdadeiro nível da nossa cultura teatral do que qualquer outra peça atualmente representada em São Paulo.

(1956)

8. Moral em Concordata

Com esse título, que já diz tudo, e mais o nome do autor, Abílio Pereira de Almeida, quem é que, sabendo somar dois mais dois em termos de teatro, não será capaz de imaginar, com precisão, o espírito e a forma desta nova peça que acaba de estrear no Teatro Maria Della Costa?

Abílio começou escrevendo peças que se diziam comédias e acabavam em drama; que desejavam apenas divertir, mas suscitavam, involuntariamente, amargas reflexões sobre a sociedade atual, *Moral em Concordata* marca o ponto de retorno sobre si mesmo, o momento em que o escritor resolveu assumir deliberadamente, de forma talvez deliberada demais, o papel de moralista às avessas, que os outros lhes atribulam. Desta vez, Abílio lança até manifesto, no programa do espetáculo: entrincheira-se por detrás de uma frase de Rui Barbosa que serve esplendidamente aos seus propósitos — "o homem chega a desanimar-se da virtude, a rir-se da honra e a ter vergonha de ser honesto" —, acha uma definição precisa para o seu método, afirmando que argumenta pelo absurdo, e parte decisivamente para o ataque.

Esta nova consciência das suas responsabilidades e das suas características de escritor não ficaria mal se não extravasasse, com freqüência algo embaraçosa, das palavras do prefácio para as do próprio texto, impregnando-o de considerações marginais e moralizantes. O que fazia a força simples de algumas de suas primeiras peças — *Paiol Velho*, por exemplo — era a objetividade do ponto de vista: Abílio somente retratava o que via, sem tomar, ou sem parecer tomar partido, embora tocando em certos temas sociais ou morais que dificilmente nos poderiam deixar indiferentes. Agora, temendo talvez ser mal compreendido, sentindo a necessidade de firmar a sua posição, transforma, por assim dizer, o autor dramático em advogado de acusação. Ora, este ganho moral, se assim o quisermos considerar, e uma perda artística, porque a obra de arte realista deve exprimir tudo nas entrelinhas, não necessitando explicar o que é o bem e o mal. Para nós, críticos, o que interessa em *Moral em Concordata* é a história de Estela, porque a história de uma pessoa determinada tem sempre, ou pode ter, a sua dose de originalidade; quanto às reflexões de ordem geral, nós mesmos saberíamos tirá-las, inclusive porque, neste terreno, é difícil fugir às idéias de propriedade comum. Essa não é, entretanto, convém esclarecer logo, a opinião habitual do público, que adora que lhe devolvam, valorizadas pelo palco, santificadas pelo prestígio da arte, aquela mesma série de verdades de uso coletivo, que cada um de nós costuma confiar cotidianamente à esposa ou aos amigos: "Este País está perdido", "É preciso cadeia para essa gente", "O que falta é vergonha" etc. etc... É fácil perceber no público do Teatro Maria Della Costa, à medida que as tiradas vão brotando, uma satisfação, uma complacência e ar de cumplicidade com o autor, que é, antes de mais nada, um estado de embevecimento de cada espectador consigo mesmo — "Como esse Abílio é inteligente: pensa exatamente como eu!".

Outro ponto em que a presença do autor, acima e dominando as personagens, aparece de maneira por vezes indiscreta, refere-se a essas frases inesperadas e engraçadas de que o texto está cheio. A comicidade das peças anteriores era em geral aquilo que se costuma chamar de comicidade de situação; a de *Moral em Concordata*, ao contrário, vale-se de preferência da expressão pitoresca e curiosa, que faz rir por si mesma, e não pelo que exprime no contexto da peça e em face da psicologia das personagens. Se assim não fosse, se a peça não recebesse a, todo momento, por parte do autor, tais injeções cômicas, não tardaríamos a perceber que o enredo, pelo menos nos dois primeiros atos, é muito mais de drama do que de comédia. A graça aqui, mais ainda que nos originais precedentes, está sobretudo na irreverência verbal de Abílio, nessa graça irresistivelmente espontânea das pessoas que não têm papas na língua. Por entre a timidez, a inibição social da maioria das pessoas, semelhante desenvoltura, mais de linguagem do que de pensamento, raiando pelo irrespeito, não se intimidando nem pela presença do público, nem pelo caráter sagrado do teatro e da arte etc., não pode deixar de dar uma sensação repentina de autenticidade humana. O público perdoa tudo a Abílio — *Moral em Concordata* é a mais crua de suas peças — com um sorriso divertido, porque ele diz as coisas como ninguém ousa dizer, candidamente, assim como lhe passam pela cabeça.

Por debaixo destes defeitos e qualidades superficiais, repontam, entretanto, vez ou outra, virtudes dramáticas mais profundas e menos exploradas, demonstrando cabalmente que a vocação de Abílio para o palco nada tem de falso ou de forçado: por exemplo, a excelência do seu ouvido, que lhe permite apanhar sempre ao vivo a linguagem falada, ou a sua capacidade de intuição psicológica. É interessante, na peça, sob este aspecto, a ambigüidade das relações das duas irmãs, cada uma tendo a nostalgia secreta da vida, honesta ou desonesta, que a outra leva. Infelizmente, Abílio deixou-se seduzir menos por esta rica matéria psicológica do que pelo desejo de usá-la de forma espetaculosa na defesa de suas teses.

O espetáculo, dirigido muito bem por Flamínio Bollini, dá-nos duas interpretações de primeira ordem: as de Maria Della Costa e Odete Lara. Maria Della Costa, quando entra, ainda tem qualquer coisa de estudado, de quem está procurando compor a personagem, nos gestos, na pronúncia italiana; depois que a esquece, no entanto, perdendo-se no cafajestismo simpático de Rosário, e impressionante de veracidade. Odete Lara surpreende-nos pelo progresso: antes era uma principiante de boas possibilidades: este papel já é o de uma verdadeira atriz, com muita simpatia em cena e uma série grande de recursos de interpretação.

Em plano mais modesto, proposto pela própria peça, temos ainda dois excelentes desempenhos: os de Ilema de Castro, que consegue uma total identificação com o papel, e o de Felipe Carone, tirando o máximo de comicidade de uma quase ponta, que, em si, quase nada continha. Também efetivos e convincentes, Luiz Tito, representando com simplicidade e distinção, no seu melhor trabalho destes últimos anos; Jardel Filho, na mesma linha e tão bem como em *A Rosa Tatuada*; Serafim Gonzales, Benjamim Cattan, Rosamaria Murtinho e Edmundo Lopes. Armando Bogus, que tem qualidades, está exagerado quando ouve a irradiação do jogo de futebol, único instante, quanto à marcação, em que Bollini caiu na caricatura fácil e de mau gosto. Cenário de Túlio Costa, no bom nível a que já nos acostumou.

(1956)

9. Dona Xepa

Já sabíamos que Vila Isabel — a Vila, mais simplesmente — dava samba, como São Paulo dá café e Minas Gerais dá leite. Mas Pedro Bloch enxerga na Vila coisas com que Noel Rosa jamais sonhou. Um grande físico, por exemplo, um grande físico que trabalha mesmo em casa e cujo modesto laboratório — o gênio tem dessas coisas — não ocupa mais do que modesta porção de uma salinha de visitas já por si modesta. Acontece, porém, que ele descobre a famosa "válvula isocrônica" (se o leitor não sabe o que é isso não tem importância por que, nós também não sabemos e o autor não explica direito — Alda Garrido não deixa). Basta dizer que a invenção é importantíssima, fazendo os Estados Unidos — os tempos mudaram desde Santos Dumont — curvarem-se ante o Brasil. O humilde telefone suburbano tilinta, vai-se ver é de Nova York. O rapaz, e uma irmã implicante que ele tem, começam a freqüentar a alta sociedade, em que só se fala inglês e francês, tendo vergonha e esquecendo em casa a pobre mãe — Dona Xepa, isto é, Alda Garrido — que fica chorando, imaginando de longe o triunfo do filho, fingindo que não foi ao baile porque não queria mesmo ir etc. Tudo melhora no terceiro ato, Dona Xepa muda de bairro, passa a usar piteira, a pretinha, criada família, fala francês, a irmã fica noiva de um diplomata que tem até árvore genealógica, quando, de repente —bumbo — Dona Xepa descobre que a tal válvula não é válvula nada e sim uma espécie de bomba atômica em miniatura, um engenho de guerra, destinado a matar inocentes e não, como ela pensava, a consolar mães aflitas. Trava-se, então, um ligeiro debate ideológico sobre o que vale mais, se é o progresso científico, frio e desumano, ou se é um bom ajantarado aos domingos, com pastéis de camarão, na Vila Isabel, todo mundo gostando de todo mundo. Dona Xepa faz discurso contra aguerra e a favor do ajantarado, volta à Vila, e, numa tocante cena muda, recebe o filho que cai arrependido em seus braços. Dos bastidores, ao longe, ouvem-se os habitantes da Vila gritarem: "Boa noite, Dona Xepa", "Muito bem, Dona Xepa". Dona Xepa, em suma, insinua Pedro Bloch, é uma heroína, não se sabe bem por que, se por ser uma boa mãe, se por se manifestar contra a guerra ou se pela prodigiosa capacidade que tem de dizer asneiras, único traço verdadeiramente original da sua personalidade.

Contar uma peça pode não ser um bom método crítico. Mas há casos em que é preciso — mesmo contando não se acredita. O que irrita em *Dona Xepa*, muito mais do que qualquer comediazinha anodina como existem tantas por aí, é a sua falta de sinceridade, o seu comercialismo sem pudor, aquilo que o povo chama, em qualquer terreno, de demagogia, isto é, a exploração popular, propositadamente barata, sensacionalista, de temas e idéias nobres. Ora, a crítica, habitualmente tão severa com os espetáculos bem-intencionados, trata, ao contrário, com a maior indulgência tais casos extremos que, por si próprios, de forma já tão evidente, se colocam fora da literatura, à margem da evolução normal do teatro. A saída gentil consiste então, por exemplo, em lembrar que Alda Garrido é uma grande comediante e que o texto, para ela, nada, absolutamente nada, significa. A teoria, em síntese, é a de que só por ser Alda Garrido quem os diz, devemos achar engraçadíssimos diálogos como estes:

"— A senhora gosta de Tagliavini?
— Sim, adoro talharini".

Ou:

"— As lágrimas vieram-me "agli occhi"
— As lágrimas caíram no gnocchi?".

O mais espantoso, entretanto, é que os espectadores se comportam como se achassem mesmo engraçadíssimo, a coisa mais divertida, mais deliciosa que jamais lhes chegou aos ouvidos. Não só riem mas repetem baixinho cada tirada dessas — e há centenas — duas, três vezes, para eles mesmos, uns para os outros, tentando prolongar o prazer, fixar na memória a frase espirituosa. *Dona Xepa* ficou mais de ano em cartaz no Rio de Janeiro e, a julgar pela calorosa reação do público na noite de estréia, não há nenhum motivo para a empresa ser menos otimista em relação a São Paulo. O que a peça põe em evidência acima de tudo, com amarga clareza, é como é pequeno, como é ilusório, como é de superfície, o progresso do nosso teatro, como permanecemos ainda presos à emoção da rádio-novela e à graça do circo-de-cavalinho. Alda Garrido, enfim, é Alda Garrido, uma excelente atriz cômica. Mas o nosso público será esse mesmo, tão infantil e imaturo artisticamente, incapaz de exigir dela qualquer esforço um pouco mais alto?

E Pedro Bloch? O máximo que poderíamos alegar, a seu favor, é que se trata de um homem que deseja ganhar dinheiro com o teatro e sabe como fazê-lo. E o mínimo? Bem, o mínimo não vamos dizer — vocês imaginam.

(1956)

10. Otelo

Não teríamos dificuldades, se quiséssemos, em apontar inúmeras falhas em *Otelo*: não é preciso entender muito de teatro para perceber, por exemplo, que os atores secundários do elenco de Adolfo Celi não estão à altura dos principais e que mesmo estes não mantêm com uniformidade o nível de interpretação, oscilando entre o regular, o bom, o ótimo e o magistral. Mas seríamos bem mesquinhos, bem pouco clarividentes, no fundo, se, no afã de criticar, deixássemos de ver o essencial, se, diante de uma representação tão superior, nos propósitos e nos resultados, a quase tudo que se faz e se fez em palcos brasileiros, não salientássemos, acima de tudo, o fato excepcional de já podermos ter representações shakespearianas entre nós.

Paulo Autran é certamente o ator mais seguro com que o nosso teatro conta, bom na comédia e no drama, na peça antiga e na moderna, tendo força e delicadeza, sensibilidade e inteligência. De todos os desempenhos da presente versão o seu é o mais perfeito, o mais homogêneo, o mais clássico, o mais nobre, nunca perdendo o domínio sobre si mesmo, nunca esquecendo, inclusive nas cenas de desvario, que a poesia tem exigências específicas e o texto shakespeariano deve ser dito com elegância, musicalidade e clareza.

A ele, contrapõe-se um Iago mais desigual, menos firme em questão de gosto, porém não menos brilhante, Felipe Wagner tem as qualidades e os defeitos do virtuose, do artista que se deleita com as próprias aptidões, fazendo praça de seus recursos de voz e de gesto, exibindo-as com evidente prazer. Mas acontece, felizmente para ele, que também Iago é um exibicionista de alta classe, um dialeta do mal, um artífice da arte pela arte, da intriga pela intriga, que nos toma como testemunha de suas maquinações e depois as realiza com a presteza e a perfeição de movimentos dos malabaristas.

A tragédia de Shakespeare, servida por tais atores, assume o seu verdadeiro carretar — um longo, angustiado e angustioso diálogo entre Otelo, cuja fraqueza é a sua própria grandeza moral, a sua credulidade, o seu espírito desprevenido, e Iago, cuja força, ao contrário, reside na ausência de escrúpulos, na mais total abjeção. Assistimos, fascinados e horripilados, a esses exercícios de tortura mental, a essa espécie de encantamento exercido pelo pior sobre o melhor. Otelo, sem defesa perante a insinuação malvada, parece, às vezes, literalmente hipnotizado pela presença do mal, que Iago lhe vai insidiosamente instilando no pensamento, até chegar o momento em que o corpo, os nervos, já não suportam a carga, a tensão — e ele cai desfalecido, vencido pelo único inimigo contra o qual não aprendera a lutar: a dúvida interior, o dilaceramento do espírito.

Os meios de Iago parecem sutis — a esperteza é a arma dos pseudo fortes — mas a sua natureza profunda, se atentarmos bem, é rústica, obscena, bestial, inferior. O que ele se compraz em pôr diante dos olhos de Otelo, na suposta traição de Desdêmona, não é a mentira, o abuso de confiança, a quebra de um compromisso moral, mas a própria imagem física do amor, a luxúria, a poluição do corpo, o ato carnal exercido por outro. Trava-se assim um debate enfurecido, endemoninhado, entre a espiritualidade do homem — se compreendemos pelo termo, na falta de melhor, os seus ímpetos de amor, de confiança, de generosidade — e a sua animalidade subjacente. A pureza de Desdêmona, antes mesmo da intriga, já está ameaçada, cercada pelo desejo de Rodrigo, pelas chufas de Iago, pelas familiaridades de Emília, pela desfaçatez de Bianca e os amores de Cássio, por essa atmosfera de mulheres, rixas e bebidas, de lascívia e vulgaridade, que tem a sua natural expansão simbólica nas constantes comparações e alusões a animais vis — a moscas, sapos, cabras e macacos. Só Otelo e Desdêmona revelam-se imunes, só eles permanecem puros, não porque sejam castos, mas pelo motivo oposto, porque transcendem no amor a sua cota de animalidade. É natural, pois, que sejam sacrificados. Shakespeare, o mais poético dos escritores, sabe ser também, quando preciso, o mais grosseiro e realista: nenhum aspecto do homem lhe é desconhecido, nenhum deixa de ser incorporado à sua arte e visão do mundo.

Mais ou menos na penumbra, sem compreender, até o último momento, nada do que se está passando, estão Desdêmona e Emília. Tônia Carrero procura interpretar o papel dessa maneira, acentuando-lhe a docilidade e passividade, a sua inexistência a não ser como motivo de intriga de Iago e do ciúme de Otelo. Mas foi traída, freqüentemente, por outra coisa, pelo tom moderno, natural demais, do rosto e das palavras, quase ela mesma, quase engraçadinha. Ora, do ponto de vista dramático, que é instintivamente o do espectador, não importa o que Desdêmona possa ser psicologicamente, como ser humano, mas apenas a circunstância de que ela irá morrer inocente no último ato. Se não percebemos, de alguma forma misteriosa, esse destino estampando-se-lhe no rosto, conferindo-lhe dignidade trágica, resta apenas o que ela era de fato, uma mulher como as outras.

Já Margarida Rey, nas poucas cenas de que dispõe, faz ascender Emília ao primeiro plano da representação, entre Otelo e Iago, não por causa do papel, mas por ela mesma, como atriz, pelo seu vigor clássico, pelo seu temperamento naturalmente dramático.

É difícil julgar o cenário de Aldo Calvo porque ele foi concebido para ser transportado e adaptado com facilidade a qualquer palco. Em tal circunstância, a melhor solução era aquela: alguns elementos que pudessem sugerir abstratamente a essência do drama, servindo ao mesmo tempo às exigências práticas de encenação.

Sobre Celi não é preciso falar: tudo o que dissemos de bom sobre os intérpretes é mérito seu, pois que encenação é isto, dissolver-se sem deixar resíduos no desempenho dos atores e no delineamento geral da peça. Celi, com a idade, resiste cada vez mais ao achado pelo achado, ganhando em consistência sem perder esse gosto pela teatralidade que é a marca de sua maneira de ser.

Quanto à tradução de Onestaldo de Pennafort é a mais feliz tentativa, das que conhecemos em nossa língua, de verter Shakespeare em termos de teatro, sem prejuízo da fidelidade e da beleza literária.

Ao nascer o nosso teatro, João Caetano representou o *Hamlet* e o *Otelo*, nas versões de Ducis. Passaram-se depois mais de cem anos sem que nenhum ator brasileiro ousasse ou fosse capaz de associar o seu nome de forma definitiva ao de Shakespeare, empresa agora realizada, quase simultaneamente, por dois atores jovens: Sérgio Cardoso, com *Hamlet*, e Paulo Autran, com *Otelo*. Essa é a perspectiva histórica. Que ninguém, por excesso de escrúpulo crítico, deixa de percebê-la, negando uma das mais preciosas conquistas do nosso teatro atual.

(1956)

11. As Provas de Amor

O público deseja da crítica menos uma série de considerações que permitam colocar um problema, esclarecer na medida do possível um assunto, que um julgamento seco e categórico. Gostou ou não gostou? — parece encerrar toda a complexa questão crítica.

As Provas de Amor, de João Bethencourt, presta-se mal a esse gênero de execução sumária, pela soma de qualidades e defeitos, grandes qualidades e pequenos, mas às vezes decisivos defeitos, uns e outros, de resto, um tanto desconcertantes para o público. Na aparência, é uma comédia apenas para divertir; em verdade, é obra de um escritor que se mantém um pouco — ou muito — afastado do gosto comum, mesmo quando não o deseja.

João Bethencourt estudou *playwriting*, durante três anos, em Yale. Mas o que parece ter aprendido é sobretudo como não fazer uma peça nos moldes habituais do teatro comercial dos Estados Unidos. O seu teatro é antipsicológico e anti-realista, a sua narração direta, corrida, sem antecipar e preparar efeitos, a sua filiação artística muito mais européia que norte-americana. Não escreve para reproduzir ou para explicar a realidade, tal como ela efetivamente é, mas para narrar um conto de fadas, criar uma atmosfera em que o extravagante e o improvável possam acontecer com naturalidade. Não admira que a fantasia das situações tenha seduzido um encenador como Maurice Vaneau, cujo último trabalho foi precisamente tornar menos real a *Gata em Teto de Zinco Quente*, de Tennessee Williams. Pertencem ambos à mesma geração, descontente com o teatro burguês, buscando inspiração nas experiências poéticas de um Christopher Fry ou no teatro épico de um Bertolt Brecht. Já o público, e os próprios atores, talvez pertençam à geração anterior — ao presente, não ao futuro, como eles. A peça engana assim na sua pretensa ingenuidade: muita gente supõe estar além dela, quando, de fato, está aquém, não chegando sequer a perceber com clareza as suas intenções.

O primeiro ato é excelente — e excelente num nível literário e teatralmente ambicioso, de difícil execução. A idéia é séria e grave, como a juventude — um suicídio por amor — mas o tom inconseqüente, propositadamente leviano, ao mesmo tempo terno e irônico, sentimental e pudico. A ação, quase inexistente, decorre não de um plano, mas de uma seqüência frouxa de episódios e personagens incidentais: um rapaz romântico, uma mocinha enigmática, um sorveteiro, um fotógrafo ambulante, um agente de seguros.

A dificuldade, em peças desse tipo, é sustentar a inspiração, o fluxo da fantasia — nem o próprio Giraudoux, padroeiro do gênero, consegue-o com regularidade. O segundo ato de *As Provas de Amor* muda de tom, resolvendo a tensão entre o elemento lírico e o farsesco francamente a favor do segundo, caindo de nível quanto à originalidade, recorrendo, para fazer rir, a personagens convencionalmente cômicos, como o português vendeiro e o nortista falante. O público ri mesmo, como queria o autor, mas por já conhecer tudo aquilo, por não ter mais de enfrentar a novidade.

Sobre o terceiro ato seria difícil falar: a encenação comprometeu-o de tal forma, especialmente nas cenas finais, perdendo-se na própria ânsia de inventar coisas pitorescas, que a soma derradeira, o último balanço, tem de ser fatalmente desfavorável à peça. Não que ela também não tenha a sua parte de culpa, comprazendo-se em não levar avante as ações que empreende. O segundo ato, por exemplo, esboça uma farsa em torno do aproveitamento comercial do suicídio; porém, a idéia é abandonada quase a seguir, antes mesmo de ter tido tempo de se desenvolver. Também o conflito de amor desaparece como que por uma penada. O que resta? Um rapaz que briga com a namorada e faz as pazes, sob o influxo benigno de Vênus. É pouco, mormente para o público, que não se dá por satisfeito se não puder mastigar um bom e sólido enredo. Talvez uma encenação diversa justificasse o autor — mas aqui entraríamos no terreno gratuito das conjeturas.

O elenco do TBC — isso não é segredo para ninguém — não conseguiu compreender e gostar da peça, nem mesmo no que tem ela de bom, de excepcional dentro do nosso teatro. E o espetáculo sofre bastante em conseqüência. Pela primeira vez, na rua Major Diogo, vimos faltar ao espetáculo aquele acabamento, aquele poder de convicção, que é a marca do trabalho profissional. Não que os atores não soubessem o papel, mas não tinham a certeza de que o que faziam estava certo.

Individualmente, destacaram-se Elizabeth Henreid, no tipo de papel que melhor lhe convém; Freddi Kleeman e Sady Cabral, ambos engraçados e convincentes; e, em plano mais modesto, Jackson de Souza e Ziembinski, este graças à sua experiência de palco e não obstante uma dicção que pareceu particularmente dura e difícil ao ouvido no dia da estréia. Maria Dilnah, quase nada tendo a fazer, entrou com a sua juventude e beleza, como lhe era pedido, e Walmor Chagas deu a impressão de não se adaptar ou não se interessar pela personagem, ainda que sem descair de sua alta categoria de ator.

A direção de Vaneau, como vimos, é bem menos brilhante que as suas duas anteriores: regular nos dois primeiros atos, decididamente má no último, inclusive com a infeliz idéia de usar luz negra, recurso de *show* extremamente batido. Os cenários, também de sua autoria, são felizes, alegres e decorativos.

As Provas de Amor, em suma, têm as qualidades e os defeitos das primeiras peças dos autores que não se limitam a repetir o que os outros já fizeram: é uma comédia irregular, imatura tecnicamente, mas cheia de inteligência e sensibilidade, quer teatral, quer literária. O que talvez tenha faltado a João Bethencourt, e a Maurice Vaneau, foi uma noção mais precisa, mais nuançada, do grau exato de realidade necessário para ressaltar e vivificar o irreal. Se o texto visasse menos a poesia, talvez fosse mais poético: se a encenação visasse menos a comicidade, talvez fosse mais engraçada. Assim é o teatro e assim é a arte.

(1957)

12. Auto da Compadecida

Ariano Suassuna é um autor teatral que se apresenta também como crítico e esteta. Não só escreve peças mas o faz em obediência a certos preceitos, a uma certa orientação que ele é o primeiro a proclamar: "estamos vivendo (refere-se ao Brasil atual) a época elisabetana agora, estamos num tempo semelhante ao que produziu Molière, Gil Vicente, Shakespeare etc.".

Que valerá essa teoria crítica? O que valem, em geral, as teorias dos autores dramáticos: muito ou pouco, conforme quisermos considerar. Se for entendida como norma, padrão pelo qual devemos aferir o nosso gosto e julgar cada novo escritor, parece-nos pecar por unilateralidade. Não é exato que não se possa herdar, de outros povos mais adiantados, técnicas, soluções, problemas artísticos atuais: Machado de Assis não precisou recomeçar onde parou Daniel Defoe. Mas se a frase deve ser compreendida — e esse é provavelmente o sentido do autor — como um programa de ação pessoal, nada então a opor: o veio do teatro popular presta-se à exploração como qualquer outro, acrescendo-se ainda a circunstância de ser particularmente rico no Nordeste. Ariano Suassuna conhece o povinho miúdo, ouve-lhe as histórias, irmaniza-se com ele: tolo seria, se por qualquer espécie de preconceito, se recusasse a lhe emprestar a sua palavra de dramaturgo e poeta. É que a perspectiva do crítico tem de ser forçosamente diversa da do artista criador: a primeira, ampla, para poder compreender e fazer justiça a todos, mesmo a temperamentos antagônicos entre si; a segunda, muitas vezes estreita, fechada sobre si mesma, tendendo ao dogmatismo, para que a obra tenha caráter e personalidade. O ecletismo pode ser uma excelente qualidade crítica, mas raramente engendra um bom romance ou um bom poema.

Que um teatro semelhante ao de Molière e Gil Vicente é viável entre nós, *A Compadecida* aí está para comprová-lo, melhor do que qualquer argumento teórico. O seu ponto de vista, se assim podemos dizer, é o de um palhaço de circo que apresenta a peça e representa o autor, parte por premeditada modéstia deste, por não se achar à altura de tão alto tema como seja o da salvação do homem pela misericórdia divina, parte por mal disfarçado orgulho, por colocar a graça picaresca em bem elevado nível dentro da hierarquia artística.

Os dois primeiros atos da peça não transcendem ao habitual das farsas populares: gatos que descomem dinheiro, cachorros que são enterrados em latim, gaitas que ressuscitam gente, padres que se pretendem astutos mas são embrulhados com a maior facilidade por qualquer "João Grilo", herói a que a fome deu infinitos recursos dialéticos, que poderia muito bem ser Scapin, se a qualidade particular da sua malícia roceira não o aparentasse antes a Pedro Malazartes.

A história é sempre engenhosa, bem-conduzida teatralmente, o diálogo espirituoso e autêntico, de grande poder de síntese, o espírito, suficientemente primitivo, como se requer — mas, para falar com franqueza, até aqui não participávamos, no mesmo grau, do entusiasmo do público da estréia, nem reconhecíamos no texto a obra-prima proclamada por muitos.

No fim do segundo ato, entretanto, todos morrem: bispos e sertanejos, padres e cangaceiros. Começa a cena do julgamento, conduzida por um Jesus Cristo mulato e uma encantadoramente familiar Nossa Senhora e começa o que Ariano Suassuna tinha de mais íntimo e pessoal a dizer sobre o grande assunto da sua comédia: a Igreja Católica. Para situar a sua posição em poucas palavras, basta dizer que ele só cita dois autores católicos: Léon Bloy, para caracterizar o tom afetado e "sacerdotal" do padre, e Murilo Mendes, na sua definição pouco ortodoxa do inferno: acabará como uma espécie de repartição pública, que existe mas não funciona.

O catolicismo de Ariano Suassuna é esse: contra os ricos e a favor dos pobres, venerando Nossa Senhora porque "era pobre, filha de Joaquim e Ana, casada com um carpinteiro. Tudo gente boa"; tendo horror ao espetáculo da pompa oficial, à prepotência dos poderosos e à subserviência do clero, ao farisaísmo ("como todo fariseu, o diabo é muito apegado às formas exteriores"); odiando os aspectos inquisitoriais da autoridade ("Foi gente que nunca suportei: promotor, sacristão, cachorro e soldado de polícia. Esse aí — isto é, o demônio — é uma mistura disso tudo"); perdoando antes o cangaceiro que mata sem saber porque motivo que o sacerdote que se curva diante do poder temporal sabendo muito bem porque.

O traço mais original da sua teologia, contudo, é o valor atribuído à alegria, ao ponto de vista cômico (lembremos que o símbolo do autor é o palhaço): o céu, ao contrário do inferno, é um lugar onde "pode-se brincar"; Jesus (em contraposição ao Diabo, trancado dentro de sua irremediável tristeza, a tristeza do mal) compraz-se em tratar e ser tratado com familiaridade e humor: "Esse respeito que você fala, é coisa que eu nunca soube impor, graças a Deus". Cristo brinca, diverte-se com a solercia sertaneja, perdoando-lhe as irreverências por que lhe conhece a nativa ingenuidade. Já o Bispo, compreendendo menos, é bem mais formal: "Será proibido? Deve ser porque é engraçado demais para não o ser".

Claro está que as frases citadas são das personagens, não do autor: representam, talvez, o julgamento celeste tal como pode ser concebido, em termos concretos, pela literatura das feiras populares do Nordeste (*Green Pastures*, de Marc Connelly, já havia feito coisa semelhante em relação aos negrinhos do Sul dos Estados Unidos). Não é difícil, entretanto, perceber, atrás dos cordéis, o sorriso complacente e aprovador de Ariano Suassuna, satisfeito em ver João Grilo e Nossa Senhora exprimirem pontos teológicos que lhe são tão caros, já não diremos à inteligência, mas ao coração. Aliás, se algum defeito a peça tem será esta discreta insistência em expor e defender pontos de doutrinas, dentro da concepção apologética que a Idade Média fazia da literatura e de acordo com os preceitos do autor, que a escreveu para "exercício da moralidade", para combater o mundanismo e pregar de sua igreja.

O milagre daquele terceiro ato é saber fundir, com tamanha propriedade, o humor farsesco e a devoção, o irrespeito pelas aparências e o respeito pelo que o catolicismo possui de mais profundo e essencial: o contraste entre a fraqueza humana e a força divina. Todos são perdoados, mesmo os prevaricadores, como nas Barcas de Gil Vicente, porque a justiça cristã confunde-se com a misericórdia.

Seria fácil deixarmo-nos contagiar pelo entusiasmo gerado por uma bela peça e um simpático espetáculo, afirmando que a encenação do Teatro Natal esteve perfeita. Não é verdade. Há duas maneiras ideais de encenar *A Compadecida*: ou com total ingenuidade (parece que foi esse o segredo do espetáculo pernambucano que se apresentou recentemente no Rio, tirando o primeiro prêmio de um concurso entre amadores); ou com técnica refinadamente profissional, chegando ao primitivo por intermédio do saber artesanal. A encenação de Hermilo Borba Filho, embora com muitas qualidades, teve um pouco o defeito de ficar entre uma coisa e outra. O texto estava compreendido, a atmosfera geral certa, mas os atores ficaram em relativa liberdade. Os já de experiência de palco, salvaram-se brilhantemente: Milton Ribeiro, de grande simplicidade e dignidade como Jesus; Cordula Reis, Felipe Carone e, sobretudo, Armando Bogus, em admirável progresso, excepcional João Grilo.

Os outros, em sua maioria, eram estreantes e deixaram-no perceber.

O intuito de Hermilo Borba Filho, todavia, não era certamente o de fazer concorrência aos encenadores profissionais: seria um erro ver e analisar o espetáculo sob este aspecto. Autor e crítico, desejou apenas, com muita generosidade de espírito, divulgar a obra de um escritor de sua terra, desconhecido em São Paulo e merecedor da maior admiração. Neste ponto só podemos concordar com ele e agradecer-lhe o serviço prestado ao nosso teatro. Ariano Suassuna anuncia-se, na verdade, como um grande e original dramaturgo. Ao lado de Jorge Andrade, é a maior esperança de nosso jovem teatro. Mas, mesmo que o sejam, tenhamos o pudor e a prudência de não proclamá-los gênios desde já, antes que tenham tido tempo de amadurecer e dar a plena medida do seu talento. Essa técnica de inflação do talento, que se esboça à volta de *A Compadecida*, já foi empregada em outras ocasiões, com outros autores — e não se pode dizer que tenha dado bons resultados.

(1957)

13. *Chá e Simpatia*

Não há nada mais emocionante que assistir ao nascimento e ao gradual florescimento de uma jovem companhia. Quando se inaugurou o Teatro Bela Vista, doze meses atrás, o espetáculo impressionava pela seriedade, mas o elenco ressentia-se ainda de um forte resquício de amadorismo. Passado somente um ano, a estréia de *Chá e Simpatia* vem demonstrar, amplamente, que a companhia de Sérgio Cardoso alcançou por fim a sua maioridade: é agora um conjunto profissional como os que melhor o sejam.

Esta evolução reflete-se, aliás, com impressionante fidelidade, no amadurecimento dos dois primeiros atores, responsáveis pelo conjunto: Nydia Lícia e Sérgio Cardoso.

Laura Wingfield, de *À Margem da Vida*, ainda na fase do Grupo de Teatro Experimental, sob a direção de Alfredo Mesquita, quando o amadorismo era uma aventura e o profissionalismo utopia em São Paulo, fora uma gratíssima revelação. Depois, na carreira de Nydia Lícia, sucederam-se os altos e baixos de toda aprendizagem, particularmente a artística: avanços e retrocessos, fases desesperantes de estagnação. Nydia, em muitos momentos, chegou até a duvidar da autenticidade de sua vocação. *Chá e Simpatia* marca o fim dessa fase de vacilações e incertezas.

A simplicidade e a naturalidade, como por ocasião da sua estréia, já há tantos anos, continuam a ser as suas duas grandes armas. Nydia não nasceu para os papéis fortemente dramáticos, para a exuberância e as explosões temperamentais. Mas, sem sair do seu registro, feito sobretudo de discrição, foi afinando as suas qualidades de doçura, de dignidade, de delicadeza, até vencer pela sensibilidade uma certa frieza interior, colhendo, numa peça como esta, que pedia exatamente aqueles requisitos, o seu maior triunfo, firmando-se como uma das primeiras atrizes do nosso teatro.

Com referência a Sérgio Cardoso o amadurecimento foi de outra ordem: não como ator, porque já era um intérprete de exceção, mas como encenador e chefe de companhia. E também aqui *Chá e Simpatia* é o coroamento de toda a sua carreira, como capacidade, não só de encenar, no sentido restrito do termo, mas de dirigir e organizar um espetáculo complexo e variado, desde a escolha do texto, dos atores, do cenário, das roupas, dos acessórios, do acompanhamento musical, até a habilidade profissional de montar e fazer funcionar com pontualidade e rigor esse gigante mecanismo de precisão que é um espetáculo teatral. Não há, na representação que está no Bela Vista, qualquer defeito de caráter profissional. Podemos discordar deste ou daquele pormenor, como decorrência inevitável da diversidade de pontos de vista, mas sem negar o respeito que nos merece um espetáculo maduro, sem falhas de gosto, sem erros de empostação, um espetáculo, para tudo dizer em duas palavras, limpo e nobre.

Foi bom que assim acontecesse porque o drama de Robert Anderson é desses que não suportam o meio termo: dirigido com mão menos firme descambaria inevitavelmente para o sensacionalismo. O seu fim último é a defesa do espírito de tolerância, a admissão de que os outros têm o direito de ser diferentes do que somos. Mas a peça chega até lá por intermédio da sexualidade, talvez por ser o setor em que a moral moderna se mostra mais indecisa e flutuante, talvez porque em tal terreno os nossos preconceitos costumam se manifestar de modo ainda mais agressivo. De qualquer forma, não é o fato mesmo que põe em foco — então seria o caso do professor Harris, deixado de lado logo nas primeiras cenas — mas a simples suspeita, o julgamento realizado sem provas, por inferência. Daí a impossibilidade de se rejeitar a condenação, que não se apóia sobre nada de preciso: a dúvida parece ter o dom de gerar a certeza, desde que passemos a olhar e a interpretar a realidade com olhos prevenidos. Não há, nesse sentido, instante mais terrível que aquele em que até o protagonista se sente atingido no mais íntimo da sua consciência, não sabendo mais o que pensar a seu próprio respeito, de que maneira encarar fatos tão inocentes como gostar de música, de poesia, ou andar de um jeito um pouco diverso dos outros. O ambiente de suspeição, não propriamente a sexualidade, é e verdadeiro tema da peça — e não foi à toa que muitos críticos a ligaram à atmosfera sufocante criada pelo "macartismo" na América do Norte.

O drama de Robert Anderson, portanto, nada tem de cínico ou de negativista. Aos europeus, cuja experiência é bem mais amarga que a nossa de americanos, parecerá provavelmente ingênua a sua pregação, o seu idealismo moral, que o público não deixa de reconhecer e aplaudir, tornando-se mais um elemento de êxito e adesão sentimental ao texto.

Tecnicamente, a história é clara e expositiva, de acordo com o método norte-americano, sem qualquer traço de intelectualismo. Talvez a sua falha maior consista mesmo em explicar demais, com essa fúria psicologística dos Estados Unidos de hoje. Não que no hermetismo resida o único ou o melhor caminho para uma arte essencialmente de comunicação como o teatro. Mas os escritores autênticos dão-se sempre ao luxo de adivinhar, de inventar ou de reinventar a psicologia, ensinando-a aos psicólogos profissionais, ao passo que os autores mais fracos ou mais tímidos, como Robert Anderson, vão evidentemente buscar nos manuais tudo o que sabem sobre o homem. Não obstante as suas admiráveis virtudes dramáticas e didáticas, a verdade é que nada aprendemos de novo em *Chá e Simpatia*.

A responsabilidade maior do espetáculo repousava sobre Jorge Fischer: dele, como protagonista, iria depender o tom da representação. Fischer saiu-se esplendidamente, sem jamais cair no equívoco, ou no seu pólo oposto, no medo de se mostrar sensível e delicado. Um belo desempenho. Basta ver no cinema, entretanto, Marlon Brando ou James Dean, para se ter a certeza de que os norte-americanos fariam diferentemente o papel, menos idealizado, menos composto, plástica e psicologicamente. Aliás, toda a representação, inclusive a de Nydia Lícia, procura esta linha de um leve embelezamento romântico, tornando a peça, talvez, menos duramente humana.

Carlos Zara e Emanuel Corinaldi, por força de suas características, desempenham, dentro dessa companhia toda ela tão moça, a função ingrata e indispensável de representar, já não diremos a velhice, mas a plena maturidade física e intelectual — aquele *floruit* a que se referiam as cronologias latinas aparentando quase sempre, no palco, por dever profissional, o dobro da idade que realmente possuem. Coube a Emanuel Corinaldi, desta vez, traduzir cenicamente, em termos concretos, esse estado indefinível, suspenso entre a mocidade e a velhice — o homem de meia idade. Nenhum traço marcante, portanto, a que se apegar, como fazem os atores característicos, ao construir a sua personagem à volta de um núcleo constituído por um tique cômico, um cacoete de personalidade, porque ter quarenta e tantos anos é sobretudo uma questão mental. Corinaldi deixou de lado qualquer veleidade de caracterização física precisa — rugas etc., que serviriam somente para manchar inutilmente o seu rosto — procurando ter apenas um pouco mais de peso nas palavras, de preocupação e autoridade. A solução é inteligente e foi bem aproveitada, embora, fora do teatro, poucos se dêem conta da dificuldade de criar esses papéis de certa forma neutros, onde só contra a própria medida da personalidade humana.

Carlos Zara carregou talvez nas cores negras: antes praticamente do drama desencadear, o seu rosto já está duro, contraído, comprometendo em parte o efeito de progressão dramática. Bill Reynolds nada tem de mau: é um homem atormentado, no fundo desgostoso consigo mesmo — e no fim o autor esclarece porque. Humanizá-lo o mais possível, a ele também, valorizar esse lado fraco a que a esposa várias vezes se refere, daria maior alcance e equilíbrio à peça. Mas isto é uma questão de direção. Como ator, Zara progrediu tanto quanto os seus colegas, a sua voz já se assentou no grave, não traindo o esforço vocal como a princípio, convencendo melhor, ganhando em naturalidade, embora, vez e outra, ainda repontem certas inflexões enfáticas, derradeiros vestígios da experiência do rei Cláudio, do *Hamlet*.

É no cuidado com o acabamento, com os papéis menores, que se vê a idoneidade artística de uma companhia, isto é, de um conjunto e não de um simples aglomerado acidental de atores. *Chá e Simpatia* é exemplar desse ponto de vista, desde Wanda Kosmo, quase já na farsa, a Guilherme Corrêa e Nelson Duarte, este no seu melhor desempenho até a presente data, sem falar em Gustavo Pinheiro e nos inúmeros rapazolas, de sapatões gritantes e cabelo a escovinha, que se incumbem de formar o animado pano de fundo da ação principal.

(1957)

14. Gl'innamorati

Gl'innamorati deve ser a única peça do mundo com três atos iguais. Há, naturalmente, alguns incidentes para diversificar e individualizar cada um, uma ligeira tentativa de entrecho, algumas personagens secundárias, buscadas na tradição, tiradas, com ligeiras variantes, do repertório cômico clássico. Mas, no que constitui a sua essência, no que lhe confere a sua viva originalidade, a comédia de Goldoni nada mais faz do que repetir com infinito carinho aquela monótona e inesquecível toada celebrada por Carlos Drummond de Andrade:
"E o amor sempre nessa toada:
  briga perdoa perdoa briga".
Eugênia e Fulgêncio não se ocupam, durante três atos, literalmente, de outra coisa: brigar, perdoar, perdoar, brigar. A repetição não é acaso, erro técnico do autor: é a própria peça. E é ela que dá o sentido moral, a variedade psicológica, porque o tema de *Gl'innamorati* é circular, voltando incessantemente às suas origens, como certas melodias. "Da capo" — eis a palavra de ordem. Mas Goldoni não reescreve tantas vezes a mesma cena senão para explicá-la e aprofundá-la. A primeira briga não parece ter importância. Os motivos são tão fúteis, será tão fácil reconciliá-los! Depois da enésima vez começamos a compreender que há alguma coisa menos ridícula, mais séria, nessas aparentes *sofisticherie*: talvez esse ritmo seja o do próprio amor, num dos seus aspectos mais imprevistos e característicos.

Ridolfo, confidente de Fabrizio, resolve a questão com duas palavras: "Si amano, o non si amano?" Se se amam — e quem, ao vê-los brigando, sustentará o contrário? — está tudo resolvido, uma vez que, para felicidade deles, não há, desta vez, obstáculo exterior nenhum, nem maridos a enganar, nem pais tirânicos a vencer. Semelhante conclusão mostra apenas que Ridolfo encontra-se nesse estado de cegueira sentimental — a que chamamos comumente bom senso — próprio dos não-apaixonados: as sutilezas escapam-lhe porque ele não está de dentro, não pode ver, não percebe a dialética do amor, capaz muitíssimo bem de engendrar os próprios obstáculos. A peça não parece verossímil porque é verdadeira. É Goldoni quem o diz, acrescentando, quanto as versões originais de Eugênia e Fulgêncio: "Conheci-os em Roma, fui amigo e confidente de ambos, testemunha de sua paixão, dos seus transportes de ternura e, freqüentemente, dos seus acessos de fúria, dos seus ridículos transportes".

Eugênia é ciumenta mas não, ou não apenas, no sentido vulgar: é ciumenta como as crianças o são, desejando todas as atenções para si. O amor, aos olhos dela, tem de ser perfeito, o dom total e exclusivo da pessoa — ou não é amor. Um tal estado de perfeição absoluta atinge-se em raríssimos momentos de ternura também absoluta e perfeita. Mas é sempre uma espécie de paz armada, de equilíbrio instável, que a menor suspeita compromete e destrói. Os homens são imprudentes, não se limitam a gozar a felicidade, querem falar, querem explicar — e a briga, o desafio recíproco, explode, com o seu apaixonado cortejo de recriminações.

É um mecanismo delicado que Goldoni desmonta para nós com clarividência e graça, fornecendo-nos inclusive algumas chaves do mistério, uma das quais, inesperada, não desagradaria aos psicólogos modernos. Eugênia é pobre, sem dote, teme que o namorado considere a cunhada mais importante do que ela. Daí a suscetibilidade, a sensibilidade exacerbada. A palavra final sobre o assunto é dita pela empregada incumbida de revelar o que os patrões escondem: "Ed ecco le fonti donde derivando le smanie della padrona: amore, timore, vanità, sospetto". Ninguém o diria melhor.

Não se trata, portanto, de *marivaudage*. Os enamorados de Goldoni são francos, sinceros, impulsivos, sangüíneos, dominados pela paixão. Tudo o que fazem de mal é não obstante eles mesmos, sem que o consigam impedir. Eugênia chora, se desespera — contra ela mesma e não só contra os outros.

Goldoni não retrata, como Marivaux, exercícios sentimentais mais ou menos aristocráticos, realizados de cabeça relativamente fria. As suas personagens não são nobres, mas sólidos burgueses, com as qualidades da burguesia do século XVIII: certa seriedade, certa delicadeza, certo respeito humano.

É, de resto, o que dizem o cenário e os figurinos de Pier Luigi Pizzi de forma bem mais eloqüente e direta. Transparece neles a elegância simples, a distinção sóbria de uma classe já segura de seus direitos e ainda não endurecida pelo exercício do poder. O cenário, por exemplo, é somente uma sala de linhas retas. As roupas são de cores lisas, sem ornatos. Mas o corte pouco usual da perspectiva, a combinação requintada de tons, causa-nos essa impressão de conforto e bom gosto que a peça deveria efetivamente dar. E uma solução forte, nova, sem os empetecamentos julgados de estilo, digna de Goldoni e do grande cenógrafo que, aos 27 anos, já é Pier Luigi Pizzi.

A encenação de Mario Ferrero joga com toda a extensão e profundidade do palco, criando várias áreas de representação, movimentando os atores quase como se estivessem em uma praça pública. E de uma clareza exemplar a leitura do texto, deixando a peça translúcida, interpretada e transmitida visualmente nos seus mínimos pormenores, sem tornar-se didática. Apenas um ou outro rebuscamento de direção — longas cenas mudas por exemplo — traem o diretor jovem, interessado em se exprimir e não em se apagar dentro da fluidez e naturalidade da representação. É curioso observar, a este respeito, que o teatro italiano, guardadas as proporções, passa por uma fase de renovação não dessemelhante da nossa: lá como aqui, tantos atores, diretores e cenógrafos jovens, nos primeiros postos; lá como aqui, a mesma encantada descoberta dos valores de direção.

Annamaria Guarnieri é Eugênia. Frágil, cheia de graça juvenil — sem o que seria insuportável — representa sempre no limite do choro, com o coração na mão, como se esta levíssima comédia fosse um tenebroso drama (e para ela o é). A emoção e a comicidade brotam, puras, dos seus gestos delicadíssimos. Giorgio de Lullo, também excepcional em papéis como Fulgêncio, já é um pouco mais frio, guiado pela técnica e pela inteligência (não fosse ele encenador).

Romolo Valli enfrenta com incrível galhardia o papel mais ingrato da peça, entre personagem autenticamente humana e máscara cômica, entre a realidade e a abstração psicológica. Fabrizio só tem um traço: é a quinta-essência do exagero. Romolo Valli escamoteia as dificuldades do gênero bufo com tal ciência que os defeitos começam a parecer qualidades.

A Elza Albani cabe a função das mães e tias solteironas: acompanhar o namoro dos outros como se fosse o próprio. E Ferruccio de Ceresa, entre gente de verdade, é um boneco de engonço esquecido pela *Commedia dell'arte*, já um tanto frouxo de articulação, nos lábios e joelhos.

Goldoni, no prefácio da peça, assim se refere aos seus enamorados: "Povera gioventù sconsigliata! Volersi tormentar per amore! Voler che il balsamo si converta in veleno! Pazzie, pazzie". Loucuras — mas com que mal escondida ternura Goldoni as evoca! Este sabor de nostalgia, quase romântica, é a mais sutil e persistente virtude de um espetáculo como só uma Companhia de Jovens poderia nos dar.

(1957)

15. Il Diario di Anna Frank

O Diário de Anna Frank (em que se inspirou a peça) não é propriamente uma obra de arte: é um documento sobre o homem. Enquanto a primeira vale por si mesma, o segundo só se completa com a indispensável referência à realidade. Comovemo-nos não porque é ficção — caso da obra de arte — mas porque é verdade. A família de Anna Frank viveu e morreu, de 1942 a 1944, nas condições evocadas; os nazistas não são produtos da imaginação mórbida de ninguém, embora tantas vezes pareçam sê-lo; o pesadelo da guerra, das perseguições raciais, não é daqueles que se interrompem com o despertar ou com o virar da última página de um livro; a invasão aliada na Normandia causou de fato aquela indizível comoção naquele punhado de homens. (Se nós, a milhares de quilômetros, sentimos o coração pulsar a cada alternativa, boa ou má, imagina-se a participação das pessoas colocadas no vórtice dos acontecimentos.) Eis os elementos básicos que nos fazem prender a respiração e ouvir com tanto apaixonado empenho as notas que uma menina holandesa de treze anos vai deixando cair no seu caderno íntimo. Não será uma emoção especificamente artística, mas nem só de arte vive o homem. A exemplo da fantasia, a realidade também sabe exercer freqüentemente o seu horrível fascínio.

Il Diário di Anna Frank não é, contudo, um desfile de atrocidades. Bem ao contrário. São alguns adultos e uma menina, pertencentes a duas famílias, obrigados a se esconder durante dois anos, confinados a quatro ou cinco aposentos. Nada mais do que isso: é o suficiente. O homem, submetido gradativamente à fome, ao medo, ao isolamento, à coabitação forçada, vai aos poucos se desvendando, se desnudando, perdendo as características exteriores e superficiais de sociabilidade, voltando ao instinto animal. Metade da peça — a parte adulta — é a luta, de um modo geral vitoriosa, da vontade humana contra tais fatores de desagregação psicológica e moral.

A outra parte — de longe a mais bela e significativa é a menina que escreve o diário. Anna Frank lê, estuda, briga, diverte-se, dança, brinca, apaixona-se, enfeita-se, vira mocinha, dá o primeiro beijo — vive quase como se a guerra não existisse, não só devido a uma personalidade pouco comum, mas porque a juventude, o ímpeto de crescimento, a sede de expansão, são mais fortes que as circunstâncias. Anna inunda a casa com a sua presença, às vezes intempestiva, com a mesma naturalidade e pelos mesmos motivos por que um potrinho salta, por pura euforia de existir. Dentro de uma realidade fria e obscura, ela é a realidade mais viva, mais luminosa, palpitante de ternura.

Machado de Assis, em *A Metafísica do Estilo*, conta longamente, com aquela discreta imaginação que era a sua, a procura do substantivo e do adjetivo exatos, vindos de longe, como dois amantes, para se enlaçarem na união perfeita: "Procuram-se e acham-se. Enfim, Sylvio achou Sylvia. Viram-se, caíram-se nos braços um do outro, ofegantes de canseira, mas remidos pela paga". Se há, no teatro, semelhante metafísica, não seria difícil supor a personagem Anna Frank buscando predestinadamente Annamaria Guarnieri. Tais desempenhos memoráveis começam por um acordo físico e terminam pelo artifício de toda verdadeira interpretação teatral. Annamaria Guarnieri é Anna Frank, com a sua criancice e o seu poder de comunicação, tanto mais tocantes, ambos, por não aparecerem retocados e embelezados, por não se aperceberem que são encantadores.

A encenação de Giorgio de Lullo e o desempenho de cada ator da Companhia dos Jovens não são menos admiravelmente adequados ao texto. Os norte-americanos, como se sabe, têm o dom ou o segredo de expulsar o literário da literatura, de escrever uma peça somente com os gestos, ações ou palavras mais corriqueiras. Foi o que fez De Lullo: ateve-se exclusivamente à realidade, dando, só com esse material relativamente pobre, toda a imensa ressonância espiritual da peça. A encenação obedece ao mais minucioso cálculo, sem jamais perder a espontaneidade. As pessoas espalham-se pelos vários cômodos do cenário múltiplo de Gianni Polidoro — o corte vertical de uma casa — cada uma ocupada consigo mesmo, com os seus afazeres diários, mas se repararmos, não apenas cada minúcia é impressionante de veracidade como é irrepreensível a sincronização de movimentos, o ritmo do viver coletivo.

Romolo Valli e Elza Albani — o casal Frank — Ferrucio de Ceresa, Niky de Fernex, Renata Mauro e Mario Maranzana estão perfeitos. Mas seria injusto não mencionar igualmente Italia Marchesini, Nino Marchesini e Giorgio de Lullo.

Se há, na nossa crítica, alguma reserva, um pouco menos de calor do que se poderia desejar, a explicação não está em Anna Frank ou nos atores italianos, mas no intermediário entre uns e outros, isto é, no texto de Frances Goodrich e Albert Hackett. A peça não é, nem poderia ser, o próprio diário. É uma habilíssima adaptação, de origem norte-americana, que tem todas as virtudes exceto a de esconder a própria habilidade. Os Estados Unidos possuem uma espécie de técnica dramaturgia impessoal, que funciona por si, desligada e independente da personalidade de cada autor. Um conjunto de regras, um academismo, enfim. Daí esse fenômeno curioso, único: muitas das melhores peças que nos vêm da Broadway são adaptações, isto é, a soma do trabalho de um escritor cuja vocação não é o teatro e de um técnico que nada tem de próprio a dizer. O romancista inventa, o artesão manipula — eis a fórmula do êxito comercial.

O Diário de Anna Frank, como peça, pertence a essa linhagem, algo bastarda. Tudo é calculado para certo efeito, o ruído contrapondo-se sabiamente com o silêncio, as cenas sentimentais com as ações violentas, para surpreender, variar o ritmo e não cansar o público. A quem conhece as regras do jogo — e nada mais fácil, há livros até que as compendiam — a impressão resultante é de desagradável falta de poder criador. Não que os adaptadores tenham permanecido frios e indiferentes; mas sendo artistas secundários, não possuíam outras vias de comunicação a não ser as de uso comum. A peça deles é a que qualquer bom crítico, conhecendo o teatro, poderia escrever, ao passo que a criação real tem sempre qualquer coisa que ultrapassa o espírito crítico, fazendo-o sentir-se limitado, humilde e satisfeito.

(1957)

16. Ponha a Mulher no Seguro

A volta de Roulien dá-nos repentinamente a sensação da passagem do tempo: como ele mudou pouco e como mudou o nosso teatro! A sua técnica, a sua personalidade de ator continuam a mesma: o sorriso insinuante, a segurança masculina do homem que se sabe atraente, a malícia e irreverência quase juvenis, o cinismo amável, a simpatia do rapaz estroina, do candidato a *mauvais garçon* mas que conserva ainda a graça e a irresponsabilidade do filho de família.

A diferença está principalmente na ausência, agora, de qualquer nota romântica ou sentimental. Aos vinte anos, Roulien regenerava-se no fim do segundo ato, dava adeus aos *muchachos* e às *mis farras* ("mi cuerpo enfermo no resiste más!"), tudo isso sob a forma de um tango argentino, com a gola do paletó virada sobre o colarinho, a luz de um refletor iluminando, na penumbra, o seu rosto pálido — e casava-se com a mocinha, reparando o mal e contentando honestamente as famílias. Um rapaz tão simpático não poderia mesmo fazer outra coisa.

O ar propositadamente acanalhado da peça que está no Teatro Leopoldo Fróes, cujo protagonista se orgulha de ser o "picareta n. 1 do País", vem nos lembrar que trinta anos não se passaram em vão. Quem terá mudado: o Natal ou Roulien? Ambos. Roulien — *helás* — é um senhor de meia-idade e o Brasil está longe de continuar acreditando na moral dos tanges. Em *Ponha a Mulher no Seguro*, ninguém, homens e mulheres, se dá ao trabalho de fingir que é honesto. Ninguém freqüenta "cabaré", ninguém fica tuberculoso, ninguém se arrepende no terceiro ato, nem casa com a ingênua. Aliás, não há mais ingênuas: há Françoise Saganzinhas pior ou melhor realizadas; não há "cabarés": há "boites"; não há profissionais, como outrora: há amadoras, excelentes amadoras. Já não se reconhece o Brasil, o Brasil dos "saudosos tempos da República carcomida", como diria o poeta Manuel Carneiro de Souza Bandeira, filho. De duas, uma: ou a hipocrisia diminuiu ou a sem-vergonhice aumentou muito.

Artisticamente, entretanto, Roulien mantém-se fiel ao que aprendeu na mocidade. O que se pedia a um artista, então, era que tivesse uma personalidade suficientemente rica para que pudesse ser vista e apreciada, com o mesmo prazer, dezenas de vezes. Procópio era Procópio, Jaime Costa era Jaime Costa, e mesmo Dulcina, que veio mais tarde, era Dulcina, qualquer que fosse a peça. Não se lhes exigia de resto, outra coisa. Não importava tanto o papel como o intérprete, o traço inimitável de cada um.

Roulien era — e é — apenas Roulien. A sua originalidade, como a de Procópio e Jaime Costa, estava na maneira mais nacional, mais peculiarmente nossa de ser e de representar. A maioria dos atores, à sua volta, conduzia-se ainda pelas convenções e tradições do velho teatro português. Havia, para cada frase, inflexões certas, mais ou menos fixas, uma teatralidade consagrada pelo uso. Saber estar no palco, como se dizia, era algo que se aprendia com os mais velhos. Roulien não declamava, não se deixava intimidar pelo palco, não fazia cerimônias, era ele mesmo, sem formalismos, tratando o público com a maior intimidade, dizendo as coisas com uma simplicidade de espantar. Era natural, era jovem, era bonito e era espirituoso. Foi um deslumbramento. Nenhum ator, até os nossos dias, depois de Fróes, teve a mesma possibilidade de ser aquilo que os norte-americanos chamam de *matinée idol*: o galã por excelência, o herói das platéias femininas. Porque esses fulgurantes prenúncios deixaram de se realizar — o cinema foi um dos motivos — é matéria que não gostaríamos de aprofundar: não há carreira mais melancólica do que a que poderia ter sido e não foi.

Talvez já seja tempo de voltar à crítica de *Ponha a Mulher no Seguro*. Mas será preciso acrescentar alguma coisa?(Os outros atores são Nely Rodrigues, Rita Cleos, Dorinha Duval, Osmano Cardoso e Pagano Sobrinho, que no teatro, continua sendo, nem mais nem menos, o Pagano Sobrinho da rádio e televisão. A peça, pelo que se pode deduzir, é de autoria incerta.)

(1957)

17. Marcel Marceau

No palco imenso um homem só, uma espécie de *pierrot* espectral, com as vestes brancas e o rosto enfarinhado. Nas mãos ele segura um objeto imaginário ou desenha com o corpo, em traços delicados e precisos, uma silhueta física, um perfil psicológico e moral. Cada episódio não dura mais que três ou quatro minutos: o suficiente para que invente uma história, esboce uma situação, crie uma atmosfera, faça-nos ver o invisível. Marcel Marceau, sozinho, povoa de sombras, de personagens, o teatro inteiro. Querem um drama? Eis a história do homem que persegue com os olhos a borboleta; pega-a entre os dedos, ainda palpitante de vida; aos poucos, ela vai desfalecendo; o homem solta-a no ar, mas já é tarde. Durante aqueles intensos segundos, a vida do universo pareceu reduzir-se, concentrar-se na luta da exangue borboleta: toda uma platéia, centenas de pessoas, com a respiração suspensa, presa ao destino de uma coisinha frágil e alada, existente apenas na nossa imaginação. Querem um episódio cômico? Eis o domador e o leão desobediente, que se nega a pular através do arco como fazem todos os leões bem-educados deste mundo. O homem se rebaixa perante a fera, ordena-lhe, ameaça-a, suplica-lhe, ajoelha-se diante dela, só um pulo, um pulinho só, um pulinho pequenininho, para que o domador possa ir para casa em paz com o público, com o empresário e consigo mesmo — tudo em vão. O leão hoje não se exibe. Quem se exibe, tristemente, é o domador.

É que a arte confere significação até aos fatos aparentemente insignificantes — ou melhor, descobre a significação oculta que eles possuem. A grandeza da obra não está, como imaginam os maus autores, na importância ou na excepcionalidade do assunto. Tudo é matéria de arte — para quem tem imaginação bastante. Quando a mímica tenta transbordar os seus limites, competir em complexidade com o teatro e o *ballet*, não pode deixar de dar uma certa impressão de pobreza: a palavra e a dança são meios de comunicação bem mais extensos e poderosos do que o simples gesto. Mas quando explora a fundo o que é seu, não é menos soberana, nem menos reveladora do que qualquer outra arte. Como vemos geralmente mal! E como é divertido ou comovedor ver bem, acompanhar, fibra a fibra, o movimento do músculo humano, mesmo em atos tão simples como puxar uma corda e descer uma escada, tentando adivinhar, completar com a imaginação o objeto ou a tarefa ausente, apenas sugerida pela reação do corpo. O público nem se agüenta na impaciência que essa prova de perspicácia lhe impõe e vai participando, quase em voz alta, as próprias encantadas descobertas: agora é um velhinho com o queixo apoiado na bengala, é uma mulher falante fazendo *tricot*, o polícia, o casal de namorados, o sorveteiro, o vendedor de balões, a pajem empurrando o carrinho — à medida que a praça pública vai desfilando, em alguns minutos, diante dos seus olhos maravilhados. O prazer, no fundo, não é diverso do que nos proporciona o poeta e o romancista: o de nos revelar melhor a nós mesmos, fazendo-nos enxergar o mundo e os homens como pela primeira vez.

A técnica da mímica esclarece todo o milagre da arte, mostrando a falta de sentido da disputa entre o realismo e o não-realismo. A primeira virtude do mimo é a atenção: ele parte da observação apaixonadamente exata e precisa da realidade. Mas depois começa a trabalhá-la, a purificá-la, até torná-la límpida, harmoniosa, translúcida. É a realidade mas é também outra realidade. É um homem e mais do que um homem, uma borboleta e mais do que uma borboleta. O universo inteiro parece exprimir-se através de alguns gestos, carregados de sentido e emoção. Essa alguma outra coisa, que o artista acrescenta, chama-se poesia. Marcel Marceau e seus companheiros são extraordinários poetas, no sentido primitivo do termo: criadores, transfiguradores da realidade.

(1957)

18. Só o Faraó tem Alma

Enquanto só o faraó tem alma, tudo vai bem. As dificuldades políticas, no antigo Egito ou em nações mais modernas, começam quando o povo aprende a reclamar para si esse alto privilégio aristocrático. Se todos tiverem alma, onde irão parar as instituições vigentes (para falar na linguagem dos discursos parlamentares) alicerçados na santa civilização Osiriana? Religião e exército, finanças e cortesãos, juntam-se para vencer o inimigo comum. E um dos melhores meios ainda é atrair para a Corte o herói da revolução popular, carregando-o de honrarias e esperanças, até que esteja pronto para o instante da decapitação política.

A sátira de Silveira Sampaio, nesses alguns anos decorridos desde a sua estréia no Rio de janeiro, perdeu o seu aspecto político mais imediato. O movimento queremista, por exemplo ("nós queremos, alma! nós queremos, alma!") já começa a ser substituído por outros *slogans*, outros coros, igualmente bem-ensaiados, igualmente populares. Mas essa decantação histórica só serviu à peça, dando-lhe agora quase o caráter de um apólogo intemporal, uma dessas historietas inconseqüentes que Voltaire imaginava quando desejava descansar do árduo trabalho de escrever as suas tragédias.

Se o nome de Voltaire parecer, no caso, demasiado augusto, podemos descer até Meilhac e Halevy. O Egito antigo de Silveira Sampaio — estudado, segundo o autor, nos papiros da Biblioteca Municipal — não será muito diverso da Grécia da *Bela Helena* e do *Orfeu nos Infernos*, que tanto alegrava os nossos avós. Lá, como aqui, o mesmo gosto pela nota saborosamente anacrônica, a mesma falta de respeito pelas coisas supostamente sagradas, o mesmo humor moleque, as mesmas alusões, veladas ou não, a mesma ironia e o mesmo alegre ceticismo. Só falta uma coisa: a música de Offenbach. Não pensem que é pouca diferença. Ainda recentemente, O Tablado, revivendo, no Rio, *O Macaco da Vizinha*, de Joaquim Manoel de Macedo, mostrava como é preciso o comentário musical quando se trata de dar o tom, de compensar pela atmosfera a ausência de maior densidade psicológica e maior desenvolvimento dramático. Estes textos esquemáticos requerem, para se completar, o reforço dos solos, duetos, tercetos e quartetos. A cena em que todos dignitários da Corte entoam "Só o faraó tem alma, o maestro também e mais ninguém", é um verdadeiro coro burlesco de opereta: chegamos a sentir a falta da partitura. Silveira Sampaio percebeu essa tendência do seu teatro de sátira social e política. Mas acabou por preferir o *show*, quando o seu verdadeiro elemento, parece-nos, seria antes a comédia musicada.

A graça do autor da "trilogia do herói grotesco" não repete nem imita nenhuma outra. Brota quando menos se espera, como o traço de um bom caricaturista. É um gênero especial de espírito, a que somos sensíveis em maior ou menor grau. Para os primeiros — entre os quais prazerosamente nos inscreveremos — bastam algumas invenções cômicas realmente excepcionais para redimir largamente as possíveis fraquezas da efabulação dramática. Silveira Sampaio será sempre o homem das cintilações, dos achados, das inspirações súbitas. Seria inútil querer transformá-lo no que não é, num artesão paciente e habilidoso do teatro. *Só o Faraó tem Alma*, encontrando, como no dia da estréia, um público que saiba entrar e participar do jogo, é das melhores, das mais leves diversões que o nosso teatro nos tem oferecido nos últimos tempos.

Para isso contribui, não menos do que o texto — ou talvez mais — a encenação de José Renato e o desempenho dos atores do Teatro de Arena. Tratava-se de montar, pela primeira vez, um texto de Silveira Sampaio, escrito para Silveira Sampaio, sem Silveira Sampaio. Pois a operação foi efetuada com tanto espírito que é bem provável que a peça tenha uma carreira muito maior em São Paulo do que no Rio. O tom paródico manteve-se do princípio ao fim com gosto e imaginação.

Sérgio Rosa é um faraó tatibitate, mas não sem uma certa finura simplória; Sady Cabral, um sacerdote de Osiris cujo lema poderia ser tirado diretamente de Meilhac e Halevy: "Il est bon d'invoquer les dieux, mais les aider vaut encore mieux"; Oduvaldo Viana Filho, um líder popular, ainda mais agitado do que agitador; Gianfrancesco Guarnieri, um alto financista, digno de ser nomeado incontinenti para a direção do Banco do Egito; e Riva Nimitz, uma esposa como as outras, preocupada sobretudo em insuflar energia doméstica ao marido. Os cinco estão engraçadíssimos, tendo verdadeiramente criado alguma coisa com as ligeiras indicações do texto.

Geraldo Ferraz, por enquanto, é menos comediante, menos bufão do que os seus companheiros, e José Renato, ator, não faz esquecer o encenador. Flavio Migliaccio consegue arrancar algumas gargalhadas num papel quase mudo.

A decoração de Irênio Maia relembra os principais episódios da história egípcia, desde Tutankhamen até o Rei Farouk, que aparece deitado, com a sua melancólica barriga, entre sete vacas magras.

(1957)

19. Rua S. Luís 27, 8.º

Os senhores que não estiveram na última estréia do Teatro Brasileiro de Comédia nem imaginam quanta coisa acontece na outrora pacata rua S. Luis: senhoras em trajes menores, com garrafas de *whisky* na mão, assistindo sessões de um tipo especial de cinema, orgias como não se viam, num espetáculo, desde as fitas de Barbara la Marr, em 1920. Que há uma juventude transviada, ninguém o ignora depois da vida, paixão e morte de James Dean. As revelações mais estarrecedoras da peça referem-se, contudo, aos pais, que, aliás, pelo que se depreende, têm toda a culpa. (Por esse modo de raciocínio, a culpa, verdadeiramente, não deveria caber aos avós, e daí aos bisavós e tataravós?)

Em suma, numa palavra, Abílio Pereira de Almeida conseguiu-o de novo: nos intervalos, uma platéia dividida manifesta-se com paixão a favor ou contra: é verdade, não é verdade; é imoral, não é imoral; deve-se dizer as coisas como as coisas são, há realidades demasiado grosseiras para serem espelhadas em público etc. As reações individuais oscilaram desde uma grande e autêntica emoção, em face do desenlace francamente dramático e melodramático, até a sensação penosa de constrangimento e mesmo repugnância. Nesse tumulto, a crítica vai tentar manter o sangue-frio, a tradicional isenção que se atribui aos julgamentos estéticos.

Deixemos de lado, de passagem, alguns falsos problemas. O artista tem o direito de retratar a realidade como bem entende. Não precisa limitar-se ao normal, porque a arte não possui carretar normativo e estatístico. Desde Sófocles, os casos anômalos, as exceções monstruosas, é que o interessam. Não nos consta, por exemplo, que fosse freqüente, entre os gregos, matar o pai e desposar a mãe. O destino de Édipo, por ser ímpar, é que nos enche de terror e piedade. Outra questão: pessoalmente, não conhecemos a sociedade descrita por Abílio Pereira de Almeida, mas não deduzimos daí que não exista. O que não nos parece ter é a importância social que lhe é implicitamente atribuída. A decomposição moral ocasionada pela caça ao prazer não é de hoje, é um fenômeno de todos os tempos, uma decorrência por assim dizer inevitável do enriquecimento. Se imaginarmos, ingenuamente, que somos privilegiados a esse respeito, é só correr os olhos ligeiramente pela história. O renascimento italiano, então, é de nos matar de inveja: há muito mais devassidão entre o céu e a terra do que jamais sonharam os mais perversos habitantes da rua São Luis. Os Borgias iam logo ao incesto, ao estupro, ao envenenamento. Postos numa perspectiva um pouco mais ampla, o que ressalta nas personagens de Abílio é a sua extraordinária mediocridade, a falta de imaginação, o desanimador terra-a-terra.

O tratamento da imoralidade, na literatura, justifica-se quando alcança, efetivamente, o nível e a categoria de obra de arte, isto é, quando deixa de ser gratuito, quando lança alguma luz sobre o coração humano, sobre o covarde coração humano, como disse o poeta. Essa luz, na rua S. Luis, não é das mais penetrantes. Dir-se-á que as personagens são superficiais: as personagens, sim, mas não as pessoas, porque, para o artista como para o psicólogo, não há ninguém superficial. Todos têm paixões, sentimentos, ambições, problemas, conflitos, frustrações. A análise da frivolidade pode fornecer matéria para alentados volumes — só Proust escreveu dezesseis, a maioria sobre a frivolidade mundana. O julgamento moral, em tais circunstâncias, importa menos do que o esforço de compreensão. O que é um libertino, no que consiste ser libertino, por que se é libertino — eis os temas do dramaturgo, não a exposição fotográfica e rápida dos fatos, em dois ou três instantâneos que duram minutos. *The Lost Week-End*, por exemplo, mostrava um alcoólatra, assunto certamente não dos mais aprazíveis: mas tentava (se conseguia ou não, deixamos ao critério dos críticos cinematográficos) pôr-se na pele da personagem, sentir e pensar como ele, exibir-nos o olho, a pupila do alcoólatra quando levanta de manhã, os sonhos que tem, por esse processo de empatia sem o qual não existe arte. Abílio não nos transmite nada dessa experiência intransferível, vivida ou imaginada, e daí o nosso constrangimento: valerá a pena abordar situações escabrosas para dizer tão pouco sobre elas? Que revela a *Rua São Luis*? Que há abortos e adultérios em São Paulo? Alguém o ignorava?

Poderíamos fazer aqui um exame técnico do drama, dizer que Abílio, mais de dez anos depois, continua com os mesmos defeitos e as mesmas qualidades de *Pif-Paf*: entre os primeiros, a incapacidade de compor organicamente, que o obriga a esses cortes rápidos de cena; entre as segundas, o tom teatral do diálogo, que mantém sempre a imediata e calorosa comunicação com o público. Mas essas análises de forma não passariam de sutilezas pedantes: as falhas visceralmente são outras, não do dramaturgo, mas do homem, que não tem visão suficiente para abarcar vastos panoramas, fazendo o diagnóstico de sua época. Quando quer ser profeta, moralista, falta-lhe fôlego. A comédia com laivos pessimistas, onde começou, é ainda, provavelmente, o seu melhor terreno. Não há na peça cena mais mordaz e engraçada do que as mães afirmando candidamente que têm a maior confiança no procedimento das filhas.

Os atores do TBC devem desde já se conformar com uma triste verdade: ninguém se lembrará deles ao discutir o espetáculo. Mas isso quer dizer, apenas, que nesse setor tudo correu bem, embora sem novidades. Alberto D'Aversa faz excelente estréia com um texto que pouco exige do encenador e, quanto aos intérpretes, como fato que foge ao comum, só há mesmo o admirável desempenho dramático de Elizabeth Henreid, especialmente no segundo ato, e o trabalho muito bom de Egidio Eccio, no seu primeiro papel de importância no teatro profissional paulista. Mas que excepcional elenco feminino ainda tem o conjunto de Franco Zampari: Fernanda Montenegro, Maria Helena, Nathália Timberg, Rosamaria Murtinho! Os homens — Mauro Mendonça, Raul Cortez, Oscar Felipe, Osvaldo de Abreu — em plano ligeiramente inferior, com Sérgio Britto deslocado no papel. Em pontas, Jussara Menezes e Aldo de Maio, também estreantes, vão bem. Parece incrível que com tanta gente de talento o TBC atravesse uma crise de organização.

Abílio Pereira de Almeida refere-se, no programa, ao público e à crítica, acrescentando, com o espírito que ninguém lhe nega: "desculpem-me os talentosos rapazes da crítica se nomeei o público em primeiro lugar". Quanto à ordem de precedência, de acordo. Mas se ele imagina, por acaso, que tem o público a seu favor e a crítica contra, nada mais errado. A crítica, quando não gosta, diz. O público cala, ou diz o contrário, para ser amável. Daí a ilusão tão comum entre autores e intérpretes. Se Abílio ouvisse de fato o público, com inteira liberdade, entre elogios calorosos e sinceros, escutaria também coisas que jamais nenhum dos talentosos rapazes da crítica teve a coragem de lhe dizer.

(1957)

20. D. Juan

Na encenação de *D. Juan* do Teatro Nacional Popular o pano não se abre nem se fecha. Ao entrarmos na sala, o palco já se apresenta ante nós, sem cenários, quase vazio: uma plataforma inclinada, três tamboretes (mais tarde substituídos por alguns acessórios essenciais à ação) formam todo o cenário, além das cortinas pretas que delimitam a cena. A fossa da orquestra foi coberta e será ali, de preferência, que os atores representarão, frente a frente para a platéia, olhando-a nos olhos.

Mas estas soluções, já empregadas por outros, constituem a menor originalidade do espetáculo. O que importa é o uso que Jean Vilar faz delas, a repercussão que semelhante disposição cênica exerce sobre os atores. A reforma introduzida por Vilar (porventura a mais radical, no teatro francês, desde Copeau) não se refere à encenação, no seu sentido material, mas a própria maneira de representar. O diretor do TNP não é um apaixonado pelos efeitos plásticos em si, a exemplo do que vimos, há dois ou três anos, nos espetáculos do Teatro Nacional da Bélgica. A matéria-prima de sua predileção é o texto e, portanto, o ator.

O teatro, como se sabe, nasceu dos tablados: atores e espectadores formavam um corpo só. À medida, entretanto, que foi se refinando e se aristocratizando, a representação retraiu-se, afastou-se do público, até criar uma arca própria, autônoma, por assim dizer fechada, enquadrando-se, como atualmente, na boca de cena. Vilar rompe este isolamento, ignora a quarta-parede (essa linha ideal que nos teatros modernos divide supostamente palco e platéia), traz os seus atores ao proscênio e fá-los dialogar diretamente com o público, reatando aquela velha convivência popular. Não é o espectador que, pelo seu poder de observação e crítica, chega até o intérprete, adivinhando-lhe as intenções, mas o ator que as expõe francamente, sem a óptica enganosa do *trompe l'oil*. Se o ator tem de dar um tapa, ou evidenciar surpresa, ou girar sobre si mesmo, a ação é delineada, exibida quase didaticamente. Essa própria teatralidade, essa própria clareza, permitem, entretanto, que se fuja à ênfase, à falsa valorização, aos efeitos puramente vocais; o texto é dito com muita simplicidade e humanidade, sem nada que lembre os processos do academismo ou a forte estilização expressionista.

Teatro popular, no entanto, não significa, para o TNP, concessão ou vulgarização. Os seus autores chamam-se, por exemplo, Molière, Marivaux, Victor Hugo, Balzac, escolhidos não por serem fáceis — embora não sejam difíceis — mas por serem bons. E, quanto ao espetáculo, se a execução é simples, a concepção nada tem de simplista. Antes pelo contrário. O *D. Juan*, de Molière, visto por Vilar, é uma espécie de farsa metafísica essencialmente intelectual, despida de qualquer sentimentalismo, sem jamais valer-se do patético. O prazer que nos dá, a emoção que nos oferece, são prazeres e emoções da inteligência, e o próprio humor, quando não se filia à tradição molieresca da farsa, é seco, irônico, frio.

D. Juan e Sganarello, como os imagina Molière, não são menos complementares do que D. Quixote e Sancho Pança. O criado é a consciência moral que falta ao patrão. Um age, o outro se arrepende e se desespera. D. Juan tem todos os vícios e só uma virtude, levada ao seu ponto extremo: a coragem, coragem física e moral, capaz de correr em defesa de um desconhecido e também, com igual indiferença, de desafiar o código humano e o divino. É o homem não conformista por excelência, solitário, contando apenas consigo e com o seu estado social, erigindo o seu bem-estar, o seu instinto, o seu egoísmo, em única lei do universo. Suponhamos que Deus não exista, que os valores morais sejam ilusões, invenções humanas. Que resta? A humanidade? D. Juan não compreende abstrações. Resta, portanto, D. Juan, a sua fome, a sua sede, o seu desejo sexual, a sua necessidade de fascinar e de exercer domínio sobre os homens e especialmente sobre as mulheres. A sua moral é a do aristocrata — um aristocrata pela metade, com direitos e sem deveres. Já Sganarello é classe média, é burguês: só pensa no rebanho, nas conveniências sociais, no que vão pensar e dizer os outros. Tem, em princípio, todas as virtudes, e só uma falha, que as torna, na prática, a todas elas, inoperantes: a covardia (o vício do burguês). A sua vida com D. Juan é um exercício perene de pusilanimidade. Daí a sua fascinação, malgrado ele mesmo, por aquela livre e poderosa personalidade, que se coloca, *sponte sua*, acima do bem e do mal. D. Juan não é um mero epicurista, um sensualista vulgar; é o ímpio, no sentido mais amplo da palavra, a pessoa que timbra em não acreditar senão naquilo que vê e sente. O seu desafio ao mundo já é de ordem metafísica.

Essa mesma antítese de temperamento encontramos no Sganarello e no D. Juan do TNP Daniel Sorano é o ator por natureza, a pessoa que nasceu para representar: se não fosse inteligente, se não tivesse educação artística, ainda assim, nos teatrinhos de segunda ordem, saberia comunicar-se com a platéia através do corpo e do rosto, fazendo-a rir com os seus *lazzi*. O seu Sganarello, apesar de tão consciente, de tão bem pensado, é maravilhoso de espontaneidade: entre pensamento e gesto, idéia e ação, jamais conseguiremos introduzir uma cunha, perceber a intenção antecedendo e preparando o efeito cômico. Jean Vilar pertence a outra categoria de ator: para ele representar é sobretudo um ato da inteligência e da vontade. Jouvet, que foi o outro grande D. Juan deste século, via o gentil-homem espanhol como um animal de presa, hierático, quase imóvel, atraindo com o olhar, com um sorriso imperceptível de desprezo, as suas vítimas. Vilar anda, gesticula, ri — mas, no fundo, com o seu tranqüilo atrevimento, com a sua serena petulância, sugere a mesma face distante e enigmática. D. Juan não admite qualquer indiscrição: a sua última resposta, às grandes questões, é sempre o silêncio, a sensação de vazio. Parece que Molière, tão à vontade nas questões entre homens, quando se trata de intrigas de pais e filhos, de velhos e moças, de heranças, casamentos e dotes, perdeu um pouco a sua alta capacidade de tudo explicar, ao transpor o reino mítico do maravilhoso, onde existe também o Céu e o Inferno, onde até as estatuas de pedra podem falar. É o que dá à peça uma estranha dimensão mística (excelentemente compreendida no desempenho e na encenação de Vilar), assaz inesperada no mais racionalista dos comediógrafos.

Quantos anos ficamos em São Paulo esperando por esta visita do TNP? A estréia de anteontem deu-nos a primeira chave para compreender o entusiasmo que essas três iniciais despertam na França, sobretudo entre os escritores. Teatro de texto, teatro de ator, teatro de comunhão com o público — é este conjunto, mais do que qualquer elemento isolado, esta visão coerente de todo o complexo teatral, que põe Jean Vilar na vanguarda dos homens de teatro do seu tempo.

(1957)

21. Marie Tudor

Há de tudo em *Marie Tudor*: intrigas da Corte; ternos idílios; ameaça de sedições populares; um operário honesto, mais do que um anjo, porque tem "as virtudes de um anjo e as paixões de um homem"; vários *lords* ingleses; homens embuçados; um carrasco; corpos lançados à noite no Tâmisa; a Torre de Londres; juramentos, a um só tempo falsos e verdadeiros, sobre os Evangelhos; um italiano ("Italien, cela veut dire fourbe!"); a Coroa da Inglaterra; procissões fúnebres; uma execução misteriosa, ao troar dos canhões (quem terá morrido: o bom operário ou o falso nobre?); um rico judeu que vem especialmente de Bruxelas para revelar tudo e ser a seguir apunhalado; uma mocinha do povo, ingênua e enganada, que "se refait une virginité" (essas coisas só se dizem mesmo em francês) e torna-se ainda Condessa de Shrewsbury, de Wexford e de Waterford; uma criança de meses abandonada; documentos reveladores escritos em sangue; a decapitação do favorito da Rainha; e uma Rainha que, como diz Victor Hugo, é rainha e mulher: "Grande como rainha. Verdadeira como mulher".

Sempre que alguém exclama: — "Quem me vingará?", um vulto emerge da sombra para responder com simplicidade: "Eu". O primeiro ato termina com este extraordinário diálogo: "Preciso de tua vida. — É tua. — Está combinado? Está. — Siga-me. — Aonde? Verás. — Não te esqueças que me prometeste vingar-me. Não te esqueças que me prometeste morrer". E o segundo com um não menos extraordinário presente, feito pela Rainha ao carrasco da Coroa: "Nunca te dei nada. É necessário que te dê alguma coisa. Aproxima-te. (Mostrando Fabiani.)

Vês esta cabeça, esta jovem e encantadora cabeça que, ainda pela manhã, era tudo o que eu possuía de mais belo, de mais caro, de mais precioso ao mundo; pois bem! esta cabeça, estás vendo-a, responde? Eu te-la dou!".

O terceiro ato... Não é necessário continuar. Os leitores já adivinharam em que época o drama nos situa: 1830 (ou melhor, para sermos rigorosamente exatos, 1833). Victor Hugo acabara de libertar o palco francês. O prefácio de *Cromwell* está repleto das melhores intenções: livrar a inspiração do jugo clássico, libertar o gênio, dar asas à poesia. Mas ninguém escapa à sua época. Historicamente, *Marie Tudor* vem, por exemplo, um pouco depois dos melodramas populares de Pixérécourt e um pouco antes dos romances históricos de Alexandre Dumas. Não seria justo comparar Victor Hugo a um e outro. Mas nem por isso deixa de ser verdade que os escritores secundários também exercem a sua parcela de influência sobre os grandes de seu tempo. Abaixo Racine! Abaixo os gregos! — proclamava com orgulho o autor do *Heroina*. Ótimo. Mas para seguir quem? Bouchardy, cujo diálogo Theophile Gantier parafraseou de maneira inesquecível em apenas duas falas:

— Tu? Mas não estavas morto há dezoito meses?

— Silêncio! É um segredo que levarei para o túmulo!

Esse o paradoxo histórico do teatro de Victor Hugo: as generosas proposições teóricas contrastam com este jeitoso cálculo de efeitos, inexistente nos clássicos, com esta vontade de subjugar e conquistar a todo custo o público viciado por trinta anos de melodrama. O que mais envelheceu em *Marie Tudor*, esclareça-se logo, não é o elemento propriamente romântico, o ímpeto, a ênfase, a hipérbole dos sentimentos, mas a suposta habilidade, os truques do ofício, a manha do autor, o seu conhecimento da cena, as suas meadas de enredo tão astuciosamente entrelaçadas, a solução exata no momento inesperado — em suma, numa palavra, não a ingenuidade mas a engenhosidade.

Por que, em 1957, representar *Marie Tudor*? Pelo pitoresco ou pelo valor documental? A idéia poderá não ser má, mas não é de todo digna dos propósitos de um conjunto como o Teatro Nacional Popular. Não foi, de fato, o que Vilar fez. A sua versão é essencialmente moderna, antipitoresca e antiarqueológica, atenta ao espírito e não à forma, não se prevalecendo jamais da graça involuntária que os estilos passados às vezes têm, não se afirmando à custa do texto.

Pelo sabor da experiência? Para saber o que vale, em termos atuais, um drama romântico, não dos melhores, quando representado com um máximo de sinceridade? Aqui já nos aproximamos bastante do espetáculo do TNP Victor Hugo, afinal, deve ter sentido alguma emoção ao escrever a peça. A tarefa que Vilar se impôs, como intérprete, e nos impôs, como espectadores, foi descobrir e fazer brilhar esse primitivo núcleo de humanidade. É possível que, nos intervalos, entre um ato e outro, tenhamos sorrido, rememorando cada peripécia: mas, no momento da ação, não acreditamos com menos fervor nos votos de vingança e nas juras de amor, na inocência e na vilania, do que os próprios atores.

Mas há alguma coisa a mais na peça, uma personagem viva: a Rainha. Se os bons sentimentos estão com a plebe, a boa arte, sentimos dizê-lo, coloca-se decididamente do lado da aristocracia e da falta de escrúpulos. As demais personagens, com pequenas variantes pessoais, são convenções de palco. Maria Tudor é ela própria. Para prová-lo basta encontrar uma atriz — o que acontece uma ou duas vezes em cada geração — que ouse ser mesmo Rainha, que não se acovarde, não se deixe intimidar, não se iniba perante o papel. A única, a verdadeira razão de ser do espetáculo do TNP chama-se Maria Casarés. Ela é a *lionne qui guette* a que se refere o texto. Antes de vê-la, julgávamos extinta, com o romantismo, essa espécie descrita pelos tratadistas — a das atrizes-leoas, capazes de rugir, de estraçalhar e de se estraçalhar em cena. Se os senhores pensam que se consegue isso assumindo um ar constante de autoridade, nada mais falso. O segredo, como sempre, é a naturalidade — para quem não sofre vertigens, para quem consegue ser natural respirando a semelhante altura. Maria Tudor, sendo quem é, está acima das convenções, é a única que não precisa se preocupar em ser rainha: pode-se mostrar vulgar ou altaneira, grandiloquente ou mesquinha, forte ou indefesa, sem que jamais percamos o senso da hierarquia que paira sobre ela. Maria Casarés grita, chora, ordena, implora, enxuga as lágrimas e o nariz, admite familiaridades, acaricia, obedece, confessa-se vencida, gesticula como uma lavadeira, abre os braços em cruz e proclama para o mundo inteiro "Mais je l'aime!", com essa liberdade total de movimentos, essa desenvoltura profunda, essa audácia, essa ignorância dos limites, esse desprezo pelas conveniências, que é a marca e o privilégio dos grandes artistas. Nem lhe passa pela cabeça que possa errar — e é isso precisamente que se intitula autoridade.

Uma peça tão apegada às coisas materiais não poderia ser montada com a mesma severidade e austeridade de *D. Juan*. A encenação de Jean Vilar, perfeita, servida por atores como Georges Wilson, Jean-François Remi, Phillippe Noiret, Jean-Paul Moulinot, Daniel Sorano (Monique Chaumette prejudica as suas qualidades com o defeito de se comprazer com as palavras, escandindo e prolongando as sílabas, querendo impor-se algo artificialmente pela musicalidade), a encenação, dizía-mos, descobre-nos outro aspecto do Teatro Nacional Popular. Os princípios são os mesmos, a representação continua despojada, o palco desabitado de tudo quanto não seja imprescindível. Mas o jogo das luzes e das cores, o desfile de estandartes, alguns elementos cênicos de grande poder evocativo, a música de Maurice Jarre, emprestam idealmente à cena aquela pompa e solenidade própria dos espetáculos históricos, criando um quadro de uma beleza sóbria, quase sombria, ainda mais grandiosa e sugestiva por ser tão rara no teatro.

(1957)

22. Le triomphe de l'amour

Sobre o que poderia triunfar o amor no século XVIII, em 1733? Sobre a sabedoria, naturalmente. (O debate entre o sentimento e a razão, inaugurado em termos heróicos, cem anos antes, por Corneille, desenvolvia-se então já docemente, em tom menor, quase que numa confidência.) De um lado, um príncipe incógnito, uma princesa apaixonada, disfarçada de homens para melhor conseguir os seus intentos, de outro, um filósofo soturno e uma senhora de meia-idade, que só acreditam na austeridade do dever e da virtude. Ao fundo, velando sobre a intriga, um par de criados campestres que antes parecem faunos propiciatórios. Para que lado penderá o triunfo?

Não é preciso dizer. O próprio Marivaux, nas cenas iniciais, já nos deixa antecipar o desfecho. Esta sua peça é o triunfo do amor — não a sua descoberta, as suas surpresas, as juras indiscretas e as falsas confidências, o jogo imprevisto do amor e do acaso, como de outras vezes. Não há aqui *marivaudage*, bem o acentuou a crítica francesa. A princesa sabe aonde quer chegar. Quais são os obstáculos? Hermocrate? Leontine? O nosso prazer é vê-la saltar sobre eles, com a graça, a elegância, a malícia, a destreza e a crueldade da juventude. Como se vencem duas almas que se consideram solitárias e selvagens, duas pessoas que se julgam refratárias ao amor? Instilando no próprio coração delas essa "perturbação quase sempre funesta" (que é, de resto, o *leitmotiv* de quase todo o teatro francês, de Racine a Giraudoux). A heroína de *Apollon de Bellac* tinha um segredo para conquistar as pessoas, uma frase mágica sussurrada ao ouvido da vítima: "Comme vous êtes beau!"; a de Léonide é ainda mais pérfida: "Je vous aime". Haverá filósofo que resiste? A felicidade da gente moça se faz assim à custa do ridículo e do sofrimento dos velhos — mas haverá algum mal em semelhante gentil inconsciência? Hermocrate e Leontine não terão saído um pouco mais sábios, um pouco menos seguros de si e dos outros dessa dolorosa experiência?

Onde, aliás, se passa a história? Na Lacedemonia, como nos assegura sucintamente o texto? Referimo-nos ainda há pouco a Corneille e Racine: os seus gregos e romanos, embora também gentis-homens franceses, possuíam ao menos um forte sabor clássico, haurido diretamente nos humanistas e nos textos antigos. Mas os lacedomônios de Marivaux já habitam decididamente um lugar ideal, criado pela imaginação sucessiva de mil poetas, um país de sonho, onde se dança ou se desliza em vez de andar, onde os criados fazem piruetas e usam máscaras, onde as declarações de amor, de tão ternas e delicadas, quase se extinguem na garganta. Léonide, tão eloqüente e direta com os outros, com Agis não sabe senão usar métodos indiretos: "Doucement, Agis: une personne de mon sexe parle de son amitié tant qu'on veut, mais de son amour, jamais". Esse súbito pudor, manipulado, aliás, com habilidade bem feminina, é a prova que ela está mesmo enamorada.

A encenação do Teatro Nacional Popular é um prodígio de simplicidade e de finura. O cenário de Leon Gischia dá o tom: quatro ou cinco elementos apenas — algumas árvores, dois bancos, duas balaustradas um pavilhão, ao meio uma estatueta de Cupido, o "frecheiro cego" dos clássicos, única divindade digna de presidir a estes rituais de amor — que têm a vantagem de encantar os olhos sem atulhar o palco, deixando-o, praticamente livre para o jogo dos atores.

Quanto a estes, aliam com perfeição as duas tradições opostas que se conjugam no teatro de Marivaux: a italiana, sobretudo corporal, da *Commedia dell'arte*, e a arte de dizer bem, tipicamente francesa. São comediantes completos, que tudo podem enunciar só com o rosto e as mãos — a exemplo do que acontece com esse inimitável Daniel Sorano — ou plantar-se no centro do palco, quase imóveis, e destrinçar um longo texto em todas as suas minúcias racionais e sentimentais, tornando cristalino e atraente o pensamento do autor.

Jean Vilar é o filósofo que convém à peça: uma cabeça de pensador, voltariana, sobre um corpo frágil, num contraste às vezes próximo do grotesco, mas que não cai nunca na indignidade da paródia. Não menos felizes, nos seus papéis, estão Monique Chaumette, confidente tão graciosa quanto sua real senhora, Georges Wilson, confirmando ser o ator mais versátil da companhia, Christiane Minazzoli e Michel Petit, este visivelmente de menor experiência cênica que os seus companheiros.

Foi para Maria Casarés, contudo, que convergiram todas as atenções, tanto na peça como no espetáculo. Passando das lágrimas ao sorriso, de Victor Hugo a Marivaux — seria possível imaginar dois autores e dois estilos mais díspares? — manteve intacta a sua classe de "monstro sagrado" do teatro, conservando, dentro do próprio delicioso artificialismo da comédia clássica, aquela sua nota humana, inconfundivelmente sincera e exata. Mas não será esta, porventura, a definição que melhor cabe, igualmente, à arte sutil e reveladora de Marivaux?

(1957)

23. Vestido de Noiva

Antes de mais nada: é admirável a intrepidez, o destemor com que Sérgio Cardoso se lança ao encontro dos intocáveis tabus da dramaturgia. Para inaugurar o seu teatro — isso há dois anos atrás — foi buscar logo o mais temível cavalo de batalha dos maiores atores do nosso e de outros séculos: o *Hamlet*. Agora, tendo de se haver com um original brasileiro, reencena *Vestido de Noiva*, a peça que está na própria origem do moderno teatro brasileiro e a que Ziembinski parecera dar a sua fisionomia única e definitiva.

Não se trata, todavia, de temeridade, da coragem nascida da ignorância. Se o seu instinto é o do matador, que atira a estocada sem vacilar, o seu método tem a sabedoria e o minucioso cálculo com que os toureiros espanhóis fulminam as suas vítimas. Os que foram ver um *Hamlet* jovem, passional e arrebatado, saíram na certa decepcionados com um espetáculo cuidadosamente pensado, esmiuçadamente construído, que nada deixava a cargo do acaso ou da inspiração do momento. Com *Vestido de Noiva* repete-se o mesmo. É impossível imaginar-se encenação melhor articulada, que resolva com mais simplicidade e elegância as inumeráveis questões técnicas e dramáticas suscitadas pela obra de Nelson Rodrigues.

Ziembinski partia de um cenário fixo, de uma estrutura complexa, dividida em três planos, que resolvia com perfeição todos os intricados problemas relativos aos locais onde a ação imaginariamente decorre. Mas dessa realidade material, representada pela multiplicidade de locais cênicos, passava imediatamente para a irrealidade do desempenho: gestos, inflexões, movimentos, tudo nos chegava de longe, esmaecido ou distorcido, como que entrevisto através de um véu, de um sonho — o pesadelo em que se debate Alaíde nos minutos finais de sua agonia. O próprio delírio recebia uma face, tornava-se visível, de acordo com a estética do expressionismo.

Sérgio Cardoso procede diferentemente. Deixa o palco quase nu, valendo-se apenas de um jogo de plataformas e de alguns acessórios que os atores trazem e levam consigo, a vista do público, sem dissimular o fato, sem se importar em impor a ilusão cênica ao espectador. Dentro dessa irrealidade do cenário, que não representa propriamente lugar nenhum, chama, entretanto, tanto quanto possível, a representação para o terreno concreto da realidade. A distorção grotesca ou supertrágica só aparece quando absolutamente necessária. Nada está ali, no palco, pelo seu valor plástico ou pelo seu efeito dramático ou melodramático.

Sérgio Cardoso conseguiu, portanto, realizar o milagre em que ninguém acreditava: reapresentar *Vestido de Noiva* como se Ziembinski e o expressionismo nunca tivessem existido, isto é, sem se deixar influenciar e também sem procurar fugir a qualquer custo do que fora feito antes. A sua encenação é original no sentido mais raro e genuíno da palavra, o etimológico, no sentido de provir diretamente da origem, de ter voltado ao texto, deixando-se guiar e inspirar exclusivamente por ele. Para quem sabe ler — e o encenador é por excelência o homem que ausculta e faz falar as palavras — há em cada peça não só um, mas muitas versões, dormindo à espera da varinha mágica que as acorde para a vida do palco. Ziembinski encarou o drama de Nelson Rodrigues sob a perspectiva da estética teatral de entre as duas grandes guerras — e nos deu uma lição inesquecível de expressionisino. Sérgio Cardoso, vindo quinze anos depois, aproveitou com inteligência as últimas pesquisas do teatro mais atual, inclusive, quanto aos dispositivos cênicos, as de Jean Vilar e do Teatro Nacional Popular. Mas isto não quer dizer, a não ser para os tolos, que a direção de Ziembinski esteja superada: ao contrário do que é moda afirmar-se hoje em dia, nenhuma obra de arte ou estilo autêntico jamais são superados. Passam — mas para entrar na história.

Feitas tais ressalvas, seria possível estabelecer, sem equívocos, um confronto entre os dois espetáculos, o dos Comediantes e o que está no Teatro Bela Vista. Mas preferimos deixar o assunto para outra crônica, que há ainda muito o que dizer sobre a peça e os atores.

Para terminar esta nota, preferimos chamar a atenção sobre outro ponto. Há, no momento, quatro espetáculos de classe em São Paulo. Três são dirigidos por brasileiros: José Renato (*Eles não Usam Black-Tie*), Antunes Filho (*O Diário de Anna Frank*), e, agora, Sérgio Cardoso, com *Vestido de Noiva*. Os três pertencem ao que poderíamos chamar de segunda geração do teatro moderno brasileiro. Começamos, pois, a andar com as nossas próprias pernas. Eis um fato que desmente qualquer possibilidade de pessimismo de nossa parte.

* * *

Vestido de Noiva apresenta-se ao público como um quebra-cabeça intelectual. Uma mulher é atropelada. Enquanto é operada de urgência, com poucas esperanças de salvação, o seu cérebro trabalha sem cessar, mas já em vias de se desintegrar, quase em delírio, por vezes, confundindo ficção e realidade, fatos autênticos e meros desejos, aventuras próprias e alheias: "Tudo está tão embaralhado na minha memória! Misturo coisa que aconteceu e coisa que não aconteceu. Passado com o presente! É uma misturada!".

Trata-se, para o espectador, de tirar dessa misturada, dessa massa confusa de sensações e sentimentos, uma história coerente — aquilo que realmente se deu com a protagonista, antecedendo ao acidente. Tarefa, de resto, perfeitamente realizável. Há apenas duas chaves essenciais: Alaíde — a protagonista — casou-se com o namorado de Lúcia, sua irmã; e, quando adolescente, tinha morado na casa onde havia sido assassinada, por um rapazinho de 17 anos, uma prostituta de grande classe, Mme. Clessy. À volta desses dois fatos, todos os outros se agrupam obedientemente, como as peças de um *puzzle*, embora o autor tenha embrulhado as pistas. Não há na peça nada que não se explique e não se compreenda, nenhum apelo ao irracional ou ao ilógico. O seu hermetismo é muito mais aparente, de forma, do que real. Só há uma exceção: quando Alaíde morre, a peça continua, numa flagrante contradição, não com a vida, mas com os princípios em que se baseia a ação. É a única quebra de coerência interna.

O prazer que um tal exercício nos proporciona assemelha-se, no fundo, ao da leitura de um bom romance policial. A obra é um desafio à nossa argúcia: ou provamos a nós mesmos a nossa inteligência, o que está longe de ser desagradável, ou curvamo-nos perante uma sutileza reconhecidamente excepcional. Este elemento de vaidade não deixou de influir no êxito da peça em suas primeiras apresentações: a euforia de ter compreendido — tanto o texto quanto o estilo da representação — constituía provavelmente metade de nossa excitação de outrora. Pertencíamos, com o orgulho dos revolucionários, ao pequeno grupo dos que sabiam o que era expressionismo e entendiam a charada proposta por *Vestido de Noiva*!

Claro está que este aspecto foi o que mais envelheceu: o drama de Nelson Rodrigues continua a nos intrigar, a nos entreter a imaginação e o raciocínio, mas o seu malabarismo já não nos causa o mesmo embasbacado espanto de quinze anos atrás. Se a peça fosse apenas isto, não significaria mais do que um passo à frente na técnica da dramaturgia brasileira e o seu interesse seria meramente histórico.

Mas *Vestido de Noiva* esconde, nas dobras do seu virtuosismo, alguma coisa menos inocente, uma mal disfarçada predileção pelo que, na falta de expressão melhor, poderíamos chamar de imediações morais do crime. Alaíde não matou Pedro, seu marido — mas desejou matá-lo. Pedro e Lúcia não matam Alaíde — mas o acidente em que esta morre é como que uma projeção dos seus pensamentos (ao mesmo tempo, diriam os psicanalistas, que é uma forma inconsciente de suicídio). Não se chega ao fato brutal, mas nos aproximamos dele o suficiente para sentirmos o arrepio da consciência culpada, a voluptuosidade do remorso. Todas as imagens, todos os incidentes, são deste tipo. Considere-se, por exemplo, a figura da protagonista. Os traços psicológicos que demarcam a sua personalidade são a necessidade de roubar o namorado da irmã, de compartilhar com ela o amor do mesmo homem, bordejando o incesto ("Irmãos e se odiando tanto! Engraçado — eu acho bonito duas irmãs amando o mesmo homem! Não sei — mas acho!"); e a tentação de ler às escondidas o diário de Mme. Clessy e tudo o que se refira ao crime, a volúpia secreta de se identificar, ela, filha de família, com uma mulher que morreu com uma navalhada no rosto, assassinada sórdida e liricamente por um rapazinho ingênuo. (De novo, nessa diferença de idades, a sombra do incesto pairando sobre as personagens: "Tão branco — 17 anos! As mulheres só deviam amar meninos de 17 anos!".)

Vestido de Noiva assenta-se, portanto, sobre esses dois pilares: apresenta um interesse de natureza unicamente teatral, o de contar uma história de maneira a nos manter presos ao seu desenrolar, e penetra num certo mundo obscuro, de sentimentos inconfessados, que nem por ser menos nobre deixa de representar um dos aspectos essenciais da personalidade humana.

Com a perspectiva dada pelo tempo, podemos perceber agora que toda a obra posterior de Nelson Rodrigues não passa do desenvolvimento exasperado, levado até o absurdo, dessas duas grandes linhas mestras.

Por um lado, é uma tentativa para se livrar do realismo, da realidade como ponto obrigatório de reparo. As suas peças não temem o fictício e mesmo o arbitrário, desejando valer não pelo que dizem, mas pelo que são dramaticamente. A sua meta filial seria o teatro puro, assim como existe pintura ou poesia pura, isto é, um teatro que não tivesse outro objeto a não ser a própria realidade do palco.

Por outro lado, é uma exploração desordenada e febril de tudo o que há de turvo no homem. Nelson Rodrigues alimenta os seus remorsos ("Et nous alimentons nos aimables remords, comme les mendiants nourrissent leurs vermines" — escreveu Baudelaire, o papa dessa religião artística baseada no culto do Pecado) até torná-los disformes, descomunais, irreconhecíveis. Ele nunca foi um psicólogo, no sentido de compreender e explicar racionalmente esse submundo. Limitou-se a trazê-lo e a expô-lo com a maior violência à luz do dia, engrossando-lhes gradualmente as cores até deixar de lado qualquer senso de medida. Daí essa obra monstruosa — a única da nossa literatura — que se deseja gratuita moralmente e que parece ter perdido qualquer contato com a realidade, inclusive com a realidade psicológica que lhe serviu de ponto de partida.

Mas voltemos à peça e ao espetáculo do Teatro Bela Vista. já dissemos, em crônica anterior, todo o bem que pensamos da encenação de Sérgio Cardoso. A única objeção que se lhe poderia fazer — e assim mesmo nesse plano mais alto em que não se trata de erros, mas de características de personalidade — é que a sua concepção do texto, embora corretíssima, como já frisamos, é algo fria, a exemplo do que tem sucedido com outras encenações suas. O espetáculo dirigido por Ziembinski parecia talvez mais sugestivo por se dirigir mais aos sentidos, por ser mais dramático nos momentos dramáticos e mais grotesco nos momentos grotescos, por apelar mais consistentemente para a imaginação e para a poesia, sem este despojamento total, este quase ascetismo, este quase cerebralismo que torna a presente versão um fato puramente estético. Queremos dizer com isso que o público sente menos comunicação humana com o espetáculo; admira-o, mas sobretudo como realização artística, nascida e dirigida ao pensamento.

Vestido de Noiva, já o havíamos verificado ao tempo de Os Comediantes, é uma peça muito mais para o encenador do que para os atores: a própria complexidade de sua estrutura dramática apaga os destaques individuais. Ainda assim, podemos, neste trabalho essencialmente de conjunto, realçar algumas excepcionais interpretações. Wanda Kosmo e Carlos Zara, em particular, nunca estiveram melhores: Wanda Kosmo encontra finalmente um papel que lhe cai como uma luva, que lhe permite representar amplamente, como é de seu gosto, e Carlos Zara revela uma versatilidade, uma flexibilidade e uma leveza que ainda não lhe conhecíamos. É curioso que esteja ainda mais feliz nas partes líricas — exatamente as que não costuma interpretar. Nydia Lícia mantém a sobriedade e a distinção habituais e, em papéis menores, aparecem muito bem Emanuel Corinaldi, Guilherme Corrêa, Alceu Nunes e Marina Freire. Das atrizes de menos experiência, Suzy Arruda estréia na companhia de forma excelente e Ana Maria Nabuco, num papel de grande responsabilidade, demonstra que, se ainda não é, poderá vir a ser uma de nossas principais intérpretes.

Que as restrições que fizemos não ocultem o sentido maior do nosso pensamento: *Vestido de Noiva* é a melhor encenação do Teatro Bela Vista e uma das melhores do teatro brasileiro. Sérgio Cardoso torna a provar que alcançou a maturidade como diretor, nada ficando a dever, no momento, aos mestres estrangeiros a quem deve a sua formação.

(1958)

24. Dona Violante Miranda

Chegou o dia: Abílio Pereira de Almeida escreveu finalmente a peça que os inimigos do seu teatro esperavam que ele escrevesse. *Dona Violante Miranda* ultrapassa as expectativas. Não por parte de Dercy, tratemos logo de esclarecer. Afinal, Dercy sempre foi mesmo uma atriz essencialmente popular, vinda da revista, muito mais próxima do espírito de circo que do teatro (seja dito isto não como apreciação artística mas apenas para caracterizar a sua maneira e o seu gênero). O caso a encarar é um só: o de Abílio. A peça que ele escreveu, do ponto de vista da intérprete, não é pior nem melhor que as muitas que lhe passaram pelas mãos, uma vez que todas elas têm o mesmo objetivo, o de servir de simples pretexto para as improvisações constantes da atriz. A única diferença, desta vez, é a falta de inibição, a maior sem-vergonhice. Se a palavra parece dura, leiam, por favor, o que vem impresso no próprio programa do espetáculo, assinado por Dercy e intitulado "Meu Abiliozinlio". Dercy evoca um tal Telemaco, que conheceu menina, em sua cidade natal, e que tinha a mania de fazer teatro: "Foi então que ele pegou a coisa. Desandou para o musicado, arranjou uns *sketchs* com fatos da paróquia e safadezas da moçada, conseguiu umas garotas de vestidos curtos e tocou para frente. Foi um sucesso". Vem então, naturalmente, a moral da história: "Abílio me lembra o Telemaco. Nos primeiros tempos, foi bem-comportado. Olha aí o *Paiol Velho*. Mas, depois, ouviu cantar o galo, quis saber aonde era. E descobriu. Perdeu a vergonha e botou tudo pra fora. Como o Telemaco, fez 'jornal': Deu dinheiro, foi ficando". Em matéria de elogio, de intérprete para autor, é difícil imaginar-se maior concisão e precisão de termos.

O pior em *Dona Violante Miranda* não é que o primeiro ato se passe num prostíbulo, com fregueses apressados e mulheres entreabrindo a porta e pedindo troco para cinqüenta. Toda a matéria da vida — e a palavra aqui vem a calhar — é também matéria de arte e, além disso, nada do que se vê em palco foge à experiência comum de qualquer rapaz brasileiro. O que nos choca é que tanto chavão e tanta grosseria não tenham sido postos ali senão com o único e exclusivo intuito de causar sensação e atrair bilheteria. Essa é, realmente, a total falta de honestidade da peça. Como críticos não nos interessa a moral, mas somente a moralidade artística. O verdadeiro escândalo de *Dona Violante Miranda* é o artístico, é a prostituta tuberculosa que morre, é a filhinha abandonada, é a moça que ignora a antiga profissão da mãe adotiva, é o noivado com o rapaz rico, é a descoberta que a moça e o rapaz são primos — é todo esse imenso dramalhão fingindo-se de teatro realista para melhor se prestar de arcabouço a dezenas e dezenas de piadas grosseiras. Chamam alguns isto de coragem. Coragem, escrever peças que rendem centenas de milhares de cruzeiros? Coragem, ir ao encontro do mau gosto do público, satisfazendo espertamente a sua predileção, de ninguém ignorada, pela escabrosidade?

O fato é particularmente penoso para aqueles que conheceram Abílio em outra fase e outro papel, como um dos fundadores do Grupo de Teatro Experimental, de onde proveio toda a renovação do nosso teatro, como o primeiro dramaturgo de São Paulo a voltar os olhos, bem ou mal, ao que existia ao redor de si, para aqueles que o defendiam, apontando que para cada defeito gritante correspondia uma qualidade não menos evidente: que a sua melodramaticidade algo tosca escondia um verdadeiro senso dramático, que a pobreza de idéias gerais não impedia que o diálogo fosse esplêndido de naturalidade, que a cata de assuntos sensacionais era também desejo de denunciar, de protestar, de dizer em voz alta o que todos repetiam às escondidas. Agora, *Dona Violante Miranda* nos deixa atônitos, sem resposta, sem argumentos. A discussão não parece mais possível. Abílio transformou-se no que os seus detratores teimavam em enxergar nele: o autor que escreve rapidamente, sob encomenda, uma peça bem chocante e que renda em poucas semanas bom dinheiro. Ora, preocupação com dinheiro todos têm. Tem o Teatro de Arena que, não obstante, monta o drama social de um jovem autor desconhecido do grande público. Tem o Pequeno Teatro de Comédia, que encena a história pungente de uma menina judia trucidada pelos nazistas. Tem Sérgio Cardoso, que escolhe, como original brasileiro, uma peça difícil, quase hermética. Tem o Teatro Brasileiro de Comédia, que leva à cena Pirandello. Todas essas companhias, não haja dúvida, estão com o olho na bilheteria, à espera do capital que lhes permita pagar o espetáculo seguinte. Todos sabem, igualmente, que o público tem pontos fracos que não é difícil explorar. Mas há alguma coisa que os impede de fazê-lo: o respeito pelo teatro. Entre essas duas concepções opostas, depois de um certo ponto, já não há neutralidade possível. Abílio pensa que tem contra si a ira gratuita da crítica. Não vê que esta não existe autonomamente, no vazio: tomada na sua totalidade, não passa de expressão de um grupo incomparavelmente maior, que inclui encenadores e intérpretes, cenógrafos e autores, todos os que formam a consciência teatral da cidade. O seu teatro, para confrangimento daqueles que se iniciaram ao seu lado, vai assumindo progressivamente, perante essa consciência, a feição de um símbolo, de uma bandeira que é preciso combater a todo custo se não quisermos ceder o terreno trabalhosamente conquistado em quinze anos de luta.

(1958)

25. Juventude sem Dono

No espaço de dois ou três anos, São Paulo perdeu quase todos os seus melhores atores. Lá se foram Cacilda Becker e Paulo Autran, Tônia Carrero e Ziembinski, Cleyde Yáconis e Walmor Chagas, Margarida Rey e Freddi Kleeman. A própria Maria Della Costa tem andado por toda parte, dentro e fora do País, de Portugal ao Uruguai, exceto no seu teatro da Rua Paim. Da geração que fez a revolução teatral os únicos a permanecer entre nós, de forma permanente, foram Nydia Lícia e Sérgio Cardoso.

Inútil pretender que tal debandada não tenha afetado o nível dos nossos espetáculos. Mas para alguma coisa serviu ela. Tendo de começar tudo de novo, fomos obrigados a rejuvenescer. O nosso teatro, em 1958, tem a mesma idade e a mesma fisionomia que tinha em 1948: os mesmos rostos juvenis, o mesmo fervor e, por parte do público, a mesma excitação e boa-vontade com que sempre se saúdam os nomes que começam apenas a despontar.

Há algumas diferenças, entretanto, que marcam o nosso amadurecimento, coletivo senão individual: a safra atual de atores é mais numerosa, embora ainda não dê para o consumo, e sobretudo mais firme, apresentando-se, nos seus primeiros passos, com outra segurança e experiência de teatro. A maior diferença, todavia, é o numero sempre crescente de jovens diretores brasileiros. Se nos dissessem, há alguns anos, que um dia nos veríamos sem Celi e Ziembinski, sem Salce e Gianni Ratto, sem Bollini e Vaneau, pareceria o fim, o desastre, a catástrofe. Pois a catástrofe chegou — e vamos vivendo com a graça de Deus. Sérgio Cardoso (como diretor, naturalmente) e José Renato, Augusto Boal e Antunes Filho, receberam em suas mãos o encargo dos mais velhos, com resultados que até aqui não nos têm desapontado. Os nacionalistas, isto é, os que se arrogam o uso exclusivo de uma palavra que afinal é bem de todos, exultarão — e nós com eles, que nunca desejamos outra coisa. Mas, no seu fanatismo estreito, é bem provável que não compreendam que se não tivéssemos importado encenadores em massa, não estaríamos agora em condições de começar a produzi-los.

Juventude sem dono, em todos esses sentidos, é típico de 1958: uma companhia jovem, que está na sua terceira peça, e um encenador brasileiro, de vinte e poucos anos, que estréia. Em casos como esse, o que interessa, em primeiro lugar, não são análises, mas um julgamento global, saber se o estreante possui ou não qualidades para o posto. Sobre isso não temos qualquer dúvida: Flávio Rangel é mais uma dessas gratíssimas revelações de que tem sido pródigo o ano corrente, comparável à estréia de Gianfrancesco Guarnieri, como autor, ou de Antunes Filho, como diretor, ou ainda de Fernanda Montenegro, como intérprete (já sabíamos que era boa, mas não tão excepcionalmente boa atriz).

A representação tem defeitos: mas nenhum básico, nenhum fundamental, nenhum que um pouco de calma e experiência não possa corrigir. Os atores, por exemplo, não falam com a suficiente clareza: na ânsia de comunicar emoção, passam como gatos sobre brasas pelas falas e situações de circunstância, aparentemente neutras, de caráter antes informativo que dramático. O ritmo chega a ser ofegante, as cartas são mostradas ao público cedo demais, com prejuízo do efeito de progressão e até da perfeita inteligibilidade dos fatos secundários do enredo. Ler a peça, após tê-la visto no palco, é verificar o número de pormenores deixados em relativa penumbra. Em compensação, quanta sinceridade, que extraordinária intensidade emotiva nas cenas capitais, de explosão e violência! Se Flávio Rangel fizer o que os nossos diretores em geral não fazem, considerando a estréia não um resultado definitivo, mas, de certo modo, como um ponto de partida, afinando e equilibrando a representação, adaptando-a às condições peculiares do grande auditório do Teatro de Cultura Artística, poderá chegar a um espetáculo praticamente perfeito, dentro da sua categoria. Assim mesmo como está, entretanto, a encenação já foi capaz de enfrentar e subjugar um público de estréia como nunca havíamos visto, indiferente, grosseiro, pouco sensível, quase hostil, reduzindo-o de início ao silêncio e forçando-o depois à adesão plena ao que se passava no palco, tal era a confiança do elenco em si mesmo e no trabalho do diretor.

Para isso contribuiu, e não pouco, o original norte-americano de Michael Vincente Gazzo. A questão que ele ataca é simples e direta: um morfinomano que tenta livrar-se do vício. Problemas de infância, de relações entre pais e filhos, são suscitados, esboça-se um triângulo de amor entre o protagonista, o seu irmão e a esposa, há constantes referências a um certo mal-estar social generalizado, mas nada pesa verdadeiramente diante da realidade brutal da morfina e da sujeição que ela impõe. O alcance moral da peça, portanto, é limitado: jamais um caso clínico nos conduzirá a uma reflexão universal sobre o homem, ao contrário do que acontece com os grandes textos que, partindo também do particular, acabam por nos descortinar perspectivas humanas muito mais vastas. Em contrapartida, porém, esta falta de complicação, esta própria simplicidade, seduz sobremaneira a platéia, que nada aprecia mais do que se identificar com o herói, sofrendo com ele e salvando-se com ele. Ora, Gazzo facilita semelhante processo de assimilação emocional, mantendo bem claras as distinções entre o bem e o mal (o que não deixa de ter certa originalidade na ficção moderna), e se inclinando, quanto ao desfecho, para uma visão menos pessimista das relações humanas. Tanto pelo seu naturalismo algo estrito quanto pelo seu otimismo subjacente e afinal triunfante, *Juventude sem Dono* jamais poderia ser compreendida, por exemplo, nos quadros do atual teatro europeu. Que mal há, contudo, que a América, sendo mais jovem, não se mostre tão descrente com relação ao homem?

Milton Morais domina largamente o elenco, com magnífico desempenho. Os seus poucos erros são de direção: ele começa a se agitar tão cedo, dentro do desenvolvimento da peça, e se agita tanto, que já não se compreende como é que ninguém, nem mesmo a sua mulher, percebe o que se está passando com ele. A falha não é apenas de verossimilhança, mas também dramática, porque tira, em parte, o efeito de surpresa e o impacto das revelações subseqüentes. O encenador sabe, desde a primeira fala, que o seu herói é morfinomano: mas para que não manter um pouco mais o segredo, para que não nos deixar descobrir aos poucos a extensão do mal, colocando-nos por assim dizer na mesma posição das demais personagens? Marivaux disse mais ou menos isso de maneira magistral: é preciso que os atores "ne paraissent jamais sentir la valeur de ce qu'ils disent, et qu'en même temps les spectateurs le sentent".

Isabel Teresa, vindo do Rio e estreando no teatro paulista, impressiona muitíssimo bem: uma certa monotonia sua de inflexão é mais do que contrabalançada pela sua perfeita sinceridade. Manoel Carlos parece-nos defronte de um impasse: a televisão lhe deu um certo desembaraço, que lhe permite dizer bem cada fala isoladamente, mas não lhe ensinou o que o teatro talvez venha a fazer, a construir uma personagem, com a sua individualidade inteiramente marcada. No fim da peça, não chegamos a compreender com nitidez como era esse Pai que ele interpreta com tanta desenvoltura aparente. Felipe Wagner está menos feliz do que das vezes anteriores, passando como uma bala por uma cena de bebedeira que, se evita os lugares-comuns, nem por isso consegue convencer-nos. Mauricio Nabuco e Aldo de Maio, em papéis menores, emprestam alguma veracidade a essas silhuetas pitorescas de *gangsters* que o cinema já tornou algo banais.

Excelentes cenários de Túlio Costa. A montagem, aliás, é toda ela de primeira ordem, quanto ao cuidado e acabamento técnico.

(1958)

26. Um Panorama Visto da Ponte

O Teatro Brasileiro de Comédia, se nos permitem a expressão, tirou o ventre da miséria. A frase parecerá talvez popular e quase cruel, mas é a que melhor traduz essa sensação de desafogamento, de plenitude, essa euforia coletiva que se apoderou igualmente de artistas e espectadores na noite de quarta-feira última. Após alguns espetáculos menos felizes, seja artisticamente, seja quanto à bilheteria, sentiam todos que o elenco de Franco Zampari, na data em que começa a comemorar o seu décimo aniversário, precisava exatamente do que vimos no palco da rua Major Diogo: uma grande peça, uma grande representação e um grande desempenho individual.

Dessas três gratas surpresas, a última é porventura a maior. Desde que se formou na Escola de Arte Dramática, há seis ou sete anos, saibamos que Leo Vilar era um bom ator. Mas esta sua interpretação de agora, ainda que signifique antes um prosseguimento do que uma reviravolta, não tem termos de comparação com tudo o que fizera até o momento. Depois de um período de silencioso e despretensioso amadurecimento, Leo Vilar encontrou, finalmente, o seu papel e a sua peça. Não serão muitos os nossos atores que possuam a sua força e o seu temperamento dramático. Estas próprias e excepcionais qualidades não bastariam, entretanto, se não se apresentassem tão dóceis e tão submissas a uma alta capacidade de compreensão psicológica, se não tivessem sido canalizadas no sentido de compor, com a maior nitidez, uma inesquecível personalidade trágica, poderosa e perplexa, tosca e atormentada — a de Eddie Carbone. O pobre estivador de Nova York retratado por Arthur Miller nunca vê claro dentro de si mesmo, em parte porque está cego pela paixão, em parte porque não deseja ver. Educado dentro de um código simples e rígido, não pode, sem se dilacerar moralmente, reconhecer o que há de equívoco na sua afeição pela sobrinha, que ele ajudou a criar como filha. Preso a uma concepção também severa e primitiva da mulher, em que o amor carnal só é entrevisto sob a forma do pecado, como coisa baixa e impura, não reconhece a contradição que se instalou no fundo da sua consciência, entre os seus desejos e as suas aspirações morais. Sendo o único culpado, enxerga-se como vítima — e da rede de contradições em que se enleia só sairá pela morte. Jamais esqueceremos o ar confuso e obstinado que Leo Vilar empresta a essa figura ao mesmo tempo abrutalhada e patética, o seu olhar de animal enfurecido e inocente, que ataca porque julga que está sendo atacado, implorando a nossa compreensão e compreendendo tão pouco.

Um desempenho de tal porte, em teatro, arte de elaboração coletiva, dificilmente vem só. O Teatro Brasileiro de Comédia, como sabemos, ainda tem o elenco mais experimentado de São Paulo. Na peça de Arthur Miller, não é só Leo Vilar, são todos os atores que se elevam, em conjunto, a alturas raramente atingidas entre nós.

Nathália Timberg, como a mulher de Eddie Carbone, escolheu uma voz grave que lhe restringe um pouco a variedade de inflexões, mas o seu rosto é dos mais expressivos e, além disso, o único arranco de violência que a peça lhe permite põe em evidência a sua admirável capacidade dramática. Elizabeth Henreid está muitíssimo bem, nas cenas leves e nas mais carregadas de emoção, como uma adolescente que aos poucos se vai sentindo mulher.

Entre os homens, Egídio Eccio consegue sugerir sem ambigüidades o caráter mais fraco, menos viril, da sua personagem. Entre estivadores rudes, ele é o que melhor se entende com o outro sexo, por uma certa graciosidade frágil, por um certo dom de fantasia — fantasia barata, de gente pobre — por considerar a vida menos um dever e mais uma aventura. Sérgio Britto é o narrador do drama, o *meneur du jeu*, num papel de advogado que justifica e valoriza inclusive essa tendência para a retórica que costuma ser o seu defeito. Eduardo Waddington não compromete, mas deixa transparecer que não tem a experiência de palco dos seus companheiros. A dificuldade do seu trabalho, sobretudo para um principiante, reside em falar tão pouco: trata-se de uma parte capital para o equilíbrio da peça, mas constituída quase inteiramente de silêncio, de ação muda de presença, a última coisa que o ator aprende em cena.

Fernanda Montenegro e Ítalo Rossi prontificaram-se a aparecer como figurantes. O gesto é dos mais gentis, mas não temos a certeza se conviria chamar assim a atenção do público para silhuetas apenas recortadas, cujo papel é permanecer mesmo na sombra e no anonimato.

O cenário de Mauro Francini dá a impressão de vida coletiva, de drama anônimo numa grande cidade, como Arthur Miler deseja, e Alberto D'Aversa tem, nesta peça norte-americana passada entre italianos e descendentes de italianos, a sua primeira real oportunidade no Brasil. A sua direção parece-nos perfeita, exemplar, não caindo no melodrama, mas não se refugiando, por outro lado, num cômodo meio-termo, não tendo medo de ir ao ponto mais extremo da dramaticidade. É uma encenação franca, simples, brutal — como a peça.

Quanto a Arthur Miller, a sua singularidade provém da circunstância de ser o derradeiro grande escritor de teatro a acreditar na força singela dos fatos. *Um Panorama Visto da Ponte* (se deixássemos cair o artigo indefinido não ficaria bem mais elegante o título?) nasceu de uma história autêntica que lhe contaram e a peça conserva este caráter de matéria vital, formada de sangue e instinto. Por entre o psicologismo e o metafisicismo exasperado do teatro moderno, é uma obra puramente dramática, um mecanismo que se põe em marcha diante de nós e cujo desfecho sangrento adivinhamos sem que este conhecimento de nada nos valha.

Somente num segundo momento é que observamos a presença, por detrás dos fatos, das preocupações teóricas do autor. O tema da delação, da solidariedade social, da fidelidade a um organismo e a um código de honra, entrelaça-se com o da intolerância. Eddie Carbone não quer, não pode admitir os seus verdadeiros motivos. A volta desse "impasse" emocional borda uma teoria, tanto mais convincente quanto mais suas raízes são irracionais: o seu rival não presta, não é homem, porque é louco, porque canta, porque é diferente, em suma, os eternos argumentos de todas as intolerâncias. Mas, desta vez, Miller se coloca do lado de dentro e não do lado de fora da intolerância, entendendo e condenando o seu protagonista, o que aumenta o alcance e a emoção da peça. Mas a realidade primeira, perante o texto, é sempre o homem, não são as idéias. Daí a impacto direto deste drama que nos atinge — para terminarmos com uma metáfora ao gosto norte-americano — com a simplicidade e o vigor de um soco na boca do estômago.

(1958)

27. I Demoni

Talvez seja melhor pôr as cartas na mesa, declarando de início, sem preâmbulos ou hesitações, que a adaptação de *Os Demônios*, feita por Diego Fabbri, parece-nos um malogro completo, tanto em relação ao teatro como, e principalmente, em relação ao romance. Dostoievski tem as suas próprias obscuridades, sem as quais não seria ele mesmo: no plano psicológico, quando vai além das motivações racionais e superficiais com que em geral nos contentamos; no plano filosófico, quando torna a discussão metafísica não um debate coerente e ordenado de idéias, mas um choque vital, um confronto sangrento entre maneiras de viver, e sobretudo, de morrer. Pensar, para ele, é empenhar-se com a própria carne, é estar disposto, se preciso for, a matar ou a matar-se. Entre suicídios e assassínios, dez cadáveres, em *Os Demônios*, marcam a passagem por entre os homens de alguns conceitos morais e políticos, aparentemente, no seu nascedouro, teóricos e inofensivos,

Mas estas são obscuridades reais e necessárias, o preço pago pelo escritor à sua paixão. Coisa diversa é a obscuridade do texto de Diego Fabbri quando passado para o palco, obscuridade de forma, queremos dizer de domínio imperfeito sobre a forma teatral, obscuridade que deixa o público mergulhado na mais completa ignorância, inclusive a respeito dos fatos comezinhos do enredo, sobre os quais Dostoievski se estende amorosamente em dezenas e dezenas de páginas: quem são aquelas estranhas pessoas, por que são assim, o que fazem, de onde vêm, quais as relações precisas entre elas etc.

O adaptador julgou apanhar o essencial do romance reduzindo-o às suas cenas capitais, a esses momentos patéticos de revelação em que o homem se perscruta e se revela a si mesmo e aos outros. Mas não viu que tais momentos cruciantes, de paroxismo, não se explicam por si só, sem a matéria de sustentação, representada pelos outros episódios, menos significativos, porém não menos indispensáveis. Seria o mesmo que querer restringir o Hamlet a seus monólogos, esquecendo os instantes em que ele se compraz com os atores ou se confia a Horário, escarnece de Rosencrantz, dá trela ao Coveiro ou brinca com Polônio como o gato com o rato — tudo, enfim, que faz que ele seja um homem e não apenas a abstração da dúvida. Cada personagem de Dostoievski é esmagado por uma idéia: limitada a esta essência, todavia, perde o seu peso humano e a sua veracidade, torna-se um fantoche metafísico gritante de gratuidade. Se formos analisar, linha por linha, tudo estará talvez explicado no texto de Fabbri, mas de passagem, sem tempo para se depositar e calar na memória do espectador.

Chegados até este ponto, porém, não teremos por acaso de ir adiante e pôr em dúvida a legitimidade do próprio projeto de fazer uma adaptação teatral de *Os Demônios*? O romance de Dostoievski, como tantos críticos já o notaram, sobrepõe um melodrama a um líbelo político e a uma indagação filosófica sobre o "niilismo". O princípio é dado, sem dúvida, pela perplexidade de Stavroguin e pelas maquinações políticas de Piotr Stepanovitch. São eles, e seus companheiros, os demônios do título. Mas este núcleo de quase delírio moral é envolto por várias camadas de normalidade, ou de meia normalidade, acabando a obra por traçar um amplo panorama de todo um tipo de sociedade russa. Ora, este quadro, completado por irresponsáveis cavalgadas aristocráticas e burlescas recepções oficiais, não é mera paisagem. É a ignorância da Rússia, o "despaisamento" dentro do seu próprio país, o alheamento à realidade, que explicam, aos olhos de Dostoievski, a súbita irrupção dos "demônios" dentro da pacata vida provinciana. Partimos, portanto, das causas para os efeitos: sem a tolice e frivolidade dos pais, sem Trofimovitch e Barbara Petrowna, sem Julia Mikailowna e Karmazinow, não teríamos o desvario dos filhos, o assassínio de Chatov ou o suicídio de Kirilov, formas diversas da mesma moléstia social e moral. Embora Piotr Stepanovitch seja o desencadeador da ação, a alma danada, o romance, se excetuarmos as páginas finais da conclusão, começa e termina com a figura patética e ridícula de seu pai.

Os Demônios são um estudo do "niilismo" — chamemo-lo assim. Mas há vários graus de negação dos valores humanos que devemos atravessar até chegarmos ao centro, a Stavroguin e Piotr Stepanovitch. Stavroguin é a plena gratuidade moral. É em vão que ele mesmo e os outros tentam decifrá-lo: ele não vive, pois que não acredita em nada, nem no bem, nem no mal. Precisa de sensações — o medo, o remorso — para sentir que não está morto, mas também esta busca se revela infrutífera porque a sensação só existe quando revestida de algum sentido, de algum valor. Piotr Stepanovitch, seu "alter ego", passa desta etapa para a ação política, como uma porta de escape. A revolução, para ele, não é amor aos homens, mas somente um imenso desejo de aniquilamento e negação. Mentirá, trairá, matará — não propriamente por uma causa, mas porque traz dentro de si, escondido nas dobras do seu cinismo e oportunismo, o mesmo vácuo, o mesmo vazio moral.

De Stavroguin nasce, para a ficção moderna, toda uma série de personagens, dos "indiferentes" de Moravia aos heróis absurdos de Camus. De Stepanovitch deriva outra linhagem: os revolucionários de Koestler e Orwell, para os quais a revolução é um fim em si, num universo destituído de outros absolutos. A genialidade de Dostoievski foi ter percebido que havia uma relação entre os dois fenômenos: esse é o fio que une os dois entrechos — o psicológico e o político — num só e mesmo romance.

Mas seria possível conter tanta riqueza, comprimir esse vasto feixe de inter-relações e implicações, nas duas ou três horas de um espetáculo e nas quatro exíguas paredes de um palco? Em vez de querer abarcar tanto, Diego Fabbri teria andado provavelmente melhor se, a exemplo do que fizeram os russos no começo do século, houvesse tomado um só episódio, uma só figura, para que esta, ao menos, surgisse perante nós com uma fisionomia humana reconhecível.

É necessário acrescentar, entretanto, em defesa da peça, que a direção de Luigi Squarzina, um dos melhores encenadores italianos, parece-nos ter antes agravado do que disfarçado tais defeitos. Menos preocupado em esclarecer do que em tirar efeitos plásticos — aliás, belíssimos — exagerou o "dostoievskianismo" de Dostoievski, até torná-lo vítima do seu próprio mito de escritor sombrio e difícil, deixando de lado os seus aspectos que poderíamos chamar de realistas — agora que, para muitos, a palavra vai readquirindo o seu primitivo valor. É significativo que Fabbri quase só tenha escolhido cenas noturnas numa obra que, embora com menos importância, também possui a sua face diurna. Pois a este jogo de sombras humanas, Squarzina acrescentou o seu próprio jogo de claro-escuro, feito muito mais de trevas do que de luz. Acrescente-se a isso outro fator, fortuito. Os grandes teatros exigem uma técnica especial: os atores têm de se colocar quase de frente para o público e falar alto e bom som — como faz a Comédie — ou então procurar, como o Teatro Nacional Popular francês, fórmulas modernas que correspondam a este desejo de comunicação franca e direta. Ora, os atores da Companhia Estável de Gênova estão evidentemente acostumados a representar em salas pequenas, com os intérpretes freqüentemente de costas para a platéia, valendo-se de minúcias, de tons e subtons que se perdiam no Municipal.

Apesar de tudo isso, quando o pano desceu pela última vez, a platéia saudou com entusiasmo os nossos visitantes. Apenas cortesia? Não cremos. Por sobre a distância que nos separava, atores e espectadores, uma certeza se afirmava soberana por todo o teatro: a de que estávamos diante de um conjunto de excepcional qualidade. Não era somente a generosidade de uma nobre tentativa malsucedida que aplaudíamos, mas uma grande companhia e uma encenação de imensa complexidade artística e material, realizada, quaisquer que sejam as nossas objeções, sempre em plano superior. Quanto aos atores, já guardamos alguns nomes — mas haverá muito tempo para falar sobre cada um deles nos próximos espetáculos. Desta vez, como era de esperar, Dostoievski monopolizou todas as atenções.

(1958)

28. La Locandiera

La Locandiera — ou o triunfo da burguesia. O século XVII, em teatro, é o século dos fidalgos aprendizes, dos burgueses metidos a gentil-homem. O século XVIII será, em progressão crescente, o dos lacaios rivais de seus senhores. Em 1709, na comédia famosa de Le Sage, Crispin afirma enfaticamente, como fecho e moralidade da peça: "Voilà le règne de M. Turcaret fini; le mien va commencer". Na realidade, foram necessários ainda setenta anos para que Fígaro ascendesse definitivamente ao primeiro plano, passando de comparsa a protagonista, e começasse a dizer verdades impertinentes nas bochechas do rei. Mas já em 1751, Mirandolina, com outro tato e delicadeza, passara de estalajadeira a patroa, pelo menos no que se refere ao domínio dos corações.

Quem lhe faz a corte, já não são Crispin nem Truffaldino, Mascarille nem Arlequim. São marqueses, condes, cavalheiros, e não por mera diversão: a sério, para casar. Mirandolina, esperta que é, não se contentará em conduzi-los pelo nariz, como a um bando de idiotas. No fim, quando se trata de acabar com a brincadeira e pensar na vida de verdade, escolhe, para esposo, não um alto e vazio título nobiliárquico, mas Fabrizio, o camareiro, que, como ela, sabe trabalhar e cuidar da hospedaria, tendo ainda a vantagem de obedecê-la cegamente, deixando-a em meia liberdade. A era dos antigos patrões terminou. Os criados já não surgem, no palco apenas para dar uma réplica caricatural e brejeira aos amores sentimentais dos patrões.

É verdade que a aristocracia também não é mais a mesma. O marquês de Forlimpopoli (por que será que os títulos começam a assumir agora feições grotescas?) oferece a todos a sua proteção senhorial, mas não tem nem com que comprar um bom almoço. Quando puxa pela espada, só sai, ó vergonha, uma lâmina de palmo e meio, símbolo ao que parece de um poder que se quebrou. E duas aventureiras, duas cômicas, duas atrizes, ousam apresentar-se em sociedade, entre risinhos e cotucões, como senhoras de elevada linhagem: a única que percebe logo o embuste é Mirandolina, a estalajadeira. Goldoni não sonhava certamente com a nossa perspectiva histórica. Mas, sem o perceber, que quadro de irrespeito social nos traça alegremente, com que sem-cerimônia trata os seus nobres de fancaria!

Mirandolina, por seu lado, não é nem a *soubrette* nem a *coquette* do repertório clássico; é bem mais humana, bem mais real, do que essas ficções dramáticas. Engana, namora, engabela, desmaia, adula, diverte-se com isso imensamente, porém conservando sempre os pés solidamente plantados na realidade. Enquanto serve à mesa ou passa a ferro a roupa, parece pensar consigo: que tolos estes cavalheiros, que não sabem fazer nada senão darem-se ares de superioridade. A sua malícia tem qualquer coisa de chão, de campesino, de quem acredita mais nos fatos, nas tarefas diárias, do que no jogo fútil e sutil dos sentimentos. Até ao casar-se, consulta a razão, vê a sua conveniência. Se algo temos a opor à sua encantadora feminilidade, será este excesso de domínio sobre si mesma, esta frieza interior que nos desafia: "Tratto con tutti, ma non m'innamoro mai de nessuno". A grande descoberta de Goldoni foi o bom senso burguês. Mas, já no seu alvorecer, entremostra este as suas limitações: uma certa secura de coração, uma certa ausência de fantasia, este amor excessivo à própria segurança, que não se arrisca nunca. Mirandolina — a pequeno-burguesa, e, também, a anti-romântica.

Teríamos visto a peça com tais cores, sem a encenação de Alessandro Fersen? O seu primeiro cuidado foi livrar o texto das idéias feitas, da convenção tácita de que Goldoni só pode ser interpretado através de uma estilização quase preciosa posto que o século XVIII é apenas graça e requinte. Feito isto, deu ao espetáculo o máximo de consistência e de objetividade psicológica. Marcações, inflexões, nada está ali para brilhar, para fazer efeito. Os atores não esquecem a presença do público, nos monólogos e apartes, mas, em contraposição, exploram a cena, quanto à movimentação, quanto ao uso de acessórios, como se de fato estivessem em suas casas, procurando ir além da mera realidade do palco. É uma encenação original e sóbria, direta e imaginosa, sensível às menores flutuações do texto, completada, no plano individual, por três admiráveis desempenhos. Valeria Valeri é uma Mirandolina inteligentíssima, graciosíssima, sem perder a naturalidade, sem parecer que faz questão de ser uma coisa ou outra. Tino Buazzelli é um marquês de Forlimpopoli a quem Deus não deu os meios materiais de realizar os seus modestos sonhos de grandeza, fanfarrão como um espanhol de comédia e medroso como uma criança. Renzo Giovanpietro é o inimigo das mulheres vencido com as armas que ele próprio fornece a Mirandolina.

Terá o espetáculo desapontado a alguns espectadores, saudosos das pelotiquices de Arlequim servindo ao mesmo tempo dois patrões? A culpa não é do Teatro Estável de Gênova. Poderá ser do próprio Goldoni, cuja missão histórica foi essa mesma, de injetar verdade psicológica nas máscaras da *Commedia dell'arte*. Ou poderá ser nossa que, depois de dois séculos de verossimilhança realista, começamos a suspirar de novo por um pouco de irresponsabilidade lúdica.

(1958)

29. *A Boa Alma de Se-Tsuan*

Em *A Boa Alma de Se-Tsuan*, Bertolt Brecht lida com o mais óbvio e urgente problema humano, desde que Adão e Eva foram expulsos do Paraíso: a escandalosa imperfeição e injustiça do mundo. Estamos numa cidadezinha da China, mas poderíamos estar em qualquer outra região — essa é a vantagem das fábulas sobre as histórias reais. Chen-Tê, a única boa alma que os deuses encontram na sua periódica peregrinação terrena, precisa, para não ver esvair-se entre os dedos o pequeno pecúlio que as divindades lhe deixaram, dividir-se em duas: uma parte sua continuará a ser Chen-Tê, boa demais, fraca demais para sobreviver entre os homens; a outra, a sua parte masculina e inflexível, será Chui-Tá, o duro homem de negócios capaz de organizar uma indústria e, com isso, dar de comer aos que têm fome.

Como se observa, não existe meio-termo entre as duas alternativas. As excelentes intenções de Chen-Tê têm um defeito básico: são inoperantes. A bondade, infelizmente, não é a mola da propulsão econômica. Não é apenas com piedade indiscriminada que se constrói alguma coisa. Chen-Tê perderá tudo e os outros praticamente nada ganharão. Quanto a Chui-Tá, o seu realismo consegue ao menos, tratando os homens como escravos, fazê-los trabalhar o suficiente para encher a barriga de todos. Mas tem, igualmente, a sua falha insanável: guarda para si a parte do leão, reduzindo os demais à miséria. E ai dele se não o fizesse — lá estaria também entre os escravos.

Conclui-se, em suma, o que já se sabia de antemão: os homens não são o que deveriam ser. No fundo de cada um deles, ou melhor, no fundo de cada um de nós, jaz uma centelha de bondade, uma aspiração, longínqua ou próxima, a uma vida coletiva menos injusta. A visão de um mendigo nos conturba, o rosto de um menino faminto tira-nos um bocado de felicidade. Desejamos ser bons, diz Brecht — mas "as circunstâncias não deixam", acrescenta cinicamente uma de suas personagens, o rei dos mendigos da *Ópera dos Três Vinténs*. A culpa, portanto, não é do indivíduo, mas do sistema. Justo — já o haviam notado os gregos há dois mil e quinhentos anos — é o cidadão de cidade justa.

O assunto da fábula de Brecht, na verdade, é o diálogo entre o pessimismo e o otimismo. O cristianismo garante-nos que a imperfeição não tem salvação, a não ser em termos sobrenaturais. Baseado nesse pessimismo fundamental, no que diz respeito à terra, permite-se uma atitude de grande indulgência para com as falhas humanas. O comunismo faz o contrário: acredita em si mesmo a tal ponto e crê no homem com tanto otimismo que não hesita em cobrar, como preço de salvação, alguns milhões de cabeças humanas. Brecht não chega a tais extremos. Embora não acredite em ajuda extraterrena (os deuses de sua peça aproveitam-se do menor pretexto para fugirem comodamente para os céus de onde desejariam nunca ter saído) o seu ideal, como político e também como poeta, seria uma harmoniosa conciliação entre Chen-Tê e Chui-Tá. Enquanto os dois não puderem formar uma só pessoa, não haverá descanso decente para o homem.

Não se percebe, na posição de Brecht, nada que não se possa aceitar de coração aberto porque ele não discute propriamente soluções. A forma do seu comunismo, tal como o vemos em *A Boa Alma de Se-Tsuan*, é a mais simpática, a melhor possível, esse impulso emocional que se encontra na origem de todos os movimentos reformadores: um anseio fundo de melhora, uma generosa inconformidade com a injustiça. Não é possível que as coisas tenham de permanecer para sempre tão imperfeitas. Há de haver uma solução — repete ele, teimosamente, no fecho de sua fábula.

Não admira que Brecht, necessitando de uma arma contra o pessimismo, que é a sua tentação permanente, haja terminado por encontrar a desejada tábua de salvação. A sua personalidade parece ser dessas que não se ajeitam com as soluções de compromisso: ou o desespero total — de que andou tão perto nas primeiras peças — ou a esperança completa de salvação. Palpita, por detrás do seu pseudocinismo, uma intransigência, uma sede de perfeição moral a que, como homens se não como artistas, não podemos ficar indiferentes.

Na hierarquia estabelecida pelo próprio Brecht, os valores humanos vêm antes dos estéticos. Mas sempre chega o momento em que é preciso, de uma forma ou de outra, considerar a obra de arte como tal. O que vale *A Boa Alma de Se-Tsuan* como peça? E como funciona, na prática, o chamado teatro épico?

Começaremos por uma confissão: tanto a teoria como o texto de Brecht seduziram-nos mais no papel que no palco. De quem a culpa? Do próprio Brecht? Do crítico?

Esta segunda possibilidade não surge aí por simples gesto de encantadora modéstia. Cada crítico é mais ou menos circunscrito por seus hábitos e crenças. Acostumados à complexidade, à concentração dramática, ao jogo de contrastes da dramaturgia moderna, em que temos de ler nas entrelinhas, é natural, talvez, que nos pareça um tanto monótono este teatro narrativo, liso, plano, didático, onde todos falam uniformemente alto, onde tudo é dito e redito, onde as intenções são sempre explicadas e proclamadas, onde não há primeiros e segundos planos, onde se leva tanto tempo para contar uma história afinal bastante simples. A humanidade partiu da singeleza repleta de intenções morais da fábula e chegou à riqueza, à particularização, ao formigamento da ficção moderna. Que há vantagem política em se voltar atrás, falando com maior esquematismo e clareza, não temos dúvida em admitir. Mas haverá também progresso estético? Brecht fundiu a simplificação de linhas do expressionismo de 1920 com as preocupações políticas da década de 1930. Sintetizou assim toda uma linha do teatro do seu tempo. Mas estará aí a dramaturgia do futuro, a salvação do teatro, como acreditam os "brechtólogos?" Desejaríamos mais algumas provas para nos dar por vencidos.

A encenação de Flamínio Bollini parece-nos acuradíssima em tudo, exceto em duas particularidades de certa importância e que marcam, não falhas teóricas do diretor, mas os pontos de resistência do material com que trabalhava.

A primeira refere-se ao tratamento musical, encarado, claro está, sob o aspecto dramático. As letras das canções com que Brecht entremeia e comenta a ação de suas peças são voluntariamente simples, pobres: à música cabe precisamente conferir-lhes a originalidade de que carecem. Não cantá-las, essas canções, recitá-las apenas, embora com acompanhamento musical, é tirar-lhes quase todo o encanto, é torná-las ou banais ou enfáticas. Sem este prestígio, este distanciamento da realidade, esta distinção especial emprestada pela música, muitas cenas de *A Boa Alma de Se-Tsuan* não rendem poeticamente o que deveriam render. Ao contrário, quando a música funciona plenamente — veja-se a "história dos 7 elefantes" — o público deixa-se imediatamente envolver pela ação. Em suma: embora seja melhor não cantar do que cantar mal, melhor ainda é fazer peças musicadas com atores-cantores e não com simples atores.

A nossa segunda objeção diz respeito à ironia. Brecht não faz graça pela graça. Mas um certo sarcasmo sublinha cada uma de suas frases. Ora, os nossos atores, com poucas exceções, não sabem manejar estas armas delicadas. Apenas os mais experimentados — um Eugênio Kusnet, um Sady Cabral — conseguem sugerir, sem quebrar a linearidade da interpretação épica, esta ponta indefinível de malícia, que faz o contracanto do didatismo com que Brecht se apresenta, e sem a qual o texto perde a sua leveza de fábula.

Quanto ao mais, a direção de Bollini, o cenário de Túlio Costa e o desempenho dos atores parecem-nos exemplares, ou muito próximos disso. Maria Della Costa — tirante o fato de que a natureza não lhe deu cordas vocais de cantora — nasceu para fazer papéis populares como este, em que brilham livremente a sua franqueza e inocência de atriz, a sua flama, uma certa humanidade simples e direta que ela possui como ninguém. Ao seu lado, aparecem com destaque Antonio Ganzarolli, muito bom como o "Aviador", Suzy Arruda, Sidnea Rossi, Paulo Correa — um policial obsequioso e falante, um pouco na linha do nosso antigo teatro — e tantos outros, Benjamim Cattan, Joaquim Guimarães, Oswaldo Lousada, Jurema Magalhães, Geraldo Ferraz, que seria impossível citar todos.

Não é fácil fazer restrições, quaisquer que sejam, a um espetáculo tão corajoso, tão inteligente, tão sério, tão trabalhado, tão limpo e honesto, tão novo entre nós, como o que acaba de estrear no Teatro Maria Della Costa. Mas também com relação à crítica a nossa doce amiga Chen-Tê nada significa e nada realiza sem o complemento do nosso implacável inimigo Chui-Tá.

(1958)

30. Alô!... 36-5499...

A nova peça de Abílio Pereira de Almeida, em relação às suas tendências mais recentes, parece-se com aquela manobra descrita pelo Capitão Fisby numa das últimas cenas de *A Casa de Chá do Luar de Agosto*: é um passo para trás, mas na direção certa. Peças como *D. Violante Miranda* e *Comício* já haviam transposto as bordas do inqualificável: do ponto de vista moral, por usarem o mais baixo sensacionalismo para fins de bilheteria, e do ponto de vista artístico, por nem mesmo se armarem e se manterem de pé como obras de teatro. Se atraíam público, era por outros motivos que não os dramáticos, pelas anedotas ou alusões grosseiras enxertadas artificialmente à margem do assunto. *Alô!... 36-5499...* representa inegavelmente um retrocesso nesse plano inclinado das concessões: ainda que cheia de imperfeições, é mais honesta nos seus objetivos. Mesmo quando francamente má, não deixa de ser teatro, desejando se impor, ao menos em parte, pelas armas próprias da dramaturgia: efeitos de surpresa, tentativas de inovações técnicas, desenvolvimento gradual da ação etc. Até o próprio sensacionalismo, posto ali com objetivos comerciais ("crime é que dá notícia de jornal" — diz Abílio no programa) aparece melhor integrado, mais justificado pelas exigências do enredo.

Não se julgue, entretanto, por essas nossas palavras, que o diabo se haja feito ermitão. Bem ao contrário: *Alô!... 36-5499...* é representativa tanto do pior como do melhor Abílio.

Muito ruim, de um modo geral, é toda parte de elaboração intelectual: enredo, motivação psicológica, procura de um sentido moral capaz de resgatar a trivialidade da história e certa baixeza inerente às personagens. Em tudo aquilo que diz respeito ao que poderíamos chamar de faculdades artísticas superiores, Abílio falha, e falha nos dois sentidos em que poderia falhar: não é nem suficientemente original, quanto às idéias, nem suficientemente hábil, quanto aos processos, para dar um cunho menos vulgar aos lugares-comuns dramáticos de que lança mão. A peça, vista por esse lado, é uma sucessão de golpes de efeito baratos: tapas em rosto de mulher que se oferece, mortes fulminantes, revelações sensacionais ("não, ele não era teu pai"!) — e tudo o mais que faz as delícias do dramalhão.

Mas há, no teatro, outros aspectos, que dependem menos da maturidade e da inteligência artística e mais de uma certa capacidade de captação direta da realidade. E aqui estão, se não nos enganamos, as qualidades de *Alô... 36-5499...* Se a história e a maioria das personagens são banais — porque observadas superficialmente — muitas cenas e a própria personalidade da protagonista têm aquele inconfundível selo de autenticidade das coisas colhidas ao vivo. Essa figura de quase prostituta que é ao mesmo tempo quase moça de família não deriva de nada que Abílio tenha lido ou visto num palco, sendo profundamente característica de uma cidade como São Paulo. Antigamente, as fronteiras entre o profissionalismo e o amadorismo, nesse terreno, eram nítidas. Hoje, não. Sandra é uma espécie de Manon Lescaut modernizada, saudável e esportiva fisicamente, desavergonhada e dissimulada sem ser má, alegre sem ser verdadeiramente feliz, antes simpática na sua completa ausência de escrúpulos, no seu infantilismo moral. Abílio excele na pintura dessas meia-canalhices, nas relações dela com a família — que nem sabe nem deixa de saber a profissão de filha — e principalmente com o namorado, com quem brinca um tanto perversamente, mas de quem gosta e necessita, à sua maneira, como a última amarra que ainda a prende a um mundo mais decente. O começo do segundo ato é excelente, talvez a melhor coisa que Abílio já escreveu, traduzindo em termos brasileiros e atuais uma situação por assim dizer clássica: o jogo entre a sedução feminina, com toda a sua carnalidade e volubilidade, e a consciência moral do homem. Ricardo dança à volta de Sandra, fascinado e ofuscado por sua feminilidade, incapaz de discernir, a princípio, o que é nela apenas irreflexão e o que já é vício, para negar-se, mais tarde, a aceitá-la nas condições baratas, humanamente degradantes, em que se oferece.

Pena é que tais qualidades primeiras — mas que definem a vocação genuína do dramaturgo — não se inscrevam num quadro menos batido e vulgar. Abílio parece desprezar as peças literárias, como que temendo as influências alheias. Ora, a originalidade — no sentido de uma visão própria da realidade — é uma árdua conquista, não um dom espontâneo da natureza. Se assim não fosse, as literaturas menos amadurecidas é que dariam os melhores frutos. O autor de menos cultura não foge com isso aos influxos alheios: é bem mais provável que se entregue de pés e mãos atados à influência dos poucos escritores que conhece. O que nos liberta, ao contrário, é a variedade de pontos de vistas divergentes, entre os quais, aos poucos, aprendemos a escolher o nosso. *Alô!... 36-5499...*, por exemplo, só consegue inserir as suas intenções iniciais — aquele pequenino núcleo de verdade de onde parte o escritor — em territórios já amplamente percorridos, cujos contornos tão teríamos qualquer dificuldade em estabelecer. Por um lado, quanto à motivação psicológica, confina a peça com o drama norte-americano e de modo especial com Tennessee Williams. É lá que Abílio foi encontrar, talvez inconscientemente, não importa, a fuga à realidade através da bebida — característica quase que única de Samuel — e a figura da mãe de Sandra, cuja ausência progressiva da realidade irá culminar na loucura. Por outro lado, certos aspectos mais agressivamente sensacionalistas — quase incesto etc. — já nos colocam nos limites da dramaturgia de Nelson Rodrigues. Abílio não tem, portanto, a pureza de inspiração que parece julgar própria das obras não-literárias, inspiradas diretamente na realidade. A visão que possui tanto da vida como do teatro constitui-se, na sua maior parte, de idéias de largo uso comum, dessas que andam no ar, formando a atmosfera peculiar de cada época.

A encenação do Pequeno Teatro de Comédia torna a demonstrar a habilidade de Antunes Filho para dirigir atores, ao menos neste gênero de peças modernas para as quais a naturalidade e a discrição tanto valem. Quanto à concepção do espetáculo, se os cenários de Mauro Francini funcionaram a contento no minúsculo palco do Pequeno Auditório, as luzes recusaram-se a trabalhar na noite da estréia e a música entrou não raras vezes como poderoso reforço dramalhonesco.

Irina Greco, como Sandra, não está longe de ser uma revelação. O físico ajuda-a, não há dúvida, mas ela provou amplamente que o seu talento não está apenas na beleza e nos seus vinte anos. Armando Bogus consegue quase uma façanha: ser ininterruptamente bonzinho sem dar nos nervos de ninguém. Felipe Carone colabora com a sua bonomia e simpatia costumeira e Irene de Bojano, que já foi uma de nossas melhores amadoras, defende-se como pode num papel ingrato, porque inteiramente exterior, de puro pitoresco, escrito particularmente para gaudio da platéia. Na difícil cena da loucura, para o nosso gosto, não fugiu ao ridículo.

Abílio Pereira de Almeida vive apregoando que, tendo o público a seu lado, não necessita de apoio de mais ninguém. Ainda agora escreveu no programa: "Enquanto a bilheteria responder por mim, estarei muito bem amparado, segundo o meu ponto de vista". Mas a freqüência e a virulência com que tem saído de seus cuidados para atacar a crítica dizem outra coisa: que, no fundo, ele não está tão satisfeito assim com o seu êxito comercial como nos quer dar a entender. Essa insatisfação, manifestada embora à custa da crítica, é a nossa melhor esperança de que ele possa retornar eventualmente o caminho de que o desviaram alguns êxitos de escândalo: o de um teatro sem grandes, ou sem nenhuma pretensão literária, mas baseado honestamente num certo instinto do palco e num certo dom de observação social, qualidades que mesmo os seus inimigos não lhe poderão negar.

(1958)

31. Ubu Rei

Finalmente a Escola de Arte Dramática criou vergonha e encenou uma peça que exige em cena não só dois reis, um czar, inúmeros generais, nobres, magistrados, conselheiros, financistas, um urso, uma máquina de desmiolar, como todo o exército polonês e todo o exército russo. Os leitores enfronhados na difícil ciência da patafísica, infelizmente não tão divulgada de nome como a metafísica, já sabem por certo que nos referimos à Sua Majestade *Ubu Rei* — o primeiro e o único de sua linhagem (porque jamais poderá haver outro igual).

A farsa de Alfred Jarry é a tragédia shakespeariana virada pelo avesso, vista pelos olhos de um menino genial de quinze anos. Vista, portanto, com a malícia e irreverência daquela idade em que começamos a nos purgar, através do riso e do irrespeito sistemático, das noções e conceitos que os mais velhos cultivaram com tanto carinho em nosso cérebro. As suas armas de combate são a paródia descabelada e desavergonhada, a sátira grotesca, selvagem, inverossímil — e por isso mesmo ainda mais verdadeira artisticamente. Os seus alvos são a pomposidade, a cobiça, a desfaçatez, a usura, a crueldade, a grandiloquência, a solenidade — vícios, todos eles, da idade adulta, não da infância.

Jarry, cuja divisa era "N'essaye rien, ou va jusqu'au bout"; não conhecia meias medidas. A sua graça, na vida ou na literatura, era o absurdo em liberdade, o *nonsense*, o disparate que faz explodir revolucionariamente a moral, as conveniências, a lógica e o próprio universo. Daí o estado de exaltação e libertação poética em que nos deixa esta peça dissolvente, anárquica, mas que nos revigora pela sua irreprimível vitalidade cômica. "De par ma chandelle verte" — temos ímpetos de gritar, com o Pai Ubu. (Outras interjeições suas, porventura mais expressivas, o decoro que convém a uma crítica teatral não nos permite transcrever.)

Quanto à encenação da Escola de Arte Dramática, deixa-nos em tal ou qual perplexidade. Não há dúvida que atinge os fins que tinha em vista; mas pode discutir-se, e com excelentes razões, a legitimidade daqueles objetivos.

Alfredo Mesquita não traduziu a peça: adaptou-a, modernizou-a, não hesitou mesmo em recheá-la de modismos, às vezes tão pitorescos para os seus discípulos e amigos, procurando transcrever, para o gosto brasileiro atual, o sabor levemente arcaizante do texto. Não diremos, entretanto, que a operação se tenha realizado sem perdas e danos. Por mais que Alfredo Mesquita admire o *Ubu Rei*, o seu temperamento, feito sobretudo de comedimento, de ironia, de senso do ridículo, não se assemelha em nada ao de Jarry. A sua versão inclina assim a peça para a brincadeira pura e gratuita, para o *divertissement* cênico, privando-a, de um modo geral, de sua ferocidade, de sua intransigência. A obscenidade, por exemplo, foi eliminada ou abrandada. Ora, não se compreende bem um *Ubu Rei* "ad usum Delphini" porque a grosseria cômica não aparece nele como excrescência ou acessório; ao contrário, faz parte não só da letra mas do espírito da farsa, que visa exatamente isso, polemizar, escandalizar, tirar o público burguês dos seus hábitos e dos seus cômodos. Nem é por outro motivo que as peças de vanguarda, em contraste com as comerciais, suportam tão mal quaisquer espécies de concessão. Tudo ou nada! É pegá-las ou largá-las, na sua eriçada inteireza, porque a irredutibilidade está na própria condição, na própria natureza delas.

Também algumas referências nitidamente locais tiram o alcance, a universalidade de uma obra que afinal já se acha inscrita na história. Se as alusões lá estavam — e de fato a política brasileira apresenta com freqüência um forte caráter ubuesco — era só confiar na peça e no público, que a moral da fábula viria à tona por si mesma e com bem maior poder de convicção, por não parecer lição encomendada.

Em compensação, como Alfredo Mesquita é homem de espírito (pena que a comédia por conta própria jamais o tenha tentado) ninguém negara a comicidade, a irresistível comunicabilidade de sua adaptação. Explica-se dessa forma o verdadeiro triunfo que foi o espetáculo de segunda-feira última. *Ubu Rei*, para render o máximo, precisa talvez de um público especial: pois teve-o no Teatro Brasileiro de Comédia, por ocasião da abertura da Quinzena Teatral. A graça paródica do texto, a espontaneidade da representação e a receptividade do público conjugaram-se para criar um entendimento recíproco, entre palco e platéia, como poucas vezes temos visto.

A direção de Alfredo Mesquita é um prolongamento feliz de sua adaptação. Sem a virulência do original, conquista-nos pelo ritmo, pelas invenções constantes, por uma série de achados de primeira ordem, como a Mãe Ubu emergindo penosamente dos praticáveis, isto é, dos subterrâneos da Catedral de Varsóvia. Não foram distribuídos programas, identificando os atores. De qualquer forma, não era necessário: *Ubu Rei* não é uma soma de interpretações individuais, mas um estado de espírito coletivo, para o qual contribuíram quase todos os alunos mais adiantados da Escola de Arte Dramática, a maioria deles desempenhando quatro ou cinco papéis. Assim mesmo alguns rostos ficaram-nos na memória: Francisco Martins, Ubu Rei que, na falta de truculência genuína, salva-se muitíssimo bem pela variedade de inflexões; Ruthinea Wilches, Mãe Ubu suficientemente alucinada; Sergio Albertini e Odavlas Petti, um conspirativo capitão-de-guerra e um sinistro Czar da Rússia.

Pode ser que esse pandemônio de caracterizações grotescas e de barbas postiças que é o espetáculo da Escola de Arte Dramática, essa alegre sarabanda em que até os cenários, até os acessórios, feitos de papelão, entram na dança, tenha, por vezes, certo aspecto de representação amadora, certo jeito de brincadeira de estudantes — mas *Ubu Rei*, entre outras coisas, não será também esta inconseqüência e esta irresponsabilidade? Alfredo Mesquita soube fazer baixar sobre a cena o espírito da improvisação farsesca. Que esta grande e rara virtude, ajude os "pataphysiciens" mais encarniçados a perdoar-lhe as traições feitas à memória do mestre.

(1958)

32. Pedreira das Almas

A Moratória é uma peça excepcional. Mas poder-se-ia arguir contra ela o que se pode objetar a qualquer obra de estréia: que era o resumo feliz de tudo que o autor trazia dentro de si desde menino, tudo o que sentiu necessidade de comunicar urgentemente ao público. *Pedreira das Almas*, vinda dois anos depois, é a melhor resposta a tais possíveis obsessões. Jorge Andrade não só pode escrever outras peças, como pode escrever, o que é bem mais importante, outro tipo de peça.

Pedreira das Almas volta por assim dizer às origens: passando-se um século antes de *A Moratória*, mostra os antecendentes familiares e sociais que levaram até esta. Mas a mudança da época, de 1930 para 1840, implica numa mudança maior — a de tom. Enquanto que a história de Quim é um drama naturalista (classificações como essas, embora sumárias, servem para exprimir com economia o pensamento), o conflito de Urbana e Gabriel é e deseja ser uma tragédia, no sentido tradicional da palavra. São inúmeras as voluntárias e involuntárias reminiscências gregas: o coro, as personagens sem variedade psicológica, talhadas num só bloco, os contrastes nítidos, com réplicas rápidas e cortantes que se entrecruzam, e até certos temas, como o do cadáver insepulto e o da oposição entre os deveres morais, de fundo religioso, e os deveres cívicos. Claro está que não há nenhuma referência específica, nenhum empréstimo espúrio. Apenas a atmosfera é que pretende ser a mesma. Jorge Andrade, em suma, deixou-se tentar pela mesma ambição de Eugene O'Neill e de Arthur Miller:

reescrever a tragédia clássica em termos atuais, com personagens e idéias modernas.

Se nos obrigassem a escolher entre as duas peças, não hesitaríamos em ficar com *A Moratória*. As qualidades de Jorge Andrade, se não estamos enganados, são antes dramáticas do que literárias. Queremos dizer com isso que ele prima em tudo que se refere à construção teatral: armação e desenvolvimento de cenas etc. *A Moratória*, por exemplo, partia de um diálogo seco, descarnado. Cada episódio, isoladamente, nada apresentava de sugestivo ou forte. Mas embricavam-se tão bem, valorizavam-se e explicavam-se com tanta funcionalidade, que a impressão total, por efeito cumulativo, era poderosíssima. Já *Pedreira das Almas* é uma tentativa literária mais ousada: muitas de suas situações desejam viver principalmente do prestígio épico ou lírico da palavra. São, ao nosso modo de ver, as mais fracas. Jorge Andrade, nas suas leituras e na viagem que fez a S. Tomé das Letras — local do drama — em Minas Gerais, colheu várias sugestões plásticas ou de outra natureza: a igreja e o cemitério de pedra, a gruta, a revolução liberal de 1840, as procissões de encomendas das almas, o massacre de uma família de fazendeiros pelos escravos em revolta, a heróica resistência de uma matriarca mineira às forças do Poder Imperial etc. É admirável a habilidade com que o drama tece esses diferentes fios de enredo à volta do seu tema principal — o abandono das velhas cidades, a busca de terras novas e férteis — organizando todos os elementos, das mais variadas proveniências, que haviam tocado e despertado a sua pronta imaginação, num todo coeso e perfeitamente articulado. Sempre que Jorge deixa essa estrutura falar por si mesma, pela simples força dos fatos, o drama atinge os seus objetivos. Quando passa, entretanto, ao plano verbal, confiando no poder exclusivo da palavra, não raro descai para a ênfase e a retórica. Falamos há pouco em O'Neill e Arthur Miller. Pois o caso de Jorge Andrade, guardadas as devidas proporções, não está longe de se assemelhar ao deles: grandes dramaturgos, mas medíocres poetas. Tais escritores, quanto mais se apegarem às realidades concretas do palco, ao entrecho e às personagens, melhor. Não estamos insinuando que a emoção de *Pedreira das Almas* não seja sempre genuína. O problema é artesanal, de meios de expressão. Não estamos, igualmente, afastando a hipótese de que Jorge venha a dominar a linguagem poética. Mas para isso será necessário que ele atualize e estenda o seu contato com a poesia contemporânea, não cometendo a contradição de compor uma peça inteiramente moderna quanto à concepção, mas escrita, não poucas vezes, como se Verlaine não tivesse torcido o pescoço da eloqüência — ou de certo tipo de eloqüência. (A eloqüência, em si, é eterna: veja-se Claudel e Christopher Fry, Giraudoux e Garcia Lorca.)

Pedreira das Almas é uma peça poderosa, apaixonada, que age sobre nós com grande impacto emocional, mesmo quando lhe resistimos criticamente. A direção de Alberto D'Aversa, obra de amor, que constituiu três ou quatro meses de ensaio, conserva-lhe estas virtudes essenciais. É uma direção nobre, ampla, exaustivamente trabalhada nos seus pormenores e que resolve muito bem os inúmeros problemas que a originalidade de Jorge Andrade propõe. Diogo Pacheco cuidou da música; Maria José Carvalho ensaiou os coros; Darcy Penteado desenhou com mão feliz os figurinos; e Mauro Francini fez o cenário, a parte menos acertada do espetáculo, não conseguindo unificar e dar personalidade ao lugar da ação, talvez por ter que lutar contra a exigüidade do palco do TBC.

A encenação tem, contudo, os defeitos de suas qualidades. Tendendo para o heróico, nem sempre foge a certo formalismo, a certo hieratismo que deixa de humanizar o texto. A representação não cresce, não tem momentos de repouso: mantém-se de princípio a fim no auge da intensidade. Os atores, com a consciência de enfrentar um texto de valor incomum, não afrouxam a tensão, não ousam se mostrar mais naturais. Dentro desse quadro, entretanto, estão todos em altíssimo nível. Leonardo Vilar confirma inteiramente o desempenho de *Um Panorama Visto da Ponte*. Fernanda Montenegro é a excepcional atriz que conhecemos, apenas precisando tomar cuidado com o seu temperamento, com o seu pendor natural para a exaltação. Dina Lisboa tem uma só falha: não torna o papel simpático (quando é o ponto de vista dela que irá triunfar no final: Urbana é dura por amor, não por maldade). Em compensação, os seus instantes de doçura — a morte do filho — talvez constituam as melhores cenas da peça. Ítalo Rossi é uma nota mais fria, mais cerebral, que equilibra o espetáculo, tirando-lhe o paroxismo. Ele soube compreender, sobretudo, que Vasconcellos não é um tirano: em *Pedreira das Almas*, como nas boas tragédias, todos têm razão. Em papéis menores, aparecem Sérgio Britto, com bom desempenho, e Oscar Felipe, possivelmente no seu melhor trabalho desde que ingressou no TBC.

(1958)

33. Circo Acrobático Chinês

Para uma seção que se chama Palcos e Circos, mas já foi acusada, com inteira razão, de tratar a segunda metade do seu título com o mesmo carinho com que as madrastas dos contos de fada cuidavam dos seus enteados, a vinda a São Paulo do Conjunto Acrobático e Artístico da China é uma esplêndida oportunidade de reabilitação — ainda que, não por culpa nossa, os artistas chineses hajam preferido trabalhar num palco e não, como exigiria a justiça das artes, no picadeiro de um verdadeiro circo.

As histórias provenientes da China nunca se iniciam prosaicamente há duzentos ou trezentos anos. Remontam sempre — para nossa profunda humilhação cristã — a pelo menos seis ou sete dinastias antes de Cristo. Tal é o caso do conjunto que ora nos visita. As autoridades comunistas fazem um discreto esforço, no programa, para provar que as proezas constantes do espetáculo começaram todas — ou renasceram — com o advento da China Popular. Mas deixam escapar, em contrapartida, que dois mil anos antes de Karl Marx já alguns antepassados dos nossos atuais visitantes se exibiam, com notável garbo, no próprio Palácio da Fonte de Mel. Pois é esse esforço mais do que milenar de uma civilização inteira, passando os seus achados e conquistas acrobáticas de pais a filhos com uma indiferença pelo tempo que só podemos classificar de oriental, que se oferece agora ao alcance de nossa bolsa.

Comecemos como se deve: pelo elenco. À medida que se sucediam os números no palco do Teatro Municipal a nossa perplexidade, a par de nossa admiração, crescia: nunca sabíamos se os artistas eram outros ou os mesmos sob novas roupagens. O final dissipou a dúvida: são quase trinta, moças, rapazes e meninos, todos iguaizinhos — ou assim nos pareceu, à nossa miopia de ocidentais — todos baixinhos, morenos, retacos, graciosos, sorridentes, gentilíssimos, e com músculos não sabemos se de aço ou se de borracha (a ocasião é que determinava um ou outro comportamento).

O acompanhamento compunha-se de nove instrumentos também chineses. Não iremos a ponto de dizer que a introdução sinfônica nos tenha deliciado os ouvidos — já Pascal dizia que afinação aquém Pirineus é desafinação além Pirineus — mas confessamos que o comentário musical subseqüente pontuava com tanta exatidão o que acontecia em cena, dando o ritmo e guiando cada movimento, que, do meio para o fim, as valsas e as marchas militares dos nossos circos começaram a parecer, em retrospecção, elementos bem pobres e pouco expressivos de ilustração musical da mímica.

Quanto aos números em si, são iguais aos dos outros circos. Mas não parecem nunca os mesmos: a diferença é a que existe entre uma valsa de Chopin interpretada por Rubinstein e tocada por uma nossa prima, extremamente talentosa, que anima as festinhas da família. Vendo os chineses realizar os números mais corriqueiros é que compreendemos bem que, em arte, a execução é praticamente tudo. Tomemos, como exemplo, um brinquedo infantil, um diabolô: em essência, apenas um carretel grande que se pode jogar ao ar e apanhar de novo por intermédio de um fio suspenso entre duas varetas. Imaginemos agora um domínio total de todos os movimentos humanos relacionados com o jogo. Os gestos econômicos, medidos, exatos, o milagre do ritmo e do equilíbrio perfeito, transfiguram essa experiência simples em qualquer coisa com a qual jamais sonhamos. O diabolô dança à nossa frente, faz pirueta, escorrega, ameaça cair e se recupera no último segundo, passa por debaixo da perna esquerda, sobe pelas costas e desce pelo ombro direito, dá um salto repentino de cinco metros — e cai obedientemente nas mãos de outra jogadora, que continua a brincadeira com a mesma delicadeza de movimento e a mesma imperturbável malícia no olhar.

Nunca ocorre, já não diremos um erro, mas uma falha apenas perceptível, um retardamento logo corrigido, uma ligeira hesitação. Os artistas chineses não provocam, aliás, artificialmente a emoção do público: rufar de tambores, tentativas frustradas para criar expectativa e realçar a dificuldade etc. A técnica deles, bastando-se a si mesma, não se subordina a tais reforços espúrios. Os números põem em destaque a habilidade, a força, o domínio corporal — não a coragem. Com alguma retórica, diríamos que são exercícios de vida, não de morte. E o espetáculo corre sem angústias e sem drama, vencendo-nos pela beleza e perfeição do funcionamento.

Edgar Allan Poe dizia que a dama, sendo um jogo mais simples, com menor número de elementos, dependia mais da pura inteligência que o xadrez. As pelotiquices chinesas têm em geral essa extrema singeleza de concepção. Nada de aparelhos complicados de metal e veludo vermelho. A mágica está no homem. O objeto pode ser qualquer um, de preferência de uso cotidiano: uma sombrinha, por exemplo, que a gente abre, rodopia no ar e fecha graciosamente com a palma dos pés. Ou um jarro de porcelana (os acessórios são poucos mas belíssimos). Um ligeiro toque e ei-lo que passa do solo para o peito do pé. Daí é só jogá-lo ao alto da cabeça e fazê-lo descer à nuca. Depois, equilibrar o corpo todo sobre uma só mão, mantendo sempre o jarro suspenso sobre essa parte posterior do pescoço que a natureza parece ter fabricado com o fim expresso de servir de suporte para jarrões chineses.

Não havendo jarro, cadeiras também servem. A idéia é subir numa cadeira disposta sobre uma mesa — essa manobra que os maridos costumam efetuar, sob os olhares temerosos e admirativos das esposas, para trocar a lâmpada queimada do forro da cozinha. Só que os chineses, sendo chineses, complicam as coisas. Primeiro, entre a cadeira e a mesa, intrometem-se quatro garrafas: uma para cada pé de cadeira. Segundo, as cadeiras são seis, sobrepostas umas às outras, a última das quais colocada transversalmente. É aí, lá no alto, que começam as demonstrações de equilíbrio. O princípio, portanto, é sempre o mesmo: chegar ao ponto extremo — e ir um pouquinho adiante, realizando essa derradeira e impossível proeza que desencadeia fatalmente a onda quente de aplausos. O inacreditável + 1, diriam os matemáticos.

Quando se chega a este grau de maestria atlética, o exercício do corpo transforma-se, aos poucos, em exercício de imaginação poética. É a técnica libertando e dando asas à fantasia. O que se pode fazer com uma corda bamba? E com uma "percha" de madeira? E com uma bicicleta? E com um prato que gira na ponta de uma varinha? No fundo, como se vê, um problema de cálculo das probabilidades: arranjos e combinações com tantos elementos.

Às vezes, excepcionalmente, não há objeto algum. O homem — ou a mulher — está só. O seu campo de exercício será o seu próprio corpo. Trata-se, então, de negá-lo, de repudiar a anatomia humana. Com os dentes a contorcionista firma-se num minúsculo ponto de apoio escondido entre um ramo de flores e começa tranqüilamente a repudiar a existência de ossos, cartilagens e articulações. Os movimentos sinuosos, invertebrados, lentos, recurvos, viscosos, são o melhor argumento, desde a história da Bíblia, para atestar o entendimento profundo que há entre a mulher e a serpente.

O circo chinês não apresenta elefantes, lhamas, ursos equilibristas, macacos e focas amestradas. Não é preciso. Muito antes do espetáculo terminar já estamos amplamente persuadidos de que o animal mais estranho, exótico, improvável, imprevisível, inconcebível da natureza — é o homem mesmo. Diante de um acrobata chinês, para que a girafa?

(1958).

34. Espetáculo Ionesco

Todo mundo conhece a anedota dos dois surdos que se encontram de caniço de pescar em punho ("Vai pescar?", "Não, vou pescar", "Ah, pensei que ia pescar"). Mas só Ionesco teve a maligna inspiração de transformar essa conversa de surdos em diálogo teatral e, mais ainda, em preceito e norma de criação dramatúrgica. O primeiro dos nossos princípios lógicos, o mais simples e elementar, afirma com perfeita convicção que uma coisa não pode ser e não ser ao mesmo tempo. Pois Ionesco querendo penetrar no território defeso do absurdo, nesse paraíso das crianças e dos loucos que os adultos perdem ao entrar na idade da razão, começou logo por invalidar aquele entrave que o espírito de coerência impõe aos apelos da fantasia. No seu teatro, todas as coisas e todas as pessoas são sistematicamente elas mesmas e seus contrários: quando um relógio bate dezessete pancadas podemos ter a certeza de que são nove horas. E assim ao infinito.

O ilógico, todavia, tem o seu preço. Afastando-se da realidade, tal como a vemos e conhecemos, Ionesco corria o risco de cortar o fio que o liga a seus semelhantes, a nós outros, em suma, que somos homens e apenas homens. (Esse é o impasse, o beco sem saída a que chegam todos os artistas que tentam livrar-se das peias da condição humana, mortificando-se, batendo inutilmente contra as grades da prisão.) Mas isso não acontece, porque se o ponto de chegada do escritor romeno é com freqüência o irracional, o seu ponto de partida é invariavelmente a realidade de todos os dias no que tem esta de mais opaco, de mais vulgar: essa espécie de flor daninha e indispensável da trivialidade que é o lugar-comum. Sem as idéias de empréstimo, sem os moldes feitos do pensamento e da expressão, que seria de nós? Que escreveríamos? Que conversaríamos com os amigos? Essa é a matéria que a um só tempo atrai e repele o autor de *A Lição*. Mas, por outro lado, que exprime o lugar-comum se não o vazio, a repetição, o cansaço, a inércia, numa palavra, a ausência da verdadeira realidade, pelo menos no seu sentido ativo e criador? Ionesco vai conduzir-nos, portanto, da realidade ao nada, do mais estrito bom senso ao seu extremo oposto.

A Cantora Careca, por exemplo, começa com as verdades mais irretorquíveis das donas de casa, com reflexões deste gênero: "O azeite do vendeiro da esquina é de melhor qualidade que o do vendeiro da frente". Daí passamos para as frases de efeito de uso comum ("O coração não tem idade", "A verdade está no meio"), fazemos um ligeiro estágio pelo *nonsense* de tipo inglês ("Por que as sociais do jornal dão sempre a idade de quem morre e nunca a dos que nascem?") e quando percebemos estamos em plena alucinação verbal: "Antes um café num chalé do que uma ré no canapé". Deste ponto até a cacofonia integral, até os fonemas e letras em liberdade ("a, e, i, o, u", "b, c, d, f, g"), é um pulo — um pulo que o público dá gostosamente, divertindo-se como nunca, porque foi levado até lá por mão de mestre, porque o autor soube invocar o santo, soube criar aos poucos a atmosfera de delírio coletivo. Quando dá a louca nas personagens e baixa o espírito sobre a platéia, percebemos de súbito que Ionesco chegou aonde desejava: qualquer pensamento e qualquer palavra podem ser permutados por quaisquer outros, desde que, nada tendo muito sentido, tudo se equivale. Se a forma de suas peças é o da sátira, o fundo é sempre o que ele mesmo apontava a propósito de *As Cadeiras*: "o tema da peça (...) é a ausência de Deus, a ausência de matéria, a irrealidade do mundo, o vazio metafísico". Ionesco, em outras palavras, escamoteia o real, conservando-lhe a configuração exterior. *A Lição* é o arquétipo de uma aula, assim como *A Cantora Careca* é a essência cômica de qualquer reuniãozinha familiar, esvaziadas, entretanto, uma e outra, dos seus conteúdos específicos. Donde a sensação peculiar e contraditória que as suas "antipeças" causam: tudo tão estranho e tudo tão familiar! O seu teatro é absurdo, irracional, ilógico — mas jamais gratuito. Quer dizer e diz alguma coisa sobre os homens, ainda que seja uma palavra de pura e feroz destruição.

Se tais considerações parecerem difíceis e metafísicas, que não se assustem os leitores e possíveis espectadores. Ionesco sempre se salva da abstração e do pedantismo através de dois inestimáveis dons: o senso de teatro e o senso de humor. Tanto *A Cantora Careca* como *A Lição* — que formam em conjunto o atual espetáculo do Teatro Maria Della Costa — podem ser apreciados em vários níveis, o mais singelo dos quais é o de uma paródia — paródia da vida burguesa, paródia do próprio teatro — que permanece engraçadíssima, aceitemos ou não os seus significados remotos. Ambas as peças falam essa linguagem direta do palco que qualquer público compreende — a não ser que se obstine a tudo querer reduzir instantaneamente à inteligência lógica.

Luís de Lima, como encenador e ator principal, é uma verdadeira revelação. Que era um excelente mimo já o sabíamos — e esta experiência, trazida de Paris, é-lhe evidentemente da maior utilidade. Mas a surpresa está na sua capacidade de inflexionar. Os nossos atores têm em geral duas chaves: a sinceridade ou a força. Luís de Lima quase não recorre a estas armas um tanto elementares: é um ator composto, que trabalha com a inteligência, cuidando dos pormenores, valendo-se da variedade de tons e subtons. Representa em voz baixa, sem pressa, degustando cada palavra, analisando e valorizando cada frase, numa exibição de técnica que nem por ser artificial — como toda técnica — perde a sugestibilidade e a verossimilhança. Dá-nos, enfim, a impressão de requinte, de delicadeza e riqueza de meios, não de simples espontaneidade de emoção, como a maioria de seus colegas.

Sob o seu comando, o elenco do Teatro Maria Della Costa se exibe em grande forma, principalmente Suzy Arruda e Sady Cabral, excelentes Mr. e Mrs. Smith, e Miriam Mehler, como a menina de *A Lição* (embora se possa conceber outra linha para a personagem, porventura mais engraçada, como a dada pelos atores franceses do Strapontin). Diana Morell aparece num papel que não lhe permite grande oportunidade, Jurema Magalhães não é exatamente a atriz para Ionesco e Benjamim Cattan poderia talvez ter emprestado um pouco mais de pitoresco à figura de Bombeiro. Mas não catemos falhas pequeninas num espetáculo que, sobretudo pela direção, é todo ele de altíssimo nível, dos melhores do ano em São Paulo.

A Lição e *A Cantora Careca*, com a mesma direção e outro elenco (exceto quanto a Luís de Lima) obtiveram sensacional êxito no Rio de Janeiro. A se julgar pela reação da platéia de estréia, que aplaudiu os atores por duas vezes em cena aberta, a carreira das duas peças não será menor em São Paulo.

(1958)

35. Jornada de um Longo Dia para Dentro da Noite

A longa jornada do longo título de O'Neill — *Jornada de um Longo Dia para Dentro da Noite* na versão literal adotada pela Companhia Cacilda Becker, *Longa Jornada Noite Adentro* na tradução livre, que nos parece mais feliz, de Helena Pessoa, publicada em livro — é sobretudo uma demorada incursão nos domínios do passado. Eugene O'Neill, quase paralítico, sentindo pesar sobre si a sombra da morte, voltou-se para a sua longínqua e trágica adolescência. A dedicatória da peça não deixa dúvida que James Tyrone é seu pai, James O'Neill, assim como Mary é sua mãe. Foi Oscar Wilde — quem o diria? — nos tempos de sua maior aparente frivolidade, que escreveu esta frase amarga: "os filhos começam por amar os pais; depois, julgam-nos; e, às vezes, os perdoam". O'Neill tinha muita coisa a perdoar — coisas, todas elas, ainda mais terríveis por não serem propositadas. A serenidade da idade madura e o amor de sua terceira esposa, a quem o drama é dedicado, permitiram-lhe finalmente que, pouco antes de morrer, contemplasse ainda uma vez os seus mortos e tivesse força para escrever sobre eles "com profunda piedade e compreensão". *Longa Jornada*, sendo obra póstuma, tem o significado pungente e quase religioso de um *requiescat in pace*.

Mas dentro da peça, por sua vez, repete-se essa mesma volta sobre o passado. Nenhum dos quatro protagonistas é o que almejava ser. Nenhum se perdoa ou perdoa aos outros não obstante o amor que os encadeia, formando, apesar de tudo, a mais solidária das famílias. Por que não conseguem viver juntos? O que tornou insuportável a vida e principalmente a vida em comum? Para alcançar uma resposta, entregam-se inconscientemente ao mesmo doloroso processo de purgação a que se submeteu O'Neill. Através de acusações e de auto-acusações melodramáticas, cada qual procura no passado uma imagem menos atormentada de si mesmo e uma explicação que diminua o atual intolerável sentimento de culpa. A tuberculose de Edmund, o filho mais moço, não é senão a gota de água, a derradeira angústia que faz deflagrar o mecanismo das recriminações coletivas.

E aos poucos vão emergindo três histórias individuais entrelaçadas — só Edmund, possivelmente por pudor do dramaturgo, por se tratar, afinal, dele mesmo, muito pouco conta sobre si, permanecendo quase como espectador, confidente dos outros. A primeira é a de uma mocinha religiosa, ingênua, que comete o erro de se casar com um ator que não tem a sua mesma delicadeza. O resto já é talvez conseqüência: a insatisfação com a vida nômade do marido, com os seus hábitos de bebida, a falta de uma verdadeira casa — e o mais que a nossa discrição de críticos não nos permite contar para não tirar a graça do enredo. A segunda é a história de James O'Neill, um ator que aos 27 anos representava Iago e Otelo ao lado de Edwin Booth, o maior intérprete shakespeariano da época, e que depois desperdiçou e atrofiou o seu talento, especializando-se, para ganhar dinheiro, num só papel, imensamente popular, repetido milhares de vezes durante anos e anos (O'Neill não teve a coragem de citar o título da peça: *O Conde de Monte Cristo*). A terceira história é a do filho mais velho: um rapaz de grande inteligência, destinado a brilhante carreira intelectual, e que, de súbito — mas compreendemos perfeitamente por que — começa a arruinar-se, a destruir-se com fúria, e a destruir também o irmão mais moço, a única criatura a quem realmente ama.

Não dissociaríamos estes elementos com tanta clareza, se o espetáculo que está no Teatro Leopoldo Fróes já não o tivesse feito, representando-os em diferentes níveis de qualidade.

Cacilda Becker é Mary Tyrone. A sua maneira de encarar e resolver a personagem não se assemelha à de Florence Eldridge, criadora original do papel em Nova York. Cacilda, levada pelo seu temperamento, é menos sonhadora, menos fora da realidade, mais atuante, mais incisiva, mais presente, mais de carne e osso, mais afirmativa e dramática. O resultado, entretanto, a quantidade final de emoção, se assim podemos dizer, é igual, elevadíssima em ambos os casos — exceto na cena final, a da "loucura de Ofélia", como a classifica cruelmente James Tyrone Jr., que se presta melhor à linha desenvolvida por Florence Eldridge. Em suma, uma grande criação dramática da nossa maior atriz.

Ziembinski, como James Tyrone, está muito bem, mas não exatamente em idêntica altura. Cada frase sua é dita com o seu tirocínio, o seu domínio de cena, a sua velha e experimentada técnica. Porém, alguns aspectos do retrato não aparecem com a nitidez desejada. Todo o lado teatral da personagem, a sua vaidade ingênua e pueril de grande ator, a sua simplicidade de homem vindo do povo, a inferioridade de sua inteligência, convencional, conservadora, em contraste com a morbidez dos filhos, ficam algo na penumbra, sem sobressair tanto, por exemplo, como o seu egoísmo ou a sua avareza, em parte devido a cortes estabelecidos no texto, em parte por Ziembinski ter permanecido ainda um tanto ele mesmo, tal como o conhecemos de peças anteriores.

Quanto a Freddi Kleeman, James Tyrone Jr., por enquanto, está além de suas possibilidades: ele não consegue apreender e transmitir a essência mesma da personagem, a sua agudeza de inteligência e o seu dom verbal, essa alegria selvagem e destruidora que o tornam, apesar de tudo, simpático e mesmo fascinante. Privado desta compreensão íntima, o papel se oferece ao público apenas pelo lado de fora, como uma construção toscamente melodramática do autor, porque destituída de qualquer conteúdo humano ponderável. Fica-se perguntando: por que Edmund achava tanta graça no irmão mais velho?

Com isso, desequilibra-se a representação. O primeiro ato, em que predomina Cacilda, pareceu-nos magnífico, um dos mais altos instantes de todo teatro nacional moderno, quaisquer que sejam as pequenas objeções que lhe possamos fazer. O segundo, contudo, que deveria pertencer a Freddi Kleeman, cai verticalmente: a sua entrada bêbado, que na versão norte-americana era talvez o ponto mais vibrante do espetáculo, espécie de fulguração melodramática feita de abjeção e humor, escárnio e sentimento de culpa, perversidade e ternura, deixa-nos inteiramente frios.

Edmund Tyrone, como dissemos, é Eugene O'Neill. Walmor Chagas parece-nos ter, para interpretá-lo, qualidades raras e preciosas: um certo romantismo de tipo, uma certa morbidez de temperamento, entre menino bonzinho e anjo prestes a rebelar-se, de quem prefere se calar porque tem coisas demais a dizer. Walmor, entretanto, confunde, às vezes, pudor, contenção, com displicência: ele joga fora certas linhas, dizendo-as apressadamente, em tom baixo e monocórdico, mas não como os grandes atores que, por esse processo, atraem ainda mais a atenção do público.

Kleber Macedo não destoa, numa pontinha a que O'Neill não conseguiu dar vida.

A Companhia Cacilda Becker, pelo valor dos seus elementos, é provavelmente a primeira do teatro brasileiro atual. Queremos dizer com isso que nenhum, entre os nossos jovens conjuntos, possui igual experiência, igual número de primeiras figuras. Este espetáculo vale também por demonstrar que os seus diretores sabem compreender a responsabilidade que lhes pesa sobre os ombros, ao escolher, para estréia em São Paulo, um texto de enorme valor e de interpretação dificílima.

Quanto a O'Neill, não pudemos, durante todo o espetáculo, esquecer a morte trágica de um dos seus filhos, aos quarenta e poucos anos de idade. Eugene O'Neill Jr. era professor na Universidade de Yale, professor excelente — mas possuía os dois fracos da família: a tendência para a melancolia e o amor à bebida. Um dia encontraram-no morto, ao lado de um bilhete escrito às pressas: "Jamais se dirá que um O'Neill haja deixado cheia uma garrafa de *whisky*". Esse espírito indisciplinado, voltado contra si mesmo, essa nota melodramática e sarcástica à beira da morte, é o melhor e mais triste epitáfio para as personagens de *Longa Jornada*. Pobres Tyrones — pobres O'Neills!

(1959)

36. Gimba

O público, ontem, no Teatro Maria Della Costa, aplaudiu tudo. Começou aplaudindo, com o pano ainda fechado, para reclamar e demonstrar a sua impaciência (os nossos empresários não aprendem que podem esperar pelo público, mas não têm o direito de fazê-lo esperar). Depois, assim que o pano se abriu, aplaudiu os cenários de Túlio Costa — o que já se vai tornando hábito — que demonstram eloqüentemente que com alguns barracos pobres a subir pelos morros também é possível fazer um belíssimo cenário.

Aplaudiu, a seguir, as batucadas de morro, os lances mais melodramáticos, as cenas de violência e morte, para terminar, findo o espetáculo, numa explosão como não nos lembramos de ter visto no teatro nacional.

O autor abraçava o diretor, o diretor abraçava a estrela, a estrela abraçava o empresário, o empresário abraçava o cenógrafo, o cenógrafo abraçava os intérpretes, os intérpretes abraçavam os maquinistas — e tudo isso em cena aberta, durante cinco ou dez minutos de intensa comoção coletiva, como se aquela estréia profissional, sem deixar por um momento de o ser, tivesse também um pouco o caráter de uma confraternização familiar entre velhos amigos. A julgar pela estréia, *Gimba* repetirá o êxito de *Eles não Usam Black-Tie*, apenas em ponto três vezes maior porque o Teatro Maria Della Costa é três vezes maior que o Teatro de Arena.

Terá Gianfrancesco Guarnieri, de uma peça para outra, progredido tanto assim? Para o crítico, cuja função é manter a cabeça fria, não se deixando levar pelas ondas de entusiasmo, a resposta é negativa. A segunda peça terá menos defeitos, mas também menos qualidades do que a primeira, faltando-lhe em pungência e penetração humana aquilo que lhe sobra em espetaculosidade.

O ambiente é o mesmo: as favelas do Rio de Janeiro. Mas as personagens, desta vez, são menos criaturas de carne e osso do que figuras míticas: o malandro de bom coração, puro dentro do crime como se fosse uma criança, a macumbeira, o delator, o menino que se inicia na carreira dos mais velhos quase contra a vontade, a prostituta por força das circunstâncias etc. Acima e por detrás, iluminando toda a ação, o grande mito por excelência: o morro carioca, lugar estranho e cheio de sortilégio, onde o amor, o samba, a compreensão entre os homens e a alegria de viver redimem moralmente a pobreza. O mal é a polícia: se não houvesse "tiras" com os seus métodos selvagens e desumanos, o "presidente dos valentes" se regeneraria, haveria uma escapatória para a miséria e as crianças cresceriam mais felizes.

Não é preciso dizer como semelhante visão, do próprio ponto de vista político em que se coloca o autor, é ingênua e rósea. Infelizmente, tanto o morro como os métodos da polícia são efeitos, não causas. Eliminando-se uns e outros, os problemas sociais e econômicos continuariam exatamente os mesmos. Em contrapartida, não é verdade que os assassinos do morro sejam bons: são maus — e essa é, precisamente, não a nossa escusa, mas a nossa maior responsabilidade, por havermos permitido que eles assim se tornassem. Existe possivelmente a possibilidade de distinção entre o bem e o mal: porém, a linha divisória é bem mais complexa do que deixa supor "Gimba, presidente dos valentes".

Do ponto de vista teatral, igualmente, Guarnieri ainda é imaturo: muitas e muitas cenas isoladas são excelentes, as suas réplicas ferem justo, surpreendem e fazem rir pela acuidade da observação psicológica, mas falta-lhes ainda a técnica da construção, a arte do enredo, do desenvolvimento gradual das situações. Quase todo o segundo ato de *Gimba*, por exemplo, não passa de uma longa e às vezes enervante expectativa de ação.

Como se explica, nesse caso, a poderosa força de sedução exercida pela peça, sedução que este crítico não nega e a que ficou sujeito, durante o espetáculo, não menos do que os seus entusiasmados companheiros de estréia? Em primeiro lugar, Guarnieri possui, mais talvez do que qualquer outro autor brasileiro, o dom do teatro, esse dom misterioso de conversar e de se fazer entender sempre pela platéia; em segundo, é tão espontânea a sua confiança na bondade natural do homem, é tal a sinceridade, sem sombra de dúvidas ou ceticismo, de suas convicções, que não podemos ficar indiferentes ao calor de sua pregação antes humanitária do que propriamente política. Talvez a sua juventude, portanto, seja não o seu maior defeito, mas a sua maior qualidade. Sandro, ao montar *Gimba*, apostou na mocidade, juntando um autor e um diretor cujas idades, somadas, não alcançam 50 anos. O resultado que colheu foi essa espécie de vibração extremamente simpática e que tanto falou ao público.

O espetáculo merecia certamente mais do que as poucas linhas que a premência do tempo nos permite dedicar-lhe. Flávio Rangel assegurou com este trabalho, o segundo de sua vida profissional, um lugar na primeiríssima linha de nossos diretores, encenando com perfeição uma grande máquina teatral e dando magníficas oportunidades a um punhado de atores: Maria Della Costa, voltando a um desses papéis generosos e populares em que se sente tão à vontade; Sebastião Campos, quase um estreante, muito bom como protagonista; Celeste Lima, no mais convincente dos "travestis"; Ruthinéa Morais; Ilema de Castro; e ainda Oswaldo Lousada e Sady Cabral que, com a velha experiência de palco, servem de sustentáculo para o resto do elenco.

(1959)

37. Pedro Mico

Jorge Luis Borges nota num dos seus breves e densos ensaios que os seus compatriotas muito dificilmente conseguem se identificar com o Estado: "o argentino é um indivíduo, não um cidadão". E acrescenta: "Os filmes feitos em Hollywood freqüentemente propõem à nossa admiração o caso de um homem (geralmente um jornalista) que busca a amizade de um criminoso para depois entregá-lo à polícia. O argentino, para quem a amizade é uma paixão e a polícia uma 'maffia', acha que esse 'herói' é um incompreensível canalha".

Tais palavras voltaram-nos ao pensamento ontem à noite, na estréia do Teatro Brasileiro de Comédia. Lá estava no palco, com efeito, uma situação que já começa a aparecer clássica no nosso teatro: o criminoso de morro, quase inocente na sua infantilidade, cercado por vários policiais sedentos de sangue, cheios de tiques (um deles chega até a lamber um "picolé", pseudocandura que não engana a ninguém, servindo provavelmente de recalque aos mais sanguinários instintos). O crítico, como bom brasileiro — ou bom sul-americano, se Jorge Luis Borges tem razão — seguia o exemplo do autor e da platéia: torcia indisfarçadamente pelo criminoso. Abaixo a polícia! — e os nossos problemas sociais estarão talvez resolvidos.

A situação central de *Pedro Mico* é tão semelhante, ao menos na aparência, à de *Gimba* que não poderíamos ignorar a questão, embora não nos seduza de hábito a comparação como método crítico. Mas já que neste caso ela é inevitável, observemos o seguinte: primeiro, a peça carioca, estreada ontem, é bem anterior à paulista; segundo, são antes de enredo do que de conteúdo as alegadas coincidências. Os dados, não há dúvida, são os mesmos: o criminoso foragido, a denúncia, a batida e o cerco policial etc. Mas as personagens, o tratamento teatral, as circunstâncias psicológicas e o próprio tom das duas peças são diversos. Gianfrancesco Guarnieri, que tem vinte e poucos anos, idade das intransigências e das reivindicações apaixonadas, escreveu ou quis escrever um drama de protesto social. O seu herói morre para que a peça exprima e diga alguma coisa. Antônio Callado, já quarentão, será um pouco mais cético ou irônico: embora não haja desistido propriamente do protesto, deixando inclusive no ar a possibilidade de que um dia as favelas venham a despencar sobre o Rio de Janeiro, no fundo é um homem que não perde o bom humor. A sua peça é francamente uma comédia; mais do que isso, uma farsa que não se envergonha de o ser. A senhoras espectadoras que não se assustem em demasia com o espetáculo feroz da polícia varrendo a tiros um pobre barraco de morro: Pedro Mico, como Pedro Malazarte, é indestrutível. As casas lá debaixo, à volta da Lagoa Rodrigo de Freitas, por enquanto não o interessam; são todas elas moradias de ingleses e norte-americanos — ou então, o que é ainda pior, de delegados. Para ele, passada a borrasca, basta o prazer de andar de braço com uma donzela do Mangue ("Pendurou no meu braço é moça-donzela de novo"), ele que jamais ofendeu o sexo frágil com questões monetárias ("Quem pergunta preço é porque quer pagar!"). Pedro Mico viverá enquanto viver a realidade ou o mito social que lhe deu origem: bem mais do que Gimba, é a personificação do espírito popular do malandro carioca.

É bem possível que muita gente prefira a peça paulista por ser mais rica tanto de humanidade quanto de teatralidade — pontos que não discutiremos. É que *Pedro Mico* paga pesado tributo ao fato de ter nascido peça de um ato (agora desdobrado em dois, mediante a interposição de um intervalo): não há quase tempo para que idéias, personagens e situações amadureçam verdadeiramente. Tudo permanece um tanto em estado de esboço, de simples sugestão. Mas o texto redime tais defeitos com uma qualidade de primeira ordem: a fantasia verbal. Basta Pedro Mico, abrir a boca — e a platéia já está rendida aos seus pés. *Pedro Mico*, em suma, faz rir — e isso explica tudo, inclusive os sete meses que a peça ficou em cartaz no Rio de Janeiro.

Milton Moraes é o protagonista, numa criação também altamente estilizada, como a própria peça, lembrando certos atores de "musical" norte-americano que carregam nos traços para que se crie a necessária atmosfera de farsa. É uma caricatura, se quiserem, mas sem dar obrigatoriamente à palavra um sentido pejorativo. As vezes, Milton Moraes passa dos limites, no sentido de ir além do que estamos dispostos a conceder-lhe; outras vezes, com muito maior freqüência, extrai do papel excelentes efeitos, tanto na afetação quanto na pseudosimplicidade, criando uma personagem inteiramente artificial e nem por isso menos engraçada.

Nicette Bruno, anos a fio, interpretou papéis de mocinha loirinha, bonitinha, engraçadinha, boazinha — com toda a carga de convencionalismo que tais epítetos possam sugerir. Pois deram-lhe agora o papel errado — uma prostituta popular e nunca a vimos melhor num palco.

Renée Brown e Haroldo de Oliveira surgem sem destoar em pequenas pontas (a primeira parece ter boas possibilidades), o cenário é de Norman Westwater e a direção de Aurimar Rocha (mas Milton Moraes havia sido dirigido anteriormente, na mesma peça, por Paulo Francis, o que nos impossibilita qualquer julgamento menos precário quanto aos méritos respectivos de cada encenador).

(1959)

38. La Mamma

Ainda bem que a nova peça do Pequeno Auditório do Teatro de Cultura Artística chama-se *La Mama*. Imaginem se se chamasse, em bom português, *A Mãe*. Sabe-se lá que réplicas tal título não faria subir imediatamente à cabeça de Dercy? Sobretudo em se tratando de uma farsa como esta de André Roussin, que não faz nenhuma cerimônia em introduzir no palco e fora dele complicadas manobras noturnas, com várias trocas de quarto não autorizadas pela lei ou pelos bons costumes, a ponto de Dercy exclamar a certa altura, não já sem algum alarma: "A minha casa está virando cinema francês!".

Francês, sim, mas não cinema. É de teatro mesmo que se trata, do velho *vaudeville* do começo do século, gênero "Vous n'avez rien à declarer?", apenas adaptado levemente ao gosto do dia. A sua habilidade consiste em bordejar constantemente as fronteiras da decência e da indecência, ficando sempre um pouquinho mais para cá do que para lá. Em semelhantes territórios, como se sabe, todas as liberdades são permitidas. Mas até aí há circunstâncias, situações, momentos, em que a palavra se cala embaraçada: o resto é silêncio, como no Hamlet. Pois Dercy sabe povoar essas zonas de reticências com uma gesticulação eficientíssima, que sem ser propriamente descritiva (os pensamentos a que ela se refere são daqueles que não se descrevem em público) consegue alcançar um alto grau de precisão e sugestibilidade. O que os lábios não ousam dizer, as mãos, os meneios do corpo, a cumplicidade do olhar, encarregam-se de fazer chegar claramente ao público — e com que muda eloquência!

Esta é, se não nos enganamos, a primeira função de peças como *La Mama*: a função profilática de servir de válvula de escape para tudo aquilo que ficou represado pelo nosso pudor ou pelo receio da censura alheia. Dercy vai além da malícia grossa, de fundo sexual. Como os palhaços de circo, desce com freqüência ao terreno infantil, em que a graça decorre de dores de barriga e outras coisas que possam seguir na mesma ordem de idéias. O espetáculo desenvolve-se então metade no palco e metade na platéia: do lado de cá da ribalta, quantos rostos iluminados, quantos corpos convulsos, quantas bocas retorcidas pela gargalhada, quanta satisfação coletiva em voltar a ter cinco, seis anos! Como é jovem o Brasil e como se diverte facilmente! Bem-aventurada seja a sua inocência moral e artística, a sua falta de sofisticação.

Se Dercy fosse apenas isto, o seu mérito seria somente comercial e consistiria em apresentar, sob forma de teatro, um tipo de graça que habitualmente só se vê na televisão — quanto à ingenuidade — ou nos espetáculos de revista — quanto à salacidade. Mas Dercy, nos seus instantes de maior inspiração, em que é mais profundamente ela mesma, atinge um estado de pureza infantil ou popular que não saberíamos como definir: quando, por exemplo, com os olhos perdidos no espaço, ela se deixa enlear pelas voltas da história que está contando, a princípio com certa lógica, embora precária, depois desfazendo esse fio esgarçado de racionalidade em mil explicações e circunlóquios cada vez mais pueris ("aí ele pegou e disse, não, fui eu não foi ele mesmo que falou assim", — ao infinito) até que tudo se resolve numa série de muxoxos e exclamações desconexas que representam uma espécie de quinta-essência da extrema vacuidade mental. Quem é então Dercy? A criança que escuta com os olhos arregalados sem nada compreender ou a mulher do povo que se embaralha nos elos do próprio raciocínio? Num ou noutro caso, é difícil ser mais brasileiro, exprimir mais diretamente aquele substrato de pensamento popular que fica escondido por detrás das palavras. Infelizmente, Dercy não mantém a criação — como faz um Carlitos ou mesmo um Cantinflas — voltando logo a seguir aos processos normais e corriqueiros do teatro de revista em que se formou.

La Mama, como veículo, tem a vantagem de fornecer à atriz um arcabouço banal mas eficaz, que principalmente não deixa jamais a ação esmorecer. Em conseqüência, Dercy aparece mais simples, um pouco mais submetida às situações, menos tocada pela ambição de ser extravagante a qualquer preço. O que não significa, claro está, que não dialogue eventualmente com o público ou não admoeste o ponto ("Já sei, não me amole") nas raras cenas em que realmente domina o texto. Só não há a preocupação de parecer surrealista, visível demais nas suas últimas apresentações.

Falar de um espetáculo de Dercy, enquanto espetáculo, é sempre tarefa inglória. Nesta peça a nossa perplexidade começa com as seguintes enigmáticas indicações do programa: *Mise-en-scène*: José Maria Monteiro. Direção: Dercy Gonçalves. Como direção e *mise-en-scène* são uma e só coisa, dita em línguas diferentes, talvez seja a isto que Henrique Pongetti quis se referir ao escrever, também no programa: "José Maria Monteiro é casualmente o diretor". Esse casualmente quer dizer, se não laboramos em erro, que José Maria Monteiro determinou aos atores quando deveriam entrar ou sair do palco, sentar ou manter-se de pé, ir para a direita ou para a esquerda, mas que as ordens superiores se baixaram por intermédio de Dercy. Em vista do que, não havendo no espetáculo quase nada além de sua protagonista, limitar-nos-emos a observar que os atores coadjuvantes — e nunca esta palavra veio tão a propósito — dividiram-se em dois grupos. Uns, com erros e defeitos, não importa, são indubitavelmente atores. Manoel Pera, Cataldo, Elísio de Albuquerque. Se mais não fizeram foi com certeza porque mais não lhes foi pedido. Os outros, de um modo geral, poderiam perfeitamente continuar nas profissões — não sabemos quais sejam — que vinham exercendo até aqui, sem perda irreparável para o teatro.

Resta a questão das nacionalidades. *La Mama*, antes de ser uma comédia famosa, foi um excelente romance italiano: "Il bell'Antonio", de Vitaliano Brancati. Mas que não se julgue este por aquele. Não só o enredo foi totalmente modificado e invertido o sexo da personagem principal (a peça deveria chamar-se *Il Babbo* e não *La Mama*) mas o próprio espírito do romance desapareceu ao passar de um país para outro: o que era excesso de temperamento e imaginação passou a ser licenciosidade, pela própria leveza e inconsistência com que foram abordados personagens e problemas morais. A este processo, Dercy veio naturalmente acrescentar a última pá de cal: da Itália quase só restaram, no seu espetáculo, algumas "Madonna Mia" e uma ou outra referência à mulher do ministro como "Dona Ministrona". É o quanto basta, para Dercy, em matéria de cor local.

(1959)

39. Eles não Usam Black-tie (e Gimba)

Gianfrancesco Guarnieri é um jovem fenômeno do nosso jovem teatro. Com 25 anos, só teve tempo de escrever duas peças. Pois as duas constituíram-se, como se sabe, em êxitos excepcionais, dos maiores de que se tem notícia, modernamente, em palcos brasileiros. Em menos de um ano e meio de atividade pública como autor, Guarnieri já teve certamente mais espectadores do que a maioria dos nossos dramaturgos em toda uma existência dedicada ao teatro. Ambas as peças, aliás, acabaram de sair do cartaz, partindo à procura de novas platéias. *Eles não Usam Black-tie* irá ao Rio de Janeiro, depois de um giro pelo interior, enquanto *Gimba* se apresenta por uma semana no Teatro Municipal carioca, antes de ir representar o Brasil na Europa. O momento parece, portanto, oportuno para uma derradeira tentativa de se avaliar criticamente os seus respectivos méritos.

Eles não Usam Black-tie, se não estamos enganados, põe diretamente o dedo na ferida. A greve é o seu tema ostensivo, uma greve operária, de reivindicação de melhores salários, que acaba por separar pai e filho. O pai, revolucionário consciente de seus fins, forte da força de sua classe, é um dos cabeças do movimento. O filho, criado por circunstâncias várias em ambiente diverso, pensa em primeiro lugar no próprio futuro. Corajoso quando se trata de enfrentar outros homens — e o fato mesmo de furar deliberadamente a greve põe isso em evidência — o seu medo é de outra natureza: o grande medo da nossa sociedade moderna, o medo de ser pobre. Jovem, nas vésperas de casar, com mulher e filho em perspectiva, só tem um cuidado: fugir de sua condição operária, melhorar de vida, subir — e quem é que ousaria, de consciência tranqüila, lançar-lhe a primeira pedra?

A ação, pois, pelo seu lado moral, prolonga-se além dos dados iniciais do problema, transcendendo de muito o caso local da greve. Numa sociedade bem-organizada — nada custa sonhá-la e é desses sonhos que se alimenta o doloroso e lento progresso da humanidade — não haveria conflitos assim tão marcantes entre o interesse coletivo e o interesse individual. Ora, é uma alternativa desta natureza que o nosso jovem operário tem de enfrentar. Para ele, greve, revolução, são palavras, longínquas e problemáticas promessas de um futuro melhor. A realidade imediata é a mulher, o filho, a fome, a miséria à qual é preciso fugir a todo custo. E uma sociedade que se fundamenta sobre o individualismo como a nossa, não está em condições de exigir sacrifícios de quem quer que seja.

Certo que o ponto de vista revolucionário, representado pelo pai, teria bons argumentos a opor a estas considerações. Mas a perspectiva da peça é a do filho: o drama é o seu, ele é quem deverá pronunciar-se perante a existência concreta da greve. A sua posição, no fundo, não diverge muito da de qualquer rapaz de vinte anos chamado a decidir pela primeira vez entre as suas conveniências pessoais e certos apelos de outra natureza, menos egoístas e mais generosos. O próprio Guarnieri, como homem e como homem de teatro, é impossível que não tenha sentido por momentos a tentação de lançar ao mar a incômoda carga das ideologias humanitárias, cuidando acima de tudo de defender-se economicamente numa sociedade em que todos sabem defender-se com unhas e dentes. Nem é a nossa vida, encarada moralmente, mais do que a soma de uma série de decisões de tal natureza. Não é preciso, portanto, ser operário, ter participado da preparação de uma greve, para sentir o impacto das questões propostas com tanta emoção pela peça. O segredo de *Eles não Usam Black-tie* é dizer respeito a todos nós, é ter alguma coisa a segregar à consciência de cada espectador.

Para sentir que é este o verdadeiro problema, veja-se como a própria gradação psicológica das personagens repete o choque entre o que é e o que deveria ser, indo do otimismo algo sonhador e ingênuo de pai, sempre pronto a acreditar na perfeição moral da humanidade, até o realismo sem ilusões da mãe. Não há cinismo, nem desespero, nem amargura, e nem mesmo desencanto, na bravura terra-a-terra com que Romana — a figura dramaticamente mais bem desenhada da peça — desafia diariamente a miséria. Mas as suas observações cruas, francas, desabusadas, sem circunlóquios, mordazes, chamam os homens para a realidade, neutralizam, com uma nota levemente ácida, o fácil sentimentalismo em que ameaçam cair tantas cenas.

Teria Guarnieri pensado em tudo isto ao escrever a sua peça? Não necessariamente, porque uma das virtudes de *Eles não Usam Black-tie* é exatamente a de não proceder do abstrato para o concreto. O seu ponto de partida são os homens: através deles é que entrevemos outros antagonismos, que são apresentados sempre como conflitos vitais, de ação, não como crítica de diretrizes teóricas. É essa inexistência de prevenções doutrinárias que possibilita ao autor simpatizar simultaneamente com todas as personagens. Se nem todas têm razão, todas, ao menos, têm as suas razões, que é preciso compreender. É admirável, com efeito, a isenção com que a peça, jogando pai contra filho, equilibra os dois pratos da balança. Apenas no final intervém o autor, fazendo a noiva abandonar o operário que, traindo a greve, traíra os seus amigos e companheiros. Algumas espectadoras protestaram contra semelhante desfecho em nome da psicologia feminina. Mas não se trata, aqui, de psicologia e sim de moral: o autor necessitava externar de algum jeito o seu pensamento, dizer afinal de que lado estava, deixando a neutralidade do puro naturalismo para entrar no terreno em que desejava colocar-se, o da peça de idéias e mesmo de idéias políticas. É um direito seu, só deixaríamos de lhe reconhecer se o texto escorregasse para a propaganda, coisa que ele tem sempre a dignidade artística de evitar.

Como peça de teatro, *Eles não Usam Black-tie* tem essa inconfundível espontaneidade das primeiras obras da juventude. Por entre os seus defeitos de concepção e de fatura (certa moleza de construção, certas ingenuidades, certos preciosismos, como a cena em que pai e filho se defrontam no terceiro ato, afetando falar um com outro por interposta pessoa: "o teu pai mandou te dizer", "diga a meu pai" etc.) o que sobreleva é a notação psicológica exata, viva, alerta, despida de literatura. Acabamos de vê-la pela terceira vez: rimos e nos emocionamos tanto quanto da primeira.

Gimba, ao contrário, suporta mal uma segunda visita. Valendo-se principalmente de efeitos de enredo, uma vez conhecido o desenvolvimento da história acabou-se praticamente qualquer motivo especial de interesse.

Bem limitado é o alcance de sua denúncia social, feita em termos de reportagem popular. Os homens, segundo sua perspectiva ética, dividem-se rigidamente em bons e maus. Bons são os operários, os malandros de morro, os criminosos que se regenerariam caso fossem deixados em paz. Maus são os delegados e seus asseclas. Ora, esta visão maniqueísta do mundo, compreendido como luta entre vilões e heróis, não combina com o ponto de vista marxista, que temos bons motivos para acreditar seja o do autor. Brecht, em *A Boa Alma de Se-Tsuan*, toma cuidados extremos para demonstrar que os defeitos fundamentais são do sistema, não das criaturas. O que haveria de escandaloso no capitalismo seria o próprio capitalismo, o funcionamento em si da máquina econômica, não estas ou aquelas falhas secundárias. O marginal, portanto, como tema revolucionário, interessa bem menos do que o trabalhador de fábrica — e ainda aqui. *Eles não Usam Black-tie* acerta melhor no alvo. Não há dúvida de que a infância desamparada, de onde surgem aos borbotões os nossos criminosos de dezessete e dezoito anos, é um escândalo em cidades como São Paulo e Rio de Janeiro. Mas o problema é social, é econômico, não estando diretamente ligado com a repressão ou a falta de repressão policial. Não basta enforcar o último delegado nas tripas do último secreta para que a alegria, a fraternidade e o samba reinem incontestes nas favelas. O pensamento de Guarnieri é cheio de generosidade, mas é necessário que se revista igualmente de outras qualidades para que seja efetivamente pensamento.

Quer isto dizer que nada resta de *Gimba*? Resta, evidentemente, muita coisa: resta um drama popular simples e violento, resta a simpatia autêntica que Guarnieri tem pelos humildes, resta a vida coletiva do morro, com o fascínio da macumba e das batucadas. Resta, em suma, o pretexto para um belo espetáculo — o belo espetáculo que Flávio Rangel construiu no palco do Teatro Maria Della Costa. Mas, é pouco provável que Guarnieri lançasse mão de tais recursos de exotismo e pitoresco se não sentisse a fraqueza substancial do seu texto. *Eles não Usam Black-tie* também se passa no morro carioca. Dispensa, entretanto, a cor local porque trata de homens às voltas com problemas humanos, *Gimba*, por seu lado, contenta-se com mitos, idealizando romanticamente o morro. Quis ser um drama de protesto e acabou sendo um vibrante espetáculo musicado, um *entertainment* bastante semelhante ao "musical" norte-americano, com a mesma simplicidade de linhas, a mesma esquematização de situações e personagens, a mesma procura de efeitos vigorosos e até — por obra da direção de Flávio Rangel — o mesmo estilo de representação, direto, exuberante, extrovertido, um ou dois pontos acima do que seria natural em outras circunstâncias.

Gimba vai para a Europa. Não julgamos estar sendo injustos dizendo que, desde o início, não houve ninguém que não percebesse que era em grande parte um produto especialmente indicado para a exportação: não um exame de consciência, voltado para dentro, mas uma teatralização hábil da imagem convencional que se faz da Favela carioca, com todo o seu prestígio poético. Numa palavra, um *Porgy and Bess* nacional — mas um *Porgy and Bess* realizado pela metade, por não contar com a música de um Gershwin e por não ter sido concebido tão claramente como uma legenda popular.

Para finalizar diríamos que *Eles não Usam Black-tie* parece-nos ter sido escrita por um impulso interior, tendo alguma coisa de pessoal a dizer porque nasceu das preocupações profundas do autor; *Gimba* é uma peça construída com a técnica, uma experiência artesanal, uma tentativa para inventar algumas personagens e um enredo, revelando imaturidade e falhando na sua pretensão de associar estes elementos a um sentido político mais alto.

E a conclusão? Não há conclusão, por enquanto, a não ser a de que Gianfrancesco Guarnieri é inegavelmente um homem de teatro, com um fortíssimo dom de comunicação dramática. O resto da história será contada por ele mesmo, a seu tempo. Só sabemos que será também uma história de escolhas e decisões morais — como a do jovem protagonista de *Eles não Usam Black-tie*.

(1959)

40. Frankel

"Who did it?" Quem matou Frankel? E por falar nisso: quem é Frankel? Um cientista? Um maníaco? Um louco? Um sábio?

Mais difícil do que responder a essas perguntas é adivinhar por que Antônio Callado, um jornalista brilhante e um homem de espírito, escreveu *Frankel*. Qual o seu intuito secreto? Desejava que o seu drama fosse tomado a sério, ao pé da letra? Há um fundo de ironia escondido na sua aparente ingenuidade?

Frankel parece que é alemão — e talvez isto ajude a explicar muita coisa. Como todo alemão, é sábio: toma notas até em latim e grego (mas, graças a Deus, as explicações realmente importantes estão escritas em português mesmo). Como todo alemão sábio, é meio louco — e logo veremos precisamente de que maneira. Na qualidade de sábio, a sua aspiração suprema parece ligar-se estranhamente a certas preocupações da filosofia do século XIX: estabelecer uma "Síntese Cósmica", um sistema que reduza o Universo inteiro a algumas leis gerais. Mas ele não se inspira, como seus predecessores, na matemática ou na metafísica. Vai procurar esses altos segredos no Alto Xingu. O seu plano é provocar guerra entre as tribos e colher sangue dos indígenas em pleno "estado de fúria", para provar que o espírito de luta está na massa do sangue do homem — e não apenas em sentido figurado. Ora, Frankel é louco, não na acepção comum, mas na acepção de loucura moral: não hesita em passar da teoria à prática, sacrificando centenas de vidas em proveito de uma idéia. Frankel, o super-homem, é, na verdade, um cão danado que é preciso abater a tiros. Ciência e loucura acabam assim por darem-se as mãos: no substrato de ambas há a mesma cegueira moral, a mesma indiferença pelo humano. Felizmente, Frankel defronta-se com o próprio humano em pessoa: um homem calado, rude, sincero, corajoso, sensível, bom, inteligente, honesto — um Gary Cooper nacional que trabalhasse para o Serviço de Proteção aos Índios.

Frankel já morreu ao abrir-se o pano. Camargo — o seu antagonista — quase não fala. Só nos restam, como companhia, as três pessoas que acompanharam Frankel na sua última expedição: uma antropóloga e um geólogo, ambos do Museu Nacional, e um jornalista. Não se pode dizer que os dois primeiro honrem a ciência brasileira. Ele, de acordo com o próprio texto, é um patife. Ela, pelo menos, tem alguma escusa: durante dez anos foi casada com um marido cacete. Quem a culpará por tirar o máximo proveito dos seus dois companheiros, da mata, do barranco dos rios, do luar?

Apenas Frankel resistiu-lhe aos encantos — mas Estela, para vencê-lo, tem as suas insídias de Eva: recita-lhe de cor trechos inteiros da *Fenomenologia do Espírito*. Em plena selva, resistir quem há-de? Quanto ao jornalista, desculpa-se que não seja nada brilhante: o retrato foi traçado por outro jornalista.

Frankel começa como um *Huis-Clos* indígena: uma mulher e dois homens entregues à tortura e à histeria da solidão em comum. A seguir, começa a apuração das responsabilidades, um pouco à maneira das peças de Priestley: quem é exatamente culpado do quê? Mas a impressão final é mesmo a de uma fita de Hollywood, classe C, passada nas florestas amazônicas: o "suspense" das revelações sucessivas, o perigo dos índios amotinados, o avião que chega e parte sem levar ninguém, uma só carabina para dois homens (é o que o texto chama de "lei das selvas"), o cientista endemoninhado (com laivos de "Science-fiction"), a mulher, e o herói eficiente e taciturno. Por que Antônio Callado a escreveu? Por quê?

O Teatro Novos Comediantes, sob a direção de Helio Quaresma, surge remodelado: poltronas razoáveis, decoração simpática, ambiente acolhedor, uma pequena sala de exposição aos fundos, onde também se serve café durante os intervalos. Infelizmente, tais elogios não se podem ainda estender à parte artística. Helio Quaresma, sem dúvida, trabalhou os seus atores: o espetáculo está firme, ensaiadíssimo. Mas a dicção, a maneira de falar, é freqüentemente a do radioteatro, sem nada dessa procura da autenticidade que tem caracterizado as melhores encenações do nossos jovens conjuntos, como o Teatro de Arena. A interpretação parece ter sido preparada de fora para dentro: o artista concentra-se no esforço de dizer com vigor, com violência. Ora, a própria tensão dramática, em teatro, nasce do interior. Representar é uma *cosa mentale*, como dizia Da Vinci da pintura. Ignorando isto, os intérpretes de *Frankel* esfalfam-se em cena com muito pouco proveito: chegam a movimentação intensa, às vezes desordenada, mas não nos fazem acreditar na veracidade do que estão representando. Salientam assim, sem o desejar, os defeitos e não as possíveis qualidades do texto de Antônio Callado.

O cenário, de cuidadíssimo acabamento, e certos efeitos bem realizados — como a chuva que cai sobre a folhagem — evidenciam a meticulosidade e o carinho postos no espetáculo.

(1959)

41. Plantão 21

O teatro norte-americano médio luta ainda contra dois fantasmas do século XIX: a peça realista e a peça de tese. Se um O'Neill, um Arthur Miller, um Tennessee Williams, um Thornton Wilder, transcendem com facilidade tais classificações limitadoras, a maioria dos seus colegas debate-se entre esses dois gêneros sem jamais perceber uma porta de saída. Por um lado, agarram-se à descrição pormenorizada de um certo meio social; por outro, buscam tirar uma lição moral que ordene e dê algum sentido à realidade.

Plantão 21, estreado anteontem no Teatro Maria Della Costa, é exatamente esse tipo de peça. Sidney Kingsley freqüentou durante seis meses uma delegacia de polícia para impregnar-se da atmosfera que iria recriar no palco. A seguir, procurou estruturá-la dramaticamente de modo a permitir uma discussão discreta e indireta, feita nas entrelinhas, do problema da autoridade: até onde pode o homem ir no julgamento e na condenação de seus semelhantes? Em que momento preciso o desejo estrito de justiça deve ceder perante considerações de caráter sentimental ou humanitário? A discussão não se conclui, entretanto, porque se transfere para outro plano, dissolvendo-se em explicações psicológicas, inspiradas na psicanálise. Ficamos sabendo que certos tipos de comportamento autoritário correspondem a tais e tais experiências infantis — o que, do ponto de vista moral, nos deixa precisamente onde nos encontrávamos de início.

A peça tem as qualidades e os defeitos de suas congêneres. Entre as primeiras, uma certa vitalidade, que é a de toda civilização norte-americana, exprimindo-se com a mesma exuberância, diríamos primitiva, no teatro, no romance, no cinema, e até na música popular. Sidney Kingsley não dialoga com o público: procura atingi-lo com golpes violentos. A sua técnica é a do boxe: estudos preliminares, primeiros ataques, destinados a preparar o adversário, concentração final e, se possível, nocaute! O defeito é que essa agressividade parece às vezes simulada, ou pelo menos estimulada por meios artificiais. No fundo, há menos força genuína do que habilidade. Tudo é voluntário, tudo é construído, tudo é calculado. Os detetives, por exemplo, formam uma galeria completa: o sentimental, o bufão, o brutal etc. Igualmente representativos são os criminosos: o pobre de espírito, o rapaz bom que errou pela primeira vez, os pervertidos, os contumazes, os cínicos. Há de tudo no drama, com fidelidade quase estatística, como numa reportagem — ligeiramente sensacionalista como toda boa reportagem — menos a espontaneidade da verdadeira obra de arte. A força que o move não é o ímpeto criador interno, mas os fins, os efeitos a serem alcançados. A coragem do autor também é ilusória; parecendo impor-se, cede na realidade ao público.

Estas considerações não impedem que o espetáculo, como espetáculo, seja interessante; a inteligência pode apresentar objeções mas os olhos e os ouvidos não deixam de acompanhar uma ação que não cessa de nos propor um conflito por minuto. É difícil ficar indiferente quando, em cena, dois homens trocam sopapos ou lutam por um revólver. A nossa participação, se não artística, será no mínimo emocional, muscular, sangüínea. Às vezes, a inquietação do público era quase tão grande quanto a dos personagens: a vontade era de entrar na briga e distribuir também bofetões em nome da lei ou contra ela.

A direção de Antunes Filho responde ponto por ponto a todos estes desafios do texto: olho por olho, dente por dente. Havia, para começar, a questão dos trinta intérpretes exigidos pelo elenco. Jamais poderíamos supor que existissem tantos atores em inatividade em São Paulo. Pois eles surgiram aos borbotões, vindo não se sabe de onde (desconfiamos que da televisão), perfeitamente desconhecidos da crítica teatral. Não juramos que todos tenham uma longa carreira artística diante de si, mas possuem o principal para este gênero de peça: o físico do papel. Antunes Filho, num trabalho incrível de prospecção, descobriu os tipos humanos de que precisava, do homenzinho gorducho (Hélio Peixoto), que acha uma graça infinita no fato de um batedor de carteira ter cortado a gilete o bolso de sua calça mais nova, ao D. Juan popular (Vadeco), de basta cabeleira anelada.

Antunes guiou-os, a todos eles, com essa segurança no lidar com os atores que é a sua especialidade e a pedra de toque do verdadeiro diretor. Conceber teoricamente uma peça não é difícil. A dificuldade está, não em impor friamente tais esquemas ao espetáculo, de fora para dentro, mas em arrancar de cada artista aquelas potencialidades que ele mesmo ignorava possuir. Jardel Filho, por exemplo, no papel principal, tem uma criação impressionante, impressionante de força, é verdade, porém impressionante igualmente de simples veracidade humana nos instantes em que a peça se distende e se repousa.

José Serber, Felipe Carone, Maria Helena, Cecília Carneiro não aparecem menos bem. Entre os noves, há várias presenças a assinalar: Laura Cardoso (a esposa), Marcos Vinicius (o rapazinho), Sérgio Alexandre (o falso médico) e Elias Gleyzer (o detetive que ri das próprias piadas antes que os outros o façam — aliás, ninguém o faz). Maria Célia Camargo (a cleptômana) e Moura Neto (o ladrão simulador) são casos especiais: se não convencem por completo, deve-se menos à falta de talento (antes pelo contrário) do que às imensas dificuldades do papel. Mas ainda aqui a direção andou acertada, pedindo aos atores um máximo de exteriorização — faltou-lhes apenas um pouco mais de experiência e técnica.

Restava a montagem, a armação material do espetáculo. Também neste ponto Antunes Filho foi extremamente feliz. Os cenários são de Túlio Costa, o mais puramente dramático de nossos cenógrafos, queremos dizer com isso o mais preocupado com a funcionalidade e menos com os aspectos decorativos. *Plantão 21* é sumamente complexa quanto à mecânica de cena porque se baseia na alternância ou simultaneidade de pequenas cenas, com muitas personagens. Entradas, movimentos, marcações coletivas, engrenaram-se com cronometria exemplar.

As críticas são de detalhes. Poder-se-ia pedir, talvez, articulação mais perfeita por parte dos atores — muitos não se fizeram entender com a necessária clareza — e menos excitação — não menos violência — nas cenas de briga. Na noite de estréia o espetáculo deu um pouco a impressão de terminar pela exaustão física, *faute de combattants*. Até os acessórios, mesas, cadeiras, máquinas de escrever, telefones, entraram na dança, apanhando a valer. Será possível repetir todas as noites semelhante empenho coletivo?

Plantão 21 teve, anteontem, o público que merecia. Aplausos, aplausos, aplausos — dirigidos queremos crer, menos à peça, que é apenas de boa rotina comercial, que aos atores; e menos a estes que ao jovem diretor que os soube inspirar.

(1959)

42. Seis Personagens à Procura de um Autor

Terá envelhecido Pirandello? Quase quarenta anos decorreram desde a estréia de *Seis Personagens à Procura de um Autor* — e seria pueril pretender que o texto conservasse, em 1960, a mesma carga explosiva que fazia ir pelos ares as platéias de 1921. As rugas começam a aparecer aqui e ali, algumas de suas linhas trazem o cunho de um teatro de vanguarda que já o deixou de ser. Não nos surpreendem mais as referências, dentro da peça, ao teatro de Pirandello, bem como o desejo de quebrar a convenção realista, mostrando o palco por dentro, confundindo cena e platéia etc. Os desafios ao público têm sempre esse inconveniente de envelhecer rapidamente: nada nos parece tão timorato quanto as ousadias dos nossos pais. Também ninguém deixará de reconhecer que o próprio triunfo deste teatro acabou por abrandar o seu gosto de novidade, embotar o gume outrora tão penetrante de suas idéias. Qualquer medíocre aluno de dramaturgia é capaz de expor hoje em dia em que consiste a essência do pirandelismo: tema da solidão, da incomunicabilidade entre cada diversa experiência humana, da inaptidão do pensamento para fixar a constante fluidez da vida.

Seria, entretanto, o maior dos erros supor que Pirandello resume-se nisso. Ele não é apenas um mestre em montar caixinhas de surpresas, prontas a explodir em cena, como não é, também, propriamente um pensador. Na qualidade de artista, a sua originalidade está menos nos conceitos do que nas imagens, nos símbolos que criou com espantosa fertilidade. Dizer que a personalidade é fugidia, escapando por entre os dedos quando desejamos contê-la em nossas mãos, está ao alcance de todos. Traduzir tais abstrações em vivíssimas representações dramáticas, exprimir-se através de homens e mulheres e não através de palavras — eis o milagre permanente de Pirandello. Se a sua temática é algo limitada (e todo grande artista não nos transmite mais do que duas ou três descobertas pessoais), varia ao infinito, em compensação, os meios de que se serve para nos persuadir, para nos fazer compreender concretamente, em nossa própria carne, aquele aspecto peculiar de uma verdade, afinal de contas comum se a considerarmos apenas como idéia, que ele, autor, soube compreender e enunciar como nenhum outro. Pouquíssimas peças suas tem o sabor de uma simples demonstração: cada personagem que lhe nasce da inspiração parece transladar uma experiência vital única, insubstituível, sendo por isso mesmo extraordinariamente reveladora.

A sua fantasia é ampla, o seu método freqüentemente paradoxal, provando pelo absurdo, mas sem gratuidade, sem exibicionismos técnicos ou filosóficos. Estes seis personagens à procura de autor, por exemplo, são extravagantes unicamente na medida em que precisam sair das normas para atingir os seus fins. Todo escritor de teatro, todo ator, todo bom espectador, acredita na existência autônoma das personagens de ficção, se não neste pelo menos naquele mundo ideal das essências artísticas, onde tudo é perfeito e imutável, onde Édipo vaza incessantemente os próprios olhos e Hamlet murmura "Ser ou não ser" por toda a eternidade. Se não acreditássemos, não sofreríamos com eles e por eles, não sacrificaríamos, tantas vezes, o nosso conforto e o nosso interesse pessoal para dar vida a essas supostas ilusões. Por que então não gritar, ao menos uma vez, tais verdades em face do público, confrontando a pálida, anônima, insípida, transitória, realidade dos atores com a fulgurante realidade das criaturas de ficção? As personagens é que parecem reais — embora ainda em estado de simples esboço — porque já principiaram a ganhar consistência e significação através do trabalho de elaboração artística. Homem — qualquer medíocre ator é. Ser personagem — eis o privilégio, eis o excepcional. Édipo, no fim de contas, está mais vivo na memória da humanidade do que Sófocles, Hamlet do que Shakespeare.

Seis Personagens, visto por esse ângulo, é um canto de louvor ao teatro — e é por isso que pode dar-se ao luxo de se mostrar tão impiedoso com ele. Pirandello é o mágico que explica os truques do ofício. Como o teatro é pobre de recursos, como falseia, desfigura, empobrece, mutila a realidade que tenta refletir! Mas não importa. Desce um telão, acende-se um refletor, tudo isso à vista do público, em obediência às ordens de um diretor estritamente profissional, e de repente o coração da platéia começa a pulsar, batendo por uma menina que se afogou e por um rapazinho que vai dar um tiro no ouvido. Ficção ou realidade? Terá sentido a pergunta? A própria peça já não elucidou longamente a questão? "Por que fiz eu dos sonhos/ A minha única vida?", indaga Fernando Pessoa, e a emoção mesma que o verso nos desperta encarrega-se de lhe dar imediata resposta.

Não, Pirandello não envelheceu, no sentido pejorativo do termo, como afirmam os críticos e espectadores que só respondem ao apelo da mais recente descoberta estética, que só sabem perceber a beleza inovadora da estátua enquanto a pátina não a recobriu. Pirandello envelhecerá também, sem dúvida, talvez não tardemos a ver as suas peças representadas em trajes de época — mas envelhecerá como os grandes escritores envelhecem: inscrevendo-se na história.

* * *

Não foi o desejo de complicar, de retorcer, de fazer diverso, que levou Adolfo Celi a retomar *Seis Personagens*. A primeira versão por ele apresentada, em 1951, no Teatro Brasileiro de Comédia, assinalava-se, se a contemplamos com olhos retrospectivos, pela constante crispação: crispação intelectual, crispação emotiva, crispação física. Agora, mais velho, mais seguro, procurando antes compreender do que impressionar, Celi já não sente a necessidade de trazer ao primeiro plano o seu trabalho de encenador. Há uma naturalidade, uma facilidade nas suas marcações, que põe o espectador igualmente à vontade, predispondo-o a aceitar o insólito das situações. Pirandello chamou a sua peça não de drama e sim de comédia: *commedia da fare*, ou seja, comédia por fazer. Daí partiu Celi, apoiando-se sobre esses dois pontos: o cômico e o do espetáculo que se improvisa diante do público. Resistiu à tentação de enfeitar em demasia o palco, convidou os maquinistas a participarem largamente da ação, imprimiu a maior espontaneidade ao jogo dos atores, criando um ambiente de naturalismo caseiro, de trabalho de todos os dias, em forte contraste com a super dramaticidade intencional das seis personagens. O texto tornou-se assim mais claro, mais fácil, sem sobrecarga de segundas intenções intelectualistas, sem que a encenação procurasse ser mais pirandeliana que o próprio Pirandello.

O acréscimo do prólogo — no qual o escritor siciliano explica os seus motivos para escrever a peça — é um bom achado didático, que não chega a prejudicar artisticamente, aplainando, em contrapartida, as dificuldades da platéia. Os puristas evidentemente reclamarão — mas essa é, como se sabe, a função deles.

Tônia Carrero já venceu o ceticisino dos que não podiam admitir que uma mulher bonita fosse também uma atriz dramática. Falta, a nosso ver, um elemento à sua Enteada: aquela revulsão interior, aquele nojo e desprezo por si mesma que se projetam em nojo e desprezo pelos outros. Tônia é naturalmente extrovertida, pondo para fora todos os sentimentos: paixão, revolta, sarcasmo etc. Dentro destas características, que são as suas e nenhum encenador poderá alterar, o seu desempenho é excelente, inclusive com uma inesperada doçura nas cenas em que conversa com a irmãzinha.

Margarida Rey, embora magnífica atriz, tem, para este papel, o defeito de suas qualidades: uma presença marcante, uma dignidade, um tom de voz que tende a elevar o diapasão até o trágico. Ora, a Mãe é patética pelos motivos opostos, por sua humildade, por não ser ninguém.

Paulo Autran é o eixo do espetáculo, sustentando-o com a justeza e energia de sempre. Tendo dez anos de teatro é natural que tenha cessado de nos surpreender a cada desempenho: conhecemos já, salvo uma ou outra exceção, o seu cabedal de gestos, inflexões, expressões. Mas isto parece-nos menos uma limitação (o seu registro, ao contrário, é extensíssimo) do que uma decorrência do fato de não confiar apenas na sinceridade emocional. Paulo Autran é talvez o único dos nossos atores a possuir uma técnica e a saber como empregá-la, o que confere ao seu trabalho admirável uniformidade.

Oswaldo Loureiro Filho comporta-se com discrição, num papel não de todo adequado ao seu temperamento expansivo.

O conjunto dos atores é um organismo único: cada peça dessa máquina anônima tem vida própria, porém, não a ponto de chamar a atenção individualmente sobre si. Duas exceções poderíamos anotar: Laercio Laurelli (o Primeiro-Ator, imagem da fatuidade profissional) e, sobretudo, Geraldo Mateus, que, representando o bom senso de todos nós (tão estúpido, coitadinho, segundo Pirandello), empresta à figura do diretor da Companhia imensa vitalidade e credibilidade.

O *Seis Personagens* que acaba de estrear no Teatro Bela Vista é dos melhores que já passaram por São Paulo. Apenas o de Renzo Ricci parece-nos superior — menos pelo nível, talvez, do que por tê-lo alcançado com ainda maior economia de meios.

(1960)

43. Calúnia

O século XX disciplinou severamente o teatro: subordinou o ator ao diretor, e o diretor, ao menos em teoria, ao texto. Ninguém dirá que esta hierarquia não seja a melhor, mas, ao conceder-nos tanto, privou-nos também de alguma coisa: a fascinação exercida pelo grande ator. Referimo-nos, claro está, ao grande ator como o século XIX o concebia, soberano exclusivo do palco, com a sua liberdade e tantas vezes a sua rebeldia — lembremo-nos de Kean, de Frederick Lemaitre — com a sua ilimitada capacidade criadora e o seu histrionismo ainda não tolhido, ainda não envergonhado de si mesmo. O hábito, em si louvável, de tudo subordinar à literatura, pode embotar-nos para este teatro essencialmente do ator, que nos vem recordar que o trabalho de elaboração artística, no palco, não se restringe apenas ao texto e à encenação.

Tais considerações nascem a proposto da *Calúnia* — e de uma certa dúvida se o espetáculo, embora tão elogiado terá recebido, por parte da melhor crítica brasileira, todo o louvor que aos nossos olhos merece. Não que haja no espetáculo qualquer resíduo passadista, qualquer ramo de exibição pela exibição. Mas para apreciá-lo devidamente, é preciso gostar da arte de representar como de um valor em si, não se perdendo o espectador em considerações laterais, esquecendo-se por um momento se a peça é burguesa ou revolucionária, tradicionalista ou renovadora. É preciso, enfim, entregar-se sem reservas ao prazer que proporciona um certo estilo de representar, seja ele qual for, levado à sua perfeição, prazer semelhante ao que nos dá um grande pianista ou um grande cantor independentemente da qualidade da música que escolheu para melhor ressaltar o seu virtuosismo.

Tônia Carrero, Margarida Rey e Paulo Autran não alcançam tais alturas, entretanto, do modo mais usual e mais sensível ao público: não forçam a voz, não crispam o rosto, não usam a sua energia interior para sugerir qualquer impressão de violência e força. O que o texto exige deles é interiorização, não exteriorização. O ponto máximo de *Calúnia* é a derrota, não a vitória, e nem mesmo o combate. O terceiro ato inicia quando tudo aparentemente terminou. Não é o clímax — mas o dia seguinte. Os nervos gastaram-se; a corda, demasiado tensa, acabou por romper-se. O sofrimento, portanto, tem de ser expresso por outros meios, por um certo desmoronamento interior, um certo vazio, um certo torpor, uma certa indiferença, um cansaço capaz de engolir o mundo num bocejo. Nada sobrou de heróico, de poético — e aos atores não restam senão os processos estritos do naturalismo.

Ora, a naturalidade também possui as suas gradações. Há naturalidades de primeiro e de segundo grau, se assim podemos dizer, naturalidades que permanecem na superfície e naturalidades que cavam mais fundo, naturalidades fáceis e naturalidades difíceis. Os dois primeiros atos de *Calúnia*, por exemplo, não vão além do convencional. Etty Frazer, a menina gorda, está engraçada, Ivy Fernandes, a intrigante, faz com brio e malignidade o seu papel cínico, brilhante, menos difícil talvez do que supõe o público, Moná Delacy compõe com pitoresco a silhueta da professora que não consegue esquecer os seus supostos êxitos shakespearianos e Suzana Negri, embora bem menos moderna na maneira de representar, empresta dignidade à velha avó. Mas se *Calúnia* ficasse por aqui, seria um espetáculo como dezenas de outros porque todas estas são em verdade figuras de teatro, de palco, sem nada de original ou revelador.

A naturalidade mais esquiva a que aludíamos começa no terceiro ato, com o inesperado crescimento da peça e, principalmente, com o verdadeiro e duro exercício de autenticidade a que Adolfo Celi submeteu os seus atores. Não se trata aqui de ver a personagem pelo lado de fora, recorrendo a truques de caracterização, a artifícios de voz, pontos de apoio de que o ator se vale comumente. Tônia Carrero, Margarida Rey e Paulo Autran apresentam-se perante nós desarmados, quase como são na vida real. As pessoas que encarnam são pessoas quaisquer, apenas mais honestas com os outros e com elas próprias do que o habitual. Não são, em si, personagens trágicas: a ação dramática é que as colheu num instante trágico, de profunda crise moral. O tremendo esforço que se exige do intérprete, portanto, é o de manter-se exato e atento à sua verdade interior, o de não empregar soluções artísticas preparadas de antemão, a de não se socorrer da simbologia e da linguagem tradicional do palco, buscando no fundo de si mesmo o máximo de sinceridade emotiva e inventando a sua expressão própria.

Esta espécie de naturalidade (visada, por exemplo pela equipe do Actors' Studio) requer um esforço de concentração tão intenso quanto o do compositor para conseguir ouvir a melodia ainda longínqua e indistinta, ou do escritor para extrair do íntimo da consciência a frase, o pensamento que se nega a vir à tona.

    Paulo Autran, dos três, é o menos empenhado. Afinal, as protagonistas são as duas mulheres: sobre elas incide a acusação, só elas sabem até que ponto é falsa ou verdadeira. Ele, apesar do seu amor, já começa a ser testemunha, espectador, como os outros. Margarida Rey fala pouco porque tem algo sumamente grave a revelar; quando o faz, numa dessas confissões que não se repetem, é com extrema dignidade e contenção, numa total entrega de si, com imensa ternura e sem nenhum sentimentalismo. O peso da reação moral recai, portanto, principalmente sobre Tônia Carrero; é ela que sustenta, em sua maior parte, este penoso terceiro ato. As lágrimas sobem-lhe constantemente nos olhos, mas sentimos que não é a atriz que as chama, excitando-se propositadamente. As lágrimas são uma conseqüência, que se deseja evitar, não um fim — e talvez por isso nos comovam tanto.

    Os três atores estão igualmente admiráveis de veracidade humana: os limites de cada interpretação são aqueles impostos pelo papel, pelo texto. A direção de Celi não se percebe a não ser através dos atores: foi certamente ele quem os guiou, com mão seguríssima, em tal pesquisa, em tal sondagem psicológica. Em conjunto, e no seu gênero, não nos lembramos de cena melhor representada no teatro brasileiro. Serão os atores capazes de renovar todas as noites esta tensão alcançada no espetáculo de estréia?

    Quanto à peça — que os seus defeitos não nos escondam as suas qualidades. Uns e outros, de resto, variam conforme a perspectiva. Para o público o que vale acima de tudo é o sólido arcabouço dramático, a construção nítida e econômica, a ação que não cessa, a marcha inexorável dos fatos. Já para a crítica, acostumada a enxergar os processos por detrás dos resultados, essas virtudes correm o risco de parecer antes sinais de secura, de pobreza de inspiração. O que transparece da trama é o seu lado mecânico, o artifício e o cálculo substituindo o ímpeto criador. Se a lógica brilha é talvez porque inexiste a psicologia. Se as personagens são tão bem desenvolvidas é exatamente porque são apenas personagens. O triunfo da peça, a sua capacidade de subjugar o público, tende a irritar ainda mais o crítico, que não acredita honestos tais processos puramente técnicos de persuasão dramática, que vê neste cuidadoso planejamento de efeitos a contrafacção da verdadeira natureza da obra de arte.

    Calúnia, entretanto, para nós, não é só carpintaria. Lilian Hellman usa, sem dúvida, golpes melodramáticos (o toque do telefone no terceiro ato, que poderia mudar o rumo dos acontecimentos — e ninguém atende etc.). Por outro lado, põe corajosamente o dedo na ferida, sem nada conceder ao público. Veja-se, por exemplo, o final da peça, não só dramático mas altamente pessimista e depressivo (há mortes que, sendo trágicas, não são depressivas), características que não contribuem evidentemente para aumentar a popularidade do espetáculo. Lilian Hellman revela-se implacável particularmente quanto ao tema essencial do seu drama: o poder destruidor da acusação. A maior catástrofe, do ponto de vista moral, não é que as duas mulheres, sendo inocentes, percam o processo de difamação. É que saiam arrasadas da experiência, não resistindo psicologicamente ao impacto da pressão social. É que a dúvida se haja insinuado inclusive entre elas e o único homem que as conhecia de perto — e a própria confissão de uma delas de que a acusação sem o saber e sem que as duas o soubessem continha um germe da verdade poderia ser interpretada (embora não nos pareça ser esse o pensamento da autora) como o resultado de um desses instantes de vertigem, de total dúvida interior, quando, sob a carga da suspeição, já nem mais sabemos com certeza o que somos.

A fronteira entre a amizade e o amor pode ter contornos imprecisos. Em contraposição, certos fatos, certas relações íntimas escapam necessariamente à percepção alheia direta. Se pensarmos bem, a maioria das nossas idéias, toda a nossa vida de relação social, está baseada na confiança: confiança dos outros em nós, confiança nossa nos outros, confiança nossa em nós mesmos. Abalado este princípio, o edifício estará fendido para sempre porque a confiança é quase como a virgindade: dificilmente se refaz.

A fita tirada da peça na década de trinta — *Infâmia* era seu nome, com Miriam Hopkins, Merle Oberon e Joel McCrea — parecia mais clara nesse sentido, se não nos falha a memória: a intriga era desmascarada a tempo, o processo ganho e não perdido — mas, de qualquer modo, o mal estava em grande parte feito, pelo simples fato de ter havido a acusação.

Tais processos de destruição sem provas foram postos muito bem em evidência, nos últimos anos, por um fenômeno político como o "marcartismo". Na realidade, não se encontram no drama de Lilian Hellman, que se confina ao individual, ao psicológico, essas implicações sociais, assim amplas, assim explícitas. O mecanismo sendo, porém, o mesmo em ambos os casos, não estaria propriamente errado quem lesse no texto mais do que a autora deliberadamente escreveu.

(1960)

44. O Anjo de Pedra

O anjo de pedra, tão ausente, tão insensível às súplicas secretas de Alma Winemiller, no drama de Tennessee Williams, parece querer se transformar no anjo da guarda das atrizes brasileiras. Em 1950, deu um impulso decisivo na carreira de Cacilda Becker. Agora, decorridos exatamente dez anos, repete o milagre em relação a Nathália Timberg. A emoção manifestada pelo público no Teatro Maria Della Costa, na noite da estréia, significou certamente mais do que a alegria proporcionada por um excelente desempenho: a certeza de ter acabado de assistir, segundo a expressão consagrada, ao nascimento de uma atriz. Nos Estados Unidos, o fato seria saudado por todo um cerimonial complicado e preciso: as cláusulas salariais seriam revistas, o nome da intérprete passaria a anteceder o da peça nos cartazes de publicidade, o seu retrato apareceria como por encanto nas capas de revistas etc. No Brasil, Nathália Timberg terá de contentar-se com a convicção íntima e o reconhecimento público de ter enfim ultrapassado essa barreira indefinível e implacável que separa as boas atrizes das atrizes excepcionais. O Teatro Brasileiro de Comédia, mesmo nos dias de crise atuais, continua a manter de pé a tradição de ter sorte — e dar sorte — às suas intérpretes femininas.

Cacilda Becker era uma Alma Winemiller menos neurótica, menos ridícula, sobretudo nas primeiras cenas. A sua nervosidade era interior, antes pressentida do que percebida. Nathália Timberg compõe mais o papel: as mãos trêmulas, os gestos indecisos, os lábios balbuciantes etc. Cacilda era mais ela mesma, apenas aprofundando esse lado exaltado, tenso, inseguro, patético, que é um dos traços artisticamente mais ricos de sua personalidade, Nathália, menos instintiva do que boa artesã, fabrica e modela a sua figura de histérica como se fosse uma obra de arte. Somente em dois ou três instantes agudos de crise, sempre em presença de Joe Buchanan Jr., permite que Alma chegue à sinceridade total, abandonando essa afetação, esses cacoetes, esse artificialismo que representa a sua defesa, a sua máscara perante o mundo. A súbita simplicidade, sem ênfase alguma, com que diz estas réplicas fundamentais, surpreende-nos e comove-nos mais do que qualquer pseudo-dramaticidade: sentimos que a resistência de Alma está no fim, que ela está lutando pela própria sobrevivência, como pessoa mentalmente sã e íntegra.

Amávamos mais Cacilda, sem dúvida, tão gentil, tão delicada, tão inábil em exprimir a sua imensa riqueza interior, mas compreendemos melhor, com Nathália Timberg, porque Joe deixa de casar-se com ela.

O Anjo de Pedra pertence à primeira maneira de Tennessee Williams — nostálgica, lírica. O escritor parece antes interessado em evocar o passado, confrontando (às vezes somente através da memória) duas ou três épocas de um mesmo destino humano, do que em enfrentar o presente. E a fórmula de *The Glass Menagerie* e *A Streetcar Named Desire*. Depois, abandonando esse tom menor, dir-se-ia que confidencial, pretendeu escrever obras mais vigorosas, mais diretas, mais ousadas, mais ambiciosas, mais dramáticas — com menos êxito, em nossa opinião.

Só há, em verdade, um problema na peça: o do puritanismo (que pode muito bem ser o problema moral por excelência da vida norte-americana). Ambas as reações perante o sexo, tanto a de Alma quanto a de Joe, são no fundo puritanas. Uma, encolhendo-se, refugiando-se num vago espiritualismo, valendo-se da religião e da literatura como de escudos contra a vida. Outra, timbrando em não recuar, em ir até o fim, em chafurdar na lama. Mas esta libertação dos instintos, feita sob o apelo e a invocação dos trópicos (mito dos países de clima quente, de vida animal, livre, primitiva, feliz que aparece com tanta força na obra e na vida de Eugene O'Neill), também se realiza compulsivamente, pela dissipação voluntária, autodestruidora.

Uma escritora representa exemplarmente a primeira atitude, tirando dela elementos para criar uma grande obra literária: Emily Dickinson, a solteirona da Nova Inglaterra que se trancou, dentro de um quarto, anos a fio, para melhor estabelecer o seu diálogo com a Eternidade. Já a posição de Joe foi assumida por toda uma série de escritores americanos, de Edgar Allan Poe a Scott Fitzgerald, que gastaram o seu talento e a sua vida com uma espécie de fúria suicida. Não é preciso acrescentar que é à luz desse jogo de alternativas que, nós latinos, começamos a compreender o sentido da obra de um D. H. Lawrence, também ela inscrita na tradição puritana, mas negando-se a aceitar como válida esta dissociação entre vida sensual (e sexual) e vida moral, afirmando, ao contrário, com a sua característica paixão, que a comunhão carnal é a única via para uma verdadeira comunhão mística e espiritual.

Tennessee Williams não é um pensador. Quando se limita a observar a questão pelo lado psicológico, é impecável. O retrato de Alma Winemiller — a procura do amor, a luta contra a solidão espiritual e a neurose — é traçado com infinita compreensão, com dureza e sem crueldade. Mas ao procurar desenvolver o lado simbólico, de pensamento conceitual, não consegue fugir a certas antíteses — corpo e alma, coração e sexo — exposta de modo pobre e esquemático. Os mexicanos (ah, os trópicos, com os seus vícios e os seus prazeres!) são mexicanos de convenção, definidos sumariamente pela bebida, pelo punhal, pela briga de galos, e Joe não vai muito além de uma abstração necessária para realçar pelo contraste a figura da protagonista, inclusive quanto à sua regeneração, operada de modo repentino, pelo sofrimento, por um choque emocional, ou seja, pelo incidente da morte do pai. O seu regresso à cidadezinha, coberto de glória e de medalhas, como cientista ilustre que terminou as pesquisas paternas, parece um mau desfecho de fita de Hollywood.

Se julgássemos uma peça pela soma de defeitos, ou pela média, *O Anjo de Pedra* não escaparia à mediocridade. Felizmente, não é esse o caso. O que possui ela de bom é tão bom, certas cenas suas têm tanta penetração humana, tanta força de sugestão poética, que as falhas em nada interferem no nosso prazer.

O atual espetáculo não nos parece ter a fluidez, a magia da encenação de Luciano Salce. Porém, os pontos fracos, é curioso assinalar, são praticamente os mesmos, derivando das deficiências do texto. Os mexicanos continuam falsos e melodramáticos, como há dez anos, não pela violência das personagens, e sim porque os intérpretes, a exemplo do autor, não souberam lhes conferir maior consistência. Jorge Chaia está particularmente ruim — mas também de quem foi a idéia de entregar um papel sobrecarregado a um ator que adora sobrecarregar os seus papéis? Alzira Cunha, como Rosa Gonzalez, não está bem, mas o seu desempenho deixa entrever a atriz de grande futuro que é. Odavlas Petti, Cecília Carneiro e Cândida Teixeira compõem com graça, ainda que sem grande sutileza, o coro provinciano e imbecil que forma o círculo literário de Alma Winemiller. Destas silhuetas cômicas e episódicas, a melhor nos pareceu a do caixeiro-viajante, interpretado por Sérgio Albertini com uma ponta de vulgaridade, de falso desembaraço, que vai muito bem à situação.

Elísio de Albuquerque, como o pastor protestante, só tem contra si as suas feições marcadamente nordestinas e Dina Lisboa não consegue dar completa verossimilhança à personagem da mãe débil mental. Tais papéis, aliás, significam sempre um duro desafio ao ator. Sabemos que cretinice e loucura existem, mas custamos a crer em semelhantes negações da natureza humana.

    Leonardo Vilar é Joe Buchanan Jr.; Maurício Barroso possuía, em relação a ele, a vantagem de parecer mais norte-americano, não somente pelo físico, como pela menor mobilidade e emotividade fisionômica. Leo Vilar dá às vezes a impressão de ter mais peso dramático do que seria o ideal, mas faz o suficiente para provar que é capaz de interpretar bem, hoje em dia, até mesmo papéis não de todo favoráveis ao seu feitio. Elizabeth Henreid é a única que restou da encenação de Luciano Salce: é a mesma figurinha encantadora, porém com dez anos a mais, o que não a favorece nas primeiras cenas.

    A direção de *O Anjo de Pedra* coube inicialmente a Geraldo Queiroz, em espetáculo apresentado no Rio de Janeiro, no ano passado. A seguir, a peça foi reencenada por Benedito Corsi — e é esta versão, já exibida em Porto Alegre, que estamos vendo no Teatro Maria Della Costa. Não assistimos ao espetáculo carioca; não podemos, portanto, cotejá-lo com o atual, dando o seu a seu dono, distinguindo qual a parte de cada encenador. Temos de nos contentar em verificar que a presente representação, embora com certos excessos aqui ou ali, foi obviamente dirigida por um homem de teatro. Os atores sabem sempre com exatidão o que têm a fazer em cena, as intenções do texto jamais deixam de transparecer com nitidez. Um bom espetáculo, em suma, excelente em que tudo que diz respeito ao desempenho de Nathália Timberg.

(1960)

45. Mãe Coragem

Os comunistas, no mundo moderno, são os mestres das simplificações, da redução do complexo ao simples. As guerras, por exemplo, têm causas econômicas — e está dito tudo, exceto quando a Rússia entra em guerra. Ora, Brecht, que além de comunista era um espírito sardônico e realista, viu a guerra, em *Mãe Coragem*, não através de uma, mas de várias reduções: redução do heróico ao cotidiano, do militar ao econômico, do superior, na hierarquia social, ao inferior. A guerra, por dizer, vista pelo avesso. Não em ação, mas, de preferência, nos instantes de trégua. Não pelos que a fazem, julgando compreendê-lo e dominá-la — reis, chefes de Estado, altas patentes do exército — mas pelos que a sofrem como um mal inevitável. Não pelos figurões, mas pela gente do povo. Soldados, intendentes, cozinheiros, sargentos, prostitutas — eis o seu corpo militar, fora um coronel, que tem o bom senso de não agravar com palavras o seu estado de extrema debilidade mental, e um marechal, do qual só se ouve falar, morto gloriosamente no campo de batalha (imaginem que o pobre marechal gritara aos seus comandados para lutar até morrer e, ao voltar para a retaguarda, perdera-se na neblina e fora cair em pleno combate!).

Quanto à heroína — estranha palavra para empregar a propósito de Brecht — da peça, é uma simples vivandeira. Paz ou guerra, no seu vocabulário, significam principalmente época de vender ou de comprar. Maus são os tempos de cantina e barriga vazia. Bons, aqueles em que avultam os magros viveres que a permanente miséria permite. Se estruge ao longe o fragor do canhão, isso significa, em termos imediatos e práticos, conforme acentua o comentador do texto, que Mãe Coragem terá de sacrificar, para acudir aos feridos e muito contra a sua vontade, três belas camisas de oficial.

Assim é a guerra dos trinta anos, igual, de resto, a todas as outras. Por um lado, uma guerra santa, justificada pela Pátria e abençoada por Deus; por outro, a fome, a pilhagem, o extermínio, uma soma ignóbil de atos de agressão e covardia. Não é tanto o morticínio, a hecatombe militar, que Brecht nos quer fazer sentir, como o cansaço, a estupidez, o desperdício, a falta de sentido dessa imensa e minuciosa máquina social (a guerra é a ordem, a conscrição, o inventário dos bens econômicos, a paz é a anarquia, observa um sargento-recrutador) trabalhando dia e noite, em escala nacional, para a destruição e para a morte.

Nenhum pacifista honesto deixará de reconhecer que Brecht tem razão, ao menos em parte: se não é talvez a guerra em sua inteireza que ele retrata será certamente a sua face mais freqüente e odiosa. As objeções só surgem com algum vigor quando dessa perspectiva social passamos para a artística. Brecht, na sua ânsia de redução, priva-se de muita coisa: do heroísmo e do altruísmo, por exemplo, no plano humano; da poesia e do poder transfigurador da palavra, no plano estético. Trata-se, sem dúvida, de uma tomada de posição, correspondendo ao desejo de ser exato, duro, objetivo, anti-retórico, como a própria realidade. Mas é o caso de perguntar se a realidade não é mais rica, mais variada, menos mesquinha do que supõe o racionalismo algo pobre de Brecht. Homero, Shakespeare, Tolstoi, que também nos deixaram imagens de guerra, não serão artistas de outra estatura, exatamente por não desejarem interpretar a realidade e delimitar a arte em termos tão estritos, tão pouco generosos?

Mãe Coragem tem dezenas de achados felizes, desses que fazem as delícias do intelectual, pela sua mordacidade, seu fundo de negação e niilismo, ainda mais atuantes por não serem e não desejarem ser puramente cômicos, valendo pelo efeito da ironia dramática, pela força cáustica e destruidora do pensamento. Mas a impressão final que a peça nos deixa é de ficar muito abaixo da grandeza do seu terrível assunto. O texto caminha vagarosamente, perde-se em divagações óbvias, remoe interminavelmente uma intriga amorosa entre Mãe Coragem, um Pastor protestante e um Cozinheiro perfeitamente sem graça, lança à religião perfídias que já não são novidades desde o século XVIII, leva horas para chegar a conclusões que estaríamos dispostos a lhe conceder em minutos.

Começamos mesmo a indagar, a certa altura, se as teorias estéticas de Brecht, aliás inteligentíssinias, não se destinam porventura a transformar limitações em qualidades, a racionalizar e a legitimar uma fundamental pobreza de inspiração poética. Brecht parece compreender mal a importância da emoção, da afetividade profunda, tanto na vida como na arte. O seu sonho de uma sociedade racional, alcançada por meios também lógicos (entre os quais se incluiria o teatro), deverá fazer rir os russos, que sabem, à própria custa, com que comoção visceral, carnal, se constróem as revoluções.

A palavra mais enganadora, a esse respeito, é das que Brecht mais ama empregar, para caracterizar a sua obra: teatro épico. Épico, sim, quanto a uma certa técnica narrativa. Mas não no sentido grego, de poema heróico. Brecht quase só é capaz, por convicção e temperamento, de conceber personagens antiépicas. Se fossemos buscar afinidades, estaria ele muito menos próximo de Homero de que de Voltaire, a quem o vinculam, por debaixo de mil diferenças individuais, artísticas e históricas, algumas semelhanças fundamentais: o ceticismo crítico, o culto à Razão, a visão cômica de fundo pessimista (comicidade sorridente em Voltaire, corrosiva em Brecht). Ora, Voltaire também escreveu poemas épicos e tragédias. Mas ficou, para a posteridade, como o autor de pequenas fábulas antiépicas e anti-heróicas que têm o mérito de dissipar qualquer possível ilusão a respeito do homem. Talvez aconteça coisa semelhante com Brecht, talvez as suas melhores qualidades sejam, afinal, as de humor, de graça amarga, de caráter às vezes paródico (paródia dos gêneros sérios, dos sentimentos supostamente elevados), com que iniciou a sua carreira, em peças como *A Ópera de Três Vinténs*. Em *Mãe Coragem*, só uma pessoa ousa assumir integralmente a sua humanidade, vivendo a guerra, não como um jogo sórdido de egoísmo, mas como uma dolorosa experiência pessoal: significativamente, trata-se de uma muda. Há, no homem, vozes, cânticos, que Brecht não soube ou não quis ouvir. O seu drama épico sobre a guerra está longe de ter a significação humana e social que ele lhe quis dar.

A direção de Alberto D'Aversa é pouco ortodoxa: não ignora certamente as teorias estéticas de Brecht, mas também não se apega a elas, não deseja ter essa função demonstrativa, exemplar, que possuía a encenação de *A Boa Alma de Se-Tsuan* feita por Flamínio Bollini. Mas isto parece-nos menos grave do que as deficiências do elenco, composto de um grande número de principiantes.

Duas atrizes esmagam os demais. Lélia Abramo não eleva Mãe Coragem ao nível de símbolo de força primitiva, quase animal. Sobram-lhe, em compensação, o bom senso popular, a habilidade de enxergar através das ilusões humanas, desfazendo-as com duas ou três réplicas ácidas e realistas. E Berta Zemel, como a pobre mudinha, parece carregar consigo todo o sofrimento da guerra, toda a desgraça do mundo. E apenas uma criança, mas uma criança "doente de piedade" ("elle est malade de pitié", diz a tradução francesa de que nos valemos), exprimindo mais, com simples gestos, com o peso do corpo e dos braços, com a pungência do rosto, do que todos os outros com todas as palavras.

Alvim Barbosa é um bom Schweizer, o filho que Mãe Coragem criou honesto porque não servia mesmo para outra coisa, e Homero Cozac dá uma esplêndida presença física ao aventureiro Eilif. Elias Simão, o pastor, tem, sem dúvida, experiência de palco e certo pendor para a graça popularesca: compromete, entretanto, ambas as coisas pelo hábito de declamar. Edmundo Lopes não consegue explicar qual a importância que aparentemente Brecht empresta à figura do Cozinheiro. Ivanilde Alves, com algum jeito e muito mau gosto interpretativo.

Outro ponto extremamente débil é o das canções. Brecht era um temperamento musical e sofreu influência dos *cabarets* artísticos de Berlim do primeiro após-guerra. A canção, portanto, era nas suas peças bem mais do que esse pretexto para quebrar a ilusão cênica a que ele se refere nas suas exegeses críticas. Mas, para que a música venha de fato a enriquecer o espetáculo, é preciso lidar com artistas que saibam valorizá-la, não tanto pela voz, como pela técnica de encenar, de representar a canção. Quem viu, no Rio, *O Mambembe*, de Artur Azevedo, dirigido por Gianni Ratto, sabe a que espécie de efeito aludimos. Ora, em *Mãe Coragem* dá-se o contrário. As poucas canções que sobraram constituem momentos penosos, para os intérpretes e para o público. Não seria melhor, então, cortá-las de uma vez?

Os cenários de Carlos Sobrino partem de materiais pobres, de cores sujas, terrosas, e com eles compõem um quadro de grande sutileza de colorido. Uma belíssima solução plástica, que só tem o defeito de não facilitar as mudanças rápidas de cena. Já que Brecht não só admite como o recomenda, não se deveria ter pensado em fórmulas ainda mais simples, mais direta e francamente teatrais, com a troca de cenários e acessórios à vista do público?

(1960)

46. Geração em Revolta

O que nos surpreende nos "angry young men" não é serem jovens e estarem descontentes com o mundo (não é essa a eterna função social da juventude?), mas o terem nascido na Inglaterra. Quando se pensa no inglês, um certo conjunto de qualidades imperiais vem-nos prontamente ao pensamento: a austeridade, o espírito de sacrifício, a tenacidade, a contenção, a urbanidade, o pudor. Pois o que uma peça como esta *Geração em Revolta* pretende denunciar, como um estúpido anacronismo histórico, é exatamente essa imagem odiosamente burguesa, confortável e convencional. A Inglaterra que John Osborne nos apresenta é feia, neurótica, pobre, decadente, sem distinção e sem crença. Parece que os "angry young men" não querem deixar passar sem réplica a idéia de que o Império Britânico está agonizando, mas, fora isso, tudo vai muito bem, obrigado.

John Osborne não se cansa de nos advertir que a sua peça é de alcance estritamente individual. Jimmy Porter não é uma abstração: é uma pessoa, um homem. Bastam os pormenores de sua infância para lhe dar uma fisionomia inconfundível, que os psicólogos, para não falar nos psicanalistas, não terão dificuldade em esmiuçar e dissecar ao infinito. Sadismo, masoquismo, narcisismo — procurando-se bem, encontrar-se-á tudo nele. Mas o que confere significação social à peça é outra coisa, é a fúria com que se lança contra as virtudes inglesas tradicionais. Não há nada menos britânico do que *selfpity*, a volúpia de acariciar o próprio sofrimento, a ânsia de se queixar, de se tornar o centro da comiseração universal. Ora, Jimmy Porter não se contenta em sofrer: precisa, ainda, exibir aos outros o seu tormento e a sua amargura como um mendigo expõe à caridade pública as suas chagas. Em contrapartida, não há nada tão inglês como o *understatement*, a arte de antes sugerir do que dizer, de manter as palavras sempre um pouco aquém do pensamento. Ora, *Geração em Revolta*, se é alguma coisa literariamente, será antes de mais nada um esplêndido exercício de retórica. Jimmy Porter não quer medir palavras, ser justo, exato, objetivo; quer ferir, agredir, quer vomitar, expelir de si — e sobre os outros — o desprezo e o ressentimento que lhe causam os últimos resquícios da era imperial. O seu verdadeiro inimigo é um inglês ideal (representado concretamente, ante seus olhos, por sua mulher) que ele não cessa de visar: o *gentleman*, o senhor bem-vestido, bem-educado, bem alimentado, cheio de boas intenções, que lê compungidamente o seu jornal enquanto parte da humanidade morre de desespero ou de fome. Não compreenderíamos a virulência e o sarcasmo da peça sem esse pano de fundo social, sem essa luta entre os bem-nascidos e os mal-nascidos que, na Inglaterra, parece ter ainda crescido de importância com o advento do socialismo e de uma relativa igualdade econômica. Jimmy Porter faz questão de ser o "cafajeste", o "cascagrossa". É a sua maneira de lutar, de afirmar a sua solidariedade com as classes de onde acaba de emergir.

Os "angry young men", como os *beatniks*, colocam-se fora da sociedade moderna. Cessam aqui as analogias, entretanto. Nos jovens rebeldes norte-americanos parece haver sempre uma disposição mística, anti-racionalista. Ou são indivíduos incapazes de traduzir em palavras as idéias, exprimindo-se através da ação, da violência sem objetivo, gênero James Dean, ou, quando intelectuais, buscam libertação e consolo *on the road*, nos entorpecentes, no jazz, nas filosofias orientais. O protagonista de John Osborne, ao contrário, é claramente um intelectual de esquerda. Não desperta dó porque sabe se defender e atacar com eficiência. Mas é um intelectual sem obra e um esquerdista sem causas políticas imediatas. O vazio que sente é em grande parte o vazio que o malogro moral do comunismo deixou no mundo moderno. Daí a sua completa frustração, não só individual, psicológica, mas coletiva. Para encher os longos domingos (a peça dá preferência a esse dia por excelência burguês), não lhe resta senão ler com furor os jornais e ofender os amigos. Entre uma coisa e outra, intercalam-se alguns rápidos e excitantes minutos de pura alegria, isto é, de intensa agitação física. Como as crianças — e por um pudor íntimo muito seu — Jimmy Porter só sabe manifestar o amor e a amizade por modos diretos e primitivos: a briga simulada, em que se gasta a agressividade e se reafirma a solidariedade masculina, e os jogos e as brincadeiras que precedem e estimulam o amor. O toque de infantilismo, tanto mais mórbido porque consciente, não será apenas uma forma de fuga como um derradeiro e frágil protesto. Numa sociedade inteiramente errada, a melhor solução pessoal ainda é brincar de coelhinho e ursinho. Sob os escombros das generosas ilusões políticas das décadas de vinte e de trinta, a única força em ascensão na arte de nossos dias parece ser o erotismo. Já que não podemos fazer revoluções perfeitas, *faisons l'amour*. Por esse lado, John Osborne, ainda que em outro nível intelectual, reencontra-se com Françoise Sagan e Brigitte Bardot. Não admira: são companheiros de geração.

Osborne deixa-se às vezes envolver emocionalmente pelos problemas de suas criaturas de ficção, perdendo a perspectiva e a clareza. Nem tudo o que pretende revelar sobre a solidão e o amor tem a mesma nitidez. O primeiro ato de sua peça é o melhor. Com a organização de um certo enredo, enfraquece-se um pouco a originalidade das cenas iniciais, em que não acontece nada, mas é extraordinária a sensação de vida. A força do texto, contudo, está menos na estrutura dramática, do que na descoberta de um novo tipo de personagem e de um novo tipo de diálogo, inteligente e provocante na sua total falta de inibição. Quebrando a placidez e a correção do teatro londrino, possibilitou o aparecimento de personalidades pouco convencionais como Brendan Behan e Shellagh Delaney. No momento, são os mal-educados que têm alguma coisa a dizer no teatro da Inglaterra.

A direção de Tony Richardson, que vimos em Nova York, tinha algumas sensíveis vantagens sobre a de Adolfo Celi que está no Teatro de Cultura Artística. Contava com atores de vinte e poucos anos, não só da mesma idade, mas do mesmo meio social e intelectual de onde saíram as personagens de John Osborne. A impressão de pobreza, a ausência de qualquer *glamour* teatral, era perfeita. A versão de Celi, menos inovadora, apoiando-se mais sobre os recursos tradicionais do palco, é, em compensação, mais vibrante, mais dramática e até mais engraçada.

Nydia Lícia não é atriz para este gênero de teatro. Tem algumas qualidades para o papel — a finura, a distinção, mas é tranqüila demais para estes frenéticos exercícios de flagelação e autoflagelação. Maria Fernanda apresenta esplendidamente as duas faces da personagem: aparentemente segura de si, a princípio, capaz de enfrentar Jimmy em pé de igualdade; a seguir, uma simples mulher que tem a honestidade de confessar sem retórica a sua derrota e a sua fraqueza.

Jardel Filho é uma surpresa como Jimmy. Não diríamos que um ator do seu porte atlético, da sua natural exuberância dramática, pudesse se introverter a esse ponto. Marca talvez com demasiada insistência o lado histérico e anormal do papel, aproximando-o do teatro de Strindberg (a mesma luta entre marido e mulher, a mesma atração e repulsão entre macho e fêmea), mas é inegável o brilho com que explora todos os aspectos do texto, da neurose ao escárnio.

Oswaldo Loureiro não se apaga tanto quanto devia, no papel do amigo que já parece fazer parte do mobiliário da casa, e Sady Cabral, o único que está realmente mau, sucumbe em cheio à mania de dignidade hierática que assalta todo ator brasileiro à simples idéia de interpretar um *gentleman* inglês. Se ele se limitasse a consultar a peça, lá encontraria o verdadeiro *gentleman*: talvez limitado pela educação, mas simples, natural, simpático. A *good chap*, em suma, com todas as virtudes de sua classe — e nem John Osborne cometeria a ingenuidade de só atribuir defeitos ao seu antagonista.

(1960)

47. Teatro de Vanguarda

Um homem é arremessado violentamente no palco. Cai, levanta-se, limpa a roupa, medita. Ouve um assobio à direita, fora de cena. Tenta escapar por esse lado, é repelido. Ouve um assobio à esquerda. Idêntica manobra, para a esquerda, com idêntico resultado. Do alto desce uma árvore. Senta-se à sua sombra. A copa da árvore fecha-se, a sombra desaparece. Surge uma garrafa de água, sustentada por uma corda. Assobio, de cima. O homem olha, vê a garrafa, procura apanhá-la: está fora do seu alcance. Descem dois cubos. Coloca um sobre o outro, vale-se deles como de uma plataforma, vai atingir a garrafa — mas esta eleva-se um pouquinho mais. Aparece uma corda, vários nós. Experimenta subir por ela. A corda é solta no ar, o homem cai. Levanta-se, limpa a roupa, medita. Com a corda, improvisa um laço. A garrafa some pelo alto. A árvore some. O cubo some. O laço some. O homem deita-se de costas. Contempla as mãos. A garrafa desce de novo. Desce mais, mais ainda, roça-lhe o rosto. O homem não se mexe. Assobio, de cima. O homem não se mexe. Contempla as mãos. Pano.

Essa breve sinopse, que está longe de reproduzir a riqueza de pormenores e de imaginação do original, não se refere a uma cruel experiência de psicologia, com um sádico fazendo as vezes de cientista e um pobre homem no lugar do clássico chimpanzé. É um ato de mímica, intitulado *Act without Words*. Mas para o seu autor, Samuel Beckett, significa evidentemente muito mais do que isso: seria a própria imagem da nossa condição terrena. O homem, não é preciso dizer, é o Homem. E o protagonista oculto, o que manobra os cordéis, o que assobia, divertindo-se à custa de nossos desastrados esforços e de nossas vãs esperanças? Será Deus? Não se trataria então da Divina Providência, mas daquele *malin génie* inventado num momento de malícia pelo espírito crítico de Descartes. E se não o for? Se Deus não existir? Se o assobio cósmico não tiver qualquer significação humana, nem mesmo essa de deliberada hostilidade? Os escritores ateus do século XIX eram ingênuos: não se davam conta de que espécie preciosa de segurança metafísica estavam se desfazendo. O Paraíso não existe, logo iremos construi-lo sobre a terra. Beckett, como Kafka, como Sartre e Camus, pertence a outra geração e a outro tipo de escritor: os que sentem a inexistência de Deus como a prova maior do absurdo da existência humana. Os homens, sem pontos de apoio fora de si mesmos, nem sempre constróem paraísos. Constróem também infernos — por exemplo o inferno de *Entre Quatro Paredes*.

Mas, do ponto de vista artístico, há infernos e infernos. O de Beckett, para o nosso gosto, tem o defeito de ser um tanto monótono. O diálogo de *Esperando Godot*, reduzido à essência, cifrava-se naquelas duas réplicas postas por Luis Carlos Maciel como epígrafe de um dos capítulos do seu ensaio "Samuel Beckett e a Solidão Humana": "— Que vamos fazer, então?" "— Nada." Mas esse nada metafísico traduzia-se, no palco, por uma linguagem teatral nova, curiosa, engraçada até, de uma eficiência direta e por assim dizer a-literária. Como comentou magistralmente Anouilh: *Les pensées*, de Pascal, interpretados pelos Irmãos Fratellini.

Fim de Jogo, a segunda peça do escritor irlandês, não consegue nos persuadir de que o nada seja um assunto inesgotável e que se possa repetir indefinidamente que não há nada a dizer. Não só as idéias centrais são as mesmas de *Esperando Godot,* mas os próprios símbolos tendem a se repisar. O mesmo lugar indeterminado. O mesmo tempo circular (a peça termina por onde começara). A mesma relação de interdependência entre patrão e empregado, mestre e escravo (Hamm e Clov). O mesmo vazio. A mesma solidão. A mesma falta de sentido ("All life long the same inanities"). As mesmas indagações e as mesmas respostas ("Ah the old questions, the old answers, there's nothing like them!").

Não admira que os elementos que fogem ao sistema sejam os mais interessantes. Beckett concede-nos que houve outrora uma época mais feliz. As pessoas amavam, noivavam, andavam de barco. Restam desse passado distante dois velhinhos, um homem e uma mulher, quase cegos, quase paralíticos, os dentes já caindo, guardados em duas latas de lixo. (O símbolo é atroz, mas tem a sua parte terrível de verdade.) Às vezes, os dois põem a cabeça para fora e comem biscoitos, trocam reminiscências, lembram-se do amor, da floresta, do céu, da terra (parece que havia tudo isso antigamente). Pois são esses resíduos de felicidade, esses resquícios servis de humanidade, que mais nos surpreendem e nos tocam. É que o desespero, como a alegria, alcança rapidamente o seu ponto de saturação. A própria negação absoluta, cultivada em excesso, de forma deliberada, começa a se organizar em rotina. E o bocejo, nem por ser artístico, deixa de ser altamente contagiante. Depois de quarenta minutos desta ausência de qualquer ato humano significativo — e a peça dura uma hora e quarenta — confessamos, com essa lealdade sem a qual não existe crítica, que cada vez que Hamm tomava do seu apito para chamar e dar ordens a Clov, só uma idéia maligna e irreverente nos vinha ao pensamento: por que ele não aproveita e não apita o *Fim de Jogo*?

Para essa impressão de aridez, de beco-sem-saída dramático, em nada contribuiu o espetáculo. Ao contrário, a encenação de Carlos Kroeber, um quase estreante recém-chegado do Teatro Universitário de Belo Horizonte, serviu para revelar ao público paulista um diretor dotado de poderosa imaginação teatral e de já excelente técnica. Que Paulo Autran — embora humanizando o papel — esteja muitíssimo bem, assim como Oswaldo Loureiro, não causa espanto: são atores experimentados. O que demonstra a capacidade de Kroeber, além da concepção geral do espetáculo, foi o tato com que dirigiu Renée Bell e Luiz Piccini na cena das latas de lixo, tirando todo o rendimento lírico e grotesco de um episódio que poderia ser apenas desagradável. Maria Bonomi desenhou o cenário e as roupas, sem cometer o erro de tantos pintores de sobrepor os valores plásticos aos dramáticos.

Hoje Comemos Rosas, peça que abriu o espetáculo de estréia do Teatro das Segundas-Feiras, é uma tentativa para transplantar ao Brasil o espírito e a técnica do teatro de vanguarda francês. Tentativa ingênua, a nosso ver, pois o que define a dramaturgia de um Ionesco ou de um Beckett é exatamente o desejo de escapar a qualquer influência, recriando o teatro a partir de zero. Do momento em que podemos filiar a peça a esta ou aquela linhagem — e em *Hoje Comemos Rosas* tais parentescos são evidentíssimos, não escapando a ninguém — já ela deixa de constituir aquela obra singular, única, irredutível, que deveria ser por definição. Paulo Autran, aliás, não tomou conhecimento das pretensões poéticas do texto, líricas e dramáticas, encenando-o como se fosse uma farsa particularmente amalucada, onde as personagens, imaginem, correm rosas! A nota dominante do espetáculo, se não nos enganamos, foi a complacência: complacência do autor consigo mesmo, querendo chegar sem esforço à extrema originalidade, complacência de Paulo Autran, não levando inteiramente a sério a peça; e complacência do público, divertindo-se com aquela brincadeira teatral que se supunha muito espirituosa e avançada. O oposto, em suma, do que imaginamos ser um teatro de vanguarda. *Fim de Jogo*, vindo a seguir, repôs as coisas em seus devidos termos.

Essa Noite Comemos Rosas foi interpretada por Carlos Kroeber, Nina Neri, Moná Delacy e Suzana Negri — a melhor dos quatro — com roupas e cenários também de Maria Bonomi.

(1960)

48. Eu Sou o Espetáculo

Há nove meses — mas não se trata do que o leitor está pensando — instalou-se num teatro da rua Consolação (antes um auditório de televisão, aliás, do que propriamente um teatro) um cômico de revista. O *show* que nos oferecia chamava-se *Eu Sou o Espetáculo*. E era isso mesmo: um homem pretendendo ser um espetáculo completo. Querendo que pagássemos o preço de todo um elenco, inclusive *girls*, para ver apenas ele. Ele cantando, ele dançando, ele fazendo números cômicos. Se o leitor nos permite um pormenor indiscreto, até o *striptease* não contava com ninguém mais a não ser ele mesmo, embora a sua plástica, manda a verdade que se diga, esteja longe de ser perfeita.

O extraordinário, entretanto, não é que alguém tenha tido semelhante topete: é que o espetáculo, decorrido tanto tempo, continue em cartaz, e com mais público do que nos meses iniciais. Dezenas de peças, de *shows*, de artistas, passaram por São Paulo. Só José Vasconcelos permanece, afirmando teimosamente, noite após noite, que ele é por si só um espetáculo. A crítica, por ocasião da estréia, não lhe deu importância. As colunas especializadas em noticiário teatral raríssimas vezes citam-lhe o nome. Não importa: a sua cumplicidade estabelece-se diretamente com o público, dispensando intermediários. O seu veículo publicitário, como amam dizer os técnicos, é o mais primitivo e poderoso de todos: a propaganda de boca, que caminha vagarosamente, mas não cessa de se estender em leque. Às vezes desce sobre o seu auditório uma celebridade internacional, contratada pela televisão. José

Vasconcelos cede-lhe a vez, por uma semana ou duas. Despachada a celebridade, ei-lo que retoma o seu lugar no palco, tranqüilo, seguro de si, certo de que o público nem deu pela interrupção. Não há, de resto, sinal nenhum de que a carreira do espetáculo esteja chegando ao fim. Talvez José Vasconcelos, com o tempo, transforme-se numa das particularidades da rua Consolação, como as "pizzarias" e o próprio cemitério que lhe dá o nome.

A crítica deve saber reconhecer as suas derrotas. É preciso dizer, honestamente, que o público, desde o início, é que estava com a razão. José Vasconcelos é mesmo engraçado, engraçadíssimo diríamos, se não temêssemos quebrar o decoro profissional. O que há nele de excepcional é a confluência feliz de várias qualidades. Existem, espalhados pelos nossos palcos, caras engraçadas, vozes engraçadas, corpos engraçados, aos quais não corresponde uma equivalente inteligência cômica. Ou vice-versa: pessoas espirituosas servidas por fisionomias que não o são. José Vasconcelos honra o senso de congruência da natureza. Não queremos ofendê-lo, mas é fato que quando aparece em cena, antes mesmo que abra a boca, sentimos já alguma vontade de rir. Ao verificarmos, a seguir, que as idéias e as palavras não são em geral menos cômicas do que a cara, não podemos deixar de nos regozijar com essa prova de sabedoria da criação. José Vasconcelos vence, inclusive, o mais difícil *test*: faz-nos sorrir até contando anedotas, mais ainda, até contando anedotas já conhecidas.

Eu Sou o Espetáculo é uma espécie de antologia, um resumo de tudo o que o ator realizou em quinze anos de vida profissional. Ele chega displicentemente ao palco, como se este fosse um camarim e, enquanto troca roupa, aprestando-se para um espetáculo imaginário, vai-nos rememorando, na maior intimidade, quase em família, as diversas fases da sua carreira, como se vê, não mais do que um pretexto para reunir, em duas horas de espetáculo, as suas melhores criações anteriores, desde o locutor esportivo gago até o toureiro espanhol que diz "Pelé" em vez de "Olé", desde o italiano ("metade de São Paulo descende de italiano, a outra metade é italiana") que assiste pela primeira vez uma partida de futebol até a descrição da fita de Gary Cooper ("trezentos índios na frente, trezentos índios atrás, trezentos índios à direita, trezentos índios à esquerda, a tela era panorâmica, quase não sobrou índio para as outras fitas da semana!").

Cada ator cômico apóia-se sobre uma qualidade mestra. Em José Vasconcelos é a imitação, sobretudo a imitação vocal. Foi por aí que começou, contrafazendo locutores famosos — e ainda hoje, sob uma ou outra forma, é esse o seu prato de resistência. Emprega com habilidade qualquer recurso cômico, vai com igual desembaraço do trocadilho malfeito (não há nada mais horrível do que o trocadilho parnasiano, que realmente dá certo) à mímica corporal, chega até as bordas do *nonsense*, mas quase sempre sem se afastar por muito tempo do microfone, valendo-se de preferência do seu imenso repertório de timbres e sotaques. Quando passeia por outros países, levando-nos à Espanha, a Portugal, à Alemanha, não diz propriamente nada de original (como certos humoristas superiores seriam capazes de fazer), ficando nas generalidades, nas imagens familiares e convencionais — mas com que perfeição de ouvido ele apanha e reproduz cada minúcia de inflexão e empostação vocal!

A sua comicidade não tem, portanto, altas ambições: é fácil, acessível, fazendo questão de ser compreendida de imediato por qualquer público. Sem sairmos da própria revista brasileira, é menos ousada e pessoal, por exemplo, menos tocada pelo desvario, que a de Dercy Gonçalves, nos seus momentos, é verdade que raros, de verdadeira inspiração. Mas José Vasconcelos ganha dos outros cômicos brasileiros pela variedade de recursos e pela qualidade da execução.

Apenas num ponto, em *Eu Sou o Espetáculo*, parece-nos ter falhado por completo o seu sentido do ritmo e o seu instinto teatral: na longa imitação de Maurice Chevalier, que nem ao menos tem a justificativa de estar bem realizada. A imitação, num espetáculo desta ordem, só poderá servir como ponto de partida para a sátira: o que nos obriga a rir não é o retrato, mas a caricatura. Repetindo de princípio a fim a canção *Vieux Cabot*, exatamente como ela é, sem qualquer distorção crítica, José Vasconcelos consegue persuadir-nos apenas de uma coisa: que não é mesmo Maurice Chevalier.

Eu Sou o Espetáculo, como dissemos, aproveita quinze anos de vida profissional. Mas não nos parece isso um defeito. O nosso teatro está cheio de exemplos da falha oposta, de autores e atores que não sabem explorar e aprofundar as boas idéias que têm. José Vasconcelos vem repetindo os seus números, mas repetindo sempre para melhor. Lembra, a esse respeito, certos cômicos antigos, um Petrolini, um Grock, que levavam toda uma existência aperfeiçoando alguns poucos tipos e situações. (A televisão, ao contrário, tende ao consumo rápido e ao desperdício. A experiência norte-americana provou que não há artista cômico que resista ao regime de um novo espetáculo cada semana. Dentro de um ou dois anos advém, para o público, o cansaço, e, para o intérprete, o esgotamento.)

Em compensação, as próprias proporções deste seu êxito atual, atingindo praticamente a totalidade do público que ele pode almejar, irão obrigá-lo a trocar drasticamente de repertório. O que também não nos parece um mal: é inegável que parte do seu espetáculo já principia a envelhecer aqui e ali. Muitos locutores visados por ele não têm mais a antiga popularidade (ou não será o rádio, todo ele, que perdeu a importância?), assim como os artistas de cinema de sua predileção, para efeitos ele sátira, começam a se encaminhar melancolicamente para a aposentadoria. Cada um de nós, é sabido, reflete com maior brilho e entusiasmo o mundo tal como o conheceu no deslumbramento dos vinte anos. Mas as platéias não são saudosistas porque não cessam de se rejuvenescer. Se José Vasconcelos quer manter vivo o diálogo com o público necessita atualizar dia a dia o seu material, neste terreno de referências a pessoas conhecidas. Serão porventura os ridículos de 1960 menos ridículos que os de 1940 e 1950?

(1960)

49. Esses Maridos!!!

A comédia de George Axelrod é uma espécie de sonho de uma noite de verão de um marido nova-iorquino.

O título original, *The Seven Year Itch* (*A Comichão do Sétimo Ano*) refere-se aos pruridos de infidelidade que costumam acometer gravemente o sexo forte após alguns anos de perfeita felicidade conjugal. E a sua tradução brasileira, *Esses maridos!!!*, sem nada dizer de preciso, deixa subentender, com uma mal disfarçada ponta de orgulho masculino, que, qual, nós homens somos mesmo incorrigíveis!

Mas, em verdade, quem de nós, por santo que seja, teria a coragem de atirar a primeira pedra sobre Jack Sherman? Imaginem um pobre marido abandonado em Nova York, longe da mulher e dos filhos, sem saber com que e com quem encher as longas noites de verão, privado desses quadros familiares que nos obrigam a nos manter dentro da mais estrita ordem domiciliar. Imaginem ainda que ele enfrente essa idade indefinível que se chama idade madura, começando a notar, com alguma apreensão, que a sua cara esposa e os seus amigos mais chegados principiam a revelar os primeiros indícios de envelhecimento (ainda bem que ele está tão moço e conservado!). Imaginem agora que no apartamento ao lado vem instalar-se uma moça de 22 anos, modelo profissional, dessas que já receberam por assim dizer do berço os benefícios de uma educação livre dos horrorosos preconceitos do século XIX. Imaginem mais: que entre um apartamento e outro há uma comunicação secreta, como nos bons romances policiais, um alçapão que foge à vigilância e à bisbilhotice da vizinhança. Imaginem — mas não é preciso imaginar mais nada. O autor imaginou tudo por nós, com essa liberdade de iniciativa, essa facilidade de movimentos, que é um dos mais invejáveis privilégios da obra de ficção.

A primeira qualidade da comédia de Axelrod é, portanto, essa: não nos empenha e compromete, não tem o peso dos fatos vividos mas a leveza das coisas apenas imaginadas. O adultério — mas o adultério perfeito, com que sonham os maridos tímidos, sem luta, sem conquista, sem gastos, sem aborrecimentos, sem amolações sentimentais e sem conseqüências. Nem remorsos propriamente há: como poderia haver, em semelhantes circunstâncias? Não prova o desfecho que uma aventura inocente como essa serve sobretudo para reforçar a santa instituição do casamento, lançando o marido nos braços da esposa com redobrado ardor? (A peça deixa de esclarecer se também a esposa tem o direito de fortalecer dessa maneira os laços conjugais: não chegamos a sair da moral burguesa.)

O que interessa a Axelrod não é a realidade. Não é propriamente o que acontece, mas o que vem antes e depois, o diálogo sempre renovado entre a imaginação de Jack Sherman, pronta a disparar ao menor estímulo, e os seus escrúpulos morais de marido domesticado e feliz. A maioria das cenas não passa de uma conversa do herói com os seus botões (como diziam os romancistas de outrora), ou melhor, de uma vivíssima discussão, porque os botões, nesta peça, falam com inesperada eloqüência. Jack não cessa de se projetar em diferentes personalidades ideais, enxergando-se numa variedade de papéis simpáticos à sua vaidade de homem: *mauvais garçon*, estapeando ("plá-plá bem na cara") a mulher que acaba de abandonar; virtuose do piano, fascinando a vítima indefesa através do sortilégio da música — e assim por diante.

Paulo Autran faz o papel com o senso de humor que esperamos dele. Começa retomando os pequenos vícios, o fumo, a bebida (é possível deixar de beber e de fumar num apartamento vazio?) e termina aprendendo, aliás com o maior proveito, que as tentações da carne, como nos advertem gravemente os moralistas, nunca vêm só. Paulo está igualmente à vontade na premeditação do crime — música em surdina, luz de *abat-jour*, garrafas de *whisky* colocadas em pontos estratégicos, almofadas sabiamente jogadas pelo chão — ou, ao contrário, submetido ao pânico, entregue aos horrores da consciência conjugal culpada.

Na perspectiva essencialmente masculina que é a da peça, a mulher entra como uma presença carnal destituída de perplexidade. Não que "a pequena" (ela não chega a ter nome) seja estúpida, embora, evidentemente, a inteligência e a cultura não constituam o seu forte. Mas não se trata disso. Ela, em contraposição a Jack Sherman, limita-se a viver, sem se martirizar com problemas teóricos. As suas amigas, estudantes de teatro, estão sempre discutindo "o grande dilema": que deveriam fazer se algum empresário oferecesse um bom papel em troca das concessões de praxe? Para ela, a questão, como toda questão de princípio, não tem sentido: é claro que tudo depende da simpatia do empresário e da importância do papel. É nessa linha de espontaneidade e realismo feminino, nem moral, nem imoral, que Tônia Carrero a interpreta, com muitíssima graça e encanto, sem carregar na caricatura.

As outras personagens pouco existem. Só temos tempo de notar que o temperamento dramático de Margarida Rey não se presta a estas inconseqüências e que Mario Barra (Tom Mackenzie, e suposto rival) não está por enquanto à altura de contracenar com os seus colegas de elenco. Já Carlos Kroeber, o médico psicanalista (figura quase tão obrigatória nas comédias americanas modernas quanto os militares nas de Labiche), surpreende agradavelmente, apesar de sua inexperiência e da dicção algo defeituosa, provando que é também ator, e não apenas o magnífico diretor que vimos em *Fim de Jogo*.

Toda a arte da espirituosa direção de Adolfo Celi consistiu em equilibrar com delicadeza os pratos da balança, achando o ponto exato de eqüidistância entre a comédia e a farsa, entre a naturalidade e a paródia, entre o que poderia ter acontecido e o que de, fato acontece.

Não há quem, a sós consigo, não deixe trabalhar ocasionalmente a fantasia. O achado de George Axelrod foi ter conferido consistência a um desses devaneios típicos, conservando, ao mesmo tempo, uma certa malícia de tom que nos põe de sobre-aviso, fazendo-nos ver que nada daquilo é propriamente real. Uma brincadeira, em suma, mas com aquele substrato, de verdade necessário para prender as personagens à terra firme, mantendo o contato com a nossa vida de todos os dias. Não admira que a peça haja feito rir tanto o público de estréia, no Teatro Bela Vista: que marido, que mulher, não se reconhecerá, ao menos em parte, em Jack Sherman?

Não se conclua daí que *Esses Maridos!!!* seja obra originalíssima: mesmo dentro dos seus despretenciosos limites, observamos às vezes, em certas repetições e exageros, o cansaço do autor a tentar preencher honestamente os seus três atos. O que ela demonstra, antes de mais nada, é que com um pouco de observação e um pouco de imaginação, pode-se escrever uma boa comédia praticamente sobre coisa nenhuma. Ninguém ignora o que *Esses Maridos!!!* nos diz: o difícil é extrair desses pobres e conhecidos elementos uma peça que nos faça verdadeiramente rir.

(1960)

50. O Pagador de Promessas

René Clair escreveu que se pode narrar em cinco linhas o enredo das boas fitas. A peça que está no Teatro Brasileiro de Comédia é uma dessas histórias nítidas e diretas. Um pobre homem do interior da Bahia faz uma promessa: carregar uma cruz até o altar de Santa Bárbara. O vigário da igreja, entretanto, nega-se a recebê-lo: a promessa, ainda que com a melhor das intenções, fora feita num terreiro de macumba. O homem teima, exaspera-se, intervém a polícia, o jornalismo, a política — e ele acaba sendo morto. Entra na igreja, mas não carregando a cruz: estendido sobre ela.

Dias Gomes, no programa, adverte-nos de que o drama é um protesto contra todas as formas de intolerância, e não apenas a religiosa. É o autor quem o escreve, não seremos nós a contraditá-lo. Mas parece-nos que existem outros ângulos sob os quais considerar a peça.

Alarguemos, para começar, a perspectiva. Zé do Burro, o pagador de promessas, não entra em choque somente contra a Igreja. É toda a cidade de Salvador, com as suas prostitutas e os seus rufiões, os seus jornalistas e os seus negociantes interesseiros, os seus delegados e os seus padres bem-falantes, que ele tem imensa dificuldade já não diremos de aceitar, mas de compreender. Uma das cenas mais engraçadas e efetivas da peça é aquela em que o jornalista, entrevistando-o, vai traduzindo em termos de "manchetes" as suas declarações. Zé do Burro dividiu parte do sítio entre os amigos que passavam fome? Então, é contra o latifúndio, contra a exploração do homem pelo homem, a favor da reforma agrária. O que nos faz sorrir vão é só o vocabulário político do momento, mas a impressão que temos de incongruência, de que estas idéias teóricas não representam os verdadeiros motivos que conduzem Zé do Burro. Raciocinar, em termos universais e abstratos, não é a sua especialidade. Ele apenas sente, intui. O sítio, os amigos, o próprio burro a que o liga uma amizade por assim dizer fraterna (sem qualquer ironia), são, para ele, realidades vivas, concretas, emocionais, imediatas. Ora, os homens da cidade, jogando com conceitos, pensam e falam em outra linguagem. É isto, em primeiro lugar (veremos a seguir que há ainda uma segunda razão), que o torna inteiramente impermeável aos raciocínios do Vigário, tentando demonstrar-lhe que há promessas e promessas, promessas boas e promessas más, promessas católicas e promessas não-católicas. Por momentos ele se deixa embair pela dialética do adversário, mas acaba sempre desconfiando da lógica como de alguma coisa que está fora de sua compreensão, um truque, um artifício. Volta assim, com uma espécie de obstinação animal, às suas verdades intuitivas, fundadas na afetividade, vendo no caso da promessa, a pureza de propósitos e não as imperfeições da forma.

Um conflito como este pode ser encarado por duas faces. Por um lado, não se discute, como deixa entrever Dias Gomes, que um pouco de simples humanidade, de compreensão psicológica, por parte dos representantes da Igreja, teria ajudado a contornar a questão. Por outro, todavia, o que sobressai, como elemento dramático, é menos a intolerância do que a desoladora distância que separa, no Brasil, gente rica e gente pobre, gente da cidade e gente do campo. Não queremos empregar a palavra mágica "alienação", que vem ultimamente servindo de diagnóstico e panacéia para todas as nossas enfermidades políticas e artísticas (basta pronunciá-la e o mal fica logo esconjurado); é inegável, porém, que *O Pagador de Promessas* oferece um impressionante e fiel testemunho da falta de integração das camadas rurais em nossa vida de civilizados. Zé do Burro, para todos os efeitos, não pertence ao nosso universo. Entre ele e nós, quase não há diálogo possível: quando condescendemos em dirigir-lhe a palavra, não é de homem para homem, como deveria ser, mas de pai para filho, de adulto para criança. Esse parece-nos ser o sentido político da peça.

Por sob este plano social, contudo, há outro, mais profundo, puramente humano. Note-se que a Igreja não deixa de ter razão. Do ponto de vista católico, o sincretismo, a mistura com outras religiões, é inadmissível. Além disso, o Monsenhor, superior hierárquico chamado para dirimir a disputa, está pronto a fazer concessões, a oferecer soluções conciliatórias. Zé do Burro é que as repele. Para ele, no seu apego às realidades humanas elementares e no seu desprezo ao formalismo, uma promessa é uma promessa, em qualquer circunstância. Disse altar de Santa Bárbara — e não arreda um passo dessa posição inicial. Se pensarmos bem, talvez ele, em fins de conta, seja o intransigente, o fanático, o intolerante, não os homens da cidade, acostumados a ceder e a negociar. Por debaixo de sua bondade, de sua paciência, de sua humildade, afirma-se um poder de convicção, uma certeza íntima, duros como a rocha. Não adianta discutir, argumentar, porque ele não ouve senão a sua voz interior, dispondo-se a não pactuar, em hipótese alguma, com o que lhe parece ser o mal. Daí o seu caráter messiânico, reformador, apreendido imediatamente pelos circunstantes. Zé do Burro não pretende fazer revolução, nem compreende o que isto seja, mas propõe, diretamente, pelo exemplo, métodos revolucionários. Nesse sentido, ele é não só o Inocente, o Justo, o Bom. É também o Irredutível, o Rebelde, que tem de ser morto e crucificado para que a sociedade continue a funcionar dentro do seu sistema de compromissos recíprocos. A sua morte, longe de ser um acidente, comove-nos por sua estrita necessidade, por seu caráter de purgação do Bem. O pagador de promessas pagou finalmente a sua promessa, depositando a cruz, embora por mãos alheias, junto ao altar de Santa Bárbara.

A nós, espectadores, consola-nos pensar que das duas intransigências, a sua foi a mais forte, vencendo a da Igreja e a dos homens.

* * *

O Pagador de Promessas, sucedendo a *Gimba*, já nos permite fixar algumas das características de Flávio Rangel como encenador. A sua primeira virtude é saber enxergar o espetáculo como um todo. Ele não vê a palavra impressa, mas a representação, incluindo-se nela os elementos mímicos e musicais (com preferência pela música popular autêntica) que servem para completar e prolongar o alcance do texto. Daí o prazer sensorial, por assim dizer físico, que este seu espetáculo nos proporciona. Não aludimos apenas ao cenário de Cyro Del Nero, que recria no palco do Teatro Brasileiro de Comédia, agora remodelado e aumentado, o pitoresco encanto das praças e ladeiras de Salvador, com o seu colorido especial, as suas fileiras de janelonas coloniais, os seus telhados superpostos e as suas inumeráveis torres de igreja. Referimo-nos também à facilidade com que Flávio Rangel enche a cena e preenche os vazios da peça, fazendo circular à volta das personagens uma curiosa fauna humana que, além de animar a representação, relembra constantemente a presença da cidade, ligando a história a uma determinada realidade social. Em contrapartida, ele já não cai, como caía às vezes em *Gimba*, no meramente ornamental. Os capoeiras (um dos quais tem o sugestivo nome de "Manoelzinho sua mãe"), os cantadores e dançadores de Santa Bárbara, as devotas, os basbaques, integram-se na ação, só vindo ao primeiro plano quando a natureza do enredo o exige. São eles, com os seus fluxos e refluxos, com as suas entradas e saídas de cena, que marcam o ritmo, concentrando ou dispersando a nossa atenção, marcando os instantes de repouso ou de excitação coletiva. A acuidade rítmica de Flávio Rangel, o uso que faz do espaço e do tempo cênico, parece-nos sem falhas. A peça, assim amparada, vive, respira, retesa-se, empenha-se, descansa, luta, sempre com um perfeito sentido de organicidade.

Duas cenas, se não nos enganamos, são menos felizes: o longo diálogo inicial de Zé do Burro com o Padre, demasiado extático, revelando e não disfarçando a índole apenas expositiva de quase todo este primeiro ato, e o episódio do assassínio, ocorrido no centro de uma espécie de redemoinho popular, sem a nitidez das outras marcações. Flávio Rangel quis com isso simbolizar que Zé do Burro é assassinado não por este ou aquele indivíduo, mas por toda a cidade de Salvador. A idéia, contudo, já estava expressa, senão no texto ao menos nas suas entrelinhas, não precisando de ser reforçada por um mero artifício de encenação.

Quanto às personagens, poderíamos dividi-las em duas categorias. Zé do Burro e Rosa têm o pudor, a canhestrice, a dificuldade de gestos e de palavras das pessoas do campo. Os outros, habitantes da cidade, exibem vários graus de desembaraço, da simples desenvoltura ao cinismo. Forma-se dessa maneira um quadro social de grande vivacidade e brilho que põe ainda mais em relevo a simplicidade e sinceridade dos dois protagonistas.

Leonardo Vilar está tão comovente e humano como em *Panorama Visto da Ponte*. Não nos dá a impressão de virtuosismo, de técnica, e sim de profunda interiorização. Não é fácil parecer bom em cena: percebemos, com facilidade, a contrafacção. Leonardo Vilar não só retrata com tocante veracidade a inocência, mas o faz sem emprestar-lhe nada de edulcorado ou de piegas. É um homem comum, rude, bronco, impulsivo — mas integralmente justo. Nathália Timberg, como Rosa, despiu-se de tudo quanto constitui a mulher civilizada, que ela é em alto grau, para encontrar no fundo de si mesma um lastro primitivo de humanidade que lhe permitiu irmanar-se com a pobre e desnorteada mulher do povo que representa.

Flávio Rangel poderia talvez ter encontrado uma linha mais racional para a prostituta — prostituta de cidade pequena, tão mais familiar, apesar de tudo, que as das grandes cidades — mas o defeito não chega a ser notado devido ao, vigor, que Cleyde Yáconis imprime ao seu desempenho.

Já Mauricio Nabuco só poderia ser brasileiro: não é o *caften* internacional, mas o nosso malandro, ainda com alguns resquícios de amadorismo, de rapaz simpático e sem escrúpulos. Stênio Garcia é um "guarda-civil" maneiroso, de bigodinho, gentil, sem nada de marcial, sem tentar impor uma autoridade na qual ninguém acredita, a principiar por ele mesmo.

Haveria ainda muitos elogios a fazer porque uma das qualidades de Flávio Rangel, compartilhada por outros jovens encenadores nacionais, é saber descobrir, nem sempre entre atores conhecidos, o intérprete apropriado para cada papel. Destacaríamos Jorge Chaia, divertido Dedé Cospe Rima, poeta como o nome indica; Altamiro Martins, repetindo para melhor o "repórter" sensacionalista que fizera em *Gimba*; Elísio de Albuquerque, Padre Olavo; Jacyra Sampaio, Minha Tia, isto é, tia de todos nós, ou pelo menos de toda a população pobre da cidade de Salvador; e Jean Thurret, Mestre Coca, bailarino e ator cheio de espontaneidade animal.

Talvez seja possível classificar as peças, a exemplo das pessoas, em introvertidas e extrovertidas. Introvertida, voltada para dentro da personagem, à procura de uma obscura e difícil verdade interior, seria, por exemplo, grande parte da obra de Jorge Andrade. *O Pagador de Promessas*, como *Gimba*, fornece-nos o exemplo contrário, do texto que deseja expandir-se e comunicar-se. Foi o que Flávio Rangel compreendeu admiravelmente, buscando sempre o contato franco entre platéia e palco, não hesitando inclusive, em aproveitar a lição de Jean Vilar ao fazer os atores descerem ocasionalmente ao proscênio e enfrentarem, cara a cara, o verdadeiro interlocutor neste gênero de peça e de espetáculo: o público.

(1960)

51. Exercício para Cinco Dedos

O engano de Ziembinski, em *Exercício para Cinco Dedos*, merece ser comentado com alguma minúcia porque é um exemplo clássico de erro de direção.

Não se encena uma peça sem analisá-la, sem ler nas entrelinhas, sem descer aos motivos tantas vezes obscuros que realmente movem as personagens, sem revirar o texto pelo avesso para examinar as costuras. Não quer isto dizer, entretanto, que se devam exibir em cena estas costuras e não a superfície lisa e brilhante que o autor escolheu para mostrar ao público. Ora, Ziembinski, sabendo de antemão aonde irá chegar a peça, começou de certo modo pelo fim.

Exercício para Cinco Dedos, e é esta a sua originalidade, inicia-se quase como uma comédia e termina quase como um drama. É o que dizem os seus próprios editores, na orelha da versão inglesa original: "Mr. Shaffer has really used against itself the convention of the English week-end play". Em outros termos, e para tomar pontos de referência conhecidos, se as primeiras cenas da peça poderiam sem muita dificuldade ter nascido da pena de um Noel Coward, inclusive pela presteza com que as personagens se lançam na representação de papéis simulados, as últimas lembrariam antes o "nó de víboras" do título famoso de Mauriac. Este amadurecimento dramático e este progressivo aprofundamento psicológico são fundamentais para caracterizar o ritmo de crescimento da representação. Tornando logo de entrada a atmosfera quase irrespirável, sobrecarregando de início o desenho, Ziembinski não só impediu que a tensão progredisse como tirou grande parte do prazer da surpresa reservada a nós, espectadores.

Um exemplo, entre muitos, elucidará o que pretendemos dizer. Há provavelmente qualquer coisa de escuso, de sentimento que não ousa dizer o seu nome, no apego e no ciúme que Clive demonstra por Walter. Embora nada esteja bem-estabelecido, de acordo com essa arte do *understatement* tão tipicamente inglesa, é lícito suspeitar-se que a angústia dele repousa, em última análise, sobre um fundo de indeterminação sexual. Mas daí não se pode, a título de interpretação ou esclarecimento, concluir, como Ziembinski o fez, dissipando, pela marcação, pelos gestos e olhares trocados entre os dois rapazes, qualquer dúvida a respeito. Não se pode, bem-entendido, por motivos estéticos e não éticos, porque o uso de meias-tintas foi o processo artístico escolhido deliberadamente pelo autor.

A conseqüência é que a peça, perdendo a sua ambigüidade e a sua delicadeza, perde também o seu relativo interesse. Com os traços acentuados, as personagens já não têm simpatia e "charme". Quanto a nós, tendo de escolher entre duas diferentes espécies de tolice — de um lado, a tolice grosseirona do pai, de outro, a tolice pretensiosa da mãe e a tolice petulante do filho — acabamos por não optar por lado nenhum. Não compreendemos, em suma, nesta versão da Companhia Brasileira de Comédia, a própria essência da peça: qual a graça que aquela família inglesa e aquele emigrante alemão acham um no outro. Ficamos conhecendo à farta as razões que afastam as personagens entre si, mas não as que, apesar de tudo, as aproximam.

Em *The Voice of the Turtle*, Van Druten imaginava uma famosa professora de teatro russa que timbrava em procurar "o outro lado" de cada personagem: em Lady Macbeth, por exemplo, realçava de preferência o aspecto inocente e infantil. Não diremos que a idéia não tenha os seus inconvenientes, mas, neste espetáculo, talvez pudesse ser aplicada com algum proveito, tornando o pai um pouco menos sorumbático e agressivo, o filho um pouco menos arrogante, a mãe um pouco menos superficial etc. Talvez até terminássemos descobrindo que a solidão de cada um é sublinhada não por impulsos egoístas, mas, exatamente ao contrário, pelos malogrados e penosos esforços de compreensão recíproca.

O drama não é que o pai não ame o filho e vice-versa. É que ambos tentem desesperadamente uma aproximação e que essa aproximação nunca seja alcançado por inabilidade, por falta de equilíbrio e de segurança interior, de ambas as partes. Os homens são como são; mas gostariam de não o ser — eis as duas pontas, necessariamente óbvias, da antítese sobre a qual Peter Shaffer construiu a sua peça.

Quando a direção não acerta nos dados básicos, é difícil que os atores consigam salvar-se isoladamente. O mais persuasivo de todos, no espetáculo que está no Teatro da Federação, ainda é o próprio

Ziembinski, cuja personagem, em meio a tantas simplificações, possui sobre as outras ao menos a vantagem do bom senso, alegando uma série de sólidas razões burguesas que não temos qualquer dificuldade em compreender. O seu ar de desgosto perante o esteticismo do filho e as intrujices da esposa é das poucas coisas engraçadas e vivas que nos ficam da representação. Rubens de Falco, em sensível progresso nas cenas de simples naturalidade, não chega a convencer como intelectual angustiado, mal servido, aliás, pelo texto, que parece confundir inteligência e afetação. Dina Lisboa dá a personagem pela metade, antes pelos defeitos do que pelas qualidades. A Raul Cortez, como o alemãozinho que é o a gente catalítico do drama, coube a tarefa mais difícil: não fazer nada, não dizer nada que não seja da mais estrita insignificância, e exercer, apesar disso, um estranho fascínio sobre ambos os sexos. Não será maldade de nossa parte verificar que o intérprete ficou mais na primeira parte, deixando de sugerir que há uma tremenda riqueza interior escondida sob a pseudobanalidade. Dalia Palma repete uma adolescente convencional de palco, sem compreender que o ator deve saber tudo a respeito de como se interpreta usualmente determinado papel — mas para fazer diferente.

E a peça? É do tipo ninguém compreende ninguém: pai não compreende filho; filho não compreende pai; mulher não compreende marido; marido não compreende mulher etc., etc. Talvez tudo isto seja verdade — mas já não terá o teatro moderno, nas águas de Tchékhov, usado e abusado de semelhantes temas? Tudo o que Peter Shaffer diz, autores norte-americanos como Tennessee Williams já o disseram dezenas de vezes, e com outro vigor, lirismo e ousadia. Não se pode, contudo, negar ao autor certa habilidade técnica ao entretecer a ação, insinuando uma profundidade psicológica que as personagens realmente não têm. Compreende-se, em suma, que, representada excepcionalmente bem, a peça haja encontrado público numeroso e entusiasta na Inglaterra e nos Estados Unidos. O que já não se compreende com tanta facilidade são os elogios que alguns críticos de respeito lhe dispensaram. Não terão percebido eles que se a manufatura é competente — nada mais do que isso — o material é praticamente todo ele de segunda mão?

A nossa impressão, de resto, é que também em Ziembinski o texto não encontrou plena ressonância. Veja-se, como prova, a conclusão final de suas considerações impressas no programa: "Sem querer sintetizar, acho que *Exercício para Cinco Dedos* é uma boa peça, com um rico material para espetáculo e ótimas oportunidades para os atores. É afinal do que vive o teatro e é, parece-me, do que gosta o público". Ou muito nos enganamos ou não é essa propriamente a linguagem do entusiasmo. Querendo ser um elogio, as palavras soam antes como uma defesa, uma autojustificação.

Poderíamos, pois, explicar as deficiências da encenação por um certo cansaço de Ziembinski, cansaço de exigir dos atores aquele enorme esforço de vontade sem o qual não se sai do ramerrão, e cansaço, acima de tudo, em relação às limitações e servidões do teatro comercial.

Essa imagem de um Ziembinski resignado, aceitando sem contestar as verdades da bilheteria ("é afinal do que vive o teatro e é, parece-me, do que gosta o público") talvez não choque as gerações mais novas. Mas é intolerável para quem viu brotar do seu entusiasmo, da sua intransigência, do seu altíssimo padrão de repertório, todo o teatro brasileiro moderno. O lugar de Ziembinski, bem o sabemos, não é este atual. Ele só poderá estar, de coração, onde sempre esteve, entre os mais jovens e os mais ousados.

(1960)

52. Boca de Ouro

Não vemos bem o motivo que levou Nelson Rodrigues a reproduzir em *Boca de Ouro* o processo narrativo de *Rashomon*. Claro está que qualquer técnica artística, uma vez descoberta, cai em domínio público. Mas, no caso da fita japonesa, tratava-se menos de uma técnica do que de um achado — e os achados perdem por completo a graça com a repetição. Além disso, em *Rashomon*, as três narrações divergentes do mesmo fato eram feitas, sucessivamente, pelos três protagonistas: a mulher, o marido e o bandido que os ataca na floresta. Justificava-se assim a diversidade de perspectivas, pondo em destaque o que há de controvertido e dúbio na conduta humana, sobretudo quando interpretada por olhos alheios. Quem será capaz de estabelecer a fronteira exata entre a coragem e a prudência, e entre esta e a covardia? Uma mulher que irá ser violentada pode, por momentos, desejar obscuramente que isso aconteça? Esse jogo de sombras psicológicas, casando-se com o jogo de luz e trevas observado na folhagem das árvores, fazia o encanto peculiar do filme japonês. Ora, na "tragédia carioca" de Nelson Rodrigues, é a mesma pessoa, testemunha e não protagonista do crime, que nos fornece as três versões contraditórias. Parece que com isso quis o autor significar, como ele mesmo indica numa das rubricas do terceiro ato, que a sua personagem principal "pertence muito mais a uma mitologia suburbana do que à realidade normal da Zona Norte".

Mas só poderíamos falar em mitologia com alguma propriedade, se as narrativas diversas procedessem de fontes também diversas.

Como é sempre D. Guigui, ex-amante de Boca de Ouro, que se vai desdizendo e contradizendo de ato para ato, e não apenas nas implicações psicológicas, mas quanto aos próprios fatos, que se alteram radicalmente de versão para versão, as únicas conclusões que podemos tirar referem-se à própria D. Guigui, à sua instabilidade, à sua fantasia, à sua facilidade em desfigurar a realidade sob o impacto emocional do momento. Boca de Ouro (como, de resto, as outras personagens, com exceção da narradora) permanece dessa maneira fora do nosso alcance, fora do nosso campo de conhecimento, sem se tornar, com isso, uma figura verdadeiramente mítica, ou seja, trabalhada e idealizada pela imaginação coletiva. Como se vê, o processo não tem a justificação e a riqueza psicológica que revelava em *Rashomon*, passando a ser, acima de tudo, um truque de enredo, um expediente mais ou menos hábil para renovar o interesse.

Estas objeções, contudo, nascem *a posteriori*, quando se procura pensar a peça em sua totalidade. Se a realidade cênica imediata tivesse força suficiente para nos cativar, talvez não lhe atribuíssemos tanta importância. A falha mais grave de *Boca de Ouro* é não saber precisamente o que fazer com as suas três versões. A primeira — a menos interessante — é propositadamente melodramática, carregada. A segunda inocenta Boca de Ouro. A terceira volta a incriminá-lo, agora com maior veemência. Mas a perspectiva do autor não tem essa mesma nitidez: qual a parte de verdade e qual a parte de estilização em cada episódio? A deformação violenta é apenas o produto do amor ou do ódio momentâneo de D. Guigui ou uma aproximação mítica da realidade? Onde termina a paródia e onde começa o drama? Nelson Rodrigues parece ter querido jogar com todas as cartas ao mesmo tempo, resultando daí um estranho paradoxo: a peça é clara em suas partes e confusa na soma final. Seguimos com atenção, não há dúvida, o desenrolar do entrecho, porque os fatos são jogados brutalmente perante nós, porque não há qualquer substrato psicológico que pese sobre a ação, retardando-lhe o livre curso. A peça flui com extrema rapidez (lê-se cada ato em vinte minutos), os diálogos são diretos, sumários, teatrais — mas para exprimir, fundamentalmente, o que? Sente-se, por parte do autor, não só o conhecimento, mas uma simpatia muito acentuada pelas personalidades de exceção, pelo cafajeste, pelo suburbano, mas sem que esses elementos, que brilham intensamente em algumas tiradas de humor negro, em certas imagens cênicas poderosas e cruéis, se articulem numa visão global do subúrbio carioca. Sob este aspecto, *A Falecida*, embora também não se completando, era certamente melhor sucedida.

O espetáculo da Companhia Brasileira de Comédia não consegue ser tão carioca quanto o texto. Ziembinski viveu longos anos no Rio, sabe perfeitamente como interpretar o papel. Mas este conhecimento intelectual, baseado na observação, não supre certa vivência que dificilmente se adquire a não ser na infância. Nelson Rodrigues descreve Boca de Ouro como um "Rasputin suburbano". O Rasputin, o lado maligno, fantástico, vulgarmente sensual, está sugerido com exatidão por Ziembinki. Mas falta-lhe o contrapeso, a graça suburbana autêntica, a pseudobonacheirice do malandro nacional, do herói de Madureira. A mesma coisa se repete, em grau maior ou menor, com as demais personagens. Raramente, por exemplo, a gíria parece brotar espontaneamente, sem qualquer traço de autoconsciência.

Seu Agenor e D. Guigui, encarnações populares da Zona Norte, teriam de ser quase personagens de teatro de revista (não é difícil imaginar Silva Filho no primeiro papel, uma Alda Garrido mais moça no segundo). Floramy Pinheiro, sem ser exatamente o tipo, sai-se bem, ao passo que Raul Cortez procura em vão um ponto de contato entre a sua experiência pessoal, de rapaz rico, e esse senhor de meia idade de Madureira.

Dalia Palma e Rubens de Falco estão melhor, na medida em que os seus dois papéis — Celeste e Leleco — dependem menos do colorido local, sendo, como são, antes dramáticos do que característicos.

Bons, os figurantes relacionados com a vida do jornal e do rádio, embora sem fugir aos clichês habituais, salientando-se particularmente Ronaldo Daniel (Caveirinha) e Cesar Brasil, este numa precisa e engraçada sátira aos locutores do nosso rádio. As grã-finas (Celia Helena, Margarida Cardoso e Flora Basaglia) viram-se prejudicadas pela linha pesada, caricatural, que Ziembinski deu à cena. Celia Helena volta no terceiro ato, ainda como a "1ª grã-fina", mas com outra finura de desempenho.

Se o espetáculo não convence por completo, entretanto, culpa não cabe ao elenco, todo ele em nível satisfatório, em grande progresso com referência aos espetáculos anteriores da companhia, mas ao desenho geral da encenação de Ziembinski, que nunca soube encontrar o termo ideal entre a farsa e a tragédia, entre a naturalidade e a estilização, entre o mito e a realidade suburbana carioca.

Os cenários de Gianni Ratto, com aquela sutileza de colorido tipicamente italiano, poderiam ser mais simples, não sobrecarregando tanto o pequeno palco do Teatro da Federação.

Quanto à peça, para voltar a ela pela última vez, o seu principal motivo de interesse talvez esteja no que nos revela sobre o seu autor. *Boca de Ouro*, vindo depois de *Vestido de Noiva*, de *Anjo Negro*, de *Álbum de Família*, de *Senhora dos Afogados*, representa, com *A Falecida*, um processo de readaptação à realidade. Apóia-se, como as outras, sobre a violência, a extorsão, o assassínio — porém, sem denunciar, na escolha dos pormenores, aquela antiga revulsão, aquele nojo menos pelo homem, como indivíduo, do que pela nossa baixa condição terrena. Aproximando-se dos cinqüenta anos, Nelson Rodrigues aparece-nos, se não sereno, pelo menos um pouco mais apaziguado interiormente.

(1960)

53. O Prodígio do Mundo Ocidental

O Prodígio do Mundo Ocidental é uma peça tão estranha quanto o seu longo título, tão desconcertante quanto a própria Irlanda. É *O Rei Édipo* às avessas: não a tragédia, mas a comédia do parricídio (e por momentos, no terceiro ato, chega a ser até a farsa do pai que se recusa a morrer: por mais que se lhe fenda a cabeça a golpes de enxada, ele teima em reviver, mais vociferante e insensato do que nunca). Mas não se conclua daí que o humor da peça seja negro, se entendermos por isso a graça sofisticada e intelectualizada de certa comicidade moderna, de que o *sick joke* norte-americano é a derradeira amostra. J. M. Synge mostra-nos os camponeses da Irlanda e esses homens primitivos podem ter todos os defeitos, podem beber, mentir, matar, mas não são secos de coração.

O crime de que Christy Mahon se torna o herói, a princípio timidamente, sem o querer, sem saber que extraordinária proeza acabara de realizar, é tomado, pelos que o escutam, acima de tudo como uma história maravilhosa, selvagem, testemunha dos prodígios de que a terra está cheia: a história de um homem tão agreste, tão pleno de força vital, que é capaz de matar o próprio pai (símbolo primeiro da autoridade, acrescentariam os psicanalistas). Mas quando este reaparece e a façanha é repetida — ou ao menos assim se julga — a poucos passos de distância, à vista de todos, a perspectiva já é outra, patenteando-se a imensa diferença que há entre o sucedido e o narrado, entre a realidade e a ficção.

O que transfigura poeticamente o crime é a lenda que à borda dele se tece. Até os facínoras dão origem a fábulas e poemas populares, como sabem os cantadores do Nordeste. A força da imaginação, eis o que a peça põe em evidência.

Christy Mahon é um pobre coitado, enquanto se enxerga através dos olhos do pai, que não vê nele senão o fraco, o covarde, o imprestável. A atmosfera cálida de admiração que o seu gesto provoca, torna-o outra pessoa, Vêm à tona, insuspeitados de todos e dele mesmo, as suas admiráveis virtualidades, a destreza física, a coragem, a paixão, o vigor animal, o espírito de rebeldia, o dom artístico, a capacidade de tocar e transformar a realidade mesquinha com o poder mágico da palavra. Ao fechar-se o pano, consumou-se a metamorfose: agora ele é, realmente, o prodígio do mundo ocidental. Na obediência que o pai finalmente lhe presta, temeroso e encantado afirma-se o sentido da sua nova e esplêndida virilidade: o pátrio poder passou de mãos. Acabou-se a adolescência, incerta, desconfiada de si mesma, começa a idade adulta, a vida de aventuras que durará até "a aurora do Juízo Final".

O parricídio, que afinal não houve, se nos faz sorrir, nada tem de doentio, de desagradavelmente engraçado, porque, desde as primeiras cenas, jamais deixou de ser encarado pelos circunstantes como um signo e não como um fato. O humor de Synge não é negro, mas rubro, violento, e pejado de surpresas como o das melhores farsas líricas irlandesas.

Pode-se fazer restrições ao espetáculo do Teatro do Rio — esta, como se sabe, é um pouco a ingrata função da crítica. Mas para ter-se esse direito, será necessário deixar antes bem claro que o espetáculo, todas as considerações somadas, é um êxito quase completo: uma boa versão de uma peça dificílima. Uma peça antes citada do que verdadeiramente conhecida, antes admirada do que representada com freqüência.

Os pontos de partida para o diretor foram o cenário e os figurinos de Anísio Medeiros, ambos excelentes, aquele simples, neutro, estes, ao contrário, vivos, coloridos, exuberantes, à altura de um país paradoxal, pobre e perdulário, escasso em bens materiais e generoso em substância humana, onde até os funerais são comemorados com ruidosas bebedeiras.

O trabalho de encenação tem o seu ponto forte na movimentação cênica, sempre imaginosa. Ivan de Albuquerque — que é também ótimo ator, fazendo com muita graça o medroso Shawn Keogh — domina com igual proficiência os dois pólos opostos: a marcação verista, que nos mantém em contato com a realidade e nos faz conhecer a vida de todos os dias (Pegeen Mike, como boa dona de casa que é, não cessa de trabalhar) e a marcação puramente dramática, puramente expressiva, como na magnífica cena em que Christy se vai exaltando, ao rememorar o seu crime. Por vezes, esta facilidade em jogar com os atores no palco é levada longe demais. Especialmente no primeiro ato, percebemos não raro a mão do diretor, agrupando os atores, ordenando o movimento. Mas, enfim, trata-se, como se vê, do exagero de uma qualidade. A atmosfera da peça, entre o grotesco e o lírico, mas sem perder de vista os costumes irlandeses que Synge deseja retratar, está perfeitamente captada.

Do elenco, é justo dizer-se que mesmo em seus traços ainda amadorísticos, liga-se ao melhor teatro amador, aquele que sabe com exatidão como a peça é e como deve ser interpretada. Antes isso, do que o profissionalismo destituído desta compreensão literária profunda.

Rubens Correa tem a característica essencial do papel: qualquer coisa de singular, de exótico, que pode sugerir uma personalidade incomum como a de Christy Mahon. Parece-nos que está melhor nas cenas de expansão, de euforia, e relativamente menos persuasivo em sua humildade inicial.

Aurora Aboim contribui com a sua longa experiência de palco, infinitamente maior do que a de seus jovens colegas, e Germano Filho consegue, o que não é fácil, convencer-nos da existência real daquele extraordinário pai, nascido unicamente para espancar ou para ser espancado. Marcos Miranda e Edson Batista, e ainda mais o primeiro do que o segundo, possuem o *physique du rôle*: parecem irlandeses. Com um pouco de esforço, não é difícil imaginá-los tomando uma cervejinha com Barry Fitzgerald.

Os mais fracos são Nilo Parente, o pai de Pegeen, e a própria Pegeen, interpretada por Thelma Reston com excessiva dureza, sem quaisquer meios-tons. Pegeen, não obstante a sua energia e os seus repentes de humor, é a única capaz de acompanhar Christy em seus vôos poéticos e retóricos, coisa que o desempenho demasiado terra-a-terra da atriz quase não nos deixa entrever.

Ivan de Albuquerque, se saísse de cena e visse de fora o espetáculo, talvez pudesse, de resto, abrandar e melhorar a dicção dos atores, suavizando e colorindo melhor a parte falada.

O Teatro do Rio, em suma, fez a sua parte. Vamos ver agora se o público fará a sua, que também requer gosto e imaginação. As palavras empregadas com maior ênfase no texto de Synge são maravilha, selvageria, portento, e outras de igual natureza, Quem gosta de frutos acres, quem não teme o grotesco e o insólito psicológico, não deverá perder *O Prodígio de Mundo Ocidental*.

(1960)

54. As Feiticeiras de Salém

Não estranhem os leitores, se começamos polemicamente: é a própria direção de Antunes Filho, também ela deliberadamente polêmica, que a isso nos convida.

As nossas objeções, para falar a verdade, começaram antes mesmo de abrir-se o pano, ao lermos no programa as considerações que o encenador fez sobre Proctor e Hale, personagens que, não obstante os seus defeitos como homens, são afinal de contas os dois heróis de *As Feiticeiras de Salém*: o primeiro, por não abdicar de sua consciência moral em face da pressão coletiva; o segundo, por exercer o seu desagradável ofício inquisitorial com perfeita probidade de pensamento. Antunes Filho argumenta, contra os dois, que

> uma situação revolucionária como a de Salém jamais se resolveria, entre nós, através de comportamento como o de Proctor, simples expressão de um complexo de culpa, nem tampouco como a atitude do Reverendo Hale, tão interessado em manter o regime quanto em fazer justiça em Salém. Em outras palavras se há crise na democracia brasileira, não se trata de fenômeno conjuntural, que suponha revisão, mas sim de uma crise de estrutura, necessitando sua solução de movimentos que exprimam uma vontade popular e atuante.

Esta conclusão decorre de uma meditação "sobre nossa realidade de País insuficientemente desenvolvido, com metade da população analfabeta, com as disparidades regionais de padrão de vida, com instituições que funcionam muito pouco e que já não respondem às necessidades do nosso povo" etc.

Não vamos discutir aqui tais idéias políticas, se estão certas ou erradas — mas que é que o nosso subdesenvolvimento tem de ver com o drama de Arthur Miller? Qual o nexo entre uma coisa e outra, entre a situação econômica do Brasil atual e as agitações religiosas que ocorreram na cidade norte-americana de Salém em fins do século XVIII? Para começar pelo princípio, em que sentido se pode dizer que a peça trata de "uma situação revolucionária"? No sentido marxista, de desigualdade econômica que conduz à luta de classe? Mas onde estão, no drama de Miller, essa desigualdade e essa luta?

Diríamos, ao contrário, que o texto norte-americano defende a posição liberal clássica, ou seja, a inviolabilidade da consciência individual. O que surpreendeu Arthur Miller no "macartismo", inspirador longínquo da peça, foi o domínio que a consciência social é capaz de exercer sobre o indivíduo, nos momentos de histeria coletiva. É ele mesmo que o diz, no Prefácio de suas *Collected Plays*:

> Acima de tudo, acima de todos os homens, vi admitida a noção de que a consciência já não era um assunto privado, mas sim da competência do Estado. Vi homens entregando a sua consciência a outros homens, e agradecendo-lhes pela oportunidade de assim poderem fazer.

A "caça às feiticeiras" (em outras circunstâncias poderia ser a caça aos judeus) é um fenômeno de purgação coletiva. De um lado, há, ou pode haver, má fé. Interesses contrariados, rancores pessoais, ressentimentos, explodem sob a forma de acusações políticas ou religiosas. É a oportunidade, consciente ou inconsciente, de ajustar contas. De outro lado, entretanto, vê-se não raro uma estranha aceitação de faltas imaginárias, uma vontade de confessar-se em público, que só se explica pelo profundo senso de culpa que há em todos nós, e ainda mais nas sociedades de tipo puritano. Uma vez posto em ação, ninguém consegue deter o mecanismo inquisitorial, enquanto não se esgotar o seu impulso.

O espantoso, portanto, é menos a perseguição em si do que o fato de que ela crie mitos, fantasmagorias, que acabam por assumir ares de verdade inconteste, exceto para alguns. O diabo — isto é, as feiticeiras — funcionam assim como bode expiatório de todas as culpas, reais ou fictícias, do grupo: materializamos o mal, encarnamos o inimigo em determinadas pessoas, e purificamo-nos, ao sacrificá-las. O processo é universal, não estando ligado a este ou aquele regime político. Veja-se novamente o que Miller escreveu, a propósito da luta entre capitalismo e comunismo: "Nos países de ideologia comunista, qualquer resistência de certa importância é relacionada com os Sucubos Capitalistas, totalmente malignos; e nos Estados Unidos todo homem cujo pensamento não é reacionário arrisca-se a ser denunciado como aliado do Inferno Vermelho". (Talvez Miller não escrevesse, hoje, exatamente as mesmas palavras: a situação, apenas deste ponto de vista, parece ter melhorado. A Guerra Fria, prolongando-se, afrouxou um pouco a tensão de ambos os lados. Mas Fidel Castro não cessa de acender fogueiras e esconjurar demônios...)

Estamos longe, pois, já não diremos do Brasil e do seu subdesenvolvimento, mas de qualquer "situação revolucionária", no sentido que havíamos definido. Para um marxista, os incidentes de Salém — pelo menos como Miller os enxerga — não foram além da superfície, dizendo respeito somente à burguesia. Não alterando os quadros econômicos, pouco modificaram na verdade. E foi sobre o liberalismo e o individualismo, poderosamente reafirmados no episódio, que se assentou e floresceu a sociedade capitalista norte-americana.

Por que então Antunes Filho, com as preocupações políticas evidenciadas no programa, escolheu precisamente esse texto? Para desmenti-lo? Para demonstrar que Hale e Proctor não são os heróis que o autor imagina? Tratar-se-á de uma encenação contra, e não a favor?

A verdade parece-nos ser outra. Antunes Filho escolheu *As Feiticeiras de Salém* por um motivo simples, mas que ele não deseja confessar nem a si mesmo: porque é uma boa peça, porque funciona teatralmente. Satisfez dessa forma metade de sua consciência — a metade estética, que o tornou homem de teatro. Restava a outra metade, a metade política. Esta, aplaca-se com notas no programa e alguns toques especiais de direção, inspirados, se possível, por Brecht. Claro está que o compromisso desagrada a ambas as partes. A política, porque não é o suficiente; ao teatro, porque é demais.

A questão, como se vê, tem importância teórica e prática, interessando não apenas ao presente espetáculo, mas à própria carreira do encenador. Se Antunes Filho decidir — sem se deixar levar pelas correntes do momento, pelo que os outros esperam dele — que a sua vocação política não é menos exigente que a teatral, que não aceite mais dirigir peças com as quais não esteja inteiramente de acordo. Se as suas preocupações voltam-se irresistivelmente para o analfabetismo e o subdesenvolvimento brasileiro, escolha originais que tratem especificamente desses problemas. Mas se a peça for estrangeira e apolítica, deixe o Brasil e a política de lado, por um momento, sem remorso ou constrangimento. O primeiro dever de lealdade do encenador é sempre para com o autor e para com a peça, exceto casos excepcionalíssimos de encenações didáticas ou satíricas.

Começamos finalmente a respirar: livramo-nos da polêmica! Sem ela, entretanto, não saberíamos como começar, posto que tais premissas teóricas não podem deixar de se refletir no palco, inclinando o espetáculo em determinada direção. Livres agora dessa carga teórica, podemos dedicar a nossa próxima crônica ao que verdadeiramente importa: a peça e a representação.

* * *

As Feiticeiras de Salém foi profusamente comentada por Arthur Miller no Prefácio às suas *Collected Plays* e também no próprio texto da peça. Cada vez que entra em cena uma personagem de certa importância — Parris, Thomas Putnam, Proctor, Rebecca Nurse, John Hale — Miller se detém e traça-lhe a fisionomia em duas ou três páginas densas de explicações históricas. Não se trata, como é freqüente, de descrições físicas e psicológicas, destinadas a guiar o ator e o encenador, mas de verdadeiros esboços biográficos.

A razão disso é óbvia: os processos de Salém existiram na realidade, não são produto de fantasia. Lidando com os documentos da época, mas valendo-se igualmente de sua intuição de ficcionista, Miller procurou adivinhar e reconstituir as razões íntimas que teriam orientado neste ou naquele sentido a ação de cada participante do drama. Assim, Parris é apresentado como um eterno descontente, movido sempre pela mania de perseguição, Putnam como um aproveitador, Hale como um especialista em demonologia, cioso dos seus conhecimentos como todo especialista etc. O que essas notas suplementares nos oferecem, portanto, são por assim dizer as fichas de trabalho do historiador, aquilo que não chegou a ser aproveitado pelo dramaturgo, o ponto de partida e ao mesmo tempo a justificação histórica da peça.

Mas é possível que haja, por parte de Miller, outra razão, o sentimento mais ou menos obscuro de que o texto escrito não esgotava a rica matéria sugerida por suas reflexões. A complexidade e diversidade de motivos que a peça deseja abarcar — motivos psicológicos, conscientes e inconscientes, motivos econômicos, motivos morais, motivos políticos — dificilmente caberiam nas simples dimensões do palco, requerendo antes a amplitude do romance. Daí essa solução de texto completado por notas, intermediária de certa forma entre uma coisa e outra. Podemos analisar ao infinito *A Morte do Caixeiro-Viajante*, mas será sempre um comentário a partir do que foi expressa pelo diálogo: a peça, como todas as obras teatrais integralmente realizadas, começa e termina no palco. Com *As Feiticeiras de Salém* acontece quase o contrário: a tentação, freqüentemente, é deixarmos o texto cênico de lado e embrenharmo-nos por uma das várias vias de pensamento indicada por Arthur Miller em seus comentários marginais. A peça, em suma, parece mais pobre do que a massa de reflexões que lhe deu origem.

Esta insuficiência, devida em parte ao próprio teatro, ainda mais se acentuou porque Arthur Miller não soube abandonar a tempo o realismo. Sartre, por exemplo, não hesita em pôr na boca das personagens tudo o que deseja exprimir, sabendo, como sabe, que no palco nada existe a não ser através do diálogo. Miller, ainda preso às convenções da dramaturgia norte-americana, não admitiu que as personagens pudessem ser conscientes de seus propósitos a ponto de expressá-los com clareza. Ele mesmo, aliás, no referido Prefácio, aborda com grande lucidez a questão, dizendo que se tivesse de reescrever a peça o faria inclinando-a ainda mais para a franca discussão de idéias: "mas, nesse caso, a forma realista e o estilo da peça teriam de ser abandonados". E cita o exemplo de Brecht, embora para não aceitá-lo inteiramente. *As Feiticeiras de Salém* fica, pois, a meio caminho entre duas tendências: na qualidade de peça de idéias, perde tempo demais com pormenores individuais; e na qualidade de drama psicológico, corre o risco de parecer abstrato, construído sobre esquemas intelectuais, como de fato pareceu à quase totalidade da crítica de seu país.

É curioso que Antunes Filho haja sentido a tentação de continuar do ponto onde Miller parou. O espetáculo do Pequeno Teatro de Comédia procura imprimir proporções épicas, brechtianas, ao original norte-americano, pondo em destaque sempre que possível, a presença da cidade de Salém, a ação da coletividade. A sua representação volta-se para fora, para a sociedade, para o mundo exterior, ao passo que o texto volta-se para dentro, para a cogitação psicológica e moral, para a verdade interior. É o próprio Miller quem estabelece com nitidez e distinção:

> Em qualquer fenômeno coletivo — escreveu ele — o número de personagens de importância vital, ainda que não decisiva, é tão grande que torna extremamente difícil a solução dos problemas dramáticos. A princípio, julguei que seria melhor considerar a cidade de um ponto de vista impressionista, formando através de um mosaico de cenas desconexas um contexto de causas e efeitos. Teria feito isto não fora de natureza interior, psicológica, e não social, o impulso que me levou a escrever; dizia ele respeito à culpa já existente em Salém, que a história libertou mas não deu nascimento. Conseqüentemente, a estrutura da peça reflete tal idéia, centrando-se sobre John Proctor, Elizabeth e Abigail.

Neste sentido, a versão do Teatro Nacional da Bélgica, que também vimos em São Paulo, austera, ascética, interiorizada, estava muito mais próxima do espírito do original do que os movimentos de massa de Antunes Filho. O público aplaudiu na noite de estréia o coro dos prisioneiros e a descida das grades da prisão — como se aplaude um feito esportivo, uma façanha difícil de realizar, mas a verdade é que estas complicações cênicas nada têm de ver com a peça que Arthur Miller escreveu (e nem mesmo com Brecht, já que estamos com a mão na massa, o qual, como homem de teatro, nunca desprezou as soluções econômicas e funcionais).

Além disso, o recurso a um elenco numeroso é sempre precário no Brasil, fazendo o espetáculo escorregar para o amadorismo, impressão ainda reforçada, em *As Feiticeiras de Salém*, pelas vozes enrouquecidas, forçadas para o grave, que as personagens se acharam na obrigação de empregar, e pelo entusiasmo com que o maquiador se atirou ao seu mister, não deixando ninguém com o rosto que Deus lhe deu: ou cabeças glabras, sem um fio, ou vastas barbas e cabeleiras revoltas. Sabemos que o intuito desta distorção de timbres e fisionomias foi dar materialidade, consistência física, ao drama psicológico, localizando historicamente os acontecimentos. Mas a realização contentou-se com os aspectos mais aparentes e superficiais — um pouco como Belmonte imaginava os nossos bandeirantes... O fato é que nem Miller estava interessado em retratar a época histórica, nem o sentimento de rudeza, de ambiente rústico e primitivo, é dado por vozes e semblantes convulsos.

Em tal contexto, não admira que as personagens mais simples se hajam salientado. É o caso de Léa Surian, Elizabeth Proctor cheia de dignidade, e de Dina Lisboa (Rebecca Nurse). Mauro Mendonça (Proctor) é um ator em evolução, que está passando do registro cômico para o dramático, dos papéis ligeiros para os graves: vai melhorando de interpretação a interpretação, mas sem convencer inteiramente, sem nos persuadir de todo que a sua maneira natural de ser é aquela mesma. Marcus Vinicius, desservido por uma maquiagem que desmente o caráter da personagem, aparece com destaque como o Reverendo Hale; Felipe Carone (Reverendo Parris) e Paul Hatheyer (Danforth) saem-se regularmente. Outros bons desempenhos são os de Glória Menezes (Abigail Williams), Miriam Mehler (Mary Warren) e Jacyra Sampaio (Tituba). Como se vê, os papéis principais estão bem, de modo geral; os secundários, é que nem sempre se mostram à altura. Excelente cenário de Maria Bonomi, se excetuarmos as complicações do terceiro ato, a que já nos referimos.

As direções anteriores de Antunes Filho, antes do seu estágio de muitos meses na Itália, indicavam um artesão e um admirador do teatro dos Estados Unidos. Esta admiração parece ter-se mitigado: Antunes ainda encena textos norte-americanos, mas o faz segundo princípios estéticos que lhe são adversos. Quanto ao primeiro ponto, a principal novidade que se nota em *As Feiticeiras de Salém* é o desejo de superar o simples artesanato, de contribuir com uma interpretação pessoal para o espetáculo, a vontade de se empenhar social e politicamente. Mas as idéias, neste seu primeiro ensaio de teatro ideológico, antes o atrapalharam do que o favoreceram. Encenar uma peça — se não estamos enganados — é descobrir o que ela tem de próprio, de intransferível; não é contrapor sobre o texto uma teoria dramática tomada de empréstimo a outro autor, por mais admirável que este seja, ainda que se chame Bertolt Brecht.

(1960)

55. Em Moeda Corrente no País

O que se deveria pagar *Em Moeda Corrente no País* é um suborno no valor de alguns milhões de cruzeiros, para encobrir uma sonegação de imposto fiscal. Ninguém alegará que o problema não diga respeito ao Brasil. O nosso brutal crescimento não se está realizando sem quebrar uma série de amarras e entraves morais. É um fato histórico que os períodos de expansão não favorecem os escrupulosos. A honestidade, como norma social, parece ser um luxo das épocas e das sociedades estáveis. A corrida industrial, como tudo na vida, tem o seu preço, que é preciso pagar. Ao enriquecimento ilícito, ao roubo, sob todas suas formas, eufêmicas ou não, corresponde um surgir constante de indústrias, um real progresso econômico do País. Uma coisa valerá a outra? É a pergunta que se fazem diariamente milhares de brasileiros, desde que o subdesenvolvimento passou a ser a vergonha e o pecado público número um. E é também a pergunta que se faz melancolicamente o herói da nova peça de Abílio Pereira de Almeida, depois de ter recusado o suborno, sem que com isso o negócio se tenha deixado de efetuar.

Para que a questão fosse tratada com certa amplitude seria necessário pôr em cena pessoas capazes de discutir o desenvolvimentismo e o moralismo que, como se sabe, são no momento as grandes teses antagônicas da vida política brasileira. Mas Abílio, ao escolher personagens medíocres, colocou-se antes no plano psicológico do que no político — ou num meio-termo entre os dois. A sua melhor personagem não é o subornador, nem o candidato ao suborno, mas a mulher deste.

Para ela, os milhões prometidos não representam somente uma casa melhor, uma empregada melhor, um bairro melhor etc. Significam a reabilitação social, a passagem de uma classe para outra, a compensação por todas as humilhações sofridas. O dinheiro já não é apenas ele mesmo: é o símbolo do triunfo, o valor moral por excelência, aquilo que dá ao indivíduo a certeza de que não é um joão-ninguém, de que a sua vida não foi vivida em vão. Nada disto é expresso no diálogo — e seria mau que o fosse — mas fica extremamente claro através da psicologia da personagem, composta essencialmente de ressentimento e frustração. O teatro moderno está cheio de neuróticas. Mas a neurótica da peça é diferente, sem imaginação e cultura, dessas que vão à feira em vez de ir ao psicanalista. A cena em que ela se ajoelha e pede ao marido pelo amor de Deus que aceite o dinheiro é atroz e pungente: nem sequer temos vontade de censurá-la, de tal maneira compreendemos a importância daqueles milhões para o seu equilíbrio íntimo. A personagem é individualizada, sem nada de simbólico, mas, apesar disso, não podemos deixar de reconhecer, com um vago mal-estar, que o seu gesto é a representação extrema de uma tentação comum a todos nós.

As cenas seguintes não mantêm o mesmo nível: o que resta para o terceiro ato são os rescaldos da combustão do segundo. Dispondo-se a discutir os acontecimentos passados, a peça não o faz com igual intensidade dramática. Ainda aqui, entretanto, surge uma invenção interessante: inverter os termos, psicologicamente. Ambos os protagonistas do suborno — o que aceitou e o que não aceitou — estão insatisfeitos consigo próprios. No fundo da honestidade do primeiro, há uma sombra amarga de dúvida, sobre se terá algum sentido o sacrifício isolado, sem qualquer conseqüência prática e repercussão social; e na desonestidade confessada do segundo reponta um sentimento muito vivo de admiração pelo outro. O safado percebe confusamente que alguém precisa assumir a idéia da honestidade, para salvaguardá-la, ainda que num gesto puramente inútil.

Em Moeda Corrente no País é menos séria do que estes comentários teóricos dão a entender. As intenções são essas, não há dúvida, mas o tom é diverso, entre o cômico e o dramático, lembrando às vezes a nossa antiga comédia de costumes. Não está isenta, aliás, de concessões ao público, como a personagem que só fala através de provérbios (*trouvaille* aproveitada por Artur Azevedo, em *Amor por Anexis*, há mais de cem anos), ou o excessivo pitoresco da figura da empregada. O quadro geral da ação também não prima pela sutileza: Abílio vê o mundo em preto e branco, bons e maus, honestos e desonestos, quando as nuances é que são difíceis de discernir e pintar.

Mas não seria justo insistir nos defeitos, uma vez que o texto chama a atenção sobretudo por desvincular-se da linha de sensacionalismo que Abílio vinha adotando. O seu desejo, desta vez, foi o de tratar um problema social e humano, com uma unidade de propósito que se reflete até na fatura: pela primeira vez conseguiu ele escrever uma peça com apenas cinco personagens e um só cenário. A ação flui naturalmente, dispensando o recheio, os efeitos teatrais. Há cenas excelentes, notações psicológicas exatas, e o diálogo usa sem abusar a expressividade das frases feitas, das locuções comuns.

Acrescente-se, ainda, que a peça beneficiou-se de uma atuação excepcional de Cacilda Becker: sem ela, talvez o texto não parecesse ter, por momentos, tanta autenticidade. Walmor Chagas está bom, melhor nos instantes de timidez do que nos de expansão, nos quais lhe parece faltar alguma coisa. Freddi Kleeman livra-se bem dos seus inúmeros provérbios e Alzira Cunha faz a irmã com emoção e senso de medida. A empregada espevitada é Kleber Macedo, eficiente dentro da linha de farsa brasileira, habitual e convencional nos papéis de criadinha. O público ri constantemente — mas acreditamos que não riria menos, e de outra espécie de riso, se o papel tivesse sido feito a sério, como os outros. Mas, quem eleva extraordinariamente o nível da representação, tornamos a repetir, é Cacilda Becker, com aquela sua perspicácia psicológica e aquele seu arrebatamento interior. É uma rajada de humanidade crua, todas as vezes em que entra em cena.

Abílio Pereira de Almeida declarou que não escreveu *Em Moeda Corrente no País* com o objetivo de ganhar dinheiro. Ainda assim, cremos que a peça permanecerá meses em cartaz no Teatro da Federação. Pelo menos, tem tudo para isso. Não é, de maneira alguma, original; mas trata com força, com graça e algumas vezes com surpreendente tato psicológico, alguns dos principais lugares-comuns da vida brasileira atual.

(1960)

56. Um Elefante no Caos

Um Elefante no Caos chamava-se *Porque me Ufano do meu País* — e não se pense que o título primitivo tivesse apenas um sentido irônico. É verdade, como a peça nos conta, que o nosso regime político tropeça às vezes em botas militares, como é verdade que as torneiras de Copacabana não costumam propriamente jorrar água. Mas tudo isso tem menos importância: Millôr Fernandes pertence a uma geração que aprendeu a ter paciência com o Brasil, a amá-lo e admirá-lo não "por causa de" mas "apesar de". Já não negamos os nossos defeitos, corremos mesmo a apontá-los antes que os estrangeiros o façam, mas nem por isso deixamos de perceber que há um jeito (não chega a ser sistema) brasileiro de viver que é o único com o qual nos sentimos à vontade. O estilo da peça é o dessas conversas em que só falamos mal do Brasil, como se essa própria preocupação conosco mesmos já não escondesse uma ponta de prazer narcísico. Concordamos em que cada parcela da nossa vida nacional, analisada separadamente, não vale grande coisa; mas a soma total, não se sabe bem como, parece uma verdadeira gostosura, para empregar um termo caro a Mário de Andrade, mestre da brasilidade desabusada. *Um Elefante no Caos*, à sua maneira, é um hino de amor ao Brasil. Hino às avessas, bem entendido, de ironista profissional, mas hino, de qualquer forma. Millôr Fernandes ama não as qualidades e sim os defeitos brasileiros: ama o "herói sem nenhum caráter" que é o herói da peça ("mistura de talento e ignorância como jamais se viu outra igual"), ama os incêndios que lavram há seis meses porque no momento decisivo sempre falta água (o Congresso Nacional já está tornando providências e em breve o Banco do Brasil concederá as cambiais necessárias à importação do material apropriado), ama o jogo do bicho, a impontualidade, os apartamentos sem luz — e ama, principalmente, a praia e o mar, essa liberdade vagabunda, essa disposição de abandonar tudo e ir para casa descansar, sem a qual a vida carioca não seria suportável.

É curioso, nesse sentido, o contraste entre São Paulo e Rio. A nossa graça (veja-se um humorista popular de talento como Arapuã) quer não levar nada a sério, mas acaba sempre falando no preço da carne e na carestia da vida. A graça carioca, ao contrário, a todo momento escapa à realidade e foge para o absurdo, seja nos desenhos humorísticos das revistas de grande circulação, seja na fantasia por vezes quase surrealista dos seus melhores cronistas. Há uma irresponsabilidade geral que, longe de ser o pior defeito, é a melhor qualidade poética da cidade. *Um Elefante no Caos* obedece a essa mesma inspiração. Quando Millôr Fernandes deseja nos fazer pensar, não é de todo feliz, porque os seus alvos são fáceis demais: o Correio Nacional, por exemplo, ou o tipo de burrice peculiar ao Partido Comunista Brasileiro ("nós, do partido, procuramos sempre fazer as coisas pelo processo mais difícil"). Julgada por este lado, a comédia não tem a penetração, a percuciência, de *Revolução na América do Sul*, modelo de farsa empenhada politicamente. Mas, para felicidade da peça e nossa, a ação logo escorrega desse plano e cai em pleno arbítrio, transportando-nos para um país mítico onde, por exemplo, todos os extremistas vestem-se de negro e trazem longas barbas judaicas. A sátira transforma-se a meio caminho em conto de fadas, a que não falta nem a inevitável cadeia de coincidências desatando o nó do enredo: Rosa emprega-se por acaso no apartamento de Paulo, a quem procurara inutilmente durante meses, e, por falar nisso, quem é o pai dela se não o próprio Glicério, famoso comunista profissional? As soluções caem do céu com a maior desfaçatez e, para culminar, ainda dá o elefante ao fechar do pano, para que a fortuna venha premiar indevidamente o amor e a imprevidência nacional.

A direção de Egídio Eccio tem a grande sabedoria de deixar a peça falar por si mesma, com a sua mistura de cotidiano e absurdo, de realismo menor e irrealidade. Somente a entrada da polícia pareceu-nos desequilibrada, resvalando para a pesada pantomima circense, talvez porque os atores fossem tão primários.

Sebastião Campos enfrenta uma tarefa dificílima para nós paulistas: parecer carioca. A sua interpretação não deixa dúvida quanto ao seu talento, ainda em expansão, mas falta-lhe alguma coisa, essa irreprimível autenticidade interior da malandragem carioca. Célia Biar descansa e descansa-nos de, seus últimos desempenhos, variando de registro e fazendo com bastante graça uma pobre dona de casa resignada a tudo, inclusive a dialogar ativamente com a mesa, os talheres e as paredes do seu solitário apartamento. Berta Zemel, nos primeiros tempos de profissionalismo, só convencia em papéis característicos. Agora, já sabe também ser jovem e inconseqüente, com graciosidade e desembaraço.

Zéluiz Pinho e Alceu Nunes aparecem excelentemente em duas pontas cômicas, o primeiro como um bombeiro cheio da afabilidade e familiaridade do nosso homem do povo, e o segundo como o perigoso extremista cuja principal arma de fogo é um fumegante charuto. Tarcísio Meira faz a apresentação inicial, com toda a simpatia e quase toda a malícia que a parte requer.

Um Elefante no Caos, que está no Teatro Bela Vista, desenvolve-se em vários níveis de comicidade e originalidade, dos mais fáceis aos mais requintados. Se algumas vezes contenta-se com nos fazer rir, ainda que à custa de processos algo batidos, em outras cenas atinge alturas de autêntica farsa, levando-nos a admitir a existência de um mundo onde tudo pode acontecer — exceto o verossímil.

(1961)

57. A Semente

A Semente é, em primeiro lugar, um retrato das perplexidades do pensamento brasileiro de esquerda no momento atual. Os solavancos através dos quais parece que se vai processando o nosso desenvolvimento econômico, a corrida incessante dos salários atrás do aumento do custo de vida, favoreceriam, em princípio, um amplo movimento operário, ou talvez mesmo uma guinada para a esquerda. Mas a essa agitação, que anda nos espíritos e nas ruas, nas fábricas e nas escolas, repercutindo inclusive no próprio teatro, não corresponde o amadurecimento de nenhum grande partido.

Corresponde até, ao contrário, ao enfraquecimento do único partido da esquerda que chegou a representar, em certo momento, uma verdadeira força política dentro do País: o Partido Comunista. É contra ele, portanto, que Gianfrancesco Guarnieri vai dirigir a sua crítica, não propriamente quanto aos seus objetivos, mas quanto aos seus quadros e aos seus processos. Guarnieri acusa-o de ter-se fechado dentro das teorias, de desprezar os homens, os fatos, a ação revolucionária direta, em favor de conceitos abstratos, de não enxergar a realidade, brutal, sangrenta, imediata, a não ser através de chavões que acabaram por perder qualquer eficácia ou virulência. Já foi o tempo em que a terminologia comunista, por si só, infundia respeito aos crentes e pavor aos incréus. Expressões mágicas como "mentalidade pequeno-burguesa", que pareciam tudo resolver numa penada, levando de vencida qualquer objeção, já não provocam senão risos na platéia, como esta mesma *A Semente* demonstra em mais de uma passagem.

Começam a ser motivos de comédia, não de drama — e a reunião secreta do Partido que a peça nos mostra, apesar da exaltação das personagens e da gravidade dos temas abordados, não deixa de ter por vezes tonalidades quase paródicas, da mesma forma por que perpassa pelo texto, aqui e ali, em rapidíssimas anotações, o desprezo que os funcionários do Partido sentem pelos que não vieram do proletariado, e mais particularmente pelos intelectuais ("não será um vigarista?" — pergunta o protagonista ao ser informado que terá de passar a noite, escondido da polícia, na casa de um deles).

Esta ausência de direção firme propaga-se, claro está, à base. A peça não se firma naquele otimismo de superfície que definia há alguns anos as obras supostamente revolucionárias. Não há *happy end*, como é de bom tom tanto em Hollywood como em Moscou. A greve e as reivindicações operárias falham, os líderes são presos, os membros do Partido já não sabem como distinguir entre os fiéis e os traidores, impulsionados pela mania das denúncias e das condenações sumárias e sem provas. Quem triunfa, ao cair do pano, é a repressão e a polícia.

Mas não compreenderia nada da dialética da peça (desculpem a dialética, um dos muitos termos que o comunismo praticamente inutilizou, usando-o como coringa ideológico capaz de justificar qualquer jogada), quem não percebesse que a palavra última do texto, a verdadeira, a decisiva, é do mais puro otimismo. Não sabemos como, mas temos a certeza de que dias melhores virão. É que Gianfrancesco Guarnieri confia instintivamente, queremos dizer com uma convicção que não nasce apenas da inteligência, nas forças sociais que irão reajustar economicamente o mundo. Se a sua crítica atinge tão incisivamente a forma, é certamente para melhor isolar e ressaltar o conteúdo humano do pensamento de esquerda. Não obstante as vacilações, os desânimos momentâneos, não há dúvida quanto ao essencial, quanto ao próprio cerne da crença revolucionária: a confiança plena na capacidade do homem de modificar ao infinito a sociedade em que vive. O que o interessa no comunismo não são os aspectos doutrinários, mas este impulso humanitário, ao mesmo tempo intelectual e sentimental, esta "tradição de luta" — a frase é do texto — que fez a democracia política e agora tenta fazer a democracia econômica. Se a situação presente é de confusão e incerteza, alguma coisa nos adverte de que dela sairemos enriquecidos pela luta. Nenhum sofrimento, nenhum sacrifício é inútil: resta sempre o germe, a semente a que o título alude com tanta esperança. Guarnieri é dos que apostaram na revolução social, como Pascal apostou em Deus.

Para realizar essa gigantesca tarefa podemos contar, em especial, com uma classe e com um certo tipo de indivíduo. A classe, obviamente, é a operária. Não que a peça cometa a ingenuidade de considerá-la um bloco sem brechas, de pura consciência de classe. Há de tudo nela, indivíduos de toda espécie, diversos graus de consciência e inconsciência, coragem e temor, responsabilidade e irresponsabilidade social. Mas a força dos seus interesses, e também um sentido de solidariedade e fraternidade que a vida dura suportada em comum parece aguçar, impele-a para a frente, para um destino de choques e de vitórias. A sua marcha não se faz sem recuos, não se desenvolve em linha reta; mas um fato permanece: são os operários que saem à rua, que enfrentam a polícia, quando necessário, e que morrem anonimamente.

E dentro dessa massa revolucionária um tipo de homem excepcional se destaca, que, em *A Semente*, nada tem do chefe frio e realista que se costuma associar ao comunismo. Será antes o visionário, a pessoa de uma só face e de uma só verdade, que não cede e não confabula. Filia-se, nesse sentido, a uma já longa tradição teatral: é a réplica, no plano político, ao que era "o misantropo", de Molière, no plano psicológico, e "o inimigo do povo", de Ibsen, no plano moral. Reparem na coincidência de títulos: o misantropo, o inimigo do povo. De fato, é o homem que fere a consciência alheia, que não dá tréguas, o juiz implacável das nossas omissões, o exemplo insuportável de retidão, o indivíduo perigoso para a nossa comodidade espiritual e material. É o fanático da revolução, assumindo a injustiça social como os santos e os profetas assumem os pecados da humanidade. É aquele que torna mesquinha qualquer preocupação com a nossa pequena felicidade pessoal e doméstica, aquele que se julga culpado por tudo que existe de errado na estrutura econômica da sociedade, não perdoando nem a si nem aos outros os instantes de fraqueza ou alheamento.

Chegamos assim ao âmago da peça, ao conflito central, que é, de resto, exatamente o mesmo de *Eles não Usam Black-tie*: a terrível tentação da felicidade, em face dos nossos compromissos sociais ou políticos; o desejo de deixar-se levar, de não se incomodar, de pensar unicamente em si e nos seus, de viver em paz como os outros vivem. Esse dilema, que deve ser o do dramaturgo Gianfrancesco Guarnieri como é o de cada um de nós, repete nos mesmos termos essenciais, embora com formulação totalmente diversa, a situação dramática de sua primeira peça: quem exige o sacrifício é o pai, ou uma figura de ascendência moral quase paterna (o superego, o deus-pai-todo-poderoso, diriam os psicanalistas); quem hesita, quem é fraco, quem sofre sob o peso do sacrifício, é o filho.

A peça vai penetrando, portanto, sempre mais fundo: começando como um quadro político atual, passa à descrição de um tipo psicológico (o revolucionário puro, que talvez só exista na ficção, despojado de suas impurezas humanas), para descer, em seguida, ao centro da consciência moral, ao eterno conflito do indivíduo consigo mesmo.

Daí a amplitude, a falta de sectarismo, com que o texto fala a uma variedade de públicos. Não é preciso ser esquerdista, e muito menos comunista, para entender o que *A Semente* nos diz em sua linguagem tão clara e tão direta.

* * *

As análises abstratas de *A Semente*, como a que fizemos, têm o defeito de sugerir ao leitor um caráter discursivo e teórico que a peça de Gianfrancesco Guarnieri realmente não tem. Talvez um rápido cotejo com outro tipo de escritor nos ajude a precisar a questão.

Sartre, que veio do ensino da filosofia para o teatro, sobrepõe-se de certa forma a todas as suas personagens. Ainda que cada uma conserve a sua autonomia psicológica, é o autor que fala por todas elas, emprestando-lhes, senão as idéias que encarnam, ao menos a penetração de sua inteligência e a clareza do seu estilo. São peças que, quanto ao conteúdo de pensamento, quase não é preciso comentar: elas mesmas se encarregam de fazê-lo, valendo-se de personagens não só lúcidas, mas altamente desembaraçadas e precisas no falar, dentro de uma tradição de autoconsciência que é, aliás, a do próprio teatro clássico francês.

Gianfrancesco Guarnieri, que se iniciou no teatro como ator, chegando à dramaturgia por intermédio do palco, pertence a outra família literária. *A Semente* não é uma discussão de idéias, mas a apresentação de certas situações da vida que põem diretamente em foco determinados conceitos políticos e morais. Das trinta e tantas pessoas que se agitam em cena, somente uma — Agileu Carraro — sabe com segurança o que está fazendo, o ponto aonde quer chegar ou aonde quer conduzir os outros homens. Os restantes debatem-se na obscuridade, sentem confusamente um apelo revolucionário que ou se negam a aceitar — é o caso, em geral, das mulheres — ou não sabem como traduzir com eficiência em ação. E é destes esforços desordenados para fugir à luta, ou para compreendê-la melhor, que nasce o sentido político da peça. Cabe a nós, espectadores privilegiados, tirar as conclusões que as personagens, empenhadas em viver, não têm tempo ou compreensão suficiente para tirar.

Não quer isto dizer que *A Semente* seja ambígua, prestando-se a tantas interpretações quanto forem os espectadores, mas apenas que prefere exprimir-se dramaticamente, fazendo-o sempre através da ação. Até mesmo as controvérsias doutrinárias, quando surgem, têm a urgência das decisões vitais.

Em contraposição, Gianfrancesco Guarnieri, como autor, não vem a público se manifestar. Sentimos e sabemos que a sua perspectiva coincide sobretudo com a linha revolucionária de Agileu Carraro, mas também João, que quer aproveitar a mocidade, também Rosa, que deseja ter filhos e ser feliz, representam posições que ele, como homem, não pode ignorar, nem calar dentro de si mesmo. Donde a equanimidade com que os problemas de conduta decorrentes da ação política são encarados: não há, na peça, personagens preferenciais, do ponto de vista psicológico. Se nem todos têm razão, todos têm a sua autenticidade, a sua boa-fé, a sua força de convicção moral. O próprio Agileu Carraro não paira incólume sobre os outros. Se é um padrão revolucionário, é igualmente um homem movido pelo seu temperamento, por suas paixões, e não apenas por idéias políticas, como deseja. Recomenda aos outros "cabeça fria", mas é um exaltado, um emotivo prestes a explodir, a deblaterar, a impor violentamente a sua personalidade. Quando, na última cena, tenta convencer os mendigos de que não devem gozar o calor do sol — qualquer prazer dessa ordem é um acumpliciamento com a injustiça social, uma infidelidade à ação revolucionária — o público não pode deixar de sorrir, de tal modo já apreendeu a sua maneira de reagir, tão compulsiva e irracional quanto qualquer outra.

Somente a polícia é totalmente antipática mas até ela recebe o seu quinhão. O delegado tem pelo menos duas coisas a seu favor: uma certa inteligência e uma ideologia política bem-definida, o fascismo. Não poderíamos pedir mais a um autor de esquerda.

Essa feliz despersonalização do autor favoreceu extremamente o trabalho de caracterização dos atores. Amélia Bittencourt e Gianfrancesco Guarnieri formam o jovem par de recém-casados. A recusa de participação política por parte do rapaz é menos covardia, egoísmo, do que um apego lírico à existência, em seus termos mais despreocupados e mais simples, natural em quem tem vinte anos e acaba de descobrir o amor. Para serem felizes, eles não exigem praticamente nada: apenas que os deixem sozinhos. E será isso, precisamente, que lhes será negado. Poesia e responsabilidade aparecem assim como termos antagônicos, entre os quais temos de escolher: o preço da consciência social é o sacrifício desse estado juvenil de inocência e disponibilidade. Amélia Bittencourt sugere muito bem o animalzinho tenro, lírico sem o saber, que não é inteligente nem necessita sê-lo, com toda a encantadora puerilidade da meninice. Gianfrancesco Guarnieri escapa pelo pudor, por um certo desajeitamento de gestos, do excesso de ternura que o papel poderia comportar.

Cleyde Yáconis e Leonardo Vilar representam o casal adulto, para quem a vida de há muito deixou de ser um jogo ou um divertimento. Leonardo Vilar imprime à figura de Agileu Carraro todo o peso da sua pouco comum força dramática, encontrando um contendor à altura em Cleyde, porventura ainda mais patética na sua desválida e sacrificada feminilidade, de mulher sem marido e mãe sem filhos.

A volta desses quatro admiráveis desempenhos, que marcam por assim dizer os pontos cardiais da peça, organiza-se o espetáculo. Numa encenação feliz, já o dissemos mais de uma vez, tudo parece dar certo, porque tudo decorre de premissas exatas. Assim não é de estranhar que os papéis menores também estejam muito bons. Nathália Timberg, Stênio Garcia, Laercio Laurelli, Ilema de Castro, Juca de Oliveira, Marcelo Bittencourt, Flavio Migliaccio e Elísio de Albuquerque pareceram-nos os melhores, mas não seria descabido incluir num só elogio todo o elenco.

A Semente não se preocupa com questões estetizantes de escola: não saberíamos dizer, por exemplo, se é realista ou simbolista. Guarnieri vale-se de todos os recursos, indo do intimismo ao teatralismo, desde que visem o seu fim específico, que é a comunicação com o público. Característica que a direção de Flávio Rangel soube compreender perfeitamente, desvencilhando-se de cogitações intelectualistas ou formalistas. É uma direção imediata, direta, sem elaborações desnecessárias, em que até e uso consciente e amplo da convenção teatral chega a nós menos como originalidade deliberada, conseqüência de proposições teóricas, do que como solução natural para as dificuldades de encenação da peça num pequeno palco. Flávio Rangel, inteligente como é, sabe que a função das teorias é servir o espetáculo — e não vice-versa.

O cenário de Cyro Del Nero, sem sobressair, permite que a ação se desenvolva livremente por quase todo o palco, não se interpondo entre o texto e o público.

A Semente, sendo uma peça excepcional, certamente a melhor de Gianfrancesco Guarnieri, a mais madura como pensamento e a mais ousada como técnica, não deixa de revelar ainda alguns pontos fracos. Particularmente má nos parece a cena do operário enlouquecido entre as máquinas — quem é que seria capaz de fazer alguma coisa boa com semelhante chavão? — que nos leva quarenta anos atrás, quando o expressionismo denunciava o culto da máquina como a verdadeira chaga do mundo moderno. Aliás, também do ponto de vista ideológico em que o texto se coloca, a cena não se justifica. Para o marxismo não são os acidentes, mas a própria estrutura econômica do capitalismo que é injusta. Apontar falhas secundárias, mostrar patrões desumanos, é compreender superficialmente a jogo das forças históricas.

(1961)

58. Raízes

Cacilda Becker fez anteontem vinte anos de teatro — e comemorou-os como devia, no palco, ao lado de seus colegas, sob os aplausos comovidos do público. São vinte anos que representam toda a renovação do teatro nacional, de que ela foi uma das pioneiras e de que passou a ser hoje em dia quase um símbolo. Que o Deus do teatro, Dionísio, a mantenha sempre em estado de graça, como até aqui, é o que lhe deseja com a maior simpatia esta seção de teatro.

Pena é que o espetáculo estreado no Teatro da Federação não se tenha mostrado à altura do acontecimento. Não que o original de Arnold Wesker não mereça também a nossa simpatia. Sem constituir-se na obra nova, revolucionária, que a crítica inglesa fazia imaginar, não deixa de ser um texto interessante, cheio de um entusiasmo quase romântico, quase juvenil, e que sabe ir num crescendo até explodir na cena final, que é toda a razão de ser da peça. Se tais qualidades não surgiram com clareza, ao menos perante quem escreve esta nota (é difícil dizer-se da reação do público já que os vinte anos de Cacilda estimulavam antes a efusão sentimental do que julgamentos restritivos), deve-se isso menos ao texto do que à fraquíssima direção de Antônio Abujamra, que se estreava no profissionalismo. Abujamra, que acaba de voltar da Europa, onde estagiou longamente com a companhia de Roger Planchon, não conseguiu, neste seu primeiro trabalho em São Paulo, criar a atmosfera social da peça, sem a qual nada se explica. *Raízes*, segundo o crítico do *New Statesman*, citado na edição inglesa original, "é de longe a melhor e mais fiel peça sobre a vida da classe trabalhadora britânica jamais aparecida". Ora, os trabalhadores rurais britânicos — pois é no campo que a ação decorre — muito pouco têm em comum com os nossos: são rústicos, vulgares, mas de outra maneira: são camponeses, por exemplo, que lêem jornal e tomam chá. É este meio-termo que a representação não mantém, resvalando ora para a farsa rústica, carregada de uma graça que pesa algumas toneladas, ora para a *crazy comedy*, com o seu *nonsense* deliberado, explorando com mão nunca leve seja a estupidez bovina seja a salacidade das personagens. Como não percebemos bem as relações humanas, deixamos igualmente de compreender o motivo de cada cena: caímos a todo momento no arbitrário, nas atitudes que não parecem ter qualquer justificação psicológica ou social. Os atores não contracenam, não estabelecem reciprocidade, o desenvolvimento dramático não se articula. Falta, em suma, o essencial para este gênero, de peça, ainda preso fortemente ao realismo: o sentimento de vida, de coisa real, acontecida diante de nós. Antônio Abujamra, que é um diretor cheio de idéias, não tem ainda a capacidade técnica, artesanal, que lhe permita transformar em ação dramática os conceitos. Quando estabelece uma pausa, só lhe falta fazer descer dos bastidores um cartaz: pausa. E quando quebra a convenção da quarta-parede, obrigando a personagem principal a dirigir-se ao público, também não temos dificuldade em ler outro dístico, escrito em letras garrafais: Brecht. (Se os prelados leitores ainda não sabem o que é "teatro épico", é muito fácil: é aquele momento em que o ator fixa a platéia e passa-lhe um pito ou prega-lhe um sermão cara a cara. Tal é, pelo menos, a interpretação que os nossos jovens diretores costumam fazer de Brecht.)

Sobre os atores, não é possível dizer grande coisa: a direção não lhes deu praticamente oportunidade. Salvam-se Cacilda, mercê de sua vibração especial, e Lélia Abramo, cuja solidez popular, como atriz, resiste a quaisquer teorias.

Nada mais oportuno do que terminar com uma citação do próprio autor, que repõe as coisas nos seus devidos lugares:

As minhas personagens não são caricaturas, são pessoas reais, embora fictícias. E ainda que o desenho traçado seja duro, a verdade é que o tom da minha peça não é de aversão — e nem deve ser assim no palco. Eu me sinto ligado a essa gente — mas acontece que não estou satisfeito nem comigo nem com eles.

Foi sobretudo esta humildade, este respeito pelas personagens, que não sentimos na direção de Antônio Abujamra.

(1961)

59. Os Males da Juventude

Os Males da Juventude representam a *nouvelle vague* do teatro alemão de 35 anos atrás. Mas há diferenças inúmeras. O tom não é de indiferença ou cansaço: é de violência e brutalidade extremas. Não nos lembramos, em nossos palcos, de peça mais direta e franca do que esta. Perto dela as ousadias afinal bem-comportadas de um Tennessee Williams empalidecem. São apenas sete pessoas no palco, mas que abusam do cálculo combinatório, experimentando uma série de arranjos dois a dois.

Há de tudo, ou de quase tudo: inversão, suicídio, crime, prostituição. Mas nada disto é real, nada é executado profissionalmente, digamos assim. Todas as perversões têm origem cerebral, são experiências para preencher aquilo que a linguagem filosófica e literária do momento chamaria de vazio existencial. O *meneur du jeu* é aquele "demônio da perversidade" celebrado por Edgar Allan Poe há mais de cem anos, o impulso destruidor que acaba geralmente por se voltar contra si mesmo.

É difícil compreender a peça de Ferdinand Bruckner, aceitar a sua permanente tensão, a sua voluntária melodramaticidade, se não a colocarmos na Berlim de 1925, quando o sadismo e o masoquismo pareciam integrar-se necessariamente não só na arte, mas na própria experiência humana de todos os dias A ferocidade desta "juventude doente" é a ferocidade dos desenhos de Grosz, expressão de uma morbidez social, de um mal-estar generalizado, de um niilismo de que um Brecht, por exemplo, só escaparia através da disciplina do comunismo e do conceito de arte engajada politicamente.

Quanto a Bruckner, como que se escusa em seu texto de dar opinião: se o título do drama já subentende um certo ponto de vista crítico, em contrapartida, é evidente que ele não compreenderia tão bem as suas personagens se não sentisse por elas e por seus problemas um secreto fascínio. É que elas têm a seu favor duas coisas: vão até o fundo de suas experiências, com sacrifício da própria vida, e movem-se tocadas muito mais pelo desespero do que por qualquer forma barata de sensualismo. Não são gozadores da vida, são neuróticos — e isto atenua em parte a sua culpa. Se quiséssemos evocar numa palavra o clima da peça, não nos lembraríamos de modo algum da "dolce vita" moderna, com seu cinismo mole e a sua complacência, mas de certos títulos famosos do século passado, devidamente carregados de significação literária: "Les damnées" ou "Les fleurs du mal". "Si le viol, le poison, le poignard, l'incendie..."

A representação do Novo Teatro é de um grupo que se está ainda formando: atores jovens, em sua maioria pouco experientes, que necessitam, para se firmar, de um contato prolongado com o público. Nesse sentido, cremos que o espetáculo amadurecerá com o correr das representações. A melhor intérprete é sem dúvida Ivanilde Alves, servida por um papel muito apropriado à sua sensibilidade. Ruth Escobar vem a seguir. Felipe Wagner dá a agressividade e vulgaridade da personagem, mas sem aproveitar integralmente todas as suas imensas possibilidades. Joga fora uma porção de réplicas de efeito, inclusive pela nervosidade e precipitação com que diz as falas. Assunta Perez, Gilda Nery e Alvim Barbosa são ainda fracas, e Odavlas Petti não nos sugere, em momento algum, a profunda vida interior que deveria sustentar os seus prolongados silêncios.

A direção de Alberto D'Aversa, certamente a melhor que nos ofereceu nos últimos tempos, não consegue, talvez por culpa dos atores, descer muito a fundo na análise da motivação das personagens. Apresenta com vigor e convicção as cenas de violência, graças especialmente à atuação de Ivanilde Alves, mas, não nos faz sentir com suficiente intensidade o desespero que lhe devia estar subjacente.

Cenário de Cyro Del Nero, agradável de se ver, mas pouca relação tendo com o espírito do texto.

(1961)

60. O Testamento do Cangaceiro

O sonho dos seminários de dramaturgia norte-americanos é transformar em autor teatral cada cidadão prestante da República dos Estados Unidos. Há cifras apavorantes a esse respeito: centenas de milhares de pessoas escrevendo milhões de peças. Augusto Boal, diretor do nosso seminário de dramaturgia, é mais modesto: quer transformar em comediógrafos e dramaturgos somente os atores e encenadores do Teatro de Arena. Nas últimas temporadas, cinco foram os escritores revelados por esse processo, e nenhum destituído de talento: o próprio Boal, Gianfrancesco Guarnieri, Oduvaldo Viana Filho, Flavio Migliaccio e Francisco de Assis, de quem o Teatro de Arena está apresentando atualmente *O Testamento do Cangaceiro*.

O ponto que unifica o grupo é a cor política. As cinco peças, variando quanto ao assunto e técnica, são todas de protesto social. Poderíamos até considerar os seus autores os nossos "angry young men" não fosse a circunstância, para nós altamente auspiciosa, de muitos deles protestarem sorrindo, o que, como se sabe, é uma forma de protesto tão eficiente como qualquer outra e tão velha quanto o próprio teatro. Para dois dramas (*Eles não Usam Black-tie* e *Chapetuba Futebol Clube*) tivemos três comédias, se não mesmo três farsas: *Revolução na América do Sul*, *Pintado de Alegre* e, agora, *O Testamento do Cangaceiro*.

Os dramas são realistas. Já as comédias não o são, pelo menos em sua maioria. Augusto Boal e Francisco de Assis, com efeito, prefeririam escrever fábulas, encarando a realidade de um ponto de vista mais livre e fantasista. O primeiro, comentando a peça do segundo, fez a defesa do gênero nos seguintes termos, conforme se pode ler no programa do Teatro de Arena:

> Porém, quem paga faz exigências, algumas até admissíveis. Como então seria possível escrever sobre Cearim (a personagem principal de *O Testamento do Cangaceiro*, acrescentamos nós) para uma platéia que não contém nenhum Cearim? Porque quando Cearim fala, diz o que pensa, e não será demais supor que a gentilíssima platéia talvez muito delicadamente não concorde, mantendo-se prudentemente afastada do nosso simpático teatrinho. Foi assim pensando que Francisco de Assis, muito a propósito, escreveu uma fábula. Fábula, não se pode negar, tem suas vantagens. É coisa colocada no passado, em tom de conto de fada, história em quadrinhos, desenho animado. Em forma tão suave e brincalhona, é a melhor maneira de se permitir que Cearim diga o seu pensamento do mundo e de sua terra.

Fábula seria, pois, para Augusto Boal, um pouco como o limão que se dava para as crianças cheirar na hora de tomar o óleo de rícino.

O argumento é ponderável, mas haverá porventura outros. Afinal, também *A Boa Alma de Se-Tsuan* é fábula, e sinceramente não acreditamos que o intuito de seu autor haja sido apenas ou preponderantemente o de se fazer aceitar pelo público burguês. Brecht desejava dizer certas verdades desagradáveis sobre a ordem que as delegacias de polícia chamam de política e social; porém, sabia que o didatismo, em arte, tem os seus limites: se vamos ensinar o abc do perfeito revolucionário, suponhamos ao menos que os alunos são inteligentes. Para despertar o senso crítico da platéia, nada como a fábula, que diz tudo, mas pela metade, deixando ao interlocutor o cuidado de completar o pensamento e extrair por si a moralidade. Brecht, por esse lado, é exemplar: não há peças menos didáticas, no sentido barato da expressão, do que as suas supostas peças didáticas.

O Testamento do Cangaceiro, de resto, relaciona-se mais com *A Boa Alma de Se-Tsuan* do que deixa perceber esse intróito, e provavelmente mais do que supõe o próprio Francisco de Assis. Ambas as peças desejam provar que a prática do bem, em escala individual, é incompatível com o sistema de competição capitalista. Cearim, como Chen-Tê, tenta ser bom, com os piores resultados. Depois, como Chui-Tá, experimenta ser mau. Alguns êxitos materiais não lhe mitigam a sede de justiça. A intervenção divina é invocada, nos dois casos, e falha: os deuses da antiga China, como os anjos da guarda e os diabos nordestinos, estão longe demais, alheios demais, para poderem ajudar efetivamente os homens. O mais que fazem é exortá-los com belas canções ou belas palavras: fé! esperança! caridade! O homem está só sobre a terra — eis o que nos diz em essência, tanto uma como outra peça. A conclusão é óbvia: tratemos de organizar por aqui mesmo o nosso imperfeito paraíso. Quanto aos meios, a platéia que os adivinhe. A palavra final da peça de Brecht parece-nos que satisfaria também a

Francisco de Assis: "Querido público, vamos, busquem sem esmorecer! Deve haver uma saída: deve haver, e tem que haver!"

Apesar de tais coincidências, não diríamos que a peça é brechtiana. As intenções e os fins são semelhantes e é mesmo possível que a fábula alemã haja fornecido à brasileira o seu inconsciente ponto de partida. Mas a obra de arte define-se pelos meios, pelas formas concretas de expressão. E nesse ponto a farsa nordestina de Francisco de Assis difere da alegoria chinesa de Brecht como um brasileiro pode diferir de um berlinense. *A Boa Alma de Se-Tsuan*, sendo visceralmente marxista, ataca logo o ponto essencial: os meios de produção. E não é por acaso que coloca uma de suas cenas capitais numa fábrica, uma pequena fábrica que é também o começo de toda uma determinada organização econômica e social. As implicações políticas, quando chegam, não surpreendem porque, sub-repticiamente, já se haviam incorporado ao texto desde o princípio. *O Testamento do Cangaceiro* encara de maneira inteiramente diversa as relações humanas, num plano individual, em que a injustiça aparece sob a forma do logro, do engano, reparável pelo embuste oposto, pela contra-espertza. Não se prova assim que a sociedade esteja organizada em moldes errados: prova-se, somente, que os ladinos aproveitam-se dos bobos. Essa é, aliás, a moral implícita na maioria das fábulas populares. Daí um certo mal-estar provocado pela predica política final, feita a propósito de personagens — os camponeses — que só aparecem na história como pretexto político: sentimos uma quebra de tom, uma falta de respeito pelas regras do gênero, como se de repente Pedro Malazartes se pusesse a discursar sobre "mais-valia" e a exploração do homem pelo homem. ("Engrossou", foi o comentário de um rapaz ao nosso lado e parece que esse indispensável termo do vocabulário da novíssima geração dispensa e substitui com vantagem parágrafos e parágrafos de judiciosa dissertação crítica).

Francisco de Assis ainda está naquela idade em que nos envergonhamos de ser apenas nós mesmos, de não correspondermos às definições teóricas do que supomos deva ser o homem ideal. Em outras palavras, acha indigno de sua viva consciência política — que não contestamos — o fato de escrever uma farsa totalmente farsa. No entanto, a sua vocação de autor cômico é das mais genuínas. Nada falta à sua peça para constituir-se numa autêntica historieta popular, com todos os ingredientes de praxe: um vigário, um sargento de polícia do interior, um sacristão, uma mulher-dama, uma botija cheia de dinheiro enterrada numa igreja, um falso cego, um homem amarrado dentro de um saco, um suposto fantasma escondido debaixo de uma mesa onde se joga "truco" — e tudo isso movido por um sertanejo capaz de enganar ao mesmo tempo Nossa Senhora e o próprio Cão.

Se Francisco de Assis possuísse o dom da inocência popular de um Ariano Suassuna, teria feito uma pequena criação poética. Mas as suas qualidades são mais modestas artisticamente. Não é propriamente um inventor e sim um homem de teatro que sabe explorar habilmente a graça caipira tradicional (tal como se veio formando através do teatro), revelando às vezes um enorme senso do pitoresco, da réplica ao mesmo tempo ingênua e desrespeitosa, fazendo-nos rir mesmo quando percebemos que o seu humorismo não é de todo original. Também o seu anticlericalismo pertence a esta vela popular (não há quem não goste de ver logrado um padre, talvez como compensação ao excesso de prestígio e autoridade que a sociedade confere à religião) e se chega inclusive à irreverência francamente anti-religiosa, o público, em sua maioria católico, ri e perdoa de bom grado, tal a jovialidade e a despretensão do ataque.

Textos como estes não são propriamente escritos: as palavras só existem para viverem no palco, para serem valorizadas pelas inflexões e pelos jogos de cena. *O Testamento do Cangaceiro* tem, a esse respeito, a sorte de ser representada, em seu papel principal, por um ator que o rádio e a televisão entregam já maduro ao teatro. Lima Duarte possui o que é raro em nossos intérpretes: consciência plena dos seus eleitos. É inteiramente cálculo, premeditação, mas dá a impressão contrária, de improvisação e espontaneidade. Parte do humorismo mais batido — o caipira — e renova-o pela malícia e justeza da execução. Conhece todos os truques do ofício, inclusive o de não abusar de nenhum.

À sua volta movimentam-se alguns dos melhores atores do Teatro de Arena: Nelson Xavier, o narrador, Ferreira Leite, o vigário, Milton Gonçalves, especialmente bom como o primeiro cangaceiro. Vera Gertel tem muito senso cômico mas parece-nos um tanto fácil o recurso de usar aquela voz gorda e falsa com que os atores de rádio imitam os grã-finos. Riva Nimitz desperta hilariedade logo de entrada, mas tem de se contentar praticamente com isso porque o papel não é mesmo engraçado. Henrique Cesar deixa de desenvolver e de tirar todo o proveito da personagem do Cão (o demônio), ficando quase que só nos primeiros e promissores rugidos.

Solano Ribeiro e Angelo Del Matto chamam a atenção por serem francamente amadores. Este tipo de farsa é mais exigente do que parece: ou o ator sabe como carregar nos traços, ou é melhor que passe pela cena o mais rápida e anonimamente possível. A caricatura sem espírito, é que é intolerável.

O defeito da encenação de Augusto Boal é somente este: o de não ter sabido unificar a representação, disfarçando a diferença de técnica e de nível entre os novatos e os veteranos do conjunto. Quanto ao mais, vale a pena repetir, ainda uma vez, que o Teatro de Arena é a nossa única companhia a aproveitar, com inteligência e modernidade, a velha tradição cômica do teatro popular brasileiro.

(1961)

61. As Almas Mortas

A estréia de sábado, no Teatro Brasileiro de Comédia, veio mais uma vez pôr em evidência a dificuldade que encontram os nossos jovens encenadores em lidar com textos estrangeiros. Quando enfrentam peças nacionais, acham imediatamente, como por instinto, o tom apropriado, as marcações e inflexões exatas. Basta, entretanto, que se requeira deles, e da maioria dos nossos atores, um trabalho maior de imaginação e composição, a descoberta de um estilo de vida que não seja o brasileiro, para se patentear logo a nossa fundamental falta de preparo técnico. O teatro já é por si uma mascarada, que se equilibra instavelmente entre a ficção e a realidade. Um elemento que não funcione bem, um excesso de zelo nas interpretações, uma falsidade interior que parece repontar nas barbas postiças e nos trajes de empréstimos — e eis comprometido todo esse precário mecanismo: continuamos a ver, mas deixamos de acreditar. Daí o perigo das encenações elaboradas, a não ser que se apóiem sobre um completo domínio artesanal da profissão. A presente versão de *As Almas Mortas* tem esse defeito: não parece nem muito real, nem muito engraçada, quando o romance de Gógol se distingue precisamente por ser ambas as coisas.

A falha começa, é verdade, com a adaptação de Arthur Adamov, ou talvez ainda antes, com as reconhecidas limitações do teatro, como gênero. O enredo, no romance, não passa de um pretexto para um passeio satírico através da província (e o livro começou exatamente assim, como simples notas de viagem). Interessa menos, ao autor e a nós, a compra das "almas mortas" (os servos falecidos após o último recenseamento e que oficialmente, na Rússia de 1840, continuavam a ter existência legal) do que os hábitos e singularidades dos proprietários rurais russos. Sem esse pano de fundo, sem as viagens sobre a neve, sem as descrições minuciosas de cada fazenda — chamêmo-las assim — sem a presença em segundo plano dos camponeses e dos criados, a história, reduzida quase só ao entrecho, perde grande parte não só do seu significado social, mas até de sua verossimilhança. No romance, a ironia constante da narração, mesclada ao realismo dos pormenores e da observação psicológica, sempre agudíssima, ampara e justifica os exageros, levando-nos gradativamente até eles, como em Dickens, com grande efeito cômico e humano. Ora, o que vemos, no palco, são pequenos quadros fragmentados, cápsulas em que se concentram ao máximo esses toques de caricatura, como se a peça quisesse forçar por esse lado, pela excentricidade das personagens, uma adesão que não consegue obter por outros meios. Os russos, e em particular os russos de Gógol, são sem dúvida pessoas estranhas, mas não tanto quanto os faz a adaptação de Adamov. Essa distorção óptica parece-nos uma infidelidade bem mais grave do que outras traições de conteúdo, como, por exemplo, uma nota de anticlericalismo inteiramente alheia à religiosidade do autor de *As Almas Mortas*, que, pelo visto, parece ter morrido em plena crise mística em vão.

Mas se a peça é imperfeita, Flávio Rangel também tem a sua parte de culpa, aliás não pequena. No afã de chegar ao grotesco, de descobrir uma equivalente cênico para a efervescência satírica de Gógol, confundiu freqüentemente farsa com agitação e *over-acting* com estilização. As personagens movimentam-se sem parar, andam e falam a todo vapor, mas nem assim vencem a batalha contra o público. *As Almas Mortas*, como foi escrita, e, principalmente como está sendo representada, é dessas peças que frustam o público porque os atores parecem estar sempre se divertindo e rindo muito mais do que ele.

De tudo, guarda-se, após o espetáculo, algumas boas lembranças isoladas: uma ou duas cenas de Cleyde Yáconis, a expressão de bem-aventurança materna de Maria Célia Camargo ao ver a filha triunfar no baile, as risadas alvares de Juca de Oliveira, as silhuetas brevemente esboçadas por Ilema de Castro e Elias Gleyzer, Gianfrancesco Guarnieri desfigura o inofensivo e simpático Manilov ("sonhador liberal", classifica-o Adamov), efeminando-o incompreensivelmente, e Luís Linhares, apesar de suas qualidades de ator, que ninguém põe em dúvida, não parece ter compreendido perfeitamente o Tchitchikov do romance: empresta um caráter colérico, arrebatado, fremente, a um homem gentil e amável, que no fundo só tinha mesmo um defeito: a falta de caráter. Pliouchkine (Elísio de Albuquerque) e Nozdriov (Laercio Laurelli) pertencem àquela categoria de personagens que dificilmente imaginamos no palco — talvez atores russos fossem capazes de fazer justiça a tanta selvageria, a tanta força de personalidade, seja na usura, seja na dissipação.

As canções de Carlos Lira e Francisco de Assis, não desprovidas de engenhosidade, acabam por cansar, pela repetição das mesmas idéias e palavras, do mesmo tema musical e até pela rígida formação militar do coro.

Os cenários de Cyro Del Nero, embora resolvam convenientemente as dificuldades da encenação, não correspondem ao indicado pelo adaptador: "Enfim, Gógol no seu poema queria mostrar a imensidade russa. Era preciso, pois, esforçar-se por tornar esse espaço visível. É um trabalho de direção".

A crítica mais radical, contudo, que se pode fazer à encenação é de outra natureza. Por que representar uma adaptação de romance quando há uma comédia de Gógol, *O Inspetor Geral*, que é, quanto à comicidade e quanto à crítica social, tudo aquilo que *As Almas Mortas* pretendem tão laboriosamente ser? Por que Gógol "d'après Adamov", se no Brasil, ao contrário do que acontece na França e em outros grandes centros teatrais, não conhecemos sequer, em sua realidade cênica mais viva, Gógol "d'après Gógol"?

(1961)

62. Oscar

"Não façam crítica, pois a peça não representa mais do que um simples jogo" — adverte-nos Cacilda Becker no programa do espetáculo estreado ontem no Teatro da Federação. O que é uma maneira gentil de indicar que o jogo nesta peça trava-se apenas entre os atores e o público. E tem ela inteira razão. A crítica não tem nada a dizer, nem contra, nem a favor, sobre uma peça como *Oscar*, que se coloca decididamente, deliberadamente, corajosamente, fora do que ela, crítica, chama de teatro. Não vamos resumir aqui o entrecho, e seria mesmo impossível resumir alguma coisa que recomeça sempre "da capo". Basta contar que é uma longa história de maletas e filhas trocadas — principalmente maletas. Quando ocorre um segundo de silêncio, fato raríssimo, ouve-se a campainha da rua e as pessoas que estão em cena exclamam apavoradas: "Meu Deus, quem será agora?". E é sempre alguém. *Oscar*, aliás, é um pseudônimo, o pseudônimo usado na França. O verdadeiro nome da peça é o subtítulo que lhe deram em português: *Amá-la sem a Mala*. Esse é o título que define ao mesmo tempo o enredo e a atmosfera da peça.

Cacilda representa a comédia de Claude Magnier de um jeito e dirige-a de outro. Quem está certa — e não poderia deixar de estar — é a atriz. Um *vaudeville*, para ter alguma graça, necessita de um mínimo de contenção, de credibilidade. Não parece ser essa, contudo, a opinião do público de ontem, que riu como raramente temos visto, com esse ar de prazer, de sólido contentamento que nos dá a repetição de processos cômicos que conhecemos desde a infância.

Os atores, no gênero de "chanchada" brasileira que a peça insinua e a representação assumiu, não estão mal. Sem contar Cacilda, que tem o inconveniente de sugerir por momentos um nível muito superior de comicidade, também aparecem em forma apreciável Freddi Kleeman e Lélia Abramo, num papel pequenino, mas bem diverso dos seus anteriores. Este tipo de graça não é ainda o forte de Walmor Chagas, porém, assim mesmo ele se defende com bravura, embora com algum exagero. Mas a revelação, sem dúvida, é Jô Soares, artista parece que vindo da televisão carioca e que é um meio-termo entre Chaby Pinheiro e Bud Abbott (ou seria o Lou Costello?). É gordo, gordíssimo, de faces rechonchudas e rosto de bebê, com vários queixinhos e jeito de meninão — e além e todas essas dádivas preciosas da natureza sabe representar com inteligência e um extraordinário senso cômico (em *Oscar* tais qualidades são antes pressentidas do que vistas). Só para ele, valerá a pena encenar algum dia uma farsa, mas que seja verdadeiramente uma farsa. Cacilda Becker e Walmor Chagas justificariam assim a bela frase de René Clair que puseram como epígrafe do programa. "Tenho a nostalgia de um teatro que faça rir, que não tenda a provar o que quer que seja, não sustente tese, e seja numa palavra — tão perfeitamente inútil como o rouxinol ou uma flor". Seria impossível dizer melhor — mas estaria pensando René Clair em *Oscar*, do seu compatriota Claude Magnier?

(1961)

63. A Vida Impressa em Dólar

O Oficina, de acordo com a ética não formulada do moderno teatro paulista, não poderia contentar-se em levar à cena uma peça apenas por julgá-la boa. Era necessário também um razoável pretexto político. No caso de *A Vida Impressa em Dólar* esta sanção moral foi encontrada na semelhança que o Brasil de hoje apresentaria com os Estados Unidos de 1933, ano em que o drama de Clifford Odets foi escrito.

A aproximação entre as duas épocas e os dois países parece um tanto estranha a quem, tendo vinte anos a mais do que os jovens diretores do Oficina, ainda se lembra desses inícios penosos da década de trinta, não como o produto de uma análise abstrata feita *a posteriori*, mas como uma experiência direta de vida.

A crise de 1929 fez cair sobre o mundo capitalista uma nuvem cinza de desânimo, cujos efeitos remotos — o centro estava, como se sabe, em Wall Street — chegavam claramente até nós. A ameaça não vinha de fora, como no presente momento, sob a forma de competição com potências estrangeiras (a Rússia fechava-se em suas fronteiras, a Alemanha e a Itália ainda não se haviam afirmado militarmente), mas de dentro, da própria base econômica do regime, concretizando-se no número de automóveis que víamos escassear dia a dia pelas ruas, nas lojas que se fechavam, nas empresas que iam a falência, nas pessoas que ficavam sem o emprego ou sem a fortuna. Os Estados Unidos, em particular, pareciam haver perdido não só a riqueza mas o otimismo, o prazer de viver, a crença no seu sistema de vida e na grandiosidade do seu destino nacional. Daí a repercussão imensa da célebre frase de

Roosevelt ao assumir a Presidência, afirmando que nada havia a temer a não ser o próprio medo.

Tudo isso parece-me estar bem longe do Brasil atual ou pelo menos do São Paulo atual — com o seu orgulho quase adolescente de país que começa a se industrializar em larga escala, com a sua confiança na filosofia desenvolvimentista. Temos as nossas dificuldades, que não são pequenas, sem dúvida, os salários raramente alcançam os preços na corrida inflacionista, ocasionando uma série de greves, de desajustamentos, que poderão eventualmente degenerar, ou evoluir, para uma franca situação revolucionária. Mas são crises de uma economia em expansão, não em retração. A nossa aventura nacional, por enquanto, é a do capitalismo em crescimento. Eis uma verdade que não poderá ser esquecida por qualquer esquerdismo que não deseje, em nome de princípios, perder por completo o contato com a realidade. Por trás de cada queixa ou reivindicação, paira a certeza, mesmo entre a classe operária, de que o Brasil de amanhã será muito mais rico que o de hoje, mito a que o presidente Juscelino Kubitschek deu corpo ao construir uma moderníssima capital no planalto desértico de Brasília. Comparar esta atmosfera com a de *Awake and Sing* — título do original em inglês — é mostrar uma singular insensibilidade histórica.

Dir-nos-ão que estamos raciocinando com sentimentos e não com fatos econômicos. Mas é exatamente assim que Odets raciocina. Ele não faz qualquer análise objetiva, nem sequer tenta formular um diagnóstico preciso. O seu forte é a expressão pura e simples de um descontentamento social — que certamente não se assemelha ao nosso, a não ser nos traços mais gerais e menos significativos.

De resto, a própria experiência soviética já não se apresenta como naquela época. A Rússia definia-se, em 1930, como o país sobre o qual quase nada se sabia de positivo. Esta ignorância, se permitia aos seus inimigos as piores conjeturas ou calúnias, abria, em compensação, aos seus adeptos, as asas da fantasia. E é esta imagem utópica, altamente idealizada, que transparece em algumas alusões da peça de Odets, como uma esperança, um lenitivo, uma compensação para todas as durezas da vida.

Ora, nada disto subsiste. A atração comunista continua, evidentemente, mas posta em termos diversos. Baseia-se agora em realizações econômicas, alimenta-se de demonstrações de força, de façanhas científicas e paramilitares — e não em ingênuos sonhos de justiça e igualdade perfeitas. A Rússia de 1960 é uma realidade bem terrestre, que falará à imaginação de muita gente, mas não, possivelmente à do velho Jacob tal como o pintou Clifford Odets, impregnado de pacifismo, com a sua doçura e a sua inabilidade de se adaptar ao mundo real, a sua passividade e o seu fundo de misticismo judaico. Os comunistas não são atualmente menos numerosos — mas o recrutamento partidário usa de outros argumentos e atinge outras pessoas.

Mas que foi, então, em *A Vida Impressa em Dólar*, que pareceu tão atual nos jovem atores e encenadores do Oficina? Talvez alguma coisa mais vasta e universal, menos presa às contingências políticas.

A revolta de Ralph Berger contra a cupidez de Bessie e a indiferença de Miron, não será aquela eterna revolta dos filhos contra os pais, o choque entre o anseio de viver ainda incontaminado e a chatice da vida implantada e delimitada pela realidade? Bessie e Miron não serão piores do que os outros, mas têm, aos olhos de Ralph, a mácula que não se perdoa aos dezessete anos de idade: resignaram-se, aceitaram uma concepção mesquinha da existência. O que lhes ficou nos lábios, como em Hennie e Axelrod, para não falar no tio Abbe, imagem do conformismo satisfeito, é o gosto amargo do oportunismo barato, da competição sórdida atrás do dinheiro. É contra essa mediocridade que nem sequer é feliz, esse desespero morno, sem horizontes, que não se confessa como tal, arrogando-se ares de excessivo cinismo ou excessiva agressividade, que lutam os únicos dois que fazem questão de não se inscrever no sistema: Ralph, o mais moço, Jacob, o mais velho, cuja ineficiência na vida prática preservou-lhes quase intacto aquilo que os outros julgam ingenuidade adolescente, isto é, a capacidade de acreditar na força renovadora dos homens. Ele cita Marx, mas tira da Bíblia o seu lema lírico: "despertai e cantai", isto é, transformai a vida, a cada instante, numa aventura plena e humana.

Reduzir esta generosa visão a uma simples análise da sociedade norte-americana seria como considerar os dramas de Tchékhov meras críticas ao regime czarista, negando que, para além dos econômicos, possam existir outros problemas, outras causas de desentendimento e frustração. A peça de Odets, ligando-se a um determinado momento histórico, é inegavelmente um comentário corrosivo sobre a vida impressa em dólar, mas não seria difícil estender o seu alcance à vida impressa em qualquer outra moeda, inclusive o rublo. A própria Rússia, aliás, já não começa a admitir, como prova de maturidade, este tipo de crítica interna, estas advertências de que nem só de pão vive o homem, estas confissões de que, mesmo nas sociedades altamente coletivizadas, o mais difícil é dar sentido integral à vida, é despertar e cantar?

Como obra teatral, *A Vida Impressa em Dólar* só se revela no palco. À leitura, não se consegue fugir a uma certa impressão de pobreza — de idéias, de estilo, de caracterização psicológica. Em cena, contudo, estas silhuetas bastante esquemáticas — o duro, o fraco, o idealista, o realista — adquirem contornos humanos, afirmando-se pela combatividade, exprimindo-se através de um diálogo seco, sarcástico, desabrido, que o cinema a seguir iria popularizar. Os acentos de melancolia, quando chegam, surpreendem-nos pelo contraste, como as confidências inesperadas das personalidades pseudofortes. É um universo áspero, impiedoso, mas que trai constantemente a insegurança e a insatisfação. O maior mérito da peça, entretanto, talvez seja histórico, ao anunciar vários temas de crítica social que seriam retornados e desenvolvidos na década de 40, em especial por Arthur Miller em *A Morte do Caixeiro-Viajante*.

A insuficiência de Odets pode ser atestada por um fato curioso: as personagens surgem mais ricas ao serem descritas pelo autor do que através de sua efetiva realização dramática. O objetivo de qualquer encenação da peça, portanto, deverá ser, preliminarmente, o de capturar esta complexidade psicológica que escapou por entre os dedos do escritor.

Nesse sentido, o melhor desempenho da excelente versão do Oficina é o de Fauzi Arap. Sam Feinschneiber não tem nada a oferecer a ninguém: não é bonito, não é inteligente, não tem personalidade e é estrangeiro. Fauzi Arap sugere todas estas características negativas e ainda outra coisa: um senso inato de dignidade que não consegue se transformar em gestos e palavras. O riso, prestes a explodir, é assim cortado, a cada momento, por uma nota de profunda piedade. Eugênio Kusnet vence com a sua conhecida maleabilidade, uma das provas mais árduas do teatro: não tornar a bondade nem tola, nem sentenciosa, nem piegas. Celia Helena também está neste grupo de intérpretes excepcionais, pela sensação que dá, a princípio, de aridez, de cansaço e, depois, de desorientação, causada por um primeiro e longínquo fio de esperança.

Francisco Martins faz o que manda o texto: é um excelente cão familiar, carinhoso, dócil, obediente, em que se pode depositar toda confiança, exceto para as missões propriamente humanas. Já Etty Frazer, atriz muito segura, poderia ser menos má; ou melhor, poderia dar a entender, desde o começo, que o seu egoísmo, de mãe que precisa manter a qualquer custo a casa em ordem, é também efeito, e não somente causa. Jairo Arco e Flexa, como Joe Axelrod, convence tanto mais quanto mais se apega ao seu humorismo feroz, e Fuad Jorge dá-nos a única interpretação realmente fraca, jamais chegando a humanizar a personagem.

Mas a culpa aqui, se não nos enganamos, cabe à direção de José Celso Martinez Corrêa, muitíssimo eficiente em tudo o mais. As intenções polêmicas, que se observam no título em português (tão mais vulgar que o original) e nas notas do programa, não se fazem sentir no espetáculo, que é de uma isenção integral.

(1961)

64. A Escada

A Escada difere de *A Moratória* em quase tudo: enredo, personagens, idéias e processos teatrais. Mas por sob essa variedade aparente é possível discernir, a um exame mais atento, certas semelhanças que, longínquas a princípio, começam de repente a avultar, como nesses retratos de família em que a diversidade de fisionomias não esconde os sinais de parentesco que repontando timidamente neste ou naquele rosto acabam por conferir uma surpreendente unidade física a todo o grupo.

Não são poucos os temas de *A Moratória* que aparecem em *A Escada*, porém modulados de outra forma: a demanda judicial perdida, ou seja, o sonho de uma impossível recuperação econômica, esperança que, a partir de um certo momento, passa a se constituir na carga mais pesada com que tem de arcar a família; a filha solteira — ou solteirona — que costura com fúria, com desespero, menos como um meio de subsistência do que como uma forma de punição imposta a si mesma e aos pais por erros cometidos no passado, por um casamento que se frustou por interferência indevida de terceiros. Ou, em escala mais ampla, o tipo de relações entre pais e filhos (as mães, dedicadas, carinhosas; os pais, tendendo para a intolerância; os filhos, simpáticos e vagabundos) e entre homens e mulheres (estas mais realistas, mais corajosas, aqueles mais sonhadores, menos adaptados às mudanças da vida econômica e social).

Poderíamos resumir todas estas imagens e situações características, que voltam sempre do fundo da consciência, às vezes sem que o escritor se dê conta, poderíamos condensar todas estas marcas de nascença que refletem a espontaneidade e organicidade de uma obra literária, dizendo que ambas as peças retratam a mesma classe social: a alta burguesia paulista, que, depois de ter dominado longamente a vida política do Estado, começou a entrar em declínio sob o influxo de três impactos sucessivos: a crise de 29, a revolução de 30 e a ascensão econômica dos filhos dos antigos emigrantes. (Por este lado, as queixas do velho paulista de *A Escada* contra os sírios e os italianos não passam da expressão de um fundo ressentimento social.)

Mas se a classe é a mesma, o meio não o é. *A Moratória* é uma peça rural: as paisagens que não vemos, que se estendem além do cenário, são formadas por campos, cerrados, plantações, criações, o *habitat* de uma civilização rústica, ainda próxima da posse da terra. *A Escada*, ao contrário, supõe atrás de si uma zona velha, uma preocupação com a hierarquia, com títulos e distinções sociais, que somente a vida urbana dá. É possível que haja orgulho de casta em ambas, mas, na primeira, ainda implícito, ainda não codificado, sem essa dureza, essa nitidez de formulação que nasce da consciência plena dos próprios privilégios de classe, acarinhados durante várias gerações.

Esta diferença, que poderia ser apenas externa, quanto ao assunto, é interna também, porque afeta o modo pelo qual as duas peças encaram um dos problemas centrais de ambas, que é exatamente o mesmo: o da tradição.

Jorge Andrade aborda aliás de maneira direta a questão em *A Escada*, ao colocar um escritor — e um escritor de teatro — no contexto da peça. A atitude deste perante os velhos pais é ambígua: em teoria, não sente qualquer afinidade pelos preconceitos familiares; na prática, acha-se mais preso a eles do que gostaria de admitir. Quando enfrenta o irmão mais velho que é o substituto do pai, o tradicionalista por excelência inclina-se para uma posição iconoclástica. Mas não tem a coragem de romper, como faz a sobrinha ao se casar com um mulato. A solução que adota para sair do impasse é sentimental e artística: ele preza o passado, gosta de conviver com pessoas de outras épocas, mas um pouco como se admira uma velha cômoda ou um casarão colonial. Sabe que estão condenados — e é justo que assim seja — mas aceita-os como parte da sua herança de família e também como imagens de um Brasil que já se vai tornando raro.

Tal parece ser a posição do próprio Jorge Andrade. Mas ainda aqui, dentro desse quadro que é comum a ambas, há diferenças marcantes entre uma e outra peça. O laço que liga autor e personagens, em *A Moratória*, é fortemente afetivo: sentimos que o criador ama as suas criaturas, desculpando-as ao mesmo tempo em que as desaprova. O clima é intimista, melancólico, de secreta ternura, de infindável sondagem psicológica. São apenas seis personagens que Jorge Andrade vira e revira amorosamente entre os dedos. Já em *A Escada* não existe esta cumplicidade, esta compreensão profunda. O corte é outro, antes horizontal do que vertical, apanhando um número enorme de pessoas, que são caracterizadas em traços enérgicos, por contrastes violentos, sem demoras, introspectivas. A peça entrega-se ao público sem reservas ou pudores, sem zonas de silêncio ou obscuridade. Não que a agudeza psicológica seja menor, mas o olhar do autor se aplica, objetivamente, vendo as pessoas de fora para dentro.

A carga tradicionalista surge, então, nitidamente como um empecilho, um obstáculo à vida. Os preconceitos agravam-se, assumem formas grotescas, de alienação não só mental, mas também social. Trata-se, na verdade, de um mundo irremediavelmente caduco. Tudo isto é expresso, de modo inequívoco, pela senilidade do protagonista, que vive perdido em outras eras, fechado dentro do seu próprio universo imaginário, sem qualquer comunicação com o presente, despertando nos filhos uma série de reações tumultuosas a favor ou contra os velhos princípios familiares, afinal vencidos. A tradição, que em *A Moratória*, no seu estado incipiente e primitivo, ainda era um compromisso possível, passa a ser em *A Escada,* um peso morto que é preciso saber jogar fora a tempo.

É curioso que esta caducidade, este caráter obsoleto, retire parte da significação social da peça, em vez de aumentá-la. É fácil condenar quem já se condenou, colocando-se de maneira tão óbvia fora do curso de história. Retratar pessoas que sonham com barões e condes, que dialogam com o Imperador, não levanta objeções, não causa mossa em ninguém. O difícil seria identificar as encarnações modernas, atuais, deste mesmo espírito tradicionalista e retrogrado. Se Jorge Andrade o fizesse, ferindo pontos de controvérsia social ainda vivos, ainda sensíveis, talvez não obtivesse, por parte do público, o mesmo geral assentimento.

Mas analisar a peça somente deste ponto de vista não é compreendê-la a não ser pela metade. Parece claro que para o autor tal aspecto, ainda que desenvolvido ao longo de todo o enredo, é subsidiário. O que o tocou mais de perto, na figura do antigo aristocrata paulista, não foi tanto o porta-voz dos preconceitos de sua classe como o homem já entrando na fase final da decrepitude. *A Escada*, de resto, baseia-se pouco na psicologia individual. Os dois velhos, apesar de desenhados com exatidão, com economia de meios e enorme senso do pitoresco, são vistos, também eles, exteriormente, como a soma de um certo número de cacoetes da idade, não havendo no texto nenhum esforço maior para aprofundar o estudo da velhice em si mesma. Quanto aos filhos, não vão muito além dos rudimentos psicológicos — e nem haveria tempo e oportunidade para mais uma numa peça tão panorâmica quanto esta. É que o módulo dramático não está em uns e outros, mas em suas relações recíprocas.

O casal de velhos exerce, perante os filhos, uma dupla função: por um lado, é o agente catalítico que cristaliza os defeitos de cada um, que desfaz os casamentos já em vias de desunião, que instiga o filho mais velho no caminho de teimosia e alheamento social que já era seu, que alimenta os conflitos e exige as definições desagradáveis; por outro, é o álibi salvador, a desculpa do menino para as notas baixas nos exames, o pretexto para o mau humor constante do genro etc. Eles são ao mesmo tempo culpados (na medida em que põem à prova os nervos alheios, às vezes por prazer, por uma ponta de malícia senil, às vezes por simples inadvertência, por não se integrarem na realidade corrente) e vítimas de todos os antagonismos pessoais e ideológicos que agitam a família.

A princípio, os pais protegem os filhos; depois, aos poucos, os papéis começam a se inverter. Este é o ponto crucial de *A Escada*, a sua razão de ser, o seu motivo próprio e original. O que ela retrata, acima de tudo, são as vacilações, as perplexidades, os escrúpulos de consciência, os remorsos, através dos quais os filhos, chegado o momento, vão lentamente aceitando a hipótese de se tornarem tutores dos próprios pais. É admirável a habilidade com que a idéia é lançada ao ar, apenas como tímida sugestão, a seguir defendida, negada, discutida, reafirmada e combatida, com um calor sempre crescente, até terminar por vencer na decisão praticamente unânime de internar num sanatório o pobre casal de velhinhos, tão alheios a tudo e tão insuportavelmente metediços.

Este diálogo interior, que percorre a ação da primeira à ultima cena, estruturando e unificando o enredo, é o debate essencial da peça. A verdadeira personagem de Jorge Andrade é a família, atormentada, dividida contra si mesma, insegura de seus princípios e de seus procedimentos. Mas, apesar dos pesares, extraordinariamente solidária em todos os seus membros. E o ritmo que percebemos no palco é o deste grande coração coletivo pulsando nervosamente em seus minutos de provação — aqueles em que ninguém pode fugir por completo à herança deixada por seus pais.

(1961)

65. José, do Parto à Sepultura

José, do Parto à Sepultura, peça de Augusto Boal estreada ontem para a crítica, procura reunir o útil ao agradável, combinando em doses mais ou menos eqüitativas a farsa e a pregação política de esquerda. De outras vezes, a fórmula que, como se sabe, é a do Teatro de Arena — tem funcionado bem. Desta vez, não. Por um lado, a pregação é por demais óbvia, repetindo com aplicação o abc do marxismo; por outro, a comicidade só rende pela metade, ou menos ainda, o que é grave num texto que quer fazer rir praticamente a cada réplica. Há coisas inteligentes, há coisas engraçadas, mas sempre em detalhe — o conjunto é que jamais se engrena com eficiência. No fim, em vez de nos ficar uma crítica severa da sociedade capitalista, a imagem que nos acompanha, ao deixarmos o teatro, é a de um *sketch* gigantesco, que durasse duas horas e meia. Como parece longo, em certos momentos, o caminho que conduz José do parto à sepultura!

A direção é de Antônio Abujamra, muitíssimo mais apropriada ao texto que a de *Raízes*. O que condenaríamos no jovem encenador gaúcho agora radicado em São Paulo é o seu espírito de submissão. Ele deseja criar um teatro revolucionário, inconformista, mas nada nos custa apontar o modelo teórico de cada solução cênica que adota. Brecht é grande, Planchon é o seu profeta — e o resto deduz-se com facilidade de tais premissas. *José, do Parto à Sepultura* ressente-se desta obediência excessiva a teorias. O espetáculo possui indubitavelmente unidade, está concebido como um todo, mas sem alcançar aquele nível de espontaneidade que distingue as representações similares do Teatro de Arena, muito mais livres do ponto de vista teórico.

Etty Fraser pareceu-nos a mais naturalmente engraçada, a que menos precisa esforçar-se para conseguir semelhante resultado. Fauzi Arap parece às vezes sincero demais para este gênero frenético de farsa, humano demais para as implacáveis desumanizações que Augusto Boal impõe à personagem. Apesar disso, é um excelente ator, Celia Helena luta valentemente contra um papel que tem o defeito de prometer muito e cumprir pouco. Ronaldo Daniel faz um padre digno de todas as irreverências com que sonhamos aos quinze anos de idade. E Wolfram Gunther é engraçado enquanto dura a surpresa da pronúncia alemã.

* * *

Não há mal que um jovem encenador brasileiro vá a Paris — desde que não assista a nenhum espetáculo de Roger Planchon. Tal é, pelo menos, a conclusão que estamos no direito de tirar de três ou quatro recentes encenações paulistas.

A primeira vítima de Planchon, em ordem cronológica, parece ter sido Antunes Filho em *As Feiticeiras de Salém*. A segunda foi Flávio Rangel com *Almas Mortas*. (Não quis ele reproduzir os processos cênicos que vira em Paris, desejou apenas atingir por outros meios, mais simples, objetivos semelhantes. Mas não o salvou essa relativa modéstia de intenções: o resultado foi o que se viu.) A terceira vítima, a mais deliberada e consciente, a mais entrincheirada em razões estéticas e políticas julgadas inexpugnáveis, foi e continua sendo Antônio Abujamra, nos dois espetáculos que montou em São Paulo: *Raízes* e, agora, de algumas semanas para cá, no teatro Oficina, *José, do Parto à Sepultura*.

Não se creia, entretanto, que faça parte de nossas intenções responsabilizar Planchon pelo que tem acontecido ou possa porventura acontecer em São Paulo.

Não temos, é verdade, grande simpatia por certas posições que vem ele assumindo, na prática senão em teoria, tendentes a hipertrofiar a função do encenador à custa da peça. Ainda há pouco tempo, na falta de originais que correspondessem às suas exigências cênicas (e essa falta é sempre o destino trágico de tais encenadores), reescreveu ele *Eduardo II*, segundo Brecht e Marlowe. Ora, ninguém ignora, pelas experiências de 1920 (houve um diretor russo que montou *Santa Joana* segundo Shaw, Shakespeare e Pushkin!), no que dão semelhantes tentativas. O encenador, que parecia tão inventivo ao trabalhar textos alheios, começa logo a parecê-lo um pouco menos quando assume a tarefa de criar também a peça. Verificamos — nós e ele — que o autor é menos indispensável ou substituível do que julgáramos e que o texto não era aquele simples pretexto que figurava ser nas mãos diabolicamente engenhosas do diretor. Foi o que dizem ter sucedido com *Eduardo II*. Até mesmo alguns dos admiradores mais fervorosos de Planchon, como Pierre Marcabru, tiveram de reconhecer o beco sem saída em que se vai ele metendo: o de encenador genial que não encontra peça à sua altura ou feita à sua medida.

Mas estas objeções de princípio não negam o brilho de Planchon. As críticas que lemos sobre ele, e não foram poucas, favoráveis e desfavoráveis, apontam todas numa só direção, sugerindo-nos uma dessas personalidades ousadas que nos enriquecem mais com os seus erros do que a maioria das outras pessoas com as suas tímidas verdades.

A nossa crítica, como se vê, não chega e nem poderia chegar até lá. Fica por aqui mesmo, no âmbito modesto do nosso teatro. O que os nossos encenadores esquecem, ao imitar Planchon ou Brecht, é que as soluções pessoais de artistas assim criadores cabem a eles e somente a eles. Pode-se admirar Brecht, pode-se sofrer a influência de Brecht, o que não se pode fazer é aplicar mecanicamente fórmulas que não nasceram apenas da inteligência crítica, mas da totalidade de uma determinada experiência humana e artística. Tomemos o caso da música. Brecht tocava clarineta, cantava (há uma gravação sua do *Moritat* da *Ópera de Três Vinténs*), passara pelos *cabarets* literários e musicais de Berlim, era amigo de compositores como Kurt Weill e Paul Dessau. As canções que colocava em suas peças, portanto, apesar de todas as severas alegações doutrinárias, justificavam-se primordialmente por si mesmas, pelo prazer que proporcionavam, não se limitando em absoluto à função de quebrar com um apelo direto ao público a ilusão realista do espetáculo. Ao contrário, é provável que a justificação teórica, como tantas vezes acontece, viesse *post facto* para legitimar uma preferência de ordem pessoal, de raízes emotivas profundas. O ponto de apoio musical, em suma, era uma característica do homem Brecht e do escritor Brecht — e não um traço obrigatório de todo e qualquer teatro político, como tendem a pensar os nossos encenadores de esquerda. Ora, acontece que o Brasil não é a Alemanha: nem os nossos atores sabem "projetar" cenicamente uma canção, nem os nossos compositores populares, dos quais nos temos socorrido, chamam-se Kurt Weill. Por que, então, esse conúbio julgado indispensável entre marxismo e música, como se não houvesse em teatro outro meio de dizer "proletários de todo o mundo, uni-vos" a não ser cantando?

Não seria difícil encontrar na encenação de Antônio Abujamra — pois é do espetáculo de Oficina que vimos falando disfarçadamente desde o início desta crônica —, outros exemplos de doce submissão ao receituário brechtiano, julgado duplamente sagrado, pelo lado estético, ao propor uma alternativa inteligente ao realismo, e pelo lado político, ao pender para a esquerda. Assim, o contraste entre o cenário, estilizado ou inexistente, e os acessórios, perfeitamente reais, para introduzir em meio à ficção uma nota de verdade social, para lembrar os quadros econômicos nos quais a peça se insere (essa é, pois, a função da roca e da máquina de fiar que aparecem em *José, do Parto à Sepultura*, opondo o individualismo artesanal ao coletivismo do sistema de produção moderno). Outro exemplo seriam os contra-regras, que ajudam os atores em cena e fazem o espetáculo caminhar, integrando-se por momentos na ação, como se estivessem no mesmo tempo presentes e ausentes à nossa vista, convenção teatral de longínqua origem japonesa, mas que nos chega, ainda uma vez, via Brecht. Em ambos os casos, trata-se de soluções próprias da dramaturgia brechtiana, de sínteses brilhantes em que se fundem as tendências do teatro alemão de 1920-1930, as influências recebidas por Brecht e os fins político-didáticos que ele tinha em mente. Mas é esta mesma originalidade, este mesmo sabor de coisa pessoal, única, que se perde rapidamente com a repetição.

Antônio Abujamra, que como encenador é acima de tudo um intelectual, um doutrinário, precisaria sê-lo um pouco menos ou um pouco mais. Um pouco menos para não se prender tanto a esquemas teóricos que, afinal, não passam de instrumentos de trabalho, estando longe de possuir o valor absoluto, de verdade intocável, que ele supõe; ou então, um pouco mais, para forjar as suas próprias teorias, os seus próprios métodos de encenação, precisamente como Planchon e Brecht fizeram. Leia-se, a propósito, e que ele escreveu no programa da Oficina. Dir-se-ia que o assunto deveria ser *José, do Parto à Sepultura* — mas, não, ele quase só discorre sobre lógica, dialética, conceito de tragédia e comédia, efeito do distanciamento (com a palavra original alemã naturalmente posta entre parênteses: *Verfremdungseffeckete!*), em parágrafos curtos, insuficientes para um verdadeiro esclarecimento da questão, escapando pelo lado das considerações teóricas, colhidas nos mestres, à sua missão específica, que seria analisar não o teatro, mas a peça de teatro que tinha em mãos.

Quanto ao texto, os seus defeitos seriam de outra natureza. Augusto Boal prefere, em vez de descobrir novos conceitos, repetir os velhos que ainda não se tornaram realidades políticas. Uma primeira parte de sua demonstração versa o tema: a religião é o ópio do povo. Uma segunda prova de que no sistema capitalista a porção mais considerável do lucro vai para os bolsos do patrão e não do operário (a todo momento esperamos ver surgir a expressão "mais-valia"). Uma terceira revela que o homem na sociedade moderna torna-se um objeto, alienando-se, perdendo a sua característica substância humana — e assim por diante. Não vamos discutir essas idéias — e nem seria aqui o lugar para fazê-lo. O que nos pareceu imperfeito foi a combinação entre esse núcleo de pensamento, essencialmente sério, para não dizer dramático, e a forma do espetáculo que Boal desejou derivar da comicidade popular brasileira, dos nossos circos e dos nossos teatros de revista. Não diremos que semelhante combinação seja impossível: o maior mérito da *Revolução na América do Sul* foi tê-lo conseguido, é verdade que com uma carga doutrinária incomparavelmente menor. De qualquer forma, em *José, do Parto à Sepultura* uma coisa pareceu sempre prejudicar a outra, como se o autor estivesse permanentemente indeciso entre Marx e os Irmãos Marx. Brecht, por exemplo (e em tal teatro não há meio de fugir a esse homem terrível), jamais faz graça. Acontece que muitas vezes ele é engraçado, num sentido mordaz, de sardônica crítica social. Mas não encontramos, em seu teatro, a piada pela piada, o culto da piada, mal de que sofre a peça da Oficina. Voltemos a "operários de todo o mundo, uni-vos". A citação não caiu do céu por acaso: a frase comparece, de fato, no texto de Boal. Mas em que circunstâncias? Uma criança de meses (representada por um adulto), vê-se pressionada pela mãe e pela avó para dizer a sua primeira palavra. Uma quer que ela balbucie "mamãe" (e para convencê-la exibe um pedaço de goiabada explicando que se chama "mamãe"); a outra, por processos análogos, não menos fraudulentos, exige que ela fale "vovó". E é sobre essa expectativa de farsa grotesca que a criança lança ao público o famoso lema do manifesto comunista de 1848. O efeito, em cena, é irresistível, pegando-nos absolutamente de surpresa. Triunfo total da comicidade circense. Mas terá sido com esse objetivo que Marx e Engels lançaram o mais famoso *slogan* político do mundo moderno? Há momentos em que é preciso optar: brincar ou falar sério. Pretendendo ser ao mesmo tempo discípulo de Brecht e de Alfred Jarry, apoiando um pé na racionalidade e outro no absurdo, Augusto Boal acaba comprometendo a própria estrutura interna de sua peça, com os meios desmentindo os fins. Como farsa, pesa sobre ela o excesso de intenções didáticas, a massa de conceitos políticos; e como peça política, faz rir freqüentemente daquilo mesmo que deseja reverenciar.

(1962)

66. A Morte do Caixeiro-Viajante

Doze anos nos separam da rumorosa estréia de *A Morte do Caixeiro-Viajante*: se os elementos constitutivos do drama de Arthur Miller continuam a parecer os mesmos, já não afirmaríamos outro tanto com relação à hierarquia estabelecida entre eles. Para tudo antecipar em poucas palavras, diremos que a crítica social contida na peça como que perdeu parte de sua antiga virulência, em proveito dos aspectos psicológicos e morais. A obra certamente não mudou: mas a perspectiva do tempo nos permite ver nela, agora, por um lado um pouco mais e por outro um pouco menos do que um ataque político à sociedade moderna tal como se apresenta nos Estados Unidos.

Que este aspecto, posto tanto em destaque nas primeiras críticas, também faz parte integrante da peça, não resta dúvida. O erro de Willy Loman é perceber o lado externo do capitalismo, sem nada compreender quanto ao seu mecanismo íntimo. Tomando ao pé da letra a teoria da personalidade simpática como meio e do êxito econômico como fim, acreditando piamente na força da propaganda pessoal e na esportividade das relações humanas, ele não enxerga que esta superfície lisa e brilhante, esta técnica de *public relations*, esta filosofia otimista de *Reader's Digest*, esconde, na verdade, uma competição econômica travada em termos ásperos e bem pouco esportivos. Só tardiamente verifica ele que não basta sorrir, agradar, contar anedotas e conhecer todo mundo pelo nome: é preciso ainda ter alguma coisa para vender — e alguma coisa específica, que se traduza de maneira mais ou menos imediata em dinheiro. Não é, portanto, apenas a segurança econômica que ele sente estar perdendo com a chegada da velhice: é toda uma tábua de valores que cede aos seus pés, a crença num código de camaradagem e decência humana que deixa de funcionar no instante exato em que Willy o procura para nele se apoiar. O patrão recebe-o com cortesia, em aparente pé de igualdade, exibe-lhe as últimas gracinhas do filho, mas nem por isso lhe oferecerá o emprego em Nova York que é a sua última esperança de salvação. Cada um por si, Wall Street por todos — Willy Loman surpreende-se que a regra do jogo seja essa. Ele é, como observa Charlie, uma criança perdida num mundo de adultos. Viveu sem ter compreendido praticamente nada. E o preço que paga por sua inocência é o suicídio final.

A dúvida — já assinalada de passagem por Eric Bentley — começa ao indagarmos: a falha, é da sociedade ou de Willy Loman? Porque Arthur Miller sobrepõe a este quadro a análise de um caso individual, tirando muito da exemplaridade política que a peça poderia ter. O ponto capital do entrecho, aquele em que sentimos ter chegado ao âmago, é a cena em que Biff surpreende o pai em companhia de outra mulher. É, em torno desta revelação que o enredo gravita desde o início, é este incidente que origina e explica toda a história subseqüente, esse bloqueio das relações afetivas entre pai e filho que parece ser o tema mais pessoal e doloroso da peça. Encaradas as coisas por este ângulo, já não se trata de propor uma revolução ou mudança social: bastaria, de parte a parte, uma boa psicanálise. A angústia de Will Loman, já prestes a se transformar em loucura, não é bem a de um caixeiro-viajante ameaçado de perder o emprego, mas a de um pai que julga que o filho o despreza. Torna-se claro que Arthur Miller tentou pensar em termos de economia coletiva, mas sem escapar a esse psicologismo exasperado, avassalador, que é uma das constantes de todo o teatro, para não dizer de toda a vida norte-americana.

O drama retrai-se assim ao psicológico. Mas, em compensação, como dizíamos de começo, expande-se para muito além do social e do político. O conflito que marca verdadeiramente os protagonistas passa-se sobretudo na esfera moral: não é um confronto entre homens, mas entre o homem e ele mesmo, entre o que ele é e o que imagina ou deseja ser. Nesse plano, Arthur Miller surge como um descendente direto de Ibsen. O problema de *A Morte do Caixeiro-Viajante* é semelhante, em última análise, ao de *O Pato Selvagem*. Trata-se, em ambos os casos, de negar as realidades desagradáveis, de fechar os olhos aos próprios defeitos e limitações.

Os três homens da família, Willy e seus dois filhos, são exímios malabaristas no exercício da ilusão coletiva ou individual, da insinceridade deliberada consigo mesmo. Happy parece ser o menos sensível ao sofrimento: a superficialidade salva-o de qualquer autoconsciência mais penosa. Mente, engana-se, não o ignora, mas não chega a atormentar-se como os outros, pelo menos enquanto houver mulheres, bebidas, roupas e apartamentos baratos. Biff, ao contrário, é o que melhor estabelece contato com a realidade, ressentindo-se de sua asperosidade como se tivesse a pele delicada de um recém-nascido. Sabe quem é, que não vale nada, estando portanto mais próximo de encontrar uma saída. O trabalho de autodesmistificação a que se submete, o conhecimento próprio que procura adquirir de modo tão dramático, enfrentando o pai, chamando-o de volta à realidade, já é por si o começo da terapia psicanalítica a que nos referimos. Willy Loman oscila entre a consciência de Biff e a inconsciência de Happy, entre a mentira e a verdade a respeito de si mesmo — e é este jogo que lhe vai roubando a lucidez, lançando-o progressivamente na loucura, preparando-o para o suicídio.

Ora, ninguém dirá, também aqui, que essa dialética seja característica de determinado sistema social. Mais uma vez voltamos ao ponto de partida. Arthur Miller serve-se na sua crítica da forma capitalista, pondo em evidência a desumanização das relações humanas que se processa numa sociedade individualista e baseada na competição econômica, mas não se detém nesta constatação meramente política. O seu objetivo parece estar mais adiante, visando denunciar, por momentos, o próprio êxito material da nossa civilização urbana, que fecharia os homens em cubículos de cimento, privando-os de plantar, de colher, furtando-os em seus anseios de aventura, em sua necessidade de horizontes e espaços largos. A solução, um pouco como em Tolstoi, estaria talvez no trabalho manual, na retomada de contato com os objetos físicos, com as coisas da natureza. A peça não o diz com clareza, não sabe ou não o quer exprimir, mas adivinhamos, nas entrelinhas, um fundo de misticismo religioso, uma aspiração espiritualista que não se reconhece como tal.

O que mata Willy Loman não é a pobreza: afinal, ele tem um automóvel, uma casa (e quem se lembraria de atacar o *american way of life* por onde ele é mais forte, acusando-o de conduzir à pobreza?). Não é também, de maneira exclusiva, o desencontro com os filhos. Paira, por trás de cada explicação particular, uma insatisfação, uma angústia maior, uma sensação de abafamento, de mesquinhez, de carência de sentido moral e poético para a vida, o desejo quase absurdo de humanizar totalmente não só o homem como o próprio universo.

* * *

Quatro admiráveis desempenhos conferem ao atual espetáculo do Teatro Brasileiro de Comédia uma categoria incomum.

Cleyde Yáconis vem em primeiro lugar, por ordem de merecimento e também de antigüidade no teatro, já que em arte, não menos do que na ciência, o gênio é em parte uma longa paciência, o resultado de um aperfeiçoamento que não se completa sem a dedicação de toda uma vida.

A sua função é simples. O protagonista de *A Morte do Caixeiro-Viajante* vive dentro daquilo que Sartre chamaria de má-fé e inautenticidade. O inferno criado por Willy Loman, ao não reconhecer a verdade a respeito de si mesmo e de seus filhos, não difere em essência do de Garcin, em *Huis-Clos*, ao não admitir a própria covardia, Mas há uma enorme diferença entre os dois autores. Sartre, sendo um moralista, acreditando no livre arbítrio, responsabiliza as suas personagens não só pelo que fazem, mas inclusive pelo que são. Arthur Miller, que é nesta peça sobretudo como psicólogo, tem o ponto de vista oposto. Em face de um malogro humano como o de Willy Loman não há propriamente o que condenar: ele mesmo ia se condenou com muito mais severidade do que poderíamos fazê-lo. Só nos resta, como homens, oferecer-lhe compreensão, amor.

Pois é esta a função desempenhada na peça por Linda Loman. Ela não se ilude, não supervaloriza o marido. Mas nem por isso deixa de estimá-lo, e por ser precisamente o que é, não um herói, uma personalidade de exceção, mas um pobre e fracassado caixeiro-viajante que nem sequer consegue se entender consigo mesmo e com os filhos. Com a clarividência do amor, ela enxerga as intenções, os sentimentos, a autenticidade da vida afetiva — e não os resultados.

Cleyde Yáconis, com a sua presença humilde e firme, é este eixo de humanidade de que a peça necessita para o seu equilíbrio e em torno do qual gira a vida da família. É a ela que cabe dizer as palavras mais esclarecedoras do texto: "Willy Loman never made a lot of money. His name was never in the paper. He's not the finest character that ever lived. But he's a human being, and a terrible thing is happening to him. So attention must be paid".

Dionísio de Azevedo é o caixeiro-viajante. Ele possui todas as qualidades de ator para fazer o papel — força, delicadeza, vulgaridade, extroversão — mas falta-lhe ainda alguma experiência de palco. A sua criação é muito mais variada tecnicamente que a de Jaime Costa, mas sem nos atingir com a mesma pungência, talvez porque a angústia deste parecia derivar, por momentos, não apenas da personagem, mas do próprio ator que, a exemplo de Willy Loman, achava-se numa encruzilhada crucial de sua carreira.

Biff em nada se inferioriza às últimas e magníficas interpretações de Leonardo Vilar. É possível, de resto, encontrar um denominador comum entre elas. São, todas, estudos de intensidade emocional, mas sutilmente modulados pelo ator: intensidade selvagem, quase cega, em *Panorama Visto da Ponte*, inocente, primitiva, em *O Pagador de Promessas*; apaixonada, em *A Semente*, e torturada, cheia de sentimento de culpa, em *A Morte do Caixeiro-Viajante*.

Juca de Oliveira, pela primeira vez no profissionalismo, descobriu o seu papel. Happy poderia parecer unicamente egoísta, desagradável, indiferente ao pai e ao irmão. Como foi interpretado, sem nada perder destes lados negativos, ganhou outra complexidade. É quase cômico o seu horror de ir ao fundo das coisas, de pôr a ferida a descoberto, como é quase patético o seu desejo de auxiliar os outros, ainda que a seu modo, de tudo refazer com duas ou três mentiras mais ou menos habilidosas. Também ele, em outras circunstâncias, poderia ser melhor.

Flávio Rangel dispôs desta vez de bastante tempo para armar o espetáculo, ao contrário do que lhe vinha sucedendo ultimamente. O perigo seria, portanto, o de uma representação carregada, superdirigida. O jovem encenador soube como evitá-lo, demonstrando que, ao lado das qualidades de invenção, sobram-lhe as de crítica, o que nem sempre sucede com os seus colegas de geração. Ele está sempre presente no espetáculo — mas não em excesso, não a ponto de incomodar o espectador ou os atores. Não há melhor modo de elogiá-lo do que dizer que o seu trabalho quase só aparece através da maneira exatíssima com que cada personagem foi encarada. Apenas a cena derradeira — a do enterro pareceu-nos realmente fraca: a ausência propositada de ênfase, por parte dos intérpretes, não resultou, como devia, em acréscimo de emoção. O tônus da representação cai, prejudicando o impacto final da peça sobre o público. Também as relações entre Willy Loman e Charlie estão prejudicadas, em parte pelo desempenho de Xandó Batista, frio, declamatório, sem tirar partido da ironia ácida do papel, e em parte pela agitação das cenas referentes ao jogo de futebol, em que perdemos muito das frases ditas pelos atores. Ora, o sucesso de Charlie, e de seu filho, constitui como que a contra-prova do insucesso dos Lomans.

O cenário de Maria Bonomi será possivelmente a parte menos feliz do espetáculo. Se o texto é pesado, contém igualmente sugestões líricas, alusões à possibilidade de uma outra vida, livre, plena, feliz. Esse contraste, expresso com tanta leveza por Jo Mielziner no cenário norte-americano por ocasião da estréia, praticamente inexiste no espetáculo do TBC, ainda agravado pela exigüidade da cena, pela proximidade entre platéia e palco. A peça oferece-se a nós um tanto cruamente, agressivamente, quase que sem recuo poético de nenhuma espécie.

(1962)

67. Yerma

"Yet who would have thought the old man to have had so much blood in him?" — interroga, surpresa e horrorizada, Lady Macbeth. É a imagem que nos vem ao repensarmos *Yerma*. Quem imaginaria que o texto de Lorca, aparentemente tão literário, tão destituído de carne, de malícia teatral, revelasse, no palco, tanto sangue, tanta exuberância dramática? Poesia dramática e poesia lírica nasceram ambas do mesmo solo generoso da Grécia, mas como vertentes opostas. Juntá-las sempre pareceu impossível. Entretanto, que estranho sortilégio cênico neste lirismo desenfreado, quanta teatralidade neste "poema trágico" que nem sequer, como se vê, deseja ser peça!

Garcia Lorca não fez cerimônia em repetir, no século XX, a atmosfera e os processos do teatro seiscentista inglês e setecentista espanhol (aparentados na medida em que se prendem ainda às origens medievais). Os clássicos franceses, pertencentes já a outro momento histórico, diziam que é possível fugir às regras para alcançar um efeito maior. Como homem de teatro, essa é a única regra que Lorca conhece e pratica. Quando esperamos que os problemas propostos, em rápidas cenas sucessivas, venham a se armar, a se articular, dando margem a uma discussão mais cerrada de idéias ou a um desenvolvimento dramático uno e contínuo, eis que o poeta, valendo-se de suas prerrogativas, dissolve a trama em poesia, resolve tudo com uma canção ou com o ambiente carregado de primitivismo e crendice das festas populares. Não há enredo em *Yerma*, no sentido que se empresta habitualmente ao termo, mas somente uma obsessão que cresce e se repete através do tempo, sem mudar de natureza ou infletir de rumo. O ritmo da peça, transposto em música, seria com certeza o do *Bolero* de Ravel: a mesma fúria, a mesma teimosia, a mesma concentração crescente. Todos os caminhos que vamos antecipando em pensamento, como derivações possíveis, são prontamente fechados pelo dramaturgo, que insiste em voltar ao ponto de partida. Yerma deseja ter filhos. O seu marido não pode dá-los. Victor, o empregado da casa, o pastor de ovelhas, é a própria imagem da virilidade. Somamos naturalmente os três fatores, fazemos de cabeça os nossos cálculos — e erramos redondamente no resultado. Julgar que uma peça de teatro necessita de enredo, de algo mais do que uma forte paixão humana, mostrada em sua inteireza e nudez, é não contar com o gênio personalíssimo de Garcia Lorca, é não compreender que espécie de mulher é a sua heroína (e nunca a palavra foi empregada tão a propósito: as dimensões da personagem, pela sua *démesure*, são realmente heróicas).

Yerma só enxerga um fato: ela não tem filhos. A maternidade é a sua idéia fixa, a sua moral, a sua política, a sua religião, a sua metafísica. Supor que o seu caso é o de uma sexualidade mal satisfeita, é diminuí-la, medi-la por estreitos moldes naturalistas. Não há dúvida de que ela sente faltar ao marido maior plenitude vital, maior expansão física. Ele é retraído, calculado, não se entregando de todo nem nos instantes de prazer. Mas Yerma busca primordialmente o filho, não o homem, ao contrário das outras mulheres, que irão formar, no seu redor, um coro cruel e ingenuamente popular, de malícia, maledicência e calúnia. Yerma tem outra concepção da maternidade. Se a sua infecundidade começa como uma frustração biológica, termina por assumir, aos seus olhos, proporções de verdadeira condenação moral. Ela se sente humilhada, ofendida (estamos repetindo palavras suas), perante os homens e perante si mesma, excluída da ordem da natureza (até os animais dão crias), como se fosse, na verdade, o "refugo desprezado pela mão de Deus". Contrapõem-se a ela, como dizíamos, as outras mulheres, guiadas descuidadamente pelo instinto, não se acanhando de procurar o homem (e os filhos vêm naturalmente de contrapeso) e que são representadas sobretudo por essa admirável camponesa, carregada de filhos, de anos e de intuitiva filosofia, sabendo que Deus não existe, que temos de nos haver aqui mesmo na terra, entre homens, e que passa pela tragédia como uma quente onda de alegria e sensualidade pagã.

Mas Yerma é de outra têmpera. A possibilidade de uma aventura com Victor não poderia sequer aflorar à sua consciência, não obstante uma forte e obscura atração de parte a parte, porque seria trair os conceitos que regem do alto a vida humana: a noção de honra e o orgulho de casta (palavras que voltam mais de uma vez a seus lábios). Compreendamos, todavia: não se trata, bem-entendido, ao falarmos de casta, da idéia de uma superioridade social, mas unicamente do respeito que devemos aos nossos ancestrais e a nós mesmos. "A honra é uma carga que todos carregam juntos", diz João. Para Yerma, contudo, não será tanto uma carga como um compromisso que aceitamos livremente. Jamais lhe ocorre queixar-se do pai, que a deu em casamento, ou das leis morais que a impedem de alcançar a maternidade fora do matrimônio. Yerma, nesse sentido, e embora seja uma simples aldeã, é vítima de um ponto de honra, a exemplo de Cid e Chimène, de Hernani e Dona Sol, sugerindo-nos que a nobreza, na Espanha, não é privilégio de um grupo, mas um estado de espírito que percorre a sociedade de alto a baixo, conferindo ao indivíduo um elevadíssimo senso de dignidade pessoal. Sem contar que a tragédia de Lorca, sendo integralmente espanhola, é descarnada, brutal, bem mais que as de Corneille e Victor Hugo, em que a ferocidade do pundonor ibérico já aparece abrandado pela discursividade e racionalidade do temperamento francês.

Em contrapartida, no mundo anímico, ainda impregnado de magia, em que vive Yerma, o pensamento, as intenções subjetivas, pesam mais do que os fatos naturais. O seu marido não deseja filhos — eis, para ela, a chave do problema, que se torna, a partir desse momento, insolúvel. Apanhada nesse dilema, acuada entre o instinto da maternidade e o culto da palavra empenhada, dilacerada entre a necessidade moral de ter filhos e a impossibilidade de tê-los dentro do matrimônio, não lhe resta outra saída, dada a violência com que se empenha, a não ser o assassínio e a loucura. Ao matar o marido, Yerma, de certa forma, é aquela figura bem conhecida do drama espanhol: "el medico de su honra."

* * *

A inspiradíssima encenação de Antunes Filho faz surgir antes os nossos olhos e os nossos ouvidos uma Espanha viva e contraditória, hesitante entre a sensualidade e o ascetismo, entre o instinto que a impele para as festas de tonalidade já quase pagã, para o canto, para a bebida, para a satisfação ampla dos sentidos, e uma herança de puritanismo católico que a amarra a uma concepção severa e triste da vida. (Temas que Lorca iria repetir, ainda com mais clareza, em outras peças, em especial em *A Casa de Bernarda Alba*.)

O espetáculo do Teatro Brasileiro de Comédia equilibra-se exemplarmente entre essas forças antagônicas. Quando deve ser alegre, mostra-nos a jovialidade pura, sem mescla, das lavadeiras, que falam mal da vida alheia mais por malícia do que por maldade, como se se tratasse de um delicioso jogo coletivo; ou propõe-nos com a maior franqueza o frenesi dionisíaco das danças de propiciação sexual que se desenvolvem à sombra de certas romarias religiosas, organizadas para que as mulheres sem filhos implorem a Deus — e aos homens que melhor souberem aproveitar a ocasião — o milagre da fecundidade.

Quando quer revelar a outra face da medalha, contrai-se e retrai-se até o mais completo despojamento, nas cenas em que Yerma se debate por entre as malhas do seu dilema moral. A representação acompanha assim o ritmo do texto de um extremo a outro, indo, com igual felicidade da tragédia individual até a efervescência das festividades populares.

O nosso teatro apóia-se, via de regra, sobre dois pontos de partida, preciosos ambos para o principiante: ou a simples sinceridade ou a ebulição emocional. Antunes Filho recusou os dois. Em vez da naturalidade de todos os dias ou da constante exaltação, recriou um estilo exato, puro, atingindo uma grande tensão dramática não pela força mas pela delicadeza, por uma espécie de recolhimento, de gravidade poética, que é a mais bela qualidade entre todas as numerosas qualidades deste espetáculo excepcional. Temos a impressão de estar contemplando uma estampa popular, tocante pela ingenuidade, ou de assistir ao teatro de outras eras, próximo ainda do primitivismo medieval.

Tudo isto, acrescente-se, sem que o encenador haja abandonado as influências que recebeu na Europa — a de Planchon, por exemplo — e que tentou em vão assimilar e incorporar às suas últimas direções. Através da ficção de uma companhia ambulante que se apresenta numa aldeiazinha espanhola, a exemplo do que fazia Garcia Lorca com La Barraca, Antunes Filho não só impôs de início a convenção teatral, libertando-se do naturalismo, não se importando de trocar cenários a vista do público para assegurar a continuidade da representação, como acabou por fundir aos poucos, os dois planos num só, uma vez que a própria aldeia, em sua totalidade, passa a ser, de certo ponto em diante, como que a protagonista da peça. A concepção do espetáculo realiza assim, por outros meios, o objetivo essencial de Brecht: conservar intacta a eficiência do jogo teatral, mas não nos deixando esquecer, por outro lado, que se trata efetivamente de um jogo.

Para esta mesma impressão de unidade, contribuem os figurinos e os cenários de Maria Bonomi, os mais belos e os mais funcionais que já desenhou, e a música de Diogo Pacheco, compreendida, acertadamente, antes como expressão dramática do que como expressão musical. Queremos dizer com isso que Diogo Pacheco, utilizando-se de motivos espanhóis, não quis fazer os seus atores cantar, no sentido profissional da palavra, o que de resto seria impossível, mas apenas exprimir livremente as suas emoções através da música, passando insensivelmente, por vezes, da palavra ao canto. É um extraordinário achado, neste particular, o pungentíssimo lamento de Cleyde Yáconis ("Ay, qué prado de pena! Ay, que puerta cerrada a la hermosura", no original), esse mesmo que Maria Casarés aplaudiu, em cena aberta, no espetáculo oferecido sexta-feira última pelo TBC à classe teatral.

Yerma é uma peça sobre a maternidade: é natural que as mulheres prevaleçam no elenco. Formam elas, em conjunto, um gracioso comentário sobre a feminilidade, desde a "louca" que quer divertir-se mas não deseja ter trabalho com filhos e com o marido (Riva Nimitz) até a "velha pagã" que é o próprio espírito animal solto pelos campos (Dina Lisboa), desde a adolescente ainda perturbada com o mistério da concepção (Berta Zemel) até a curandeira que faz o ventre das mulheres crescer à custa de orações (Lélia Abramo). São quatro papéis episódicos mas representados em nível muito raro no teatro brasileiro. Não devemos ainda esquecer o nome de Maria Célia Camargo, a mais flamante das lavadeiras, e Nilde Maria, que forma com Laerte Morrone o jovem par de bailarinos (mas não são bailarinos, são atores, essa diferença é que importa) plenos de impudente e triunfante sexualidade.

Os homens também, como vemos, têm o seu quinhão na peça — *et pour cause*... Raul Cortez surpreende-nos pelo vigor do seu desempenho, deixando bem longe tudo o que fizera até aqui, e Althair Lima contribui com um físico ideal para o papel, embora a sua diminuta experiência teatral se faça sentir na cena da despedida entre Victor e Yerma.

Cleyde Yáconis ficou para o fim — e não por acaso. Porque Yerma é diferente de todas e de todos, a que não procura "no homem, o homem e nada mais", a que não se contenta, como o marido, com "o que tem entre as mãos". Yerma é uma "criatura de silêncio" (assim a "velha pagã" refere-se a ela e à sua família), presa inexoravelmente ao invisível, ao filho que não tem, à sua concepção rigidíssima do dever. Cleyde Yáconis interpreta-a, como grande atriz que é, com incomparável fervor e dignidade. Ao lado de Antunes Filho, é a viga mestra do espetáculo.

Yerma, como representação, tem uma derradeira virtude: abre novas perspectivas para o teatro brasileiro. Ao casar tão harmoniosamente ação e dança, texto e música, sugere-nos a possibilidade de realizarmos um "musical" brasileiro, a exemplo do norte-americano. E ao enfrentar com tanto destemor, a peito descoberto, as ousadias do lirismo lorquiano (Lorca é original não por intenção, mas por fatalidade de temperamento, por não se parecer com ninguém), ergue perante nós uma possibilidade ainda mais perturbadora: a de podermos encenar, em dia não remoto, uma comédia de Shakespeare.

(1962)

68. A Visita da Velha Senhora

O espetáculo oferecido ontem à crítica pela Companhia Cacilda Becker coloca-nos perante aquela ingrata tarefa de ter de condenar em algumas linhas o trabalho de meses de quase uma centena de pessoas. Um grande esforço foi feito, sem dúvida, para que a peça de Friedrich Durrenmatt, um dos clássicos do teatro moderno, tivesse a versão cênica que merece. Mas, em arte, de pouco valem tais argumentos. *A Visita da Velha Senhora* está encenada, no sentido de se ter solucionado todos os problemas de ordem prática atinentes ao espetáculo, mas não no sentido mais alto, o único que verdadeiramente interessa, de se ter recriado, em outros termos, no palco, o texto original.

Walmor Chagas valeu-se, em sua direção, das mesmas armas que lhe serviram tão bem de vezes anteriores: modéstia de intenções, bom senso, pouca interferência no trabalho criador dos atores. Mas a peça de Durrenmatt pede outras qualidades, imaginação, audácia, requer alguém capaz de unir, como desejava Victor Hugo, o sublime ao grotesco. Contada apenas, como uma história qualquer, perde a sua mordacidade e a sua grandeza. As cenas com quatro ou cinco personagens ainda passam. Mas quando o palco se enche de gente a impressão que temos é de comparsaria, de uma porção de atores parados no palco, sem função, enquanto os outros falam. As réplicas não são valorizadas pelos jogos de cena, pelo ritmo, de tal modo que apenas o seu conteúdo lógico, não o emotivo, chega até nós.

A culpa, como se vê, não é dos atores, embora ninguém no elenco, por falta de uma direção mais exigente, consiga alçar-se até o nível do texto. Cacilda Becker, que é a nossa primeira atriz, parece singularmente pouco à vontade dentro da rigidez que se impôs a si mesma, sem campo para expandir-se, ao contrário do que sucedeu com esses pequenos papéis, bem realistas, bem vibrantes, com os quais realiza maravilhas. Sérgio Cardoso peca apenas por não se renovar suficientemente: por baixo da máscara de Schill reponta com muita freqüência a eloqüência, os gestos e as inflexões do Esopo de *A Raposa e as Uvas*. Sobressaem-se ainda Freddi Kleeman, num dos seus melhores papéis feitos ultimamente, Eugênio Kusnet, Edmundo Lopes e o casal de eunucos (Benedito Corsi e Helio Peixoto).

Os cenários de Jean Gillon complicam freqüentemente as coisas em vez de simplificar.

Não poderíamos terminar esta nota sem assinalar que boa parte do público aplaudiu vigorosamente o espetáculo em seu final, não compartilhando, ao que parece, destas nossas restrições. Para o que deve ter contribuído não só a patente teatralidade do texto de Durrenmatt, mas também a sensível melhora que se nota na representação de ato para ato. A nós, entretanto, interessa mais observar que a Companhia Cacilda Becker ainda não resolveu o seu problema de direção. Quando monta textos simples, de poucos atores, alcança excelentes resultados porque conta com um dos melhores elencos do País. Mas, quando realiza grandes espetáculos, espetáculos de direção, baixa imediatamente de nível. Afinal, não nos parece justo que um ator brilhante como é Walmor Chagas sacrifique a sua carreira de intérprete assumindo encargos de direção que pode desempenhar, mas nunca com igual brilho.

* * *

Friedrich Durrenmatt, com *A Visita da Velha Senhora*, escreveu talvez a peça mais perfeitamente representativa de certas tendências do teatro europeu desta nossa metade de século. Tão representativa, na verdade, que começamos a desconfiar, a perguntar se a sua maior virtude não estaria por acaso neste seu senso da oportunidade histórica.

É uma fábula, naturalmente. Após Kafka, no romance, e Brecht, no teatro, não poderia ser outra coisa, se quisesse já de antemão apresentar-se como obra de alta significação moral e artística. Mas Durrenmatt, ao contrário de tantos outros, encontrou o ponto exato de equilíbrio entre a realidade e a representação simbólica.

A velha senhora é uma velha senhora, adverte-nos ele com malícia, e não "a justiça, o plano Marshall ou porventura o Apocalipse". Entretanto, se a velha fosse apenas ela mesma, a peça não seria o que é. As verdadeiras intenções do texto só se definem do momento em que, tomamos Clara Zahanassian por alguma outra coisa, como nos incita a fazer o tratamento estilizado, entre sinistro e grotesco, dado às personagens.

Mas símbolo de que, precisamente? Da Alemanha, que entregou à justiça aliada os culpados que ela reclamava recebendo em troca a dádiva de seu "milagre econômico"? Do mundo moderno, que traiu o seu humanismo (palavra tantas vezes recorrente no texto) pelo culto à riqueza?

Basta citar estes exemplos — e poderíamos multiplicá-los com facilidade — para perceber que a peça não tem nenhum significado histórico determinado porque foi imaginada em termos suficientemente ambíguos para abrangê-los todos. Assemelha-se, por esse lado, a Kafka, mas apenas superficialmente. A ambigüidade de *O Processo*, por exemplo, é a de quem conta uma história e não nos indica nenhuma pista que nos faça adivinhar o seu sentido oculto. Qualquer interpretação simbólica correrá sempre por nossa conta e risco. Quanto à obra, apresenta-se como algo inteiriço, fechado, que se basta poeticamente a si mesmo. É por isso que jamais poderemos reduzi-la a esquemas abstratos, intelectuais. Por mais que o expliquemos, Kafka sempre parece escapar, colocando-se em plano inatingível a não ser através da leitura, da apreensão direta da obra. O caso de Durrenmatt é o oposto: ele é ambíguo na medida em que fornece pistas em excesso. Sigamos as duas principais para ver aonde chegam.

A peça é primordialmente uma sátira ao poder do dinheiro. Clara Zahanassian encarna o mito do miliardário, da pessoa que está acima dos quadros sociais, para lá do bem e do mal, tal como os compreendem o restante da Humanidade. A riqueza, que é por excelência a fonte de poder no mundo moderno, justifica e santifica cada uma de suas extravagâncias. Ela só age, de resto, através de exceções à regra: faz parar o trem puxando o sinal de alarme e desce carregada por *gangsters* condenados à cadeira elétrica em Sing-Sing e por ela libertados. Isto posto, já não há dúvida — e o público efetivamente não duvida — de que o negócio que propõe à sua aldeia natal será aceito. Basta que ela dê tempo aos habitantes de Gullen para que descubram os excelentes motivos morais que lhes permitirão sacrificar sem remorso a vida de Alfred Schill, preço que terão de pagar pelo monstruoso donativo oferecido pela velha senhora. Esse estudo de como a consciência individual e coletiva acomoda-se aos próprios interesses econômicos é um modelo de seca ironia, *A Visita* aparece como o exemplo perfeito desse cinismo (não se dando à palavra sentido pejorativo) moderno, que se delicia, em nome da psicanálise ou do marxismo, em desmistificar a nobreza dos sentimentos, em revelar os motivos sórdidos que se escondem sob a capa do espiritualismo e do humanismo. O seu fito não é diverso, a esse propósito, do de Brecht, que sorriria diante de certas réplicas do seu discípulo Durrenmatt.

Mas Brecht delimita com a maior clareza o alvo do seu ataque: ele visa denunciar uma certa ordem econômica, uma certa forma de organização do trabalho, e, portanto, de acordo com a óptica marxista, um certo sistema de relações humanas. É neste ponto que Durrenmatt se vai revelar o anti-Brecht, ao dar razão simultaneamente a ambos os lados.

Se a velha senhora exprime o poder do dinheiro, exprime igualmente a "paixão da justiça" (essa paixão que a levara, ainda adolescente, a atacar com pedradas o policial que prendera um vagabundo). Ela não tem escrúpulos em se servir do dinheiro, mas para comprar alguma coisa extremamente preciosa: a justiça. Alfred Schill não é de nenhum modo inocente: abandonara-a, grávida, para casar-se com uma moça mais rica. As testemunhas haviam sido compradas, o tribunal todo funcionara em falso. Ela quer, portanto, restabelecer a ordem moral, ver reparado o erro cometido. E é assim que os habitantes de Gullen começam a enxergar a sua causa, passando, não sem motivo, para o seu lado. A conclusão, em última análise, é que todos são de alguma forma culpados: não apenas Clara Zahanassian, mas, Alfred Schill e a totalidade dos habitantes de Gullen. Quando a velha senhora parte, levando a vítima que viera reclamar, ninguém sente-se com o direito de atirar-lhe a primeira pedra.

Confundir essa dialética com a brechtiana é não distinguir entre os meios artísticos — a estilização, o grotesco, o uso da fábula — e os fins morais. Brecht é um moralista desejoso de nos persuadir de que a culpa é de alguns — sem esta crença não existe revolução. Durrenmatt é um moralista, mas quer nos convencer de que a culpa é de todos — a idéia do pecado original, da fragilidade essencial do homem, que é a base do cristianismo.

Mas a peça ainda não terminou. Falta o epílogo. É o dinheiro da velha senhora que possibilitará à aldeia renascer, inclusive espiritualmente. Com o funcionamento da indústria, tornarão a desenvolver-se a ciência e as artes. Em breve Gullen terá retomado a sua tradição humanística, de que tanto se orgulhava, será de novo a cidade onde Goethe pernoitou e Brahms escreveu um quarteto. O coro final, que acena com estas possibilidades propiciadas por Clara Zahanassian, enumera ainda, à maneira grega, todos os horrores que afligem a humanidade, para concluir enfaticamente: "Entretanto, nada é mais horrível que a pobreza". Somos lançados de volta, num jogo circular que se repete ao infinito, do espiritualismo cristão ao materialismo econômico, e acabamos por perguntar, tão sem resposta como de início: afinal, que significa, exatamente, a fábula da velha senhora? Sabemos que se refere às relações entre a vida econômica e a vida moral, mas que conclui, ou sugere, a esse respeito?

Compreendemos agora o imenso sucesso da peça, junto a tantos círculos diferentes. É uma dessas histórias ao mesmo tempo claras, para que o público julgue entendê-las, e enigmáticas, para que se possa extrair delas, livremente, uma variedade de intenções. Não será uma esfinge sem segredos, como afirmava Oscar Wilde das mulheres, mas uma esfinge que diz ao ouvido de cada um o segredo que ele deseja ouvir. Uma esfinge, em suma, antes curiosa do que sábia, antes hábil em perguntar do que segura em responder.

(1962)

69. Festival de Comédia

O espetáculo que o Teatro dos Sete está apresentando no Teatro Maria Della Costa encontra o seu ponto de unidade em alguns temas humanos e artísticos que se repetem, com variações, de comédia para comedia. Não que Cervantes tenha influído sobre Molière e este sobre Martins Pena. Mas há um fio que percorre todo o teatro ocidental, da Grécia aos nossos dias, e no qual se engastam as três peças em um ato escolhido para compor este Festival de Comédia.

Cervantes, vindo em primeiro lugar, lança os motivos fundamentais. Três são as personagens centrais com que lida: a mulher, o marido e aquele que o texto discretamente chama apenas de "galán". A mulher tem quinze anos e acaba de se casar rica. Mas de que lhe valem os vestidos caros, as jóias, "si en la mitad de la riqueza estoy pobre y en medio de la abundancia con hambre?". O marido tem o defeito capital aos olhos de sua adolescente esposa: "Es un malo, es un brujo, es un viejo: que no tengo más que decir". Argumento, como se vê, decisivo: "viejo y reviejo y más que viejo y no me puedo hartar de decirllo viejo". Quanto à terceira personagem, possui as qualidades clássicas do papel: "quiere bien, sabe callar y agradecer lo que por él se hace". Como se isso não fosse suficiente, é "un poco atrevido y sobre todo mozo". Passa pela cena como uma sombra, sem perder tempo e sem dizer palavra, mas parece ser ativíssimo por trás dos bastidores, a julgar-se pelas exclamações que de lá chegam aos ouvidos escandalizados e deliciados da platéia.

O entrecho, os leitores saberão imaginar, conhecedores que são das leis da comédia. Poderíamos de resto resumi-las num só artigo: do direito moral e estético que os jovens e os espertos tem de enganar os velhos e os tolos. Não importa que o marido tranque a sua bela esposa a sete chaves, e não apenas em sentido figurado: o seu destino será inevitavelmente o dos que "siempre vienen a morir del mal que temen".

Molière retoma essa idéia básica — o triunfo da juventude sobre a velhice — mas em outros termos. A intriga e os embustes ocorrem antes e não depois do casamento. E o conflito se trava entre pais e filhos, não entre marido e mulher. O enredo perde assim a malícia, a acidez, resvalando para a inocência lúdica dos teatrinhos de fantoche. No final, as duas gerações se reconciliam, prevalecendo o ponto de vista dos filhos, o casamento por amor. Se as personagens de Cervantes tivessem procedido com semelhante sabedoria, não haveria motivos para mulheres desgostosas e maridos ciumentos. Tudo está, portanto, em se ouvir o impulso da natureza, que tem lá as suas razões, não pretendendo os velhos impor aos jovens os seus cálculos e os seus raciocínios exclusivamente cerebrais. A peça de Molière, aliás, desloca o centro de interesse das personagens amorosas para o criado que lhes serve de intermediário. Caberá a Sganarello manter a unidade do tom entre uma comédia e outra, com o seu gosto pelas artimanhas, pelos truques executados limpamente, sob as vistas interessadas da própria vítima.

Martins Pena como que soma os dois enredos: o marido, na sua peça, é também pai. Quer dizer que tem de lutar, ao mesmo tempo, contra dois pretendentes: mal acaba um de descer pelo telhado, o outro já tenta embarafustar pela porta do quarto. Mas, apesar da vivacidade contínua da ação, paira no ar uma estranha nota de simplicidade provinciana. Há mais trambolhões do que maquinação real, os estratagemas parecem algo ingênuos (basta um armário de onde entra e sai gente sem parar), os cadáveres ressuscitam sem mais aquela e partem aos pulos, o indigitado assassino faz questão de prender-se a si mesmo — em suma, não há maldade, verdadeiro prazer em enganar o próximo. E, sobretudo, muito brasileiramente, não se chega a conclusão alguma. O autor não tem tempo de seguir as pistas porque está constantemente lançando outras mais, até formar um complicadíssimo novelo de linhas embaralhadas que ele corta, não sem um piscar de olhos para o público, com o mais velho recurso do teatro: o venerando pai, carregado de anos e de ouro, que chega de uma viagem de vinte anos para trazer a todos fortuna e felicidade. Saímos dessa balbúrdia, dessa confusão em que vemos desfilar perante nós não uma, mas varias comédias, acompanhadas de numerosíssimos dramas, quase tão ofegantes quanto as personagens. Bem razão tinha uma delas ao nos prevenir, monologando com os seus botões: "Isto principia muito mal... E acabará ainda pior!".

A moral de todo o espetáculo, contudo, será Martins Pena quem se encarregará de extrair, por intermédio de sua principal personagem feminina: "Pensa meu marido que se prende uma mulher prendendo-a a sete chaves! Simplório! Não sabe que quando elas não se prendem a si mesmas, nem quantas fechaduras e portas há são capazes de as reter". Completamos assim o ciclo, retornando exatamente ao ponto de partida de Cervantes, inclusive quanto à alusão às sete chaves que nada fecham.

Nenhum dos três textos chega a ser na verdade uma comédia. "El viejo celoso" é um entremez, uma dessas pequenas cenas que se representavam nos intervalos das peças maiores. "Le medecin volant" é um "canevas": a versão francesa do "canovaccio" italiano, o pretexto sobre o qual os atores da *Commedia dell'arte* bordavam as suas brilhantes improvisações. E *Os Ciúmes de um Pedestre (ou O Terrível Capitão do Mato)* combina dois gêneros antagônicos, a farsa e a paródia de dramalhão, antagônicos porque o primeiro supõe bufonaria e o segundo, falsa seriedade.

Gianni Ratto partiu dessa indeterminação para determinar o espírito das três encenações. Não se limitou a seguir o texto, preferindo completá-lo, enriquecê-lo com o maior número possível de sugestões plásticas e cênicas, buscando reconstituir os diferentes estilos assumidos pelo teatro no passado. Iniciou, por isso, cada peça alguns segundos antes do tempo, surpreendendo os atores em seus preparativos finais para enfrentar o público, revelando a intimidade dos bastidores, sugerindo em breves traços os hábitos, a maneira de viver, dentro e fora do palco, nos diversos períodos históricos.

A encenação de Cervantes pareceu-nos a mais perfeita, com a sua mistura exata de salacidade, quanto ao assunto, e ingenuidade, quanto aos processos artísticos. Lá estão reproduzidos no palco não somente os apetrechos cênicos descritos por Cervantes — o tablado, o pano de fundo suspenso por uma corda — como essa inconfundível atmosfera de espetáculo de feira, própria de uma época em que o teatro ainda não se destacara com nitidez da música e da dança. Fernanda Montenegro capitaneia a interpretação, com a sua malícia que se faz de ignorante para ressaltar ainda mais o picaresco da graça, excelentemente coadjuvada por Carminha Brandão, como uma donzela que necessita com a maior urgência de marido (digamos assim, para não ofender o decoro) e por Sérgio Britto e Ítalo Rossi, em duas ferozes e espirituosas caricaturas da senilidade.

O Médico Volante, visto por Ratto, inscreve-se mais na tradição italiana que na francesa, pertencendo antes à *Commedia dell'arte* do que a Molière. Do ponto de vista histórico, a solução é correta (a peça é efetivamente adaptada do italiano) e do ponto de vista artístico não haveria melhor maneira de valorizar o texto do que salientar a sua comicidade eminentemente visual e a sua preferência pela escabrosidade de fundo infantil. O malabarismo constante dos jogos de cena faz-nos entrar pelos olhos o que por acaso não tenha forças para se impor aos ouvido. Às vezes, entretanto, os excessos de ação física parecem sufocar o desenvolvimento do enredo, que poderia correr mais livre e desimpedido. Ítalo Rossi transforma-se de criado petulante no mais surpreendente dos médicos (ele não analisa os materiais submetidos à sua sapiência: prova-os, bebe-os), terminando realmente por voar, conforme o título, por alçar-se nos ares como que marcando o triunfo de sua exuberante imaginação sobre o triste terra-a-terra dos outros. Fernanda Montenegro, Carminha Brandão, Sérgio Britto, Francisco Cuoco, Labanca e Cláudio Corrêa e Castro, dão-lhe a réplica com maestria.

A encenação de *Os Crimes de um Pedestre* permite a Gianni Ratto traçar um quadro saboroso do teatro romântico, com as suas noites cortadas por relâmpagos e trovões, os seus tresloucados heróis (que mesmo nos acessos de maior furor não se esquecem de tirar efeitos do pano de boca, agarrando-se pateticamente a ele), os seus transbordamentos de emoções e de atitudes sublimes. Sérgio Britto é a encarnação do ator tragicômico, tanto mais cômico quanto mais trágico, Fernanda Montenegro exibe os trêmulos de voz da inocência ultrajada e Ítalo Rossi explora a fundo, sem rebuços, a técnica do "aparte" e esse curioso vezo que têm as personagens de Martins Pena de ir comentando oralmente a ação, informando ao público "Estou só" cada vez que efetivamente estão sós. A interpretação do Teatro dos Sete, em síntese, sobrepõe à farsa e ao dramalhão um comentário moderno, bastante irônico, sobre os costumes do teatro brasileiro de cem anos atrás. Poderia haver irreverência nesse tratamento se Martins Pena, com o seu intuito francamente paródico, não tivesse sido o primeiro a dar o exemplo de falta de respeito.

É difícil, muito difícil imaginar este Festival encenado por um diretor brasileiro. Porque a sua realização depende de uma longa familiaridade com a evolução do teatro, não só como literatura, mas como presença viva no palco, que estamos longe de possuir. E já que tocamos no assunto, conviria ir adiante, acrescentando que, mesmo na Europa, nenhum povo se sentiria talvez tão à vontade nessa tradição puramente burlesca como o italiano, pois que foram os seus escritores e os seus comediantes que a levaram ao seu máximo desenvolvimento. Quando Shakespeare e Molière dela se apoderam, já é para dar-lhe inclinações diferentes, em direção ao romantismo ou ao naturalismo — mas isso já não caberia no âmbito deste graciosíssimo Festival de Comédia.

(1962)

70. Todo Anjo é Terrível

    Vimos *Todo Anjo é Terrível* (*Look Homeward, Angel*) pela primeira vez nos Estados Unidos. Dizemos isso por dois motivos: primeiro, não sabemos até que ponto o prazer proporcionado pelo excepcional espetáculo apresentado na Broadway possa ter influído, predispondo-nos favoravelmente, no prazer que também tivemos assistindo a encenação do Teatro Oficina; segundo, é provável que a versão norte-americana, chegando antes, se haja fixado em nossa memória como um ponto de referência a partir do qual passamos a ver e a julgar a representação brasileira. De qualquer forma, um fato é óbvio: o confronto entre os dois espetáculos é possível. A produção brasileira, apesar de feita por jovens e em teatro de arena, não desaparece, não é esmagada pela lembrança da criação original, como tantas vezes vi nos suceder. A direção de José Celso Martinez Corrêa poderá ter errado quanto a detalhes — e a seguir discutiremos alguns — mas acerta integralmente quanto ao sentido de cada cena e à atmosfera geral da peça.
    A interpretação mais exata é naturalmente a de Henriette Morineau. Se ela tem, como atriz, algum defeito, será proveniente do excesso de qualidades: a sua presença é tão marcante, tão forte a sua autoridade em cena, que às vezes os seus companheiros de elenco deslizam insensivelmente para o segundo plano. De resto, esta parece ter sido em parte a intenção do encenador no presente espetáculo porque Eliza Gant é apresentada de início, e até no vestuário, como não pertencendo bem à mesma esfera em que se movem, pobres e angustiados, os demais membros da família. Jo Van Fleet, a criadora do papel,

fazia-a um pouco mais vacilante, menos olímpica, menos segura de si por dentro da crosta de respeitabilidade burguesa que ela gostava de ostentar perante os outros — e a personagem ganhava com esse toque de humanidade, de fragilidade antes pressentida do que evidenciada. Afinal, a peça é a história, não da vitória, mas da derrota de Eliza Gant, que se vê abandonada, senão de fato, ao menos em intenção, pelo marido e pelos filhos. Apesar disso, a interpretação de Mme. Morineau é excepcional — tão excepcional quanto a posição que ocupa dentro do teatro brasileiro. E a culpa não é apenas sua, se ela parece às vezes uma aristocrata perdida entre pequenos burgueses.

Renato Borghi é delicado, sensível, poético sem ser alambicado — só lhe falta uma dimensão, mas esta essencial à personagem: a grandeza, a nota de excepcionalidade. Ele parece normal demais, bonzinho demais, sem nada que sugira esse traço de superioridade, dificilmente definível, não tanto de inteligência como de sensibilidade, que punha Eugene Gant que é o próprio Thomas Wolfe — numa categoria humana à parte: "a portrait of the artist as a young man".

Sady Cabral costuma brilhar principalmente nos papéis de homens fracos, em que a sua simpatia e a sua comicidade se expandem livremente. W. O. Gant serve-o apenas pela metade. Quando se queixa da sorte, quando deixa cair sobre a esposa as suas elaboradas invectivas, está esplêndido. Mas não chega a sugerir o restante, o gigante ferido, o titã alquebrado pelas circunstâncias.

Celia Helena está muito bem, talvez um pouco contraída nas cenas de emoção, com uma nervosidade que em Ronaldo Daniel bordeja às vezes a histeria. Mas o defeito, em ambos os casos, provém da direção de José Celso, que procurou repetir a mesma insuportável tensão de *A Vida Impressa em Dólar*. Ora, a atmosfera de Thomas Wolfe, banhada de lirismo, não é certamente a de Clifford Odets. Nas duas peças as personagens debatem-se como entre as grades de uma prisão, mas em Thomas Wolfe reina entre elas, apesar das aparências, um entendimento profundo, uma corrente secreta de afetividade, que procuraríamos em vão em Odets, muito mais ácido, muito mais exacerbado.

Thereza Austregesilo, em seu papel de estréia em São Paulo, depois de uma bela carreira no Rio, antes mostra do que faz a dona do hotel. Queremos significar com isso que ela também, mulher espirituosa que é, parece divertir-se com os aspectos pitorescos da personagem, em lugar de simplesmente assumi-los. A sua interpretação, que nesse sentido poderíamos chamar de brechtiana (ela faz a crítica da personagem), embora engraçada não se enquadra perfeitamente no espírito do texto, que pediria um abandono, uma entrega emocional maior, capaz de tirar todo o rendimento, ao mesmo tempo patético e grotesco, da cena da escolha do túmulo para a prostituta jovem. Aliás, este quadro, passado no *atelier* de escultura de W. O. Gant, é o mais fraco da encenação do Oficina.

Os outros papéis têm menos importância, salvo, talvez, o de Floramy Pinheiro (a Gorducha), que, na noite da estréia para a crítica, ainda não tivera tempo para amadurecer (a atriz substituíra uma colega de uma hora para outra). José Celso cortou, de resto, algumas personagens secundárias, sem outro prejuízo senão o de sacrificar o retrato da vida de todos os dias na pensão Dixieland. A versão integral equilibra melhor o corriqueiro e o excepcional, dando a cada um o que lhe cabe no ramerrão diário, mas não cremos que numa peça como *Todo Anjo é Terrível* essa diferença pese verdadeiramente na balança.

O cenário de Flávio Império e Rodrigo Lefèvre é o elemento mais bem logrado do espetáculo, funcionando com igual eficiência nos dois planos essenciais: no aproveitamento racional do espaço cênico (mormente em teatro de arena) e na criação de um determinado estado de espírito coletivo por intermédio de objetos materiais. A sua espécie peculiar de beleza é a poesia que se evola das coisas usadas, consumidas pelo tempo, das velhas mansões em decadência, longamente habitadas pelo homem, como era de fato essa pobre Dixieland de que Eliza Gant tanto se orgulhava.

É esta sensação de fluxo de vida que dá à peça de Ketti Frings, extraída do romance autobiográfico de Thomas Wolfe, o seu timbre característico, feito de melancolia e evocação nostálgica. A ação corre volumosamente como num romance do século XIX — estamos durante a Primeira Guerra Mundial, no sul dos Estados Unidos — sem outros incidentes a não ser aqueles que tingem de alegria ou de tristeza o eterno ciclo da vida humana: afeições, doenças, mortes, brigas, reconciliações, a descoberta maravilhosa do amor. As circunstâncias materiais e econômicas são mesquinhas, as pessoas não ultrapassam a mediania — com exceção de Eugene Gant que inicia ante nós a sua agoniada "educação sentimental" — mas toda essa mediocridade aparente não consegue esconder a generosidade vital profunda, o anseio de viver, de ser feliz. Os desentendimentos não refletem o que há de melhor em cada um, surgindo pelo descaso, pela desatenção com que se vive, pela inabilidade em trazer à superfície, em exibir aos olhos dos outros, a própria necessidade de compreensão e de amor.

Somente uma aspiração afirma-se com real vigor, particularmente entre os jovens: o desejo de ir embora, de fugir, não só para receber as mil experiências diversas que o mundo oferece, mas também para escapar aos entraves da vida familiar e provinciana. O abraço com que Eliza Gant tenta envolver o marido e os filhos tem qualquer coisa da manobra do animal que imobiliza a presa para melhor devorá-la. Esta ambivalente imagem materna, típica da ficção norte-americana, símbolo a um só tempo da afeição mais intensa e da constrição mais insuportável, é a chave da peça, que não é mais do que uma série de fugas fracassadas — a do marido, a de Ben — culminando finalmente com a libertação de Eugene, que parte à conquista da própria vocação. Quem o compreende melhor, quem lhe dá o melhor conselho, é Ben: "And (...) don't try to please everyone — please yourself ". Egoísmo duplamente necessário ao poeta que Eugene irá ser, para construir a sua personalidade e para edificar a sua obra.

São estes temas gerais que a direção de José Celso Martinez Corrêa exprime sempre com grande fidelidade, mesmo quando a realização deixa algo a desejar. Sente-se que há entre a peça e os atores uma funda afinidade, um largo campo em comum: o fervor poético de Eugene Gant não seria com certeza muito diferente do ardor quase adolescente, no melhor sentido da palavra, que os rapazes e moças do Oficina põem em tudo quanto fazem.

(1962)

71. O Marido Vai à Caça

Quando o marido anuncia que vai à caça, naturalmente não vai à caça; em compensação, quando a mulher decide passar a noite na casa da madrinha, também lá não põe os pés. É inevitável, portanto, que os dois acabem por se encontrar justamente no lugar onde não deveriam estar, ou quase se encontrar — e nesse quase está todo o "suspense" cômico do teatro de Georges Feydeau. Se houvesse o encontro fatal — ou os encontros, já que são vários — a comédia explodiria em drama: seria o divórcio, o matrimônio desfeito, a felicidade do lar perturbada. Mas o *vaudeville* do começo do século tinha o segredo da *insouciance*; o terceiro ato refaz com alguma dificuldade os fios da meada terrivelmente embaralhados no clássico segundo ato, decorrido em grande parte em trajes menores e com cama à vista, e a peça termina dentro dos melhores propósitos morais: *monsieur* promete à esposa não caçar mais e *madame* promete a si mesma refrear melhor, no futuro, os seus impulsos de caçadora em perspectiva.

Em *O Marido Vai à Caça*, Feydeau tem a *coquetterie* suprema: adultério, por parte da esposa, nem chega a acontecer, não obstante todas as aparências em contrário: o marido e o candidato a amante, em vez de trocar de mulher, trocam simplesmente de calças (e que prodígios de mecânica cênica são necessários para que isso aconteça!) de maneira a não inquietar a consciência dos espectadores. Não diremos que se trate de concepções morais muito severas — mas Feydeau já havia respondido de antemão, no primeiro ato, também a esta objeção: é sabido que a nossa honra, sobretudo a feminina, é aquilo que os outros pensam de nós; logo, se ninguém fica sabendo de nada, a nossa honorabilidade mantém-se intacta. Conclusão irrespondível, como se vê. Feydeau tem sido revivido com muita freqüência na França, depois da última guerra, por dois motivos: pela graça e pela onda de nostalgia criada à volta do começo do século. A encenação de Maurice Vaneau, estreada ontem no Teatro Maria Della Costa, mostra-se fiel antes ao primeiro do que ao segundo ponto.

A comicidade lá está, sem dúvida, embora sem a finura do teatro francês: o mecanismo de entradas e saídas de cena, montado no segundo ato, funciona com grande precisão, suscitando na platéia sucessivas vagas de riso. Mas o elemento de nostalgia, expresso pelo refinamento *fin-de-siècle*, pela elegância de maneiras, aparece muito mais nos excelentes figurinos, e cenários, de autoria respectivamente de Marie Claire e do próprio Vaneau, do que entre os atores. A representação tem, por esse lado, uma falha que dificilmente se perdoa neste tipo de espetáculo: o acento popular, senão francamente italianizante, de muitos intérpretes. A peça não é bem-falada, perdendo-se mesmo muitas réplicas por falta de maior cuidado com a pronúncia.

Os melhores do elenco, de longe, são os três que formam o trio central. Maria Della Costa está supreendentemente bem — surpreendentemente porque textos como estes não são os mais propícios ao seu talento. Sebastião Campos, ainda que um tanto exterior, delineia com clareza a personagem. Fernando Balleroni, com os seus bastos bigodes, parece mais um honrado negociante português do que um marido parisiense pronto a prevaricar. Mas, no terceiro ato, a sua tranqüila naturalidade obtém alguns bons efeitos cômicos.

Elias Gleyzer e Tina Rinaldi têm o físico do papel, qualidade que faltou aos seus restantes companheiros de elenco, na verdade fraquíssimos: Luciano Gregory (um aristocrata francês chegado diretamente da Itália), Ilema de Castro (é difícil acreditar que tenha sido uma condessa do Boulevard Saint-Germain) e Adriano Stuart, ator ainda inteiramente cru.

Conclui-se que o defeito maior de Vaneau foi não ter sabido escolher o elenco para a peça, impressionando-se muito pela aparência dos atores e muito pouco por sua dicção e capacidade de inflexionar. Inúmeras vezes, em lugar da personagem, o que vemos são os atores esforçando-se por realizar as idéias da direção.

Com todas estas restrições, o espetáculo agrada ao público. Não será dos mais finos — mas faz realmente rir.

(1962)

72. Society em Baby-Doll

O que faz uma peça durar meses, anos, em cartaz? Revendo *Society em Baby-Doll*, em nova versão, na sala azul do Teatro Natal, a pergunta voltou-nos repetidas vezes ao pensamento. Será o nome? O cinema norte-americano, que por muito tempo passou como o maior entendido em tais assuntos, sempre julgou-o de importância capital. Hollywood não raro compra um romance somente para adquirir o direito ao título: o resto, história, personagens, eram fatos secundários que se modificavam à vontade.

A comédia de Henrique Pongetti, que desde os seus primeiros dias obteve um sucesso fenomenal, em evidente desproporção com os seus possíveis méritos, partiu de um princípio que dificilmente falha: usar as palavras mágicas que acabaram de entrar na moda, ainda com toda a auréola, com todo o prestígio místico das novidades destinadas a triunfar. *Society*, há quatro ou cinco anos, sugeria mulheres belíssimas, vestidas por costureiros célebres de Paris e despidas por senhores másculos, desses que de dia jogam pólo e de noite fumam cachimbo, junto a uma lareira de pedra, no recesso do lar. *Baby-Doll*, em contrapartida, através das imagens de Carrol Baker de camisola e chupando o dedinho na fita de Tennessee Williams, acrescentava ao contexto uma nota de perversidade, de sexualidade infantil, de caráter levemente incestuoso. Ambas as palavras, em conjunto, prometiam uma visão furtiva e escandalosa daquilo que a classe média, dentro de sua rígida moralidade, mais reprova e mais admira: uma boa orgia em alta sociedade. Alguma coisa que contentasse simultaneamente a nossa curiosidade malsã e o nosso desejo de nos sentirmos moralmente superiores aos outros. A fórmula do título, no fundo, era a mesma de dois velhos sucessos do teatro português e brasileiro no século passado: *Lisboa em Camisa* e *Rio Nu*. Mas traduzia-os na linguagem do momento, em termos que pareciam os mais sofisticadamente modernos.

Se era essa, na verdade, a expectativa, é difícil explicar como o texto de Pongetti, prometendo tanto, foi capaz de conquistar o público apesar de cumprir tão pouco. Já não vamos compará-lo às requintadas libertinagens mundanas de *La Dolce Vita*. Não saindo da época em que foi escrita, e nem do teatro brasileiro, é impossível deixar de constatar que *Society em Baby-Doll*, posta em confronto com as peças mais desavergonhadas de Abílio Pereira de Almeida, revela-se um verdadeiro modelo de bom comportamento. As suas devassidões ocorrem sempre fora de cena, por ouvir dizer, e, quando se introduzem no palco, chocam-nos, não pela ousadia, mas pela patente inverossimilhança, como essa bailarina de *boite* que entra às cinco e meia da manhã na casa dos futuros sogros, para tomar *breakfast*, de biquíni por debaixo da capa de pele. O absurdo é tão grande que trai logo a invenção cerebral de quem não tem nenhuma experiência direta do assunto.

Devemos concluir, talvez, que *Society em Baby-Doll* atrai o público não por ser muito audaciosa, mas por sê-lo tão pouco, sabendo embora manter a aparência contrária. A sua idéia central é conhecidíssima: o casal (aqui são dois) que, ao enriquecer, acaba por desbaratar a sólida base moral de outrora. O dinheiro, como se sabe, perverte: faz girar a cabeça das mocinhas e dos senhores casados quarentões. Como resolver o problema? Com aquela mesma sagacidade feminina que já nos foi demonstrada por centenas de fitas e de peças de teatro: basta que a mulher aceite o jogo do marido, fingindo ir além do que ele foi (o que supõe obrigatoriamente um romance imaginário com um conde francês ou um barão italiano de barbicha e monóculo). O ciúme fará as vezes de bom senso e reporá as coisas em seus devidos lugares. A peça termina como se iniciou, sem qualquer transgressão às mais puras regras da castidade conjugal. O público teve o arrepio da tentação, sem ter de pagar o preço do pecado.

O estilo de Pongetti, estilo de cronista altamente popular, apresenta a mesma dupla face: por fora, o brilho, o gosto pelos paradoxos e pelas frases de espírito, a originalidade mais na maneira de dizer do que de pensar; por dentro, o apego às idéias de ordem, o intuito moralizador. Tudo parece tão inteligente, tão faiscante de graça e, ao mesmo tempo, tão fácil, tão comunicativo, tão ao nível de todo mundo!

Ao ser criada em São Paulo, *Society em Baby-Doll* recebeu um tratamento ultramoderno que, além de não ser bem realizado tecnicamente, não se coadunava com o corte francamente tradicional do enredo e das personagens. Neste sentido, a presente versão está mais próxima do texto. Os atores piscam o olho para a platéia, indicando, com um trejeito ou elevando a voz, quando é para rir — mas sabem como fazê-lo. Já não se trata dos grandes do gênero — um Procópio, uma Dulcina — mas todos sabem pisar o palco, como se dizia antigamente, conservando aquela proficiência profissional, embora limitada, do nosso velho teatro. Uma encenação puramente comercial, em suma, sem nenhuma pretensão, mas capaz de agradar ao público a que se dirige.

Laura Suarez e Cilo Costa são os mais sutis em seus recursos, os que procuram sempre ficar dentro de sua personagem. Laura é um pouco fria, talvez, o que a impediu de fazer maior carreira — mas é uma comediante com a qual se pode contar. E Cilo Costa explora com habilidade o cômico aparentemente involuntário: quanto mais sério, mais ofendido no seu amor próprio de marido em vias de ser enganado, mais irresistível aparece ao público. Francisco Dantas, sem a disciplina que a direção de Morineau lhe impôs em temporadas anteriores, gasta-se inutilmente em caretas, querendo ser engraçadíssimo à força, em cada frase, como se em teatro também não fosse necessário aguardar com paciência a oportunidade.

Dos outros — entre os quais Eleonor Bruno, Renée Bell, Peggy, Celia Azevedo, Hugo Sandes — o que mais se salienta é Mauricio Loyola. É verdade que a sua personagem — um colunista social que bate com o punho na palma da mão e exclama: "lh! Estou zangadíssimo" cada vez que o contrariam — é dessas que nem precisam abrir a boca para que o público comece a rir: basta um meneio de cadeiras. Mas, se não nos enganamos, há no ator, por debaixo da vulgaridade proposta, uma vocação autêntica para a farsa.

(1962)

73. Os Ossos do Barão

Os Ossos do Barão, como já acontecia com *A Escada*, parte de uma excelente personagem cômica. Na peça anterior de Jorge Andrade tratava-se de um velho aristocrata (subentende-se: aristocracia brasileira, meia aristocracia, de país que ainda não teve tempo de estratificar os seus quadros sociais) em decadência. Agora, repete-se aproximadamente o mesmo esquema — paulistas de quatrocentos anos *versus* emigrantes — mas o centro de gravidade desloca-se para a força em ascensão. O italiano enriquecido é o herói da peça. Herói no sentido teatral, de protagonista, e também herói, ou quase, no sentido comum da palavra, de homem que constrói com o seu valor o próprio destino. Nada de fim de raça, de cansaço social, mas as qualidades opostas: inocência infantil, astúcia popular, força vital, espontaneidade de sentimentos e de ação, crença em si mesmo. Até aqui, nenhuma novidade. O elemento que deflagra a ação e impõe a comicidade é que o italiano se revela um secreto aliado de seus supostos adversários: estima e respeita os quatrocentões, encarnados na figura de um ancestral ilustre, o barão de Jaraguá, e não por subserviência, como o seu filho suspeita, mas por compreender confusamente que as grandezas passadas, na medida em que se edificaram sobre a visão prática e a capacidade de trabalho, não diferem essencialmente da sua. Se a aristocracia funda-se sobre a riqueza, sobre a propriedade, o legítimo descendente do barão é ele, Egisto Ghirotto, que não pode ter senão simpatia e admiração por seus antecessores na árdua conquista da terra. É o que Antônio de Alcântara Machado já exprimia em 1927 ao dedicar um de seus livros de contos aos "novos mamelucos", isto é, aos filhos dos emigrantes italianos. Não há, portanto, segundo a perspectiva da peça, diferença entre bandeirantes de primeira ou de enésima geração, mas, somente formas vivas e formas mortas dentro de uma mesma sociedade.

Os Ossos do Barão propõe tais idéias em termos de comédia, de farsa diríamos melhor — e parece tanto mais efetiva quanto mais se apega a este plano da franca comicidade. As suas virtudes são semelhantes às de Egisto Ghirotto: despretensão, vivacidade, ausência de intelectualismo. Neste ponto, aliás, a peça foi esplendidamente servida pela interpretação de Zeloni que, vindo do teatro de revista e da televisão, deu ao texto tudo o que ele precisava para subjugar o público: não a representação medida, dosada, habitual no teatro moderno, mas a graça natural e sem peias, que não hesita em recorrer a truques, dos comediantes que se fizeram no palco e em contato com as platéias. Zeloni, além de marcar muito bem a psicologia da personagem, primitiva e finória, cheia de cálculo e de sinceridade, tem a expansividade, a simpatia irradiante, necessária para sustentar o papel e a peça. A sua presença é tão forte que, por contraste, as cenas em que ele não aparece não podem deixar de nos dar por vezes uma penosa sensação de vazio.

É que não só os outros atores não sabem representar no mesmo estilo farsesco como o próprio Jorge Andrade mostrou-se menos criador em relação às personagens que poderíamos chamar de negativas. À vitalidade irresistível de Egisto Ghirotto não se opõem senão algumas sombras pálidas e anêmicas, quase soturnas em sua patente irrealidade. Haverá nisto, possivelmente, uma intenção simbólica, máscaras mortuárias que na realidade são. Mas para que a comédia mantivesse o tom seria necessário animá-las com algum forte sopro cômico, ainda que recorrendo ao grotesco, o que não foi feito a não ser timidamente. Assim, suspensas entre a vida e a morte, não tendo grande verossimilhança e nem muita graça caricatural, não chegam a oferecer qualquer resistência ao ímpeto do protagonista. Não haveria formas mais sutis, mais atuais, menos patentemente anacrônicas, para representar o apego doentio ao passado?

Pesam também sobre a peça as suas intenções sociais. Não que o teatro tenha a obrigação de manter-se neutro, mas, na comedia as idéias do autor, por terem menos importância do que o jogo das personagens, devem permanecer o mais possível subjacentes. Ora, Os Ossos do Barão não só exprime com todas as letras os seus temas como os repisa, voltando inúmeras vezes aos mesmos motivos centrais. Tal impressão de esquema preconcebido é particularmente sensível nos primeiros diálogos entre o rapaz e a moça, realizados demasiadamente a sério, através de um duelo de dignidades ofendidas que não fica longe dos romances de mocinha, gênero *O Grande Industrial*, nos quais a jovem aristocrata sem dinheiro e o jovem milionário de origem humilde dardejam olhares de ira enquanto sentem pulsar descompassadamente o coração.

A vocação cômica de Jorge Andrade não é menos autêntica que a dramática, mas ele precisa aprender a refrear o dramaturgo para dar à comédia toda a sua aparente inconseqüência. Veja-se como O'Neill, tão atormentado, depurou-se até encontrar a leveza nostálgica de *Ah Wilderness!*.

O espetáculo do TBC, já deixamos entrever, é largamente dominado por Zeloni, devido à feliz conjunção de um bom papel e um bom ator. Dos outros, os melhores são Lélia Abramo e Dina Lisboa (ainda as figuras positivas, que afirmam a vida, sobrepujando as negativas, como se o autor tivesse feito uma opção ao mesmo tempo moral e artística), ambas excelentes, e Silvio Zilber, galã indicado para o papel exatamente por nada ter do galã convencional. Aracy Balabanian tem um ótimo terceiro ato, Cleyde Yáconis faz o que pode com um papel de pouco colorido e Rubens de Falco passeia o seu desfastio numa versão da aristocracia que a nós parece falsa e superficial, mas que é a corrente em nossos palcos. Léa Surian, Carmem Silva e Sylvio Rocha compõem com o artificialismo que parece ser do texto o coro das lamentações familiares.

A direção de Maurice Vaneau, ainda que correta, poderia certamente ter mais brilho, maior dinamismo. Bons cenários e figurinos de Marie Claire Vaneau, de acordo com o anacronismo de parte das personagens.

Os Ossos do Barão consiste num longo confronto entre duas épocas, duas maneiras de ser e viver. Depois de considerar com admiração ou nostalgia o passado rural brasileiro (*Pedreira das Almas*, *A Moratória*), Jorge Andrade volta-se agora para a contemplação de um passado urbano com o qual não sente afinidades (*A Escada*, *Os Ossos do Barão*). "O tempo é a minha matéria, o tempo presente, os homens presentes, a vida presente" — cantou Carlos Drummond de Andrade num verso célebre. Jorge Andrade pertence a outra estirpe, a de um José Lins do Rego, por exemplo — a dos que nunca acabam inteiramente de enterrar os seus mortos.

(1963)

74. Dibuk

Penetramos no território do *Dibuk* como num país estranho, do qual conhecêssemos a língua, mas ignorássemos por completo a paisagem e os costumes. Não se trata dessa simples e ocasional sensação de *depaysement* que pode nos dar qualquer peça estrangeira, mas de uma diferença maior, de uma distância espiritual e mental. A originalidade da peça de Sch An-Ski é desprezar o pitoresco, é ir além do mero realismo. O que ela nos propõe não é tanto um quadro da vida judaica na Rússia Imperial como uma incursão por entre os mitos, os arquétipos que formavam a mentalidade hassídica (seita judaica de forte cunho místico) em fins do século XIX. As idéias, não os fatos, são a matéria de que se entretece a sua singular realidade. O *dibuk*, a possessão de uma pessoa viva por um morto, poderá não passar de uma superstição: para An-Ski, no entanto, constituirá a própria base dramática de sua peça, que se intitula "lenda dramática" exatamente por isso, por saber reconhecer o papel que a imaginação coletiva desempenha em certos povos. Nada melhor do que as crenças populares, em que o real se funde e se confunde com o irreal, para definir a fisionomia de um grupo humano tão embebido de sacralidade como o hassídico.

O mundo, para nós modernos, formados, queiramos ou não sob o influxo da ciência, é um mecanismo sem mistério, um jogo automático de causas e efeitos que não nos inspira respeito ou temor. *O Dibuk* mergulha-nos repentinamente em outras épocas, defronta-nos com um universo vivo, impregnado de sentido moral, em que cada fato não é aquilo que aparenta, que os nossos olhos vêem, mas o signo de uma verdade transcendente. "Todas as coisas têm coração", observa o Mensageiro, figura também ela misteriosa, que percorre a ação como o arauto de Deus. Toda a atenção da inteligência, todo o esforço da sensibilidade, devem aplicar-se a esse árduo trabalho de decifração dos signos exteriores através do qual chegamos até o esquivo coração das coisas. Há, no entanto, duas pontes lançadas entre o visível e o invisível: o caminho seguro mas seco e estreito do Talmud e as terríveis tentações de poder sobre o Bem e o Mal representadas pela Cabala. É difícil dizer, nestas fronteiras imprecisas entre dogma e heresia, entre magia e religião, em que ponto exato intervém o apelo a Satã. Como em todas as épocas de fé intensa, salvação e perdição apresentam-se às vezes quase confundidas, dependendo a queda somente de um passo em falso. É a advertência que Henoc faz a Hanã: "Tudo isso é verdade. Esqueces, porém, que ascender às alturas, nas asas do êxtase, é extremamente perigoso. A gente pode se extraviar e rolar para o abismo...".

Ora, nesta ordem precária, nesta via incerta que é a existência humana, em que cada um tem de encontrar a direção exata por sua conta e risco, uma injustiça foi cometida. Uma promessa de casamento, feita pelos pais dos futuros noivos, foi quebrada. Basta esta falha para que a tragédia se desencadeie. Hanã morrerá inconformado, o seu espírito rebelde encarnar-se-á em Léa, seguir-se-ão os exorcismos e a morte da moça, que irá se reunir a seu prometido por toda a eternidade. Parece ser o tema do amor mais forte do que a morte, porém, se observarmos melhor, a idéia primordial é outra, é a da reparação do crime que brada aos céus, não se aplacando enquanto a harmonia moral não for restabelecida. A exemplo das tragédias gregas, o desfecho refere-se à própria ordem cósmica, dizendo respeito a um acerto de contas não apenas entre os homens, mas também entre os homens e as forças superiores que os governam. O ponto de vista de An-Ski, como o de Ésquilo e Sófocles, é menos psicológico do que moral, ou mesmo metafísico. Não se trata de saber como o homem é, mas que posição ocupa em relação ao universo. A diferença é que os gregos, melhores filósofos do que homens de religião, revelam em suas indagações um equilíbrio racional totalmente em contraste com a exaltação lírica, o fervor judaico, que é a nota mais bela do Dibuk.

É curioso notar que dois motivos, dos mais poderosos no drama moderno, aparecem aqui timidamente, subsidiariamente. O primeiro, já vimos, é o amor. Hanã e Léa pertencem um ao outro porque assim o juraram solenemente os seus pais. Mas há, de parte a parte, expresso com extraordinário pudor, um sentimento mais forte do que a simples predestinação religiosa. Hanã, ao enxergar a moça na Sinagoga, entoa o *Cântico dos Cânticos*, única saída não sacrilega para a emoção que o percorre da cabeça aos pés, envolvendo corpo e alma. E Léa, após a morte de Hanã, provoca a tragédia, indo ao cemitério e convidando o espírito de seu amado para assistir às suas bodas. Em nenhum momento ousa ela levantar a voz em protesto contra a decisão do pai, dando-lhe outro noivo, mas não temos a menor dúvida quanto à escolha do seu coração. O segundo motivo é o antagonismo entre ricos e pobres, que o marxismo inscreveu parece que em definitivo na consciência social do nosso século. Não somente é ele o tema central de alguns dos apólogos do Mensageiro e de suas disputas com os Batlan, como é a própria mola oculta do drama, já que Sender não dá sua filha a Hanã, conforme prometera, porque, no fundo, não deseja um genro pobre e sem destaque social. São motivos, ambos, o dinheiro e o amor, tão velhos quanto o próprio mundo, mas que poderiam parecer destoantes, no contexto da peça, se An-Ski não os mantivesse em segundo plano, subordinando-os a uma rígida hierarquia espiritual e religiosa.

* * *

Vendo e ouvindo o espetáculo que Graça Melo dirigiu para o Teatro de Arte Israelita Brasileiro tivemos por vezes a curiosa sensação de estar presenciando um duplo *dibuk*, como se também os intérpretes, e não somente uma das personagens, estivessem possuídos por um espírito: no caso dos atores, o espírito dos Comediantes. O ritmo lento, hierático, os cenários delineados apenas em silhueta, com o aproveitamento do fosso da orquestra para entradas e saídas em cena, e até as inflexões e a tonalidade da voz, irreais, longínquas, prolongando artificialmente as sílabas ("Eelee fooi atingiiiidoo!") para carregar a atmosfera de teatralidade, fizeram voltar insistentemente à nossa memória peças como *Desejo*, *Peleas e Melisanda*, *Vestido de Noiva*, que marcaram o ponto de partida da renovação do nosso teatro. Vinte anos já se passaram desde então e acreditamos que os encenadores mais jovens, influenciados pelas idéias do teatro popular, teriam preferido a esse formalismo ainda quase expressionista uma comunicação mais viva e direta com a platéia. De fato, a direção de Graça Melo, embora cuidada e coerente, tem o defeito de privar a peça de suas raízes terrenas. *O Dibuk* é uma lenda e nessa qualidade tem de ser encarada. O próprio Vakhtangov, que dirigiu em 1918 a famosíssima versão do *Habima*, dando projeção internacional ao texto de Sch An-Ski, dizia que era preciso manter a representação ao menos meio metro acima do solo. Esta sobrenaturalidade, entretanto, não deve entrar em choque e anular a realidade comum porque se há alguma coisa que a peça não faz é distinguir entre o sagrado e o profano. A religião, para as comunidades hassídicas, permeia e colore todos os aspectos da vida social, não sendo concebida como uma atividade específica e marginal. A sinagoga não é unicamente a igreja, mas o lugar de conversa, o ponto obrigatório de reunião. É à sua sombra que se congregam os Batlans desocupados para contar e ouvir histórias maravilhosas de Rabis dotados de poderes sobrenaturais, como, em circunstâncias e meios diversos, poderiam reunir-se simplesmente para comentar a vida alheia: até a preguiça assume aqui formas religiosas, desenvolvendo-se sob a capa e a proteção da Igreja, e sem que haja hipocrisia ou quebra de sinceridade. O sobrenatural, na concepção hassídica, não é um domínio à parte, mas uma dimensão, diríamos normal, da existência diária. Se os mortos são convidados para participar das festas de casamento ou convocados para comparecer perante tribunais terrestres, não há no fato nada que cause espanto, como não há, nas fábulas de La Fontaine, surpresa alguma porque os animais falam.

Graça Melo poderia ter infundido, portanto, maior naturalidade e materialidade à representação, fazer com que as pessoas falassem e agissem de maneira mais próxima de nós, sem com isso trair nem a transposição artística nem a transfiguração mística, ambas essenciais ao espetáculo. O segredo das grandes encenações, de resto, é exatamente esse, de não escolher uma entre várias versões unilaterais da obra, aceitando-a em toda sua variedade e complexidade.

Quanto aos intérpretes, sofreram eles a dificuldade que todo ator não profissional sente em face da estilização. O que o amador tem a oferecer de melhor, ninguém o ignora, é a capacidade de se comover como pessoa humana, se não ainda como artista. Ora, o ponto de vista adotado por Graça Melo coibiu-os por esse lado, obrigando-os a um trabalho de composição, física e moral, atualmente ainda acima de suas possibilidades técnicas. Os atores do Teatro de Arte Israelita Brasileiro perderam em parte a espontaneidade, sem conseguir justificar artisticamente, pelos resultados, o artificialismo dos meios empregados. Fizeram um enorme esforço coletivo, que lhes servirá provavelmente de preciosa lição, mas sem ascender ao altíssimo nível que lhes foi proposto sucessivamente pelo texto e pela encenação. Daí uma certa monotonia da representação, uma certa opacidade, atravessada às vezes pelo fulgor lírico do texto, que chega a nós intermitentemente, através de clarões fugidios. Entrevê-se a obra-prima que o *Dibuk* é, mas sem chegar ao prazer dos sentidos e do pensamento que uma peça rica como essa deveria nos proporcionar. Mári Quadros Malta, como Lea, é a única que nos parece ter realizado o que pretendia Graça Melo, comovendo-nos tanto nas partes líricas como nas dramáticas. Bem abaixo dela, mas em nível aceitável, colocaríamos José Serber, Maria Quadros Malta, José Mandel (em suas duas interpretações), Silvio Band, Boris Cipkus e Rafael Golombek, os três últimos, todavia, bastante amarrados pelo estatismo que a direção atribui à vida interior e à espiritualidade.

Mas não percamos a perspectiva por excesso de severidade: é preciso não esquecer que montar o *Dibuk*, em qualquer circunstância, com amadores ou mesmo com profissionais, seria sempre empresa das mais arriscadas. Graça Melo e o Teatro de Arte Israelita Brasileiro tiveram a coragem de jogar — e não se pode dizer propriamente que hajam perdido.

(1963)

75. Terror e Miséria do III Reich

Terror e Miséria do III Reich é quase uma contradição em termos: como vasto painel social pintado como uma técnica de miniaturista. Em vez de um mural, de um afresco de proporções amplas, uma série de notações, uma sucessão de quadros breves, alguns não durando mais do que seis ou oito réplicas. O seu efeito é cumulativo, e não poderia deixar de o ser, porque Brecht despreza as generalizações, as abstrações, em favor do concreto e do particular. Para ele não basta declarar que o nazismo eliminou a liberdade: é necessário comprovar o que tais conceitos significam quando traduzidos para a vida de todos os dias. Bertrand Russell aconselha-nos a desconfiar dos filósofos incapazes de ilustrar as suas idéias com exemplos simples e humildes, Brecht jamais será apanhado em semelhante falha. Não as grandes palavras, mas os pequeninos fatos, não as tragédias excepcionais, mas os dramas corriqueiros — poderia muito bem ser o seu lema.

A peça é um retrato da ascensão nazista, apresentado, por assim dizer, em negativo. *Mãe Coragem* mostrava a guerra, não através dos generais e soldados, mas da fauna rasteira — cantineiros, vivandeiras — que acompanham os exércitos. Aqui, o processo empregado é semelhante: os nazistas pouco aparecem, não havendo qualquer tentativa para explicá-los, psicológica ou moralmente. São apresentados simplesmente como o inimigo, a força bruta e desarrazoada, a encarnação do Mal (a peça, de resto, foi escrita antes de 1939, quando era preciso combater e não compreender o nazismo). Os antinazistas conscientes, seguros de si, também praticamente inexistem. Os verdadeiros protagonistas da peça são os outros, a massa anônima que não sabe bem para onde se inclinar, que gostaria talvez de resistir mas não tem meios de o fazer, desejando acima de tudo permanecer neutra, sonhando em conservar inalterada a sua vidinha obscura, a sua preciosa tranqüilidade — mas sendo empurrada impiedosamente para o lado dos triunfadores.

O gráfico de cada cena é o mesmo: a história da capitulação das razões lógicas ou humanitárias em face da violência irracional. "O caráter — diz uma judia, talvez a mais lúcida entre todas as personagens — é uma questão de tempo". Alguns, resistem mais à pressão. A maioria capitula em questão de minutos — e é este traçado, da liberdade à escravidão, que Brecht recapitula infinitas vezes perante nós.

O segredo da vitória nazista foi criar desde o início um ambiente de insegurança, de delações, de condenações sem prova, de suspensão das garantias civis, que tirava ao indivíduo os seus apoios habituais, fazendo o mundo vacilar a seus pés. As relações, não só entre desconhecidos, mas entre amigos, entre pais e filhos, tornavam-se cautelosas: toda conversa, mesmo íntima, assumia insensivelmente o caráter de um reconhecimento de terreno, ninguém desejando se comprometer, dizer coisas que não pudesse oportunamente retirar. Até mesmo as pessoas mais dispostas a ceder, a compactuar, nem sempre sabiam como fazê-lo, porque as fronteiras entre o legal e o ilegal tornavam-se fluidas, dependendo do acaso, do arbítrio, de mil circunstâncias políticas que escapavam a todos, menos a um pequeno círculo de iniciados.

Brecht refere-se, de passagem, à violência física, o meio de persuasão por excelência do nazismo. Mas a violência que mais o interessa é a moral, o pânico do indivíduo perante um partido ou um governo que não respeita as regras do jogo. Nesse sentido, a peça pode ser interpretada — ainda que provavelmente em desacordo com as intenções do autor — como uma acusação contra qualquer tipo de totalitarismo. Muitos dos traços que o texto melhor acentua — a vigilância constante, a confusão deliberada entre mentira e verdade que se chama verdade de estado — são os mesmos que iriam inspirar mais tarde a George Orwell esse famoso incubo político que é *1984*.

A parte mais fraca de *Terror e Miséria do III Reich*, se a colocarmos em perspectiva histórica, considerando-a não com arma de combate mas como documento histórico, são as denúncias de que Hitler estaria lançando a Alemanha na miséria, não contando com o apoio do proletariado — entidade mítica, isenta de falhas, para os marxistas — denúncias que os acontecimentos posteriores se encarregaram de tornar ridículas.

Brecht cometia, em relação ao nazismo, o mesmo erro que certos democratas costumam fazer em relação ao comunismo, acusando-o simultaneamente de não funcionar bem e de ser perigosíssimo, como se uma coisa não destruísse obrigatoriamente a outra.

* * *

Depois de termos censurado algumas vezes Antônio Abujamra por "brechtianizar" textos que nenhuma afinidade apresentavam com o teatro épico — *Raízes*, por exemplo, seria um tanto paradoxal que viéssemos agora incriminá-lo pelo motivo contrário, por não ser suficientemente brechtiano na interpretação de uma peça de Brecht. Pois será esse — tais os caprichos da crítica! — o principal reparo que faremos à sua encenação de *Terror e Miséria do III Reich*.

Mas vamos circunscrever melhor o nosso alvo. Não nos parece mal que a direção dos atores não se tenha deixado impressionar em demasia pelo chamado efeito de distanciamento: esta teoria, como as outras que compõem o teatro épico, indica, antes de mais nada, uma orientação geral, um caminho a seguir, não sendo obrigatório que a consideremos ao pé da letra. Também não nos parece abusivo, em face das liberdades que o dramaturgo alemão sempre tomou com os autores de que se serviu, que o encenador tenha julgado necessário escrever ele mesmo um comentário marginal ao texto, dando começo, meio e fim à peça, estabelecendo um elo entre os quadros, unificando-os menos por uma ordenação lógica e metódica do que pela criação de uma atmosfera emocional que se mantém a mesma de princípio a fim.

Neste ponto, neste emocional, é que o carro começa a pegar. Não que tenhamos alguma coisa contra a emoção na obra de arte — Brecht é que tem. A sua inteligência, friamente racional (até que ponto as suas teorias estéticas seriam uma racionalização, uma cobertura dada pelo juízo crítico às limitações da sensibilidade?) não desejava impressionar, empolgar, seduzir, convencer pelo sentimento, tarefa que lhe parecia subalterna, artisticamente desprezível, e que ele deixava de bom grado ao teatro burguês. O seu fim era outro: provar, demonstrar, despertar a inteligência do espectador, empregando, se possível, uma linguagem tão exata quanto à da ciência. Releiam-se, por exemplo, os diferentes quadros que integram *Terror e Miséria do III Reich*: nenhuma exploração sentimental em nenhum deles, nenhuma demagogia afetiva ou artística. Ora, o texto de Abujamra visa precisamente o oposto: exaltar, instituir uma comunhão poética com o público. O emprego da música é elucidativo: ela é posta, no espetáculo do Teatro Leopoldo Fróes, a serviço da pregação política direta, tendo como missão transmitir uma mensagem específica e simples: é necessário preservar a paz a qualquer custo. Ora, as canções de Brecht, inclusive quanto à música, têm uma função sardônica, de quebrar a emoção e chamar-nos de volta às realidades duras e desagradáveis. Brecht também prega — mas à sua maneira, através da ironia.

Poderíamos ir ainda mais longe e concluir que a própria mensagem, o próprio pacifismo do texto escrito por Antônio Abujamra, baseia-se sobre um equívoco, uma interpretação superficial da peça. Não há dúvida que esta se refere mais de uma vez com horror à guerra da Espanha e à próxima guerra mundial que já começava então a se desenhar com nitidez nos céus da Europa. É preciso, no entanto, considerar os fatos historicamente. O que Brecht fulmina não é a guerra, mas uma determinada guerra, a guerra de Hitler, vista do lado da Alemanha. Se encarasse a luta pelo lado oposto, a conclusão seria certamente belicista: basta ler, para ter certeza disso, *Os Fuzis da Sra. Carrar*, escrita na mesma época e com o fito de incentivar a guerra contra Franco. No fundo, as duas peças, por vias diversas, chegam à mesma conclusão, contra o neutralismo. Tanto a sra. Carrar como os pobres diabos de *Terror e Miséria do III Reich* gostariam de escapar à necessidade de opção, de não ser importunados pela história. Mas esse ideal não é só moralmente condenável: é politicamente impossível. Quando o padre lembra à sra. Carrar que o mandamento católico diz "Não matarás", responde o operário: "Certamente. A questão apenas é saber se já não somos combatentes. Por exemplo: um homem está a ponto de ser morto e quer se defender; se nós o seguramos, dizendo: não matarás, de forma que o possam sangrar como um frango, talvez já estejamos participando do combate, de uma certa maneira". Partir daí, da ameaça nazista, e chegar à defesa do pacifismo em si, do pacifismo pelo pacifismo, sem quaisquer especificações, parecemos que é entender pelo avesso o que Brecht realmente quis dizer.

É fácil, aliás, compreender o erro de Abujamra: o pacifismo é a mais fácil e sedutora tese política do momento, a única sobre a qual todos — ou quase todos — estão de acordo, desde os russos até os norte-americanos. Mas essa própria unanimidade tem qualquer coisa de ambíguo, de mal definido. O pacifismo, ou bem é uma doutrina moral, à maneira hindu, significando a descrença na eficácia dos processos violentos a longo prazo, ou é uma simples tática, que se pode afirmar ou rejeitar conforme sopram os ventos. Tanto num caso como no outro não temos o direito de atribui-lo a Brecht que, sendo como artista *engagé*, um dos mais consistentemente empenhados do nosso tempo, jamais submeteu o seu teatro aos *slogans* ou às palavras de ordem partidárias.

Quanto ao espetáculo, reflete as qualidades e os defeitos habituais de Abujamra: uma certa audácia na concepção geral do espetáculo, comprometida por uma direção de ator que até agora se tem mostrado sempre deficiente. Glauce Rocha é a única que se destaca, embora sem ir tão longe quanto permite o seu talento. Os outros, em grande parte egressos da Escola de Arte Dramática, formam uma argamassa indistinta, da qual emergem, em uma ou outra cena, as interpretações de Sérgio Mamberti — o mais uniforme de todos — Antonio Ghigoneto, Cecília Carneiro, Emílio Di Biasi, Ivonete Vieira e Ricardo de Lucca.

Antônio Abujamra é uma voz que já se vai incorporando em definitivo ao teatro paulista. Pelas ambições que tem, pelo repertório que monta, é um homem de teatro com o qual se tem prazer em dialogar, ainda que seja, como é o nosso caso, para quase sempre discordar.

(1963)

76. Onde Canta o Sabiá

    Gastão Tojeiro não reconheceria, no espetáculo estreado no Teatro Cacilda Becker, já não diremos a letra, mas nem mesmo o espírito da comediazinha de costumes suburbanos que escreveu em 1921 e que foi um dos primeiros grandes sucessos de Procópio Ferreira. É agradável — embora extremamente fácil — sorrir com benevolência e superioridade das roupas, fisionomias, ritmos musicais, frases e atitudes que já perderam à sua particular e momentânea razão de ser, tornando-se, com a simples passagem do tempo, involuntária e irresistivelmente cômicos. Mas para que o riso tenha alguma significação humana e artística é necessário que à ironia se mescle um pouco de secreta cumplicidade, de simpatia, de compreensão afetiva — qualidades que faltam terrivelmente à encenação barulhenta e superficial de Hermilo Borba Filho.
    Onde Canta o Sabiá não é certamente uma grande peça. Mas tem o seu sabor, ao referir-se com tanto carinho — e ingenuidade também, não há duvida — a um modo de ser nacional que mesmo naquela época já não deixava de provocar uma nota de nostalgia: o Rio de Gastão Tojeiro não era o Rio elegante da Avenida Central, das "melindrosas" de alta sociedade, mas o Rio dos subúrbios, dos serões familiares animados por três espécies de fundo musical (e os três estão assinalados no texto): o canto dos passarinhos espalhados pelos quintais e pelas varandas, a flauta das serenatas tocadas por amadores bem-intencionados e os apitos da Central do Brasil, marcando os únicos momentos de excitação e nervosismo coletivo: a partida e a chegada dos trens.

O que se buscava exprimir, no fundo, era um anseio nacionalista tão agudo como o atual, mas dirigido para outras direções: insurgia-se ele contra a França, não contra os Estados Unidos, e visava nos exorcismar dos imperialismos culturais e não dos econômicos. O nosso subdesenvolvimento de então — saudosos tempos aqueles! — consistia apenas em não nos sentirmos tão civilizados e cosmopolitas como Paris. Ainda bem, para a nossa vaidade sul-americana, que a vida simples sabia impor às vezes duras derrotas amorosas à sofisticação dos nossos jacintos, como revela o simplíssinio entrecho da peça. *Onde Canta o Sabiá*, se não é propriamente *A Cidade e as Serras*, deseja ser, à sua maneira de obra decididamente menor, uma espécie de *A Cidade e os Subúrbios* nacional.

Tratar esta comédia sentimental, ameaçada a todo instante pela pieguice, como se fosse uma farsa baseada no *nonsense*, imprimir a essa forma de existência caseira, vagarosa, descansada, um ritmo falso de cinema mudo (que o cinema mudo não tinha: são as projeções modernas que dão às velhas fitas o seu ar saltitante e sincopado) é não compreender a obra de Gastão Tojeiro em sua própria essência.

Outro erro de Hermilo Borba Filho, e de não poucas encenações brasileiras, é julgar que a música justifica tudo: do momento em que os nossos atores começam a dançar e a cantar, já se sabe que não é para valer, que não é a sério, que se trata de uma brincadeira semi-amadorística na qual o público deve participar com a sua boa vontade. Ora, a lição do teatro musicado norte-americano, modelo lembrado costumeiramente em tais ocasiões, é exatamente a contrária: o "musical" vale por ser rigorosamente profissional tanto no plano da música e da dança como no dramático.

É estranho, de resto, o critério que presidiu à escolha das canções. Os figurinos e os cenários (de Janice Lobo) indicam com precisão a época da peça: mil novecentos e vinte e poucos. A música, entretanto, vai até bem depois da Revolução de 30, entrando no repertório de cantores como Mario Reis e Carmem Miranda, que já pertencem a outro ciclo da música popular. Não se trata tanto de uma questão de datas como de estilos, de modos de expressão. A partitura de *Onde Canta o Sabiá*, se assim podemos dizer, é um *potpourri* onde entra de tudo um pouco, desde *O Pé de Anjo* até *Tá'i* e *O Teu Cabelo não Nega*, passando — imaginem — por *Mon homme*, canção dramática (*réaliste* na terminologia francesa do gênero) que é apresentada como se fosse um número cômico típico de 1920. Os pretextos para a inclusão da música são os mais variados: "Vamos tocar um pouco de piano?" — e pronto, está resolvido o problema. Ou então: "— Onde tu tá?", "— Onde tá tu?" — e entra triunfalmente *O Tatu Subiu no Pau*. Como, por um lado, a peça não continha música, e, por outro, as canções quase nada exprimem de específico em relação ao contexto dramático, não havia praticamente dificuldade a enfrentar. Bastava encontrar a deixa, inventar a palavra que permitisse a passagem da palavra ao canto.

Walmor Chagas foi o que melhor realizou o impossível consórcio sonhado pelo diretor: caçoar impiedosamente do texto mas ao mesmo tempo representá-lo com um mínimo que seja de veracidade psicológica. É uma interpretação inteiramente nova em sua carreira e que lhe abre insuspeitadas perspectivas cômicas. Floramy Pinheiro também consegue manter a estilização solidamente implantada dentro da realidade do subúrbio carioca, sendo por isso mesmo muito mais engraçada do que os outros. Poderíamos ainda elogiar a evidente vocação teatral de Lilian Lemmertz, estreando-se em São Paulo, e o *entrain* profissional de Kleber Macedo. Os outros, bem fracos, esquecidos de que se a caricatura deforma é sempre para melhor revelar a realidade, desde Freddi Kleeman, lutando em vão contra um papel que não tem a menor graça (e seria preciso aceitá-lo como tal), Assunta Perez, Walderez de Barros, Lafayette Galvão, Cláudio Mamberti, até os realmente ruins, Stênio Garcia (que já mostrou inúmeras vezes ser um bom ator), Lineu Dias e Plínio Marcos, que nunca se sabe se é Carlitos (de quem toma o bigodinho e a posição dos pés), Oscarito ou o mais pateta de *Os Três Patetas*.

O público da estréia aplaudiu o espetáculo inúmeras vezes em cena aberta e demoradamente ao seu final. Talvez por gostar da paródia a qualquer preço, talvez por se deixar contagiar pelo dinamismo próprio dos espetáculos musicados ou talvez por não concordar com nada do que dissemos. É bem provável que para estes espectadores *Onde Canta o Sabiá* pareça uma encenação muito espirituosa de um texto inexistente. Mas Gastão Tojeiro terá culpa se Hermilo Borba Filho resolveu rir da peça e não com a peça que estava encenando?

(1963)

77. O Bem-Amado

A nossa reação frente a *O Bem-Amado* é de ligeira perplexidade, como diante dessas pessoas de quem já fomos íntimos mas que acabamos por perder de vista. Reconhecemos sem dificuldade cada traço, mas há sempre a surpresa de redescoberta do sentido geral da fisionomia que a familiaridade excessiva terminara por ocultar. Assim acontece com a peça de Neil Simon estreada no Teatro Esplanada: era essa, sem dúvida, uma das faces mais características do teatro paulista durante o longo período em que predominou o TBC mas, como tudo, isso já começa a parecer distante!

A culpa, em parte, é do próprio teatro norte-americano, que se ausentou dos nossos palcos ao exigir altíssimos *a valoir* como medida preliminar para a apresentação de suas peças. Que lucraram os Estados Unidos com essa política de ignorar as nossas reais condições econômicas? Dinheiro a mais, não entrou nenhum, e, em contrapartida, fecharam-se as portas para um tipo de intercâmbio que marcou fundamente o teatro brasileiro moderno. A influência teatral norte-americana, tão importante há vinte ou mesmo há dez anos, hoje em dia é praticamente desprezível.

Ora, acontece que há um público certo para comédias como *O Bem-Amado*. Podemos acusar Neil Simon de se limitar a explorar a carpintaria, mas não de ignorá-la ou de não manejá-la com suficiente habilidade. Daí a discordância de opiniões que semelhante teatro costuma despertar entre platéia e crítica. Os espectadores deixam-se levar, ao contrário da crítica, que, por mais que faça, acaba sempre por perceber a mão do autor manipulando os cordéis. Quando se abre uma porta em *O Bem-Amado*, nunca entra quem as personagens esperam: aí está a graça, a surpresa, a invenção cômica. A crítica, entretanto, conhece também esse truque e não pode esconder, por debaixo do sorriso de delicadeza, um certo enfado de quem já previu o fim da anedota.

Mencionamos o TBC, e não sem alguma razão, porque o original de Neil Silmon, pela técnica e pelo espírito, lembra a comédia que foi o primeiro grande êxito de Franco Zampari como empresário: *Ingenuidade* (*The Voice of the Turtle*). Passaram-se quinze anos, mas continuamos era Nova York, no apartamento de um rapaz solteiro (moça solteira, na comédia de Van Druten), às voltas com o eterno dilema feminino: deve-se ou não considerar o casamento condição *sine qua non* para a vida em comum? A dialética da virgindade, que se vem travando obstinada e secretamente na sociedade atual desde que se começou a falar menos em amor livre e a praticá-lo mais, é a mola fundamental da peça. De um lado, o sonho masculino, nunca perfeitamente realizado, da poligamia cumprida esportivamente, sem compromissos sentimentais ou morais; de outro, a intransigente, a irredutível vocação monogamia da mulher.

O herói da peça está vivendo sem o saber os últimos dias daqueles curtos anos de euforia que vão da libertação da tutela dos pais à submissão à esposa. Neil Simon assinala com muita nitidez os momentos cruciais dessa experiência de disponibilidade afinal malograda, desde os primeiros ritos de iniciação até o instante da renúncia final, que ocorre por mais tardar aos trinta e poucos anos, quando advém um inexplicável cansaço, a vontade de ter o apartamento em ordem, de comer e dormir a horas certas, de se inscrever na ordem econômica do país ainda que seja trabalhando, como o pai, numa fábrica de louças sanitárias. Chegada a ocasião, não adianta tergiversar: a única coisa que se tem a fazer é abdicar com dignidade em nome de um irmão mais moço que irá tentar realizar os nossos sonhos de grandeza. Terminou o período da tirania do homem, enquanto a mulher espera pacientemente que ele diga sim, começou o reinado constitucional. da esposa.

A direção de Leo Jusi submeteu *O Bem-Amado* a uma série de reduções, diminuindo em muito o seu alcance. A primeira, foi a redução ao cômico. Ninguém negará que a preocupação principal da peça é fazer rir. Mas a esse tom dominante acrescentam-se alguns subtons, cuja função é arredondar o texto, dando-lhe maior consistência e interesse psicológico. As inquietações de um rapazinho em face de sua primeira aventura, por exemplo, não são unicamente cômicas, como não é unicamente cômica a história sentimental que serve de pretexto para apresentar o amor como a experiência fundamental da vida humana.

A segunda redução, já dentro da primeira, consistiu em passar do cômico no norte-americano ao brasileiro, da comédia à farsa nacional. Os atores da Broadway primam pela economia porque sabem que representar bem é representar pouco e com exatidão. Os nossos, ao contrário, sempre que deixados à vontade tendem ao exagero, à sobrecarga, a demarcar em demasia as intenções do texto, seja por falta de confiança na capacidade de apreensão do público, seja por falta de confiança em si mesmos, ou seja, talvez, por ambas as coisas. Em vez de deixar cair com naturalidade a frase de espírito, param e anunciam: "Atenção, graça!". Com isso a representação perde boa parte não só da sua verossimilhança, mas inclusive da sua própria comicidade, uma coisa estando necessariamente ligada à outra neste gênero de peça.

Milton Carneiro, por exemplo, é um ator naturalmente engraçado, que sabe inflexionar, um pouco na linha dos nossos atores mais velhos. Por que, então, há de sempre fazer um resmungo, um muxoxo, uma careta a mais, que seriam irresistíveis se ele estivesse representando numa *matinée* infantil? Glaucio Gill, além de ter defeitos de dicção e empostação de voz (excessivamente gutural) que acabam cansando o ouvido, puxa todas as deixas para o cômico, e sempre do mesmo jeito, com a mesma inflexão e o mesmo ritmo musical Mirian Roth tem o físico do papel — mas não o psíquico.

Os mais jovens, deste ponto de vista, estão melhores. Claudio Cavalcanti tem graça e "charme" pessoal, Elizabeth Gasper, se ainda não se revela uma atriz perfeita, é uma figurinha encantadoramente moderna (muito bem amparada pelos figurinos levemente exóticos de Virgínia Guimarães Ferreira) e Iris Bruzzi defende-se à altura num desses papéis de loura estúpida que Marilyn Monroe pôs em circulação.

O espetáculo, entretanto, não obstante as suas limitações, funciona teatralmente: queremos dizer com isso que se comunica com o público, que diverte, embora num plano mais modesto e mais grosseiro do que o do texto. Com os mesmos atores, uma direção menos preocupada com os efeitos de farsa poderia ter tirado outro rendimento. E nem teria sido preciso muita coisa: bastaria prestar atenção no cinema norte-americano e ver como é que se encena nos Estados Unidos este tipo de comédia cuja destinação última é sempre Hollywood.

(1963)

78. Um Sábado, em 30

Um Sábado, em 30: mais importante do que o sábado, cuja função é apenas distinguir o dia da semana dos grandes acontecimentos domésticos, é certamente o ano — 1930 — que Luiz Marinho escolheu para marcar simbolicamente o título de sua peça. Mas não nos iludamos quanto às suas pretensões históricas: a Revolução de 30, a Aliança Liberal, perpassam fugidiamente pelo contexto da comédia estreada no Teatro Leopoldo Fróes, como um pano de fundo que jamais vem e jamais deve vir até o primeiro plano, a não ser para deflagar o desfecho.

O que realmente interessa ao autor não são os fatos políticos, a circunstância social, mas a vidinha medíocre e freqüentemente grotesca de todos os dias. "Aos sábados — escreve ele no programa — ninguém me arredava da cozinha. Era o dia em que chegavam do mato para a feira os parentes dos empregados e iam "assistir" lá em casa... Ai que gostosura de linguagem, de palestra!" Eis aí a verdadeira perspectiva da peça: a vida patriarcal brasileira vista não da sala de visitas, mas da cozinha, isto é, desvestida de sua suposta solenidade, mostrada em seus termos reais, com o entrelaçamento sexual entre a casa-grande e a senzala — ou o que restava de uma e de outra — mais forte do que nunca.

Um Sábado, em 30 inscreve-se, assim, na mesma linha de evocação terna e galhofeira do passado que caracterizou, por exemplo, a recente montagem de *Onde Canta o Sabiá*: depois de comprazer-se longamente com a *belle époque*, a nossa nostalgia já começa a voltar-se impacientemente para épocas mais próximas, para aquele período de 1920-1930 que um autor norte-americano retratou não há muito tempo sob o título sugestivo de *Only Yesterday*.

A peça encenada pelo Teatro de Amadores de Pernambuco devolve-nos não só um momento característico da vida brasileira como um momento característico do próprio teatro brasileiro, ou seja, a comédia de costumes de 30 anos atrás, com os seus tipos marcadamente pitorescos (a solteirona gorda de papelotes e camisola, a criadinha saliente, os agregados da família) e com as suas situações cômicas (namoros e mexericos) que não fazem qualquer cerimônia e vão logo aos pontos fracos do público.

A diferença entre o passado e o presente está sobretudo na liberdade de tom: há em Luiz Marinho todo um aspecto não propriamente picante, mas de desenvoltura de costumes e de linguagem que as nossas platéias talvez não tolerassem *only yesterday* e que hoje, ao contrário, levantam verdadeiras convulsões coletivas de riso. E nesse ponto não é possível deixar de dar razão ao público: a fala nordestina parece ter limites bem mais elásticos do que a nossa, tudo aceitando e tudo fazendo perdoar pela irresistível espontaneidade da dicção. Não há praticamente distância entre pensamento e palavra: ninguém tendo papas na língua, a noção de decoro dissolve-se por si mesma, como um eufemismo social absolutamente desnecessário. Tal é, de resto, a maior qualidade da peça, a única de fato preciosa: se a sua estrutura dramática, os próprios conflitos que põe em cena, nunca vão além do estritamente convencional, a graça e o atrevimento do diálogo são muitas vezes irresistíveis.

Com respeito à encenação poderíamos fazer elogios e restrições bastante semelhantes: o espetáculo oferecido pelo Teatro de Amadores de Pernambuco é menos uma recriação moderna, feita com recuo histórico e espírito crítico, tal como tem sido tentado e realizado às vezes com maior ou menor sucesso por alguns encenadores nossos, do que uma fiel reposição da comédia de costumes tradicional. O corte do cenário, a direção de Waldemar de Oliveira, o modo de representar dos atores, se ultrapassam de muito o que se espera normalmente de amadores, não chegam a revelar uma concepção realmente atual do teatro. É um espetáculo bem ensaiado, como se dizia antigamente, servido por um elenco muitíssimo apropriado ao texto (os que devem ser velhos são efetivamente velhos, os que devem ser gordos são efetivamente gordos, coisa rara no teatro profissional paulista) — mas sem nada que nos cause um instante sequer de perplexidade e surpresa.

Uma comédia que se passa em 1930, escrita e representada um pouco *à la manière* de 1930. Um fracasso, então? Exatamente o contrário. Um sucesso absoluto de público, pelo menos a julgar-se pela estréia de anteontem. Talvez houvesse, no entusiasmo incomum da acolhida, uma nota de afeição pelo retorno a São Paulo do conjunto comandado por Waldemar de Oliveira. Mas havia também, inequivocamente, outro elemento, o prazer de quem riu e se divertiu de verdade. As saudações finais, calorosíssimas, redobraram de vigor, com inteira justiça, quando entrou em cena Diná de Oliveira. É sem dúvida uma excelente atriz, como já sabíamos de outras temporadas, amadurecida por uma experiência de palco que poucas de suas colegas profissionais possuem entre nós. Só para vê-la, como a consciência moral da peça (a função dos homens é fazer; a das mulheres, comentar), mas uma consciência singularmente vivida e desbocada, vale a pena ir até o Teatro Leopoldo Fróes. Mas quase todo o elenco, dentro dos moldes propostos pelo texto e pela direção, é de boa qualidade, salvando-se pelo físico quando não pela naturalidade ou pela graça.

(1963)

79. O Filho do Cão

A protagonista de *O Filho do Cão* é uma pobre Margarida sertaneja que nem sequer chega a compreender bem o que lhe sucedeu. Mefistófeles e Fausto, no sentido próprio, não há, mas quem por desfastio faz o papel de um e de outro é o filho do fazendeiro local, "homo copacabanensis" perdido nas agruras do nordeste e à busca de um derivativo que lhe dê a sensação de estar vivo. A farsa de conseqüências trágicas que ele representa, fingindo-se de Demônio para possuir as filhas dos agregados, é, em outra chave, mais sutil e perversa, o equivalente das "curras" urbanas: um esforço brutal para preencher o vazio que ele sente existir no fundo de si mesmo.

Que quis dizer Gianfrancesco Guarnieri com a sua peça? Contar apenas uma história singular? Desmascarar o misticismo popular nordestino, baseado como todos sabem na ignorância e na pobreza? Culpar o regime econômico que permite estas condições subumanas de vida, corrompendo com igual eficácia patrões e assalariados? Tudo isto a um só tempo, com toda a certeza — e é esta própria riqueza de intenções, sobrepondo-se sem se amalgamar, que vai dilacerar o texto, solicitando-o em direções antagônicas. Se se trata simplesmente de uma narrativa estranha, por que as alusões políticas, as preocupações morais que repontam às vezes na boca das personagens, por broncas que sejam, como na cena em que o pai e a mãe da menina discutem longamente sobre a existência e a explicação teológica do mal, confrontando Deus e o Diabo? Se se deseja negar a religião, representando-a como um beco sem saída e encaminhando o pensamento para soluções terrestres e políticas, por que recorrer então a um caso afinal tão pouco freqüente, tão exótico, como se os filhos dos fazendeiros não dispusessem de meios de sedução mais práticos e menos imaginosos? O que se ganha, de um lado, em originalidade, não se perderá, de outro, em alcance social?

As mesmas contradições não resolvidas encontram-se na estrutura dramática da peça. Poderíamos imaginá-la como um estudo naturalista, atento às minúcias, à reprodução exata do ambiente, à motivação psicológica, ou, ao contrário, como uma espécie de apólogo moral, à maneira de *O Pagador de Promessas* e *Revolução na América do Sul*. Guarnieri tentou conciliar as duas coisas, não percebendo que o acabamento naturalista terminaria por retirar à fábula o seu caráter exemplar e paradigmático, abafando as suas linhas mestras sob uma enorme massa de pormenores sociais.

É difícil, neste tipo de peça, fugir à lição dos expressionistas, recolhida por Brecht, isto é, à técnica da narração incisiva, dos cortes abruptos, das réplicas reduzidas ao essencial. *O Filho do Cão* escolheu o caminho oposto, demorando todo um ato só em cenas de preparação, apegando-se ao lento ritmo do naturalismo, fazendo questão de desenvolver demoradamente o enredo, ignorando a arte da elipse, tão importante no teatro moderno. Aparece-nos assim, dentro da dramaturgia do autor, como uma tentativa malograda para alcançar uma síntese mais ampla e mais alta. As primeiras peças de Gianfrancesco Guarnieri, revelando embora as mesmas preocupações fundamentais, inclinavam-se ora para o naturalismo, ora para a peça de tese já influenciada pelos métodos do teatro épico. *O Filho do Cão* procura superar e unir as duas tendências, não sacrificando nem o substrato político nem a sensação imediata da realidade, nem a fantasia poética nem a veracidade social. Mas falha no ponto exato em que as outras triunfavam: na prova do palco. *Eles não Usam Black-Tie* e a *A Semente* talvez fossem algo esquemáticas: mas impunham-se em cena. *O Filho do Cão*, ao contrário, mesmo quando nos interessa intelectualmente por sua complexidade, por sua cadeia entrelaçada de motivos, jamais consegue viver dramaticamente. Terminada a peça, e não obstante excelentes qualidades de detalhe, é difícil dizer o que significa ela em sua totalidade, tantas foram as direções para as quais apontou sem se decidir por nenhuma.

Terá a direção de Paulo José de Souza contribuído um pouco para isso, acentuando o lado mais realista e pesado do texto? E quanto à sua própria interpretação: o caráter acentuadamente mefistofélico da personagem — o filho do fazendeiro — na cena da sedução, em que ele parece comprazer-se com o sofrimento e a inocência da vítima, não será em parte invenção sua? É difícil responder sem ter lido a peça, mas a presença de Gianfrancesco Guarnieri no elenco parece garantir a validade de ambas as interpretações.

A parte menos discutível da direção está, contudo, na esplêndida galeria de personagens que criou, lidando não só com atores experimentados, Guarnieri, Joana Fomm, Isabel Ribeiro (tão nordestina de aspecto como fora italiana renascentista em *A Mandragora*), Juca de Oliveira, mas elevando outros pela primeira vez ao primeiro plano (Ana Maria Cerqueira Leite, comovente Cordeirinho) e apresentando vários novos de ótimas possibilidades, como Antero de Oliveira (o filho insubmisso), Dina Sfat e Abrahão Farc. Rubens Campos não compromete, ao passo que João José Pompeo sucumbe ao entranhado convencionalismo do papel.

Flávio Império desenhou os cenários, com a imaginação espacial de sempre, renovando por completo o pequeno palco do Teatro de Arena. Talvez o texto e a direção pudessem seguir o seu exemplo, não fazendo nem menos nem mais do que o estritamente necessário.

(1964)

80. O Inoportuno

Com alguma maldade poderíamos dizer que o Grupo Decisão anda ultimamente algo indeciso: depois de anunciar aos quatro ventos a sua fé exclusiva no teatro político e de proclamar que fora do "brechtianismo" não há salvação, ei-lo que escolhe, para comemorar o seu primeiro aniversário, um autor que não se vexa em afirmar que os fatos políticos, para ele, parecem estar ocorrendo "no outro lado da lua". O que restou do teatro épico, nesta terceira apresentação do Grupo? Quase nada: as mudanças de cena feitas em semi-obscuridade, para que o público possa apreciar o trabalho preparatório dos atores, e um cartaz que desce do alto para encerrar o espetáculo com a seguinte indicação histórica: "Londres, 1963, no Ocidente". A bom entendedor, meia palavra basta. Deveríamos deduzir, obviamente, que a encenação tinha apenas um caráter de exemplo, o mau exemplo que se exibe aos olhos dos pecadores contritos: vejam a situação do homem na sociedade capitalista, reduzido a essa teia de incertezas e contradições que os dramaturgos ocidentais retratam sob o título revelador de "teatro do absurdo".

Nada teríamos a opor a semelhante interpretação, tão válida, do ponto de vista pessoal, quanto qualquer outra, se não percebêssemos uma surda contradição entre o referido cartaz e tudo que o precedera: referimo-nos ao empenho, à inteligência, ao carinho com que o espetáculo foi montado. Se o "teatro do absurdo", para o Grupo Decisão, é o inimigo, a presença da burguesia dentro das hostes proletárias, não será demais concluir que há entre os dois supostos adversários afinidades artísticas bem mais profundas do que pelo menos uma das partes estaria disposta a admitir. A má-fé possui várias faces, algumas delas insidiosas e involuntárias. A encenação de *O Inoportuno* parece-nos típica nesse sentido: representa-se a peça porque se acredita nela e, a seguir, acrescenta-se um cartaz de última hora para apaziguar a consciência política e satisfazer os compromissos teóricos. É a solução ideal: come-se o fruto proibido e não se é expulso do Paraíso. Quando falamos em má-fé, não estamos pondo em dúvida, claro está, a integridade dos componentes do Grupo. Porém eles ainda não perceberam que, no fundo, por mais que digam o contrário, consideram o teatro não só como meio, mas também como fim, como alguma coisa que tem em si mesmo a sua justificativa. Conclusão, de resto, a que em breve chegará provavelmente a própria arte soviética: um dos paradoxos do esquerdismo nacional é ver os nossos jovens artistas empenhados em negar qualquer autonomia à arte no momento mesmo em que os poetas, os pintores e os músicos da jovem Rússia começam a triunfar sobre a tutela política que os asfixiou durante trinta anos.

Fazemos estas observações laterais tão mais a contragosto quando foi o espetáculo do Decisão que nos reconciliou com a peça de Harold Pinter. À leitura, *O Inoportuno* (*O Zelador* é o título original inglês, bem mais apropriado ao texto) parecera-nos um exercício a mais dentro daquele vasto campo desbravado por Samuel Beckett. Ora, *O Inoportuno* é de 1960 e *Esperando Godot* de 1952: que diabo de vanguarda é essa que não sai do lugar em quase dez anos ? Não negávamos habilidade a Harold Pinter, essa habilidade dos autores que já foram atores e sabem como repercute em cena cada palavra e cada gesto. Mas o seu teatro surgia-nos sobretudo como uma ponte lançada entre a realidade e o absurdo, esforçando-se por preencher a zona morta que vai, suponhamos, desde Saroyan até Ionesco. Não tanto um retrocesso, em relação à vanguarda, quanto um trabalho de consolidação do terreno.

O espetáculo do Decisão convenceu-nos de que estávamos errados. *O Inoportuno* não será talvez obra genial, nem mesmo intensamente revolucionária. Mas propõe, com linguagem própria, alguns temas que são inequivocamente seus.

Enredo, no sentido de continuidade perfeita, de explicação lógica global, pouco há. As bordas exteriores do quadro sempre nos escapam: qualquer tentativa de localização no tempo, através da memória (quem são aqueles personagens, de onde vieram, o que fazem, como ganham a sua vida?) perdem-se em referências cada vez mais longínquas e obscuras. O passado é um poço do qual só se consegue extrair imagens já quase irreconhecíveis. O presente não se estende para além das quatro paredes que circunscrevem e fecham o cenário: quando alguém sai do palco é como se momentaneamente tivesse desaparecido da face da terra. O futuro é uma vaga aspiração, projetos perdidos no ar, sem que se faça qualquer tentativa séria para realizá-los. Mas, dentro desses contornos esbatidos, há uma faixa central em que nos podemos mover com muito mais clareza e segurança do que em Beckett ou Ionesco. Os detalhes, em suma, são nítidos; a visão à distância é que é praticamente impossível.

A personagem central é um velho batido pelos anos — um cachorro de rua pronto a abanar o rabo ao menor afago, mas que ainda sabe rosnar quando acuado pelos homens. É a vítima. Os seus verdugos, voluntários e involuntários, são dois irmãos que o recolhem em seu apartamento (se é que se pode chamar por tal nome um quarto recheado de ferro velho). Um é gentil, delicado, mas distante, absorto em si mesmo, inabordável a um verdadeiro contato humano; com o outro é fácil entrar em comunicação, mas sucede que o seu estado de espírito muda de cinco em cinco minutos, sem qualquer pretexto, variando da afabilidade à ironia, da conivência à agressividade.

A história da peça é a resistência oposta pelo velho às investidas desfechadas contra a sua estabilidade material e mental: como ele se adapta, como cede, como avança e recua conforme as oportunidades, procurando sempre salvar a dignidade através de palavras, explicando a si próprio e aos outros porque agiu assim e não assado, ressaltando a todo propósito como é esperto, corajoso, capaz de enfrentar e dominar o universo. A sua nota dominante — e talvez a nota dominante da peça — são as desculpas, os falsos obstáculos que criamos para justificar as nossas insuficiências, enfim, a habitual dialética do fracasso. Esboçam-se assim uma variedade de tipos de relações humanas e de situações — situações de medo, de ataque e defesa — relacionadas quase sempre com o sentimento de insegurança pessoal. O conteúdo psicológico efetivo importa menos do que a forma: os acontecimentos são por vezes bizarros, as personagens estranhas — mas, apesar disso, não temos dificuldade em nos reconhecer, em nos identificar com a ação.

Fauzi Arap é o velho — e não poderia ser outro. Que ator, no Brasil, seria capaz, como ele, de nos fazer rir nem sabemos bem do que, daquela extraordinária mistura de puerilidade e sabedoria instintiva, de humildade e gabolice, que não se define nunca francamente mas se deixa adivinhar pelas inflexões e pelos gestos por assim dizer flutuantes e inacabados? Sérgio Mamberti e Emílio Di Biasi dão-lhe a réplica e estabelecem o contraste, o primeiro num papel brilhante que lhe vai admiravelmente bem e o segundo somente prejudicado, aqui e ali, por um certo automatismo pesado, reminescente dos monstros e dos autômatos humanos tais, como Hollywood os concebia.

A encenação é de Antônio Abujamra, explorando a fundo e fazendo viver plenamente em cena o difícil texto de Harold Pinter. Vitória, sem dúvida, mas vitória de Pirro, de sentido um tanto irônico, somos tentados a acrescentar, já que obtida com uma peça que contraria todos os seus mais caros ideais estéticos e políticos. Mas ele, por sua vez, poderia observar que a crítica lhe tem apontado com insistência uma certa fraqueza no trabalho de direção dos atores e que o presente espetáculo é unicamente, de princípio a fim, direção de atores.

O cinema tem mil vantagens sobre o teatro, menos uma: a relação estabelecida não só dos atores para os espectadores, mas também em sentido contrário. Foi o que sentimos, com o maior calor, segunda-feira última no Teatro Cacilda Becker: *O Inoportuno* teve o público que merece, e de que necessita, público inteligente, ativo, que vai até o autor e não espera que este lhe traduza o que tem a dizer em termos miúdos. Somando-se peça, direção, interpretação e participação da platéia, o espetáculo de aniversário do Grupo Decisão pareceu-nos uma das mais completas experiências dramáticas realizadas ultimamente em São Paulo.

(1964)

81. A Noite do Iguana

Houve uma época, há muitos e muitos decênios, em que os homens se dividiam entre loucos e pessoas normais. Separando uns e outros interpunha-se uma fronteira movediça, formada pelos lunáticos, pelos excêntricos, pelos maníacos, mas a ninguém ocorria prestar-lhes maior atenção, Agora, os tempos são outros. Os loucos chamam-se psicóticos. Os intermediários, neuróticos. E o que aconteceu com os restantes, com os supostos normais? Se não desapareceram de todo, estão em vias de extinção. Por uma lei curiosa, o seu número tende a decrescer à medida que caminha a civilização: nos Estados Unidos parece que só restam pouquíssimos e assim mesmo apenas nas camadas mais pobres e menos avançadas da população. Jules Romains criou um médico que pretendia pôr de cama a humanidade inteira (salvo médicos e enfermeiras), baseado no princípio de que toda pessoa sã é um doente que se ignora. O autor de *Knock* teria revelado outra sagacidade e compreensão do mundo moderno se tivesse pensado em termos psíquicos e não biológicos, proclamando, através do seu herói, que todo indivíduo suspeitamente ajuizado não passa de um neurótico que sabe dissimular. Muito melhor visão histórica tinha o "alienista" de Machado de Assis, quando concluía: "A loucura, objeto de meus estudos, era até agora uma ilha perdida no oceano da razão; começo a suspeitar que é um continente". Continente, sem dúvida, e que continente: basta dizer que nele assentam-se as bases da quase totalidade do teatro norte-americano atual.

Tennessee Williams, entre esses especialistas do que poderíamos chamar de neurose dramática, é provavelmente o mais insigne. Os seus protagonistas sabem bordejar a prisão e o hospício sem jamais falsear o pé ou perder de todo o equilíbrio. Talvez pela prática, por se terem tornado, com o tempo, hábeis psiquiatras de si mesmos. Antigamente, havia uma certa graça em descobrir os motivos freudianos de um romance ou de uma peça de teatro, postos ali por acaso, pela visão profética e ainda algo obscura do autor. Era preciso argúcia, para interpretar as pistas, e trabalho, para livrar o tesouro oculto da ganga de impureza. Hoje em dia não há qualquer dificuldade. Não só o autor, mas até as próprias personagens já preparam de tal modo o terreno, já deixam tantas indicações, que seríamos muito estúpidos se não descobríssemos logo à primeira vista o segredo da mina: é só seguir a flecha.

A *Noite do Iguana*, a esse respeito, é a peça mais aperfeiçoada de Tennessee Williams. Hannah Jelkes é tão doentiamente inibida quanto o era Alma Winemiller em *O Anjo de Pedra*. Mas aprendeu a conviver com a neurose. Não é uma pessoa sã, mas se acha clinicamente curada, como dizem os médicos, significando que o mal está sob controle. Maxine Faulk, à sua maneira simples e realista, não é menos clarividente, menos perspicaz em discernir as razões profundas da conduta de Larry Shannon. As duas completam-se, aliás, para proceder a uma perfeita análise do homem que veio colocar-se momentaneamente entre ambas: nada ficamos ignorando do seu caso clínico, nem os sintomas atuais, nem a causa remota, situada naturalmente num episódio da infância. É uma verdadeira cura que se processa ante nós, uma rápida sessão de psicanálise feita em termos acessíveis e conduzida pelos próprios interessados — *Psychoanalysis by yourself*. E se há indubitavelmente uma margem de licença poética, tantas vezes indispensável ao teatro, nesta ausência de intervenção médica, ela é menos ampla do que poderíamos supor, considerando-se a peça dentro do contexto da sociedade norte-americana. Autor, personagens e espectadores apóiam-se com tanta firmeza sobre certas concepções psicológicas que não se vê motivo para recorrer a um especialista que não faria certamente outra coisa senão repetir interpretações de todos já conhecidas. A psicanálise funciona aqui como o destino em *O Rei Édipo*: é a verdade implícita, o sistema de explicação do universo humano que paira acima de qualquer dúvida.

A aproximação entre *A Noite do Iguana* e *O Anjo de Pedra*, estabelecida acima, não é acidental. Se as personagens básicas das duas peças assemelham-se tanto, não em si mesmas, mas na posição que assumem perante a vida (o trio Hannah, Shannon, Maxine repete em linhas gerais o esquema Alma, Joe, Rosa Gonzales), é que Tennessee Wiliams voltou ao seu eterno problema, opondo mais uma vez puritanismo e sensualismo. Mas, por se tratar de neuróticos, a questão é posta em termos antes psicológicos do que morais. O puritanismo de

Hannah, com efeito, não é concebido como o desejo de disciplina dos sentidos que primitivamente foi, mas apenas como o que dele restou após alguns séculos de má prática: um horror por assim dizer visceral ao contato humano. Ela não suporta tocar ou ser tocada pelos outros. E o sensualismo de Shannon também não é a plena liberação dos instintos que deveria ser, mas a necessidades de conspurcar de algum modo o apetite sexual, degradando-o, rebaixando-o, já que é impossível negá-lo. Em suma, como se vê, uma outra forma de puritanismo, o puritanismo às avessas.

Os Estados Unidos e o México, em ambas as peças, são os países que se prestam a esse penoso e revelador confronto. Do norte, das terras frias, desce o puritanismo, com os seus códigos estritos, a sua propensão a condenar sumariamente e a sua falta de compreensão do que seja o homem em sua totalidade. Do sul, dos trópicos — palavra carregada de magia ao mesmo tempo fasta e nefasta — sobe a tentação do aviltamento através do prazer. O que os climas quentes têm a oferecer de melhor não é a liberdade sexual, mas o próprio espetáculo da decomposição, da corrupção material e moral ("Fast decay is a thing of hot climates", explica, fascinado, Shannon), o homem luxurioso vivendo na paisagem luxuriante. Não é o paraíso anterior ao pecado, como seriam as ilhas dos mares do sul aos olhos de outros artistas, mas o paraíso posterior ao pecado, paradisíaco, porque pecaminoso.

A novidade de *A Noite do Iguana* — e isso explica o entusiasmo da crítica norte-americana — é que nela Tennessee Williams ensaia pela primeira vez, e com grande amplitude, uma teoria da salvação.

Hannah escolheu em definitivo o puritanismo — não tinha outra alternativa psicológica — assim como Maxine decidiu-se pela solução oposta. As duas, por vias contrárias, alcançam o mesmo estado de serenidade sem ilusões. " Chegamos ambos — diz Maxine a Shannon — a um ponto de nossas vidas em que é preciso optar por alguma coisa que funcione em relação a nós — ainda que não seja do mais alto nível". Conselho de bom senso que Hannah irá repetir em palavras quase idênticas: "Todos nós terminamos por nos amparar em alguma coisa ou em alguém, e se for uma pessoa e não uma simples coisa, já nos podemos considerar felizes, talvez bem mais do que o habitual". Resta assim Shannon, dilacerado entre a esperança de retornar um dia à igreja e o impulso perverso de revelar à ingenuidade das *touristes* americanas o lado turvo da existência. Ele continua a procurar Deus, mas um Deus capaz de aceitar o universo como realmente é, com a sua parte inevitável de sordície e imperfeição, ao contrário do Deus vingativo do puritanismo, "pondo a culpa no mundo e punindo brutalmente as suas criaturas por falhas de construção que afinal são suas".

Neste ponto, a psicanálise, que havia servido para o diagnóstico, irmana-se, quanto à terapêutica, com a sabedoria oriental, outro ponto de referência obrigatório da *intelligentzia* dos Estados Unidos de hoje.

O quimono de Hannah, a história sobre os velhos moribundos de Shangai, o chá a que se acrescenta uma gota de ópio, ali estão para nos prevenir de que pelo menos uma boa parte de sua doce filosofia vem de muito longe, de terras estranhas e velhas civilizações. A receita de felicidade proposta por ela é simples e terrena, podendo ser resumida talvez em duas proposições. Uma, pessoal: "Nada do que é humano me repugna a não ser a crueldade ou a violência". Outra, impessoal: "Aceitar qualquer situação que não se possa melhorar". O segredo para enfrentar a realidade, é encará-la sem fechar os olhos, mesmo quando se trata dos "lados obscuros" da natureza humana, isto é, das perversões de toda espécie, pelos quais o indivíduo não chega a ser responsável. Era essa a palavra que Larry Shannon precisava ouvir para o seu apaziguamento interior, ele que não cessava de se punir, dramática e melodramaticamente, por suas culpas infantis e adultas.

Tennessee Williams justifica desse modo, indiretamente, a atração que sempre demonstrou sentir pelos assuntos julgados malsãos, valendo-lhe a fama de escritor sensacionalista. A sua resposta assemelha-se à da ciência: não podemos construir a vida moral sobre a ignorância ou a negação do que existe. Só a partir da realidade, e de toda a realidade, seja ela desagradável ou vergonhosa, é que as nossas distinções entre o bem e o mal começam a ter algum sentido.

Nenhuma das três personagens de *A Noite do Iguana*, escusado será dizê-lo, alcança um nível sequer razoável de realização pessoal. Mas até para elas abre-se uma perspectiva, embora precária e modesta, de felicidade, representada por alguns instantes de serenidade, de perfeita comunhão, não forçosamente carnal, com outra criatura humana. Afinal, como diz Miss Hannah Jelkes, são eles, os desajustados, os que lutam desesperadamente para manter em suas vidas um pouco de decência e dignidade, que necessitam e merecem a nossa simpatia — e não os outros, os que receberam o equilíbrio moral como uma dádiva generosa da natureza.

A Noite do Iguana pode não ser a obra máxima do autor, como já se afirmou. Pessoalmente, preferimos o Tennessee Williams lírico da juventude, mais atento às pessoas do que às idéias, menos preocupado em pensar do que em sentir. Porém, é certamente a sua peça mais ambiciosa, no sentido de formular dramaticamente o humanismo leigo que vem amadurecendo lentamente em nosso tempo. Sobre os escombros da moral religiosa, que novas estruturas teremos de edificar? Tal é a questão que a peça tenta corajosamente responder. Não diremos que o faça em termos estritamente pessoais. Mas é esta própria ausência de verdadeira originalidade que a torna representativa, dando-lhe o caráter de súmula, de síntese extremamente ampla das perplexidades e esperanças do pensamento norte-americano um pouco além da metade do século XX.

* * *

Seria interessante estudar as funções da rubrica no teatro moderno. A peça perfeita, na qual tudo está realizado dramaticamente, não necessitaria, em princípio, de nada além do próprio diálogo. Mas esse ideal é raramente alcançado. Sempre sobram algumas intenções mal integradas, resíduo que é com freqüência incorporado ao texto sob a forma de indicações dirigidas ao ator, ao encenador e, até mesmo, extravasando já o âmbito do espetáculo, ao leitor.

As rubricas de *A Noite do Iguana* pedem com insistência uma só coisa: que a encenação, e em especial os efeitos de luz, acrescentem aos acontecimentos uma dimensão mágica. Tennesse Williams fala em "toque de fantasia", em "reflexo por assim dizer irreal" ("rather unearthly glow") que deve banhar determinada cena, em "imagem de sonho", buscando sempre, como se vê, a transfiguração poética. Já o texto aponta tal direção, sublinhando o pitoresco dos lugares e das personagens, alargando o palco através de sucessivas referências a terras longínquas e costumes singulares, procurando mostrar direta e indiretamente que "o mundo é vasto e estranho", como no título do romance famoso de Ciro Alegria. Ao espetáculo caberia então completar esta fuga ao prosaísmo, tarefa em que são mestres os atores e encenadores norte-americanos, impedindo inúmeros textos de mergulhar irremediavelmente na realidade neutra e cinzenta do naturalismo, em que cada coisa é apenas ela mesma e nada mais.

Larry Shannon diz que a sua vida desenvolve-se em dois planos, o real e o fantástico, perguntando a seguir: " E qual dos dois é na verdade o mais real?". É esta indagação deixada em suspenso, esta dualidade e ambigüidade de planos, que nos parece faltar na direção de resto muito boa de Walmor Chagas. Direção exata, clara, inteiramente satisfatória para a inteligência, para a compreensão do texto, mas um tanto *matter of fact,* sem ser iluminada pela poesia, como o era, por exemplo, a versão de *O Anjo de Pedra,* dirigida por Luciano Salce para o Teatro Brasileiro de Comédia.

O único desempenho verdadeiramente translúcido é o de Cacilda Becker. Tennessee Williams, ao desenhar Hannah Jelkes, viu-se às voltas com uma dificuldade típica do naturalismo: como conceber uma personagem inteligente, encarregada de certa forma de aprofundar e esclarecer o sentido do texto, sem lhe dar o caráter sentencioso de quem está ali para destilar a verdade. Cacilda Becker, por sua parte, resolveu o problema com muita habilidade. A personagem que compõe é somente o que é: uma pobre puritana, uma solteirona que carrega as suas inibições como um triste fardo. Mas é também, por paradoxal que pareça, em criatura tão enclausurada, uma pessoa de infinita coragem, perante os outros e perante si mesma, como evidência ao submeter o seu pudor a uma terrível prova da verdade, cena que Cacilda faz de modo magistral, acusando, sem reforçar, cada nuance de pensamento, ou de sentimento, desde o enleio em revelar algumas penosas experiência pessoais até a firme determinação de nada esconder. De sua fisionomia, de suas hesitações, do seu olhar, inquieto e suplicante, de suas pausas e sorrisos forçados pelo embaraço, transparece, para além da timidez, uma espécie de sabedoria vivida e não raciocinada que as palavras do texto podem sugerir, mas não captar com precisão.

A excelente interpretação de Walmor Chagas não atinge o mesmo nível de significação humana. Cada réplica sua, cada cena, considerada isoladamente, parece perfeita, realizada com aquela sua simplicidade e simpatia, mas o conjunto não tem igual clarividência psicológica nem igual força de persuasão humana.

Olga Navarro desempenha, no espetáculo, função oposta à de Cacilda Becker, trazendo a peça de volta à realidade comesinha, o que ela faz com graça e desenvoltura.

Entre esses três atores, dos melhores do teatro brasileiro, e o resto do elenco cria-se às vezes um certo desnível, particularmente quando entra em cena a família alemã. Tennessee Williams parece ter achado que a sua peça diminuiria de importância dentro da dramaturgia moderna se não demonstrasse algum interesse pelos assuntos políticos. Daí, provavelmente, o pano de fundo histórico, destinado a relembrar de passagem o perigo que o triunfo nazista representou em fins da década de 30. Mas a participação social não se resolve assim de uma penada, por um decreto da inteligência crítica. Os quatro alemães de *A Noite do Iguana* permanecem sempre à margem da ação, como uma excrescência quase gratuita: que tinha de ver o nazismo, por pior que haja sido, com os dramas psicológicos de Hannah Jelkes e Larry Shannon? De qualquer forma, a direção poderia ter compreendido melhor o papel que lhes competia de acordo com o pensamento do autor — mais bem expresso, é verdade, nas rubricas do que no contexto do enredo — como a encarnação de uma Alemanha pagã e wagneriana, e não a Alemanha folgazã e bebedora de cerveja que vemos no palco. Não há dúvida de que o texto refere-se à bebida, às canções, mas deixando subentendido que essa alegria barulhenta e feroz é a outra face da "barbárie" hitlerista.

Se tais desigualdades não chegam a prejudicar seriamente e espetáculo é que ele não passa de um trio fingindo-se de orquestra sinfônica. Os outros (Ferreira Maia, excessivamente declamatório mesmo para um declamador profissional de 97 anos de idade), Judith Fellowes (Kleber Macedo), Charlotte Goodall (Lilian Lemmertz,) servem sobretudo para proporcionar aos três protagonistas os pretextos de que eles necessitam para as suas pungentes confrontações. Tanto a peça quanto a representação articulam-se melhor, ganham altitude, quando restringem o seu foco, concentrando-se sobre o puramente individual.

Bom o cenário de Jean Gillon, explorando com felicidade os materiais tão sugestivos — folhagens, bambus — que a natureza tropical oferece.

(1964)

82. Vereda da Salvação

Vereda da Salvação é a história de um Canudos em miniatura, resolvido no nível policial e não militar. Tanto na peça de Jorge Andrade como no relato épico de Euclides da Cunha, o desfecho é o mesmo: a bala ainda é um dos meios mais fáceis e baratos com que conta a nacionalidade para resolver esses intrincados problemas de fanatismo religioso. E em ambos, desnecessário seria acrescentar, a simpatia secreta e até mesmo confessada do escritor está com os vencidos e não com os vencedores. Com os rebeldes e não com a ordem legal. Com os primitivos — chamêmo-los assim — e não com os métodos que a civilização encontra para responder aos seus anseios de felicidade e justiça social.

Vereda da Salvação resolve com inteligência as dificuldades próprias do teatro realista: nada põr na boca das personagens que não lhes possa ser verossimilmente atribuído e, apesar disso, exprimir a totalidade do pensamento do autor, que consiste não só em narrar, mas também em julgar os fatos. O drama de Jorge Andrade pode ser lido, nas entrelinhas, mas com absoluta clareza, como uma análise dramática das causas remotas e próximas dessas explosões cegas de fé religiosa que com tanta freqüência abalam o interior do Brasil.

O primeiro de tais condicionantes, ninguém o ignora, é a miséria. O homem, para o ser na plena expressão do termo, não dispensa um mínimo de recursos econômicos e de segurança física. A própria inteligência, a capacidade de compreender a si mesmo e aos outros, é uma penosa e frágil conquista social e não uma dádiva da natureza. Há por vezes maior distância entre dois homens, se considerarmos os pontos extremos da escala da civilização, do que entre duas espécies animais diferentes.

Vereda da Salvação mostra-nos um desses grupos marginais já quase subumanos, havendo perdido a integração ao meio do verdadeiro primitivo sem contudo ter ingressado nos quadros econômicos da vida moderna. Não é tanto a fome, as privações físicas que ameaçam aquela dezena de homens, mulheres e crianças, como o sentimento de não pertencerem à sociedade, de não terem direitos reconhecidos como tais, de serem obrigados a andar de deu em deu, de fazenda em fazenda, sem nunca possuírem nada de seu. É esta falta de vínculos terrenos, mais do que uma autentica vocação religiosa, que os predispõe com tanta facilidade para as aventuras com o sobrenatural.

O estopim, o pretexto, a causa imediata, será, entretanto, de natureza psicológica — e, o que é mais surpreendente, psicanalítica (por que, afinal, os pobres não poderão ter também os seus complexos de Édipo?). Joaquim, amando a mãe com um afeto cuja índole ele é o primeiro a desconhecer, sente-se desnorteado, não achando explicação para o seu desassossego perante as mulheres, perante o casamento, perante o mistério da natalidade (que ele quer precisamente que seja um mistério, como o de Cristo, e não um fato natural). A religião toca-o de perto e ele se torna o chefe espiritual do grupo não por que seja o mais forte — como Manuel — mas pelo motivo oposto, por que é o mais fraco e desamparado: o seu exaltado misticismo não passa de uma compensação grosseira para todos os seus malogros, desde os econômicos até os sexuais.

Tal é a perspectiva do primeiro ato, que se poderia intitular "Artuliana e Manoel". São eles, com efeito, que permanecem no centro da ação, como pessoas normais, adaptadas à vida, fornecendo ao público um ponto de apoio a partir do qual considerar, e condenar, as personagens restantes. Quando se fecha o pano pela primeira vez, após um ciclo dramático por assim dizer completo, com princípio, meio e fim (excluindo-se o desenlace), estão ambos manietados, aparentemente prontos para o sacrifício, vítimas inocentes do fanatismo e da fúria religiosa.

O segundo e último ato, que se chamaria então "Dolor e Joaquim", inverte radicalmente a posição do autor e a nossa, elevando Joaquim de antagonista a protagonista. Chesterton, defendendo Bernard Shaw da acusação de virar pelo avesso todas as verdades estabelecidas, conclui: "Toda religião consiste em virar o universo de cabeça para baixo. Nessa reviravolta está contida toda a idéia da virtue: de que os últimos serão os primeiros e os primeiros, últimos". É mais ou menos o que se passa em *Vereda da Salvação*, quando o misticismo principia a se impor e a se apurar, relegando a segundo plano o episódio meramente carnal de Artuliana e Manoel. Aos poucos começamos a perceber em Joaquim uma grandeza incipiente e tosca, um ímpeto de generosidade, que de início nos escapara. É que as suas frustrações pessoais coincidem de modo perfeito com as frustrações coletivas transformando-o em autêntico porta-voz do grupo, dando-lhe um senso de missão a cumprir que o justifica perante si mesmo, solucionando-lhe os conflitos interiores e apagando-lhe a amargura. Ele é o único capaz de aceitar a pobreza, o sofrimento, a sensação de desamparo, transfigurando-os em seus contrários, em outras tantas impalpáveis riquezas espirituais, em crença numa realidade superior e antagônica a esta, através da qual a idéia de Bem, de confraternização entre os homens, se realize. Em outras palavras, é o único capaz de sonhar e de impor aos outros o sonho de um mundo moralmente perfeito, onde os atuais excluídos tenham finalmente a sua vez.

É um visionário, sem dúvida, mas possui bens mais imediatos a oferecer do que Manoel e Artuliana, dentro do plano material sempre tão falho e inadequado em que se movem, da mesma forma como Antônio Conselheiro encarnava, para os jagunços de Canudos, um ideal mais vivo e atuante do que as longínquas e enganadoras promessas de justiça representadas pela igreja e pelo governo oficiais. Ilusão por ilusão, antes aquela que nos abre de par em par as portas do céu, já que as da terra se mantêm cerradas.

A posição de Jorge Andrade, neste ponto, é semelhante à de Euclides: profundo respeito pelo fanatismo, não pelo que é, mas pelo que representa socialmente, como expressão de um Brasil sofrido, obscuro, primitivo, e por isso mesmo singularmente representativo.

Transcendemos agora, nesse segundo ato fremente de comoção, a objetividade naturalista do primeiro, em que observávamos sem participar. Não que o retrato se haja adocicado, se haja tornado menos penetrantemente áspero, mas uma aura de simpatia, de revelação poética, aproximou-nos subitamente desses seres rudimentares, quase grotescos, cujo perfil humano mal havíamos reconhecido.

Vereda da Salvação foi escrita não para rejeitá-los para o rol das curiosidades folclóricas ou antropológicas, mas para reintegrá-los tanto quanto possível em nossa órbita afetiva de civilizados. Joaquim, por exemplo, em chave totalmente diversa, corresponde com exatidão aos inúmeros desajustados que marcam a dramaturgia de Jorge Andrade. Só então compreendemos, não sem algum espanto, que o tema último da peça — a aceitação ou a rejeição da realidade, tal como transparece no conflito entre Manoel e Joaquim — é fundamentalmente o mesmo de *A Moratória, A Escada* e *Os Ossos do Barão*. Em todas elas idêntico esquema se repete: o texto valoriza racionalmente as personagens que enfrentam os compromissos oferecidos pela vida, mas acaba por ressaltar e realizar melhor artisticamente os inadaptados. *Pedreira das Almas* é a aparente exceção: mas é que nela são os fortes os que mais sonham.

Qual o sentido político de *Vereda da Salvação*? Nenhum, na acepção restrita da palavra: não é uma peça sobre regimes sociais como não é propriamente uma peça sobre religião. Mas nem por isso deixa de dizer alguma coisa sobre a realidade econômica brasileira. Arnold Hauser, na sua admirável *História Social da Literatura e da Arte*, sublinha várias vezes que toda obra literária de conteúdo realista, qualquer que seja a sua orientação doutrinária, tem sempre ressonâncias revolucionárias, não por suas intenções, mas pela parte de verdade que contém. São igualmente revolucionários, postos em panorama mais amplo, tanto o progressista Zola como o reacionário Balzac, tanto o reformista Dickens como o místico Dostoievski. *Vereda da Salvação*, ainda aqui a exemplo de *Os Sertões*, é nitidamente uma peça de reivindicação social. Não aponta soluções — nem caberia fazê-lo — mas de qualquer forma lança um apelo corajoso a todos nós que temos outras "veredas de salvação" que não o beco sem saída contido em seu sangrento desfecho. Apelo moral e também desafio econômico, a que a democracia brasileira saberá responder na medida em que não fechar os olhos a tais desagradáveis verdades.

* * *

A direção de Antunes Filho padece de um mal que já afligiu outras encenações de peças de Jorge Andrade: o desejo de se mostrar à altura, de replicar e duplicar em cena as dimensões e ambições épicas do texto. Esta é a causa de tudo que há de bom e de menos bom — que de medíocre não nos parece haver nada no espetáculo do Teatro Brasileiro de Comédia. As suas falhas são antes excessos do que deficiências.

Não era fácil recriar no palco os modismos de linguagem e de gestos que compõem a fisionomia coletiva de *Vereda da Salvação*. Antunes Filho entregou-se à tarefa com o fervor que todos lhe reconhecem. Lançou-se em cheio à aventura, como é de seu feitio, guiando os atores através de uma série de exercícios cuja finalidade era libertá-los dos hábitos adquiridos e das soluções já prontas. Mas ficou faltando, na representação, a volta à realidade cotidiana de onde se havia partido.

A meta almejada era o realismo: não um realismo de convenção, de palco, mas um realismo integral — a dura realidade do sertão brasileiro. A tentação constante de todo teatro moderno, a estilização, veio, entretanto, toldar a pureza do projeto original. A rusticidade, para o encenador atual, parece trazer consigo algumas conotações artísticas quase obrigatórias, e a que Antunes Filho não escapou: o monumentalismo e patriarcalismo bíblicos, o aspecto "pátio de milagres" etc. Ora, esta carga expressionista, que faz a representação assemelhar se por momentos a um *ballet* grotesco, abafa o texto, não o deixando falar por si, dissolvendo as palavras por entre a incessante movimentação cênica. Pior ainda, aumenta assim, indevidamente, a distância já considerável que nos separava das personagens. Não cremos que Jorge Andrade tenha querido estigmatizar um grupo; ao contrário, o seu intuito, se bem o compreendemos, era demonstrar como qualquer agregado de gente pobre, perdido no interior do Brasil, pode eventualmente dar origem a cenas tão bárbaras como as ocorridas há alguns anos em Catulé, Minas Gerais, e que serviram de ponto de partida para o drama. Não se tratava de evidenciar apenas como tais homens são diferentes, mas também como são semelhantes a nós, fugindo da realidade através da neurose, dos mecanismos de compensação, como os civilizados fazem. Essa identificação quebrou-se em parte devido ao empenho em ressaltar o que apresentavam eles de agreste, de único, de irredutível, com prejuízo do substrato comum a todos os homens.

Somente no segundo ato a peça e a encenação articulam-se com perfeição, aprofundando progressivamente o caminho interior, preparando-se para atacar de frente essas terríveis provas que são as cenas de histeria individual e coletiva. Aí a direção de Antunes Filho afirma-se com grande vigor, chegando impavidamente até o ridículo e conseguindo ultrapassá-lo. De um certo ponto em diante, só enxergamos e só respondemos às intenções das personagens — tão ingênuas, tão puras, tão líricas — e não mais às formas selvagens de que se revestem.

Esther Mellinger (Artuliana) é o esteio naturalista da peça: sadia, primária, não tendo as complicações dos outros, é um puro feixe de instintos. Já Renato Restier (Manoel), que lhe deveria dar a réplica, nunca vai além de uma magnífica presença física, permanecendo inerte, sem qualquer reação psicológica, tornando incompreensível a autoridade que todos lhe atribuem. Ainda nesse setor das interpretações mais próximas da realidade diária, poderíamos incluir a boa e discreta atuação de Stênio Garcia.

No outro extremo, mas de acordo com a indicação do texto, está Raul Cortez (Joaquim), que não escamoteia a complexidade da personagem, vivendo-a convincentemente em seus múltiplos aspectos, mas sem ultrapassar o nível de algumas de suas excepcionais criações recentes. Cleyde Yáconis faz muito bem um papel mal concebido — o único — pela direção: sendo Dolor a figura mais lúcida da peça, a única que vê ao mesmo tempo os dois lados da questão, compreendendo tanto Artuliana como Joaquim, não havia motivo, a nosso ver, para dar-lhe interpretação tão contorcida.

Em papéis menores, valeria ainda a pena anotar a presença de atrizes do valor de Lélia Abramo, Ruth de Souza e Aracy Balabaniam.

O cenário de Norman Westwater, com seus barracos de madeira acotovelando-se e subindo pelo palco, lembra em demasia as inumeráveis favelas da nossa dramaturgia moderna. Mas com as dimensões do TBC, seria custoso encontrar outra solução.

(1964)

83. Depois da Queda

Oh, is it, then, Utopian
To hope that I may meet a man
Who'll not relate, in accents suave,
The tales of girls he used to have?

      O tom de Arthur Miller é antes amargurado do que suave, mas, quanto ao resto, poderíamos dizer sem muita irreverência que esses versos cáusticos de Dorothy Parker refletem com bastante fidelidade um dos aspectos, e não o menos importante, de *Depois da Queda*. O enredo da peça, na tênue medida em que existe, é um longo desfiar de mulheres amorosas pela memória de um homem: a mãe (como não podia deixar de ser, desde que se instituiu uma nova cronologia para a história da humanidade: antes e depois de Freud); a primeira esposa, que não tem nenhum defeito a não ser esse de não ter e saber que não tem nenhum defeito; a aventura passageira que ficou pairando no ar como uma perpétua benção à vaidade masculina; a segunda esposa, que deseja viver apenas no presente, mas acaba sendo esmagada pelas sombras do passado; e a terceira, que significa a oportunidade, provavelmente a última, de recomeçar em novas bases, a partir não da inocência da juventude, mas do senso de malogro da maturidade. Duas ilusões sustentaram-no durante algumas décadas: a política e o amor. Ambas falharam. Quanto à primeira, já não é possível ter em 1964 os ingênuos sonhos de justiça sobre a terra (leia-se: comunismo) de trinta anos atrás. Quanto à segunda, dois divórcios (um deles terminando em suicídio) é carga pesada demais para ombros humanos, sobretudo quando as duas mulheres, diferentes em tudo, acabaram por chegar a idênticas acusações. Haverá ainda esperança? O terceiro casamento é certamente um risco — mas um risco calculado, como convém à idade madura.

Quentin conta sua vida a um interlocutor invisível. Quem é ele, Deus? O psicanalista? O prefácio aventa as ditas hipóteses, mas termina por rejeitá-las, afirmando que o suposto diálogo é monólogo — o incessante monólogo da consciência com ela própria, O método, porém, é o da psicanálise. Quentin deixa-se arrastar pela livre associação de idéias, palavra puxa palavra, imagem puxa imagem, no afã de chegar até o fundo de si mesmo, de compreender finalmente, através dos outros, quem ele é. A derradeira paixão que lhe resta é a da verdade: ele luta para ver claro, para não se deixar mais enganar por palavras ou por soluções de superfície.

A primeira camada dolorosa a atravessar é a deixada pelo "macartismo", que parece ter ficado na consciência moral norte-americana como uma espécie de *Affaire Dreyfus* em miniatura. Arthur Miller, em *As Feiticeiras de Salém*, já havia abordado um lado da questão: a histérica coletiva, a mania persecutória, o jogo dialético das acusações gerando falsas auto-acusações etc. Se volta agora ao mesmo assunto é para retificar alguma coisa, revelando que a má-fé encontrava-se freqüentemente também entre os acusados e não só entre os acusadores. Muitas denúncias eram exatas — e assim pareciam aos denunciados. O comunismo apresentava-se em 1930 como uma possível alternativa social, um regime político em experiência. Mas, por volta de 1950, com o desenvolvimento progressivo da "guerra fria", foi tomando cada vez mais aos olhos norte-americanos contornos de cumplicidade com o inimigo. Se a disputa já não era entre duas idéias, mas entre dois países, entre duas grandes forças nacionais, qualquer conivência ideológica confundia-se praticamente com crime de alta traição. A falta de perspectiva do "macartismo" era a de cobrar no momento compromissos há muito assumidos e tornados em geral obsoletos pela própria evolução dos fatos políticos. Projetando o passado no presente, como se entre um e outro não houvesse uma enorme distância inclusive ideológica, cometeu o erro histórico de atribuir importância ao comunismo exatamente quando ele havia deixado de representar qualquer perigo interno para os Estados Unidos. Por isso, passou com o mesmo ímpeto meteórico com que ascendeu. Mas nem sempre as suas acusações eram falsas. Duas atitudes diante da Comissão de Inquérito, entre intelectuais de esquerda, com longínquas e já peremptas ligações comunistas, são evocadas de passagem na peça: a do que se cala (não sabemos se por medo ou se por coragem, por não querer dar armas a um adversário em cuja honestidade não confia) e a do que fala (não sabemos igualmente se por covardia ou se por força moral, pelo desejo de tudo sacrificar, inclusive amigos, à verdade nua e crua). Quentin não é chamado a esta terrível opção, mas é evidente que já não tem as belas certezas morais de outrora, as fáceis distinções entre o bem e o mal. Se nem o verdadeiro motivo de nossas ações somos às vezes capazes de discernir, que se dirá das alheias? Da experiência política só lhe resta o gosto amargo na boca, a alegria infame perante o suicídio do amigo acusado de comunista e cuja defesa judicial já não terá de fazer.

A camada seguinte — o segundo círculo do inferno milleriano — é o das relações entre os dois sexos. Se pudéssemos reduzir as várias imagens sugeridas pela peça a uma só, seria talvez a de Dalila aproximando-se amorosamente de Sansão para lhe cortar a cabeleira. A deslealdade feminina começa com a traição materna, ao desamparar o marido na sua hora de maior aflição. Continua com o casal de professores amigos, no qual a mulher conduz o homem, traindo-o ao mesmo tempo, como se fosse uma criança. E culmina com os ataques das duas esposas de Quentin, perseguindo-o com acusações por faltas que ele na sua ingenuidade masculina não chega nem mesmo a perceber bem quais sejam. Não que ele pretenda nos transmitir semelhante impressão: ao contrário, quer apreender, caracterizar a própria culpa, estabelecer com segurança em que momento crucial falhou. Mas a peça organiza-se à volta de seu ponto de vista, retrata as pessoas como ele as enxerga, sendo inevitável que os erros acabem por recair sobre os outros. Ele não se perdoa, busca entender as recriminações que lhe são feitas — e que devem conter alguma verdade já que coincidem em parte — mas o que ressalta sempre são os defeitos alheios em contraste com a sua incomensurável capacidade de compreensão. No duelo que se trava entre o homem e a mulher dentro da literatura moderna, indo desde Strindberg (*O Pai*) até James Thurber (*Is Sex Necessary?*), a contribuição de *Depois da Queda* é pesadamente masculina. Não chamaremos isso de egoísmo, mas de egocentrismo — aquele eterno girar em torno de nós mesmos de que jamais nos poderemos livrar. Quentin quer ser inteiramente sincero consigo e inteiramente objetivo com os outros — duas miragens que costumam atormentar as pessoas autocontemplativas.

A consciência de Quentin é assim o centro unificador dos vários episódios dispersos que constituem a peça: o seu objetivo é a totalidade da experiência intelectual e emocional (mais esta do que aquela) de um homem. O plano político e o sexual articulam-se no pensamento de Quentin através de seu único ponto de intersecção: o sentimento de culpa, comum a ambos. Sentimento de culpa, de resto, de proporções cósmicas, capaz de engolir o mundo, como o bocejo de tédio de Baudelaire. Quentin tem dúvidas quanto à parcela de culpabilidade que lhe cabe, não quanto à culpabilidade em si. Pode desculpar-se nos pormenores, não no que se refere ao sentido geral da sua existência. Sente-se culpado — e isso é o que importa — embora a inteligência não lhe indique precisamente de que maneira. E será este pequeno núcleo individual que lhe permitirá abarcar, em duas extrapolações sucessivas, o universo inteiro. O passo inicial será o englobamento do nazismo, da exterminação dos judeus, tomados como símbolos da violência pela violência. "O suicídio — diz Quentin a Maggie — mata duas pessoas. É essa a sua finalidade". Maggie, suicidando-se, visa punir Quentin, acorrentando-o pela culpa, transformando-o em seu assassino. Mas Quentin, por sua vez, reconhece que apenas dois ou três passos a mais o teriam levado efetivamente até o crime: talvez também ele, de um certo momento em diante, desejasse a destruição de Maggie. O combate de vida e morte (sem figura de retórica: veja-se o desfecho) em que aos poucos se converteu o seu segundo casamento, revelou-lhe tanto nele como nela como substrato insuspeitado de primitivismo, não muito distante da agressividade irracional nazista. As pessoas que construíram os campos de concentração eram homens como ele — e não lhe é mais possível, depois do que ocorreu, rejeitar de coração leve esta sinistra herança humana. Passamos desse modo da primeira extrapolação, imediata e histórica, à segunda, remota e intemporal, graças à mediação do mito religioso. O simbolismo do título aí está para nos reconduzir aos primeiros capítulos da gênese. Mas o episódio que interessa a Quentin — ou a Arthur Miller — é menos o de Adão e Eva que o de Caim e Abel. "Que fizeste do teu irmão?" — é a pergunta que modulada numa variedade de tons, ressoa ininterruptamente na memória de Quentin, microcosmo em que se reflete por assim dizer toda a história da humanidade.

Esta ambição de tudo abranger de uma só vez é, aliás, o que menos nos agrada em *Depois da Queda*. Quando o seu foco está a poucos passos de distância, quando se trata de indivíduos e não de idéias gerais, parece-nos o texto admirável de compreensão e clareza. Colocaríamos nesta categoria tudo que se refere a relações humanas — entre amigos, entre pais e filhos, entre marido e mulher. Já as alusões políticas pecam, a nosso ver, por omissão: seria necessário ou não falar nada ou falar muito mais. Repugna-nos um pouco ver questões tão graves como o nazismo, o "macartismo" e o comunismo encaradas de passagem, como apêndices de problemas individuais. E quando a peça estende o foco até o infinito, pretendendo incluir em seu campo o céu e a terra, Deus e o homem, aí, francamente, perde a nitidez a visão do escritor: ele divaga sem nunca chegar à verdadeira reflexão filosófica ou religiosa.

O que se nota, sobretudo, é o esforço para ser sublime, para escrever a obra-prima definitiva, que não dispensa uma certa dose de solenidade. O correspondente a isto, no texto, é a exaltação e o endeusamento algo constrangedores de Quentin: mãe, irmão, amigos, mulheres, juntam-se para saudá-lo como um ser privilegiado, fadado a feitos excepcionais.

Depois da Queda, como se sabe, tem raízes autobiográficas. Por esse lado, é a habitual sessão de auto-análise pública que os dramaturgos norte-americanos nos têm oferecido, tantas vezes com extraordinária coragem e poder de percepção. Almeja, entretanto, muito mais:

quer, a um só tempo, realizar e transcender a peça psicológica, fugindo das grades do naturalismo, alçando-se quase à condição de apólogo metafísico. Mas, por um paradoxo não incomum em literatura, tanto mais se eleva quanto mais se restringe, isto é, quanto mais se atém aos dados pessoais que lhe deram origem. É uma peça suficientemente rica para oferecer a cada espectador alguma coisa que lhe diga respeito, mas não cremos que haja conseguido unificar, a não ser formalmente, todos os seus múltiplos temas e propósitos.

* * *

Não há muito que dizer sobre o trabalho de Flávio Rangel: a concordância, em contraposição à discordância, é lacônica, não tendo e não sentindo necessidade de justificar-se. O encenador limitou-se a usar com extrema modernidade as armas tradicionais da sua profissão — o delineamento exato das personagens, o emprego sutil do ritmo e da atmosfera — não recorrendo à imaginação a não ser para compreender e explicitar sem didatismos o texto. O que se vem discutindo desde a estréia é Arthur Miller, não Flávio Rangel, sinal de que a sua função de intérprete entre autor e público foi exercida com rara competência e discrição. Os elogios que lhe cabem estão assim disseminados por todo o espetáculo — um dos mais harmoniosos que jamais vimos no teatro nacional. Emoção relembrada na tranqüilidade foi como Wordsworth definiu a poesia. Pois não falta a *Depois da Queda* nem mesmo esta serenidade poética, que transforma o próprio sofrimento, a própria violência, em verdades artísticas.

Elogio semelhante poderia ser feito ao cenário de Flávio Império, um homem de teatro que, sendo arquiteto, pensa sempre espacialmente, preocupando-se não em compor um quadro mas em fornecer um suporte para a ação; e, sendo artista, nunca se contenta com este estágio meramente artesanal, isto é, com a solução dos problemas de ordem prática. É um cenário simples e variado, funcional e abundante de plasticidade, oferecendo aos atores diversas áreas de representação na medida em que se vai desdobrando em novas surpresas para os olhos.

Quentin — ele mesmo o diz — é um espelho que reflete as demais personagens. É pura consciência, pura subjetividade. Assim o interpreta Paulo Autran, como um homem mais de pensamento que de ação, dividido sempre pelo seu agudo senso de autocrítica. Haveria uma difícil questão técnica a resolver — distinguir entre as falas dirigidas às personagens e as endereçadas ao interlocutor imaginário — mas o ator passa com tanta maestria de um registro a outro que nem chegamos a perceber a dificuldade vencida. Num dos extremos do papel está a ânsia de saber toda a verdade sobre a conduta humana, inclusive a sua, o desespero, antes intelectual do que emocional, diante da impossibilidade de traçar fronteiras entre a sinceridade e a simulação. No outro extremo, aponta um sutil senso de humor, uma sombra de ironia — frente a Maggie, por exemplo, que ele trata como criança — que não chega a se impor porque não quer abusar de sua superioridade intelectual. Ele deseja ser mais humano do que os outros, mas, freqüentemente o é menos, porque não se abandona ao fluxo da vida; quer ser mais compreensivo, mas nem sempre consegue esconder um certo cansaço em face da estupidez alheia — será que os outros não compreendem nunca nada?

Maria Della Costa, como Maggie, é, ao contrário, pura animalidade, pura inconsciência — qualidades não intelectuais que atraem poderosamente o intelectual — ou pelo menos essa é a imagem que fabricou para si mesma, o abrigo em que se refugiou. Quentin, em parte por amor, por atração física, em parte por enternecimento, comiseração, decide acordá-la do seu sono letárgico — mas este despertar só poderá significar, para ela, o confronto com as próprias inadequações. Maggie luta por adquirir uma nova personalidade, equilibra-se instavelmente entre a auto-afirmação, que se faz à custa dos outros, e autonegação, que se faz à custa de si mesma, encontrando paz apenas nos tóxicos e no suicídio. Não terá compreendido nada a seu respeito, no entanto, quem não adivinhar por baixo da sua afrontosa vulgaridade não só uma imensa generosidade certamente muito maior que a de Quentin — mas também um núcleo de inteligência e de honestidade pessoal que nunca teve ensejo de se expandir.

Lado a lado, Paulo Autran e Maria Della Costa formam um par perfeito, acompanhando com exemplar maleabilidade as variações do texto. Surpreende-nos não tanto a sinceridade, a emoção autêntica — virtudes que não faltam ao nosso melhor teatro — como o excelente domínio técnico. A cena do parque, em particular, o primeiro encontro entre os dois, não cremos que possa ser feita com mais graça e leveza em qualquer outro país.

Marcia Real, na hierarquia dos desempenhos, viria logo a seguir. Toda a sua maneira de ser, desde o seu perfil até a sua dicção exata e cortante, serve para delinear a personagem: beleza sem feminilidade, inteligência sem agudeza psicológica, correção moral sem tolerância. Thereza Austregesilo — a terceira esposa — cumpre com eficiência a função quase impossível que o texto lhe reservou: não ser quase nada e sugerir quase tudo. Dina Sfat — a moça que abençoa Quentin — é a lembrança agradável e fugidia que deveria ser.

Não há espetáculo em São Paulo, de alguns anos para cá, que de uma maneira ou de outra não deva alguma coisa à Escola de Arte Dramática. A sua contribuição, no presente espetáculo, traduz-se no bom desempenho de três atores coadjuvantes. Ripoli Filho e Juca de Oliveira, desde a estréia, amadureceram extraordinariamente a importante cena que têm em conjunto, definindo com muita nitidez o antagonismo entre os respectivos temperamentos. E Silvio Zilber — o irmão mais velho — passa discretamente pelo drama com a firmeza que lhe é peculiar.

Suzi Arruda e Carlos Garcia (mãe e pai de Quentin) têm os dois desempenhos porventura mais discutíveis: ela, porque Flávio Rangel deu à personagem uma interpretação demasiadamente adversa; ele, devido ao vício, herdado do velho teatro, de não modular a voz, usando-a sempre com o máximo de intensidade. Mas não chegam a destoar.

Depois da Queda tem sido criticada, sobretudo nos Estados Unidos, por trazer à cena personalidades reais, que ninguém terá dificuldade em reconhecer. Não é esse o nosso ponto de vista. "Tout au monde existe pour aboutir à un livre", disse Mallarmé, resumindo numa frase todo o catecismo da arte — pois que se trata na verdade de uma religião. Para o escritor o que há de mais precioso no universo é a sua obra de ficção: ela é, ao mesmo tempo, o seu confessionário e o seu púlpito. Nenhum terreno, portanto, lhe é interdito, desde que não se ponha em dúvida a sua boa-fé. *Depois da Queda* é sem dúvida, como se tem alegado, um *in memoriam* dedicado a Marilyn Monroe. Mas confessamos não ver nada de irrespeitoso em obra tão fundamentalmente dominada pela obsessão da verdade — qualquer que seja o preço que se tenha de pagar para chegar até ela.

(1964)

Décio de Almeida Prado:
A Consciência Teatral
de São Paulo*

Estamos reunidos nesta tarde para reverenciar a memória de um mestre e amigo querido, a quem não foi outorgado em vida o merecido título de Professor Emérito da Universidade de São Paulo. Se o faz agora, a Congregação desta Faculdade repara uma injustiça e inclui o nome de Décio de Almeida Prado entre os seus legítimos pares, ou seja, entre aqueles que nesta Universidade mais se distinguiram em seus campos de trabalho. Dele, o mínimo que se pode dizer é que foi o mais importante crítico teatral do país e o maior estudioso do teatro brasileiro.

O "Prof. Décio", como era respeitosa e carinhosamente chamado pelos professores mais jovens, alunos e funcionários, foi fundamentalmente "um homem de teatro", conforme, aliás, está no título de um livro dedicado a sua vida e obra, publicado em 1997 pela Editora da Universidade de São Paulo (Edusp), para comemorar os seus oitenta anos. Se nos debruçarmos sobre sua longa carreira intelectual, de cerca de seis décadas, vamos encontrá-lo, muito jovem ainda, no final dos anos 30, envolvido com as primeiras tentativas teatrais de Alfredo Mesquita, lançando-se inclusive como ator amador no papel central da peça

---

* Discurso de saudação a Décio de Almeida Prado, lido na sessão em que lhe foi outorgado, em caráter póstumo, o título de Professor Emérito da Universidade de São Paulo. Esse evento foi realizado no dia 29 de novembro de 2001, no Salão Nobre do Prédio da Administração da Faculdade de Filosofia, Letras e Ciências Humanas da USP. Peço ao leitor que releve o aproveitamento que fiz, neste texto, de três ou quatro parágrafos da introdução escrita para o presente volume.

Dona Branca. Nessa mesma época, ligou-se também ao grupo amador do grêmio da Faculdade de Filosofia, que era dirigido pelo francês Georges Raeders, atuando em uma peça.

O interesse e o gosto pelo teatro, que já vinham de antes, por influência do pai, o médico Antonio de Almeida Prado, só aumentou com o passar do tempo. Para isso contribuíram certamente as viagens que fez à França e aos Estados Unidos, em 1939 e 1941, respectivamente, nas quais aproveitou para ver muitos espetáculos de cunho moderno, que ainda não existiam no Brasil.

É preciso lembrar que Décio, nessa altura, fazia parte de um grupo de jovens intelectuais ligados à recém-criada Faculdade de Filosofia, Ciências e Letras, onde estudou e se formou em Filosofia e Ciências Sociais. Esse grupo, que ficou conhecido como "Geração *Clima*", nasceu espontaneamente, no dizer de um dos seus membros, reunindo rapazes e moças que tinham afinidades literárias e políticas, que gostavam de artes e filosofia, e que em determinado momento resolveram criar uma revista para exprimir o seu pensamento. Como a divisão do trabalho obedeceu às inclinações pessoais, ao gosto e ao conhecimento de cada um, a seção fixa de teatro coube a Décio, assim como a de literatura a Antonio Candido, a de cinema a Paulo Emílio Salles Gomes, a de artes plásticas a Lourival Gomes Machado, a de música a Antonio Branco Lefèvre, a de economia e direito a Roberto Pinto Souza e a de ciência a Marcelo Damy de Souza. Outros participantes do grupo, como Ruy Coelho e Gilda de Mello e Souza, colaboraram igualmente na revista *Clima*, que teve dezesseis números e circulou entre 1941 e 1944.

Hoje tudo isso é História. A importância da revista para aqueles jovens cheios de entusiasmo pelo trabalho intelectual foi extraordinária. Quase todos definiram o seu futuro profissional a partir daquela primeira experiência e se tornaram os mestres de mais de uma geração em seus respectivos campos do saber.

No caso de Décio, é curioso lembrar ainda que, fora do Brasil na ocasião, não participou da reunião em que as tarefas foram divididas. Mas ele aceitou de bom grado a incumbência: "prossegui, como colega obediente, no caminho que os meus amigos – amigos do coração, é verdade – haviam escolhido para mim, certamente me conhecendo melhor do que eu mesmo me conhecia", escreveu, muitos anos depois. O que havia sido até então "divertimento artístico, *hobby* intelectual, atividade circunstancial e descompromissada" tornou-se o centro das suas preocupações, definindo para sempre o rumo de sua vida.

É bem provável que nos tempos da revista *Clima* o trabalho de reflexão e crítica não satisfizesse completamente o jovem Décio, que via o nosso teatro como uma espécie de primo pobre das outras artes, tal o seu estado de indigência e de atraso estético. Empreendedor, talvez motivado pelo surgimento de grupos amadores no Rio de Janeiro e em São Paulo, onde Alfredo Mesquita havia criado o Grupo de Teatro Experimental, ele decidiu abraçar também o trabalho prático. Em 1943, juntamente com Lourival Gomes Machado, criou o Grupo Universitário de Teatro, que dirigiu por cinco anos. Vale salientar que o teatro amador, na época, tornou-se um importante instrumento de luta pela modernização teatral, contrapondo-se às companhias profissionais, que faziam um teatro considerado anacrônico pelas gerações mais jovens. Não foram muitos os espetáculos realizados pelo Grupo Universitário de Teatro, mas a boa receptividade que tiveram no meio intelectual projetou ainda mais o nome de seu diretor, que já se tornara conhecido pelos artigos críticos publicados na revista *Clima*.

A dedicação, a seriedade e a competência com que Décio desempenhou a dupla tarefa de escrever sobre teatro e dirigir peças foram percebidas por Júlio de Mesquita Filho, que o convidou, em 1946, para assumir a coluna de crítica teatral do jornal *O Estado de S. Paulo*. Foram 22 anos de trabalho, até 1968, e uma notável produção de textos críticos que registram o dia-a-dia de um dos períodos mais férteis da vida teatral brasileira. Tudo o que aconteceu de relevante mereceu a atenção do crítico, que reuniu uma substanciosa parte desse material em três livros: *Apresentação do Teatro Brasileiro Moderno*, *Teatro em Progresso* e *Exercício Findo*.

As idéias teatrais de Décio formaram-se a partir do diálogo que manteve com o modernismo. Já como crítico na revista *Clima* ou como diretor do Grupo Universitário de Teatro, ele lamentava que o teatro brasileiro estivesse tão atrasado não apenas em relação às conquistas e avanços que vira na França e nos Estados Unidos, mas também em relação às outras artes nacionais, como a poesia, o romance, a música, a pintura, a escultura, que se renovaram em seguida à Semana de Arte Moderna de 1922. Era preciso levar ao teatro o mesmo espírito renovador, atualizá-lo em termos estéticos, modificá-lo tanto no terreno da dramaturgia quanto do espetáculo. Tomar essa posição, que contrariava os interesses dos atores já consagrados e de suas companhias teatrais, foi um ato de coragem de Décio, que não transigiu jamais com o mau gosto no palco, com o espetáculo comercial, com a baixa literatura dramática ou com o velho histrionismo. Como crítico, principalmente nos primeiros anos, ele esteve o tempo todo ao lado dos artistas jovens, dos grupos teatrais que abraçaram a causa da modernidade teatral, como o Teatro Brasileiro de Comédia, criado em 1948 pelo empresário Franco Zampari.

Na luta contra o "velho teatro" — o teatro baseado no vedetismo, sem diretor, sem respeito ao texto dramático, sem cenários, figurinos e iluminação adequados — Décio foi uma liderança inconteste. E embora tivesse muita consciência de que exprimia um ponto de vista pessoal ao escrever sobre uma determinada peça, sabia também que suas idéias em relação ao teatro moderno eram partilhadas por muitos. Daí ter afirmado, certa vez, que "a crítica não existe autonomamente, no vazio: tomada na sua totalidade, não passa de expressão de um grupo incomparavelmente maior, que inclui encenadores e intérpretes, cenógrafos e autores, todos que formam a consciência teatral da cidade".

Os três livros de crítica de Décio demonstram cabalmente o papel que ele desempenhou entre 1946 e 1968: o de formador da consciência teatral da cidade de São Paulo. Por meio de textos escritos com clareza, sensibilidade, argumentos sólidos e inteligência, ele modernizou a crítica e estabeleceu um diálogo produtivo com autores dramáticos, encenadores, artistas e leitores comuns — o público em potencial —, oferecendo a todos um ponto de vista, uma idéia, um julgamento, um caminho, enfim, para avaliar e melhorar o teatro que então se fazia. Para se ter uma idéia ainda melhor do significado dessa obra crítica, eis como um dos seus colegas na época, Miroel Silveira, a julgou:

> Antes de Décio, a crítica teatral no Brasil tinha até um sentido anedótico. A gente que é da imprensa sabe. Quando na redação chegava um convite para uma estréia, a pergunta era aquela: Quem tem *smoking*? Isso porque as estréias se davam sempre no Teatro Municipal. Com o Décio, isso tomou uma feição completamente diferente. Pela primeira vez surgiu um fundamento estético, um fundamento filosófico, um fundamento histórico, um fundamento sociológico na crítica brasileira.

A importância dos três livros de crítica de Décio já seria grande se nos dessem a conhecer apenas o pensamento crítico do autor ou um período da história recente do teatro brasileiro. Mas há algo mais em suas páginas: elas nos ensinam que o exercício da crítica pode ser uma atividade superior, se feito com o devido senso ético. Machado de Assis já apontava, no século XIX, as qualidades que o crítico devia ter: ciência e consciência, sinceridade, coerência, independência, imparcialidade, tolerância, moderação e urbanidade na expressão e perseverança. No nosso tempo, foi Décio quem realizou esse "ideal do crítico", conquistando o respeito e a admiração de toda a classe teatral.

Trabalhador incansável, o nosso homenageado desenvolveu uma série de outras atividades, no mesmo período em que foi crítico teatral. Por mais de dez anos, entre 1956 e 1967, dirigiu o "Suplemento Literário" d'*O Estado de S. Paulo*, sempre lembrado como modelo de jornalismo cultural, espaço onde começaram muitos intelectuais que hoje são luminares em suas áreas de atuação. Nesses anos Décio foi várias vezes Presidente da Comissão Estadual de Teatro e Presidente da Associação Paulista de Críticos Teatrais e conciliou todas as tarefas que tinha pela frente com o magistério. Foi professor de Filosofia em alguns colégios de São Paulo e professor de História do Teatro na Escola de Arte Dramática, de 1948 a 1963.

Foi com toda essa bagagem que Décio ingressou finalmente na Universidade de São Paulo, em 1966, como professor de História do Teatro Brasileiro, junto à área de Literatura Brasileira do Curso de

Letras da Faculdade de Filosofia, Letras e Ciências Humanas. Pode-se dizer que começa aí uma nova fase de sua vida profissional. As exigências da Universidade eram outras, não exatamente incompatíveis com a militância jornalística, mas de natureza diversa. E o crítico teatral que havia se dedicado com tanto empenho a compreender e explicar o teatro brasileiro de seu tempo, voltou os olhos para o passado, para pesquisar e estudar o que ainda não se conhecia muito bem. Assim, ao escolher o assunto da tese de doutoramento que devia escrever, a trajetória artística de João Caetano, nosso maior ator do século XIX, Décio não ignorava as dificuldades que teria pela frente. Seria preciso mergulhar nas seções de obras raras das nossas bibliotecas, localizar peças de importância secundária, que João Caetano pôs em cena, contrapor as informações disparatadas e buscar a versão dos fatos mais próxima da verdade, para compor um todo coerente. O resultado desse trabalho foi uma tese aprovada com distinção e louvor, publicada em livro com o título *João Caetano* e que é, hoje, um clássico da nossa historiografia teatral. Ao reconstituir a trajetória do famoso ator, de sua atuação como empresário dramático e do repertório de tragédias neoclássicas, melodramas e dramas românticos que o projetou no cenário nacional, o livro elucida todo o processo formativo do teatro brasileiro, no romantismo, alargando substancialmente o conhecimento que se tinha do assunto até então.

Era possível, porém, ir mais fundo na pesquisa sobre João Caetano. Como o ator havia escrito dois manuais sobre a arte de representar, Décio resolveu estudá-los em sua tese de livre-docência, defendida em 1979. Também transformada em livro, com o título *João Caetano e a Arte do Ator*, a tese investiga profundamente as fontes francesas dos manuais e uma curiosa contradição: o ator que se tornou célebre pelos rompantes e exageros típicos do romantismo apregoava uma interpretação equilibrada, natural, vigiada sempre pela razão, como queria o pensamento neoclássico.

As pesquisas sobre o passado teatral brasileiro fizeram nascer ensaios primorosos, como os dedicados à peça *Leonor de Mendonça*, de Gonçalves Dias, e à peça *O Demônio Familiar*, de José de Alencar. Ambos foram incluídos no livro *Teatro de Anchieta a Alencar*. O título já aponta o mergulho no passado mais remoto, nas origens do nosso teatro, apreendidas em estudos que dão conta dos tempos coloniais e das atividades mais constantes, a partir de 1808, com a chegada de D. João VI e da corte portuguesa ao Rio de Janeiro. Para dar seqüência aos temas e autores já abordados, Décio escreveu mais um livro, *O Drama Romântico Brasileiro*, centrado na dramaturgia do período. Se nos lembrarmos de que também a comédia brasileira do século XIX, em todas as suas formas, foi analisada no longo ensaio "A Comédia Brasileira (1860-1908)", incluído no livro *Seres, Coisas, Lugares: Do Teatro ao Futebol*, concluiremos que a reunião de todos os textos escritos sobre o passado teatral brasileiro formam uma verdadeira história, que o próprio autor tratou de sintetizar em seu último livro: *História Concisa do Teatro Brasileiro: 1570-1908*.

O que desejo salientar é que esse conjunto de obras até aqui mencionadas nasceu das atividades de Décio como professor universitário. Ao contrário dos textos jornalísticos, escritos sob a impressão momentânea do espetáculo, o ensaio acadêmico nasce devagar, fruto de leituras demoradas, muita pesquisa e reflexão. Quase sempre, esse trabalho preliminar é apresentado aos alunos, em sala de aula, em cursos que se estendem por um semestre. No caso de Décio, é preciso ressaltar que a seriedade universitária não se sobrepôs jamais à leveza e elegância de estilo, características que trouxe da prática jornalística. A metodologia de análise textual, os postulados teóricos e a erudição são incorporados com naturalidade em seus ensaios e jamais são motivo para exercícios de contorcionismo no plano da expressão.

A extensa obra crítica de Décio apresenta ainda muitos outros títulos. Deixando de lado os artigos publicados em revistas e obras coletivas, vale destacar o brilhante ensaio dedicado ao ator Procópio Ferreira, publicado separadamente e depois incluído no livro *Peças, Pessoas, Personagens*, que traz também uma emocionada evocação de Cacilda Becker e, finalmente, o ensaio historiográfico *O Teatro Brasileiro Moderno*. Nesse livro, aproveitando-se do fato de ter acompanhado toda a evolução do nosso teatro entre 1930 e 1980, o autor realiza uma síntese interpretativa em que as análises e reflexões aparecem filtradas pelas suas experiências concretas de espectador. Quer dizer, o livro não resulta apenas de leituras e pesquisas, mas fundamentalmente de lembranças, vivências, configurando-se portanto como um autêntico testemunho sobre cinqüenta anos da história teatral brasileira.

Vista em conjunto, a obra crítica de Décio impressiona pelo volume e pela qualidade. Hoje ela é, seguramente, o ponto de partida de todos que queiram estudar o teatro brasileiro, tamanha a sua abrangência. Que a maior parte dela tenha nascido das atividades de docência e pesquisa na Universidade de São Paulo é motivo de orgulho e satisfação para os que foram seus colegas e alunos. Confesso que foi um privilégio assistir às suas aulas na graduação e pós-graduação, conviver com ele como orientando e aprendiz e mais tarde como amigo.

Se evoquei aqui o grande intelectual que foi Décio de Almeida Prado, até para demonstrar que foi professor emérito antes desta cerimônia, que apenas ratifica o que todos já sabíamos, não posso deixar de me referir também às suas qualidades humanas, que foram muitas. No livro *Décio de Almeida Prado: Um Homem de Teatro*, há vários depoimentos de pessoas que privaram de sua amizade, de ex-alunos, artistas e intelectuais com quem ele manteve algum tipo de contato. Em todos há sempre um momento em que a memória flagra um gesto de solidariedade ou uma atitude generosa, em que o relato realça a integridade moral, a sinceridade, o senso de justiça, a serenidade, a coragem de tomar posições e defender princípios, tudo conformando um caráter superior.

Em nosso convívio de mais ou menos duas décadas, pude apreciar de perto todas essas qualidades de Décio e algumas outras. Por sorte, ele não foi, para mim, apenas o professor e pesquisador, o intelectual mais completo e preparado para me orientar nos estudos teatrais. Se conservei essa imagem dele, ligada aos primeiros tempos de minha vida profissional, a mais forte em minha memória é outra: a do amigo que me conquistou com seu bom humor e inteligência, com seu jeito sereno e calmo, com sua generosidade e com sua deliciosa prosa.

No início desta saudação, disse que Décio foi fundamentalmente um homem de teatro. Permitam-me, pois, encerrar à maneira da comédia latina, pedindo aplausos não à modesta performance deste que vos fala, mas à grande personalidade que inspirou as suas palavras.

João Roberto Faria

Índice Onomástico

ABBOTT, Bud, 215
ABOIM, Aurora, 184
ABRAMO, Lélia, 154, 204, 215, 238, 258, 293
ABREU, Osvaldo de, 52
ABUJAMRA, Antônio, 203, 204, 224, 225, 226, 265, 266, 281
ADAMOV, Arthur, 211-213
ALBANI, Elza, 52, 54
ALBERTINI, Sérgio, 106, 150
ALBUQUERQUE, Elísio de, 128, 150
ALBUQUERQUE, Ivan de, 183, 184
ALCÂNTARA MACHADO, Antônio de, 256
ALEGRIA, Ciro, 287
ALVES, Ivanilde, 155, 206
ALEXANDRE, Sérgio, 139
ANDERSON, Robert, 47, 48
ANDRADE, Jorge, 45, 107-109, 174, 221-223, 256-258, 289, 291, 292
ANDRADE, Mário de, 194
ANOUILH, Jean, 161
AN-SKI, Sch, 259-261

ANTÔNIO CONSELHEIRO, 291
ANTUNES FILHO, 76, 84, 102, 138, 139, 185, 187, 189, 190, 225, 237, 238, 292, 293
ARAP, Fauzi, 219, 225, 281
ARAPUÃ, 195
ARAÚJO, Paulo, 19
ARCO E FLEXA, Jairo, 219
ARRUDA, Suzy, 79, 99, 115, 300
ASSIS, Francisco de, 207, 209, 213
AUBRY, Peggy, 255
AUGUSTO, João, 19
AUSTREGESILO, Thereza, 248, 299
AUTRAN, Paulo, 36, 38, 83, 143, 145, 162, 168, 298, 299
AZEVEDO, Artur, 155, 192
AZEVEDO, Celia, 255
AZEVEDO, Dionísio de, 232
AXELROD, George, 167-169

BAKER, Carrol, 253
BALABANIAN, Aracy, 258, 293
BALLERONI, Fernando, 252
BALZAC, Honoré de, 67, 292

Band, Silvio, 262
Bandeira, Manuel, 5, 57
Barbosa, Alvim, 155, 206
Barbosa, Rui, 30
Barcelos, Luis Eugênio, 10
Bardot, Brigitte, 158
Barra, Mario, 169
Barrault, Jean-Louis, 21, 23
Barros, Walderez de, 269
Barroso, Maurício, 151
Basaglia, Flora, 181
Batista, Edson, 184
Batista, Xandó, 233
Baudelaire, Charles, 78, 296
Becker, Cacilda, 5, 6, 22, 83, 117, 118, 148, 149, 193, 203, 204, 214, 215, 239, 240, 287, 288
Beckett, Samuel, 7-9, 11, 160-162, 280, 281
Behan, Brendan, 158
Bell, Renée, 162, 255
Belmonte, 190
Bentley, Eric, 230
Bethencourt, João, 39, 41
Biar, Célia, 14, 195
Bittencourt, Amélia, 201
Bittencourt, Marcelo, 201
Bloch, Pedro, 34, 35
Bloy, León, 43
Boal, Augusto, 84, 207, 208, 210, 224, 225, 227, 228
Bogus, Armando, 32, 44, 102
Bojano, Irene de, 102
Bollini, Flamínio, 32, 83, 98, 99, 154
Bonomi, Maria, 162, 190, 233, 237
Bonucci, Alberto, 27
Booth, Edwin, 117
Borba Filho, Hermilo, 28, 29, 44, 45, 267-269
Borges, Jorge Luis, 123
Borges, Vania Veloso, 19
Borghi, Renato, 248
Brahms, Johannes, 242

Brancati, Vitaliano, 128
Brandão, Carminha, 245, 246
Brando, Marlon, 48
Brasil, Cesar, 181
Brecht, Bertolt, 40, 96-99, 131, 152-155, 187, 189, 190, 204, 208, 209, 224-228, 237, 240-242, 263-266
Britto, Sérgio, 14, 65, 87, 109, 245, 246
Brown, Renée, 125
Bruckner, Ferdinand, 205, 206
Bruno, Eleonor, 255
Bruno, Nicette, 125
Bruzzi, Iris, 272
Buazzelli, Tino, 94

Cabral, Sady, 41, 61, 98, 115, 122, 158, 248
Callado, Antônio, 124, 134, 135
Calvo, Aldo, 24, 38
Camargo, Maria Célia, 139, 212, 238
Campos, Rubens, 278
Campos, Sebastião, 122, 195, 252
Camus, Albert, 91, 161
Cantinflas, 127
Capriolli, Vittorio, 27
Cardoso, Laura, 139
Cardoso, Margarida, 181
Cardoso, Osmano, 57
Cardoso, Sérgio, 21-23, 24, 26, 38, 46, 47, 75, 76, 79, 81, 83, 84, 240
Carlitos, 127, 269
Carlos, Manoel, 85
Carneiro, Cecília, 139, 150, 266
Carneiro, Milton, 272
Carone, Felipe, 32, 44, 102, 139, 190
Carrero, Tônia, 37, 83, 142, 145, 146
Carvalho, Maria José, 109
Casarés, Maria, 71, 73, 237
Castro, Fidel, 187

ÍNDICE ONOMÁSTICO

Castro, Ilema de, 32, 122, 201, 212, 252
Cataldo, Luis, 128
Cattan, Benjamim, 32, 99, 115
Cavalcanti, Claudio, 272
Celi, Adolfo, 22, 24, 36, 38, 83, 142, 145, 146, 158, 169
Celia Helena, 181, 219, 225, 248
Cerqueira Leite, Ana Maria, 278
Cervantes, Miguel de, 243-245
Chagas, Walmor, 6, 41, 83, 118, 193, 215, 239, 240, 269, 287, 288
Chaia, Jorge, 150, 174
Chaumette, Monique, 71, 73
Chesterton, G. K., 290
Chevalier, Maurice, 165
Cipkus, Boris, 262
Clair, René, 170, 215
Claudel, Paul, 108
Cleos, Rita, 57
Cole, Harry, 3
Conklin, Chester, 19
Connelly, Marc, 44
Cooper, Gary, 135, 164
Copeau, Jacques, 66
Corinaldi, Emanuel, 10, 25, 48, 79
Corneille, Pierre, 72, 73, 236
Corrêa, Guilherme, 26, 49, 79
Corrêa, José Celso Martinez, 219, 247-250
Correa, Paulo, 99
Correa, Rubens, 184
Corrêa, Sônia, 3
Corrêa e Castro, Cláudio, 246
Corsi, Benedito, 150, 240
Cortez, Raul, 65, 177, 181, 238, 293
Costa, Cilo, 255
Costa, Jaime, 57, 232
Costa, Túlio, 32, 85, 99, 120, 139
Costelo, Lou, 215
Cozac, Homero, 155
Coward, Noel, 175
Cunha, Alzira, 150, 193

Cunha, Euclides da, 289, 291
Cuoco, Francisco, 246

Daniel, Ronaldo, 181, 225, 248
Dantas, Francisco, 255
D'Aversa, Alberto, 65, 88, 109, 154, 206
Da Vinci, Leonardo, 135
Dean, James, 48, 63, 157
De Ceresa, Ferruccio, 52, 54
Defoe, Daniel, 42
Delacy, Moná, 145, 162
Delaney, Shellagh, 158
Della Costa, Maria, 32, 83, 99, 122, 252, 299
Del Nero, Cyro, 172, 202, 206, 213
De Lucca, Ricardo, 266
De Lullo, Giorgio, 52, 54
Descartes, René, 161
Dessau, Paul, 226
Dias Gomes, Alfredo, 170, 171
Dias, Lineu, 269
Dias, Maria Helena, 14, 65, 139
Di Biasi, Emílio, 266, 281
Dickens, Charles, 212, 292
Dickinson, Emily, 149
Dilnah, Maria, 41
Dostoievski, Feodor, 89-92, 292
Drummond de Andrade, Carlos, 50, 258
Duarte, Lima, 210
Duarte, Nelson, 49
Ducis, Jean-François, 38
Dumas, Alexandre, 70
Dumas Filho, Alexandre, 27, 28
Duval, Dorinha, 57
Durrenmatt, Friedrich, 239-242

Eccio, Egídio, 65, 87, 195
Eldridge, Florence, 117
Engels, Friedrich, 228
Escobar, Ruth, 206
Ésquilo, 260

FABBRI, Diego, 89-91
FARC, Abrahão, 278
FALCO, Rubens de, 177, 181, 258
FELIPE, Oscar, 14, 65, 109
FERNANDES, Ivy, 145
FERNANDES, Millôr, 194, 195
FERNEX, Niky de, 54
FERRAZ, Geraldo, 62, 99
FERREIRA LEITE, 210
FERREIRA MAIA, 288
FERREIRA, Procópio, 57, 255
FERRERO, Mario, 52
FERSEN, Alessandro, 94
FEYDEAU, Georges, 251, 252
FISCHER JR., Jorge, 25, 48
FITZGERALD, Barry, 184
FITZGERALD, Scott, 149
FOMM, Joana, 278
FRANCINI, Mauro, 6, 15, 88, 102, 109
FRANCIS, Paulo, 125
FRATELLINI, Irmãos, 161
FRAZER, Etty, 145, 219, 225
FREIRE, Marina, 79
FREIRE, Napoleão Muniz, 20
FREGOLENTE, A., 14
FREUD, Sigmund, 1, 2, 294
FRINGS, Ketti, 249
FRÓES, Leopoldo, 56, 57
FRY, Christopher, 40, 108
FURTADO, Raimundo, 3

GALVÃO, Lafayette, 269
GANZAROLLI, Antonio, 99
GARCIA, Carlos, 300
GARCIA LORCA, Federico, 234-238
GARCIA, Stênio, 173, 201, 269, 293
GARRIDO, Alda, 28, 33, 34, 181
GASPER, Elizabeth, 272
GAUTIER, Théophile, 70
GAZZO, Michael Vincente, 84, 85
GERMANO FILHO, 19, 184
GERSHWIN, George, 132
GERTEL, Vera, 210
GHIGONETO, Antonio, 266

GIDE, André, 23
GIELGUD, John, 21
GILL, Glaucio, 272
GILLON, Jean, 240, 288
GIOVANPRIETO, Renzo, 95
GIRAUDOUX, Jean, 40, 72, 108
GISCHIA, Leon, 73
GLEYZER, Elias, 139, 212, 252
GOETHE, Johann Wolfgang Von, 242
GÓGOL, Nikolai Vassilievitch, 211-213
GOLDONI, Carlo, 50, 52, 94, 95
GOLOMBEK, Rafael, 262
GOMES, Carlos, 21
GONÇALVES, Dercy, 27-29, 80, 126-128, 165
GONÇALVES, Milton, 210
GONZALES, Serafim, 32
GOODRICH, Frances, 55
GRAÇA MELO, 261-262
GRECO, Irina, 102
GREGORY, Luciano, 252
GROCK, 165
GROSZ, George, 205
GUARNIERI, Annamaria, 52, 54
GUARNIERI, Gianfrancesco, 61, 84, 121, 124, 129, 130, 132, 133, 197-202, 207, 212, 276-278
GUIMARÃES FERREIRA, Virginia, 272
GUIMARÃES, Joaquim, 99
GUNTHER, Wolfram, 225

HACKETT, Albert, 55
HALEVY, Ludovic, 60
HATHEYER, Paul, 190
HAUSER, Arnold, 292
HELLMAN, Lilian, 146, 147
HENREID, Elizabeth, 41, 65, 87, 151
HENRIQUE CESAR, 210
HETENYL, Clara, 6, 15
HITLER, Adolf, 264, 266
HOMERO, 153, 154
HOPKINS, Miriam, 147

Hugo, Victor, 67, 69, 70, 74, 236, 239

Ibsen, Henrik, 199, 230
Império, Flávio, 249, 278, 298
Ionesco, Eugène, 113-115, 162, 281

Jacobbi, Ruggero, 28, 29
Jardel Filho, 32, 139, 158
Jarre, Maurice, 71
Jarry, Alfred, 104, 105, 230
João Caetano, 38
Jorge, Fuad, 219
José Renato, 61, 62, 76, 84
Jouvet, Louis, 68
Jusi, Leo, 271

Kafka, Franz, 7, 8, 161, 240, 241
Kaye, Danny, 2
Kean, Edmund, 144
Kingsley, Sidney, 137, 138
Kleeman, Freddi, 6, 41, 83, 118, 193, 215, 240, 269
Koestler, Arthur, 91
Kosmo, Wanda, 49, 79
Kroeber, Carlos, 162, 169
Kubitschek, Juscelino, 217
Kusnet, Eugênio, 14, 98, 219, 240

Labanca, Angelo, 246
Labiche, Eugène, 169
La Fontaine, Jean de, 262
La Marr, Barbara, 63
Lara, Odete, 32
Laurelli, Laercio, 143, 201, 212
Lawrence, D. H., 149
Lefèvre, Rodrigo, 249
Leite, Lindberg, 28
Lemaitre, Frederick, 144
Lemmertz, Lilian, 269, 288
Le Sage, Alain René, 93
Lima, Althair, 238
Lima, Celeste, 122
Lima, Luís de, 115

Linhares, Luís, 6, 212
Lira, Carlos, 213
Lisboa, Dina, 109, 150, 177, 190, 238, 258
Lobo, Janice, 268
Lopes, Edmundo, 32, 155, 240
Loureiro Filho, Oswaldo, 143, 158, 162
Lousada, Oswaldo, 99, 122
Loyola, Mauricio, 255
Luiz Tito, 32

Macedo, Kleber, 118, 193, 269, 288
Macedo, Joaquim Manoel de, 61
Maciel, Luis Carlos, 161
Magnier, Claude, 214, 215
Machado de Assis, Joaquim Maria, 42, 54, 283
Machado, Maria Clara, 17, 18, 20
Magalhães Graça, 3
Magalhães, Jurema, 99, 115
Maia, Irênio, 62
Maio, Aldo de, 65, 85
Mallarmé, Stéphane, 300
Mamberti, Cláudio, 269
Mamberti, Sérgio, 266, 281
Mandel, José, 262
Maranzana, Mario, 54
Marceau, Marcel, 58, 59
Marcos, Plínio, 269
Marchesini, Italia, 54
Marchesini, Nino, 54
Marcabru, Pierre, 226
Maria Fernanda, 158
Marinho, Luiz, 273, 274
Marivaux, Pierre de, 51, 67, 73, 74, 85
Marlowe, Christopher, 225
Martins, Altamiro, 174
Martins, Francisco, 106, 219
Martins Pena, Luís Carlos, 10, 243, 244, 246
Marx, Irmãos, 228
Marx, Karl, 110, 218, 228

MATEUS, Geraldo, 10, 143
MATOS, Emílio, 19
MATTO, Angelo Del, 210
MAURIAC, François, 175
MAURO, Renata, 54
MC CREA, Joel, 147
MEDEIROS, Anísio, 183
MEHLER, Miriam, 115, 190
MEILHAC, Henri, 61
MEIRA, Tarcísio, 196
MELLINGER, Esther, 293
MENDES, Jurandir, 26
MENDES, Murilo, 43
MENDONÇA, Mauro, 15, 65, 190
MENEZES, Glória, 190
MENEZES, Jussara, 65
MESQUITA, Alfredo, 10, 11, 46, 105, 106
MIELZINER, Jo, 233
MIGLIACCIO, Flavio, 62, 201, 207
MIGUEL, Líbero, 26
MILLER, ARTHUR, 87, 88, 107, 137, 186-190, 219, 229-231, 294, 295, 297, 298
MINAZZOLI, Christiane, 73
MIRANDA, Carmem, 268
MIRANDA, Marcos, 184
MIZIARA, José, 26
MOLIÈRE, 42, 43, 67, 68, 199, 243-246
MOLNAR, Ferenc, 10
MONROE, Marilyn, 272, 300
MONTEIRO, José Maria, 128
MONTENEGRO, Fernanda, 65, 84, 87, 109, 245, 246
MORAVIA, Alberto, 91
MORAES, Milton, 15, 85, 124, 125
MORAIS, Dulcina de, 57, 255
MORAIS, Ruthinéa, 122
MORELL, Diana, 115
MORINEAU, Henriette, 247, 248, 255
MORRONE, Laerte, 238
MOULINOT, Jean-Paul, 71
MOURA NETO, 139
MURGEL, Carmen Silvia, 18

MURTINHO, Kalma, 18, 20
MURTINHO, Rosamaria, 32, 65

NABUCO, Ana Maria, 79
NABUCO, Mauricio, 85, 173
NAVARRO, Olga, 288
NEGRI, Suzana, 145, 162
NERI, Nina, 162
NERY, Gilda, 206
NILDE MARIA, 238
NYDIA LÍCIA, 25, 46, 48, 79, 83, 158
NIMITZ, Riva, 61, 210, 238
NOIRET, Phillippe, 71
NUNES, Alceu, 10, 79, 196

OBERON, Merle, 147
ODETS, Clifford, 216-219, 248
OFFENBACH, Jacques, 61
OITICICA, Wanda, 3
OLIVEIRA, Antero de, 278
OLIVEIRA, Diná de, 275
OLIVEIRA, Haroldo, 125
OLIVEIRA, Juca de, 201, 212, 232, 278, 299
OLIVEIRA, Waldemar de, 274, 275
O'NEILL, Eugene, 107, 108, 116-118, 137, 149, 258
O'NEILL JR., Eugene, 119
O'NEILL, James, 116, 117
ORTOF, Silvia, 6
ORWELL, George, 91, 264
OSBORNE, John, 156-159
OSCARITO, 28, 269

PACHECO, Diogo, 109, 237
PAGANO SOBRINHO, 57
PALMA, Dalia, 177, 181
PARENTE, Nilo, 184
PARKER, Dorothy, 294
PASCAL, Blaise, 111, 161
PATRICK, John, 12-14
PEIXOTO, Hélio, 138, 240
PENNAFORT, Onestaldo de, 38
PENTEADO, Darcy, 109
PERA, Manoel, 128

Pereira de Almeida, Abílio, 30-32, 63-65, 80-82, 100, 102, 191-193, 254
Perez, Assunta, 206, 269
Pessoa, Fernando, 142
Pessoa, Helena, 116
Petit, Michel, 73
Petti, Odavlas, 106, 150, 206
Petrolini, Ettore, 165
Piccini, Luiz, 162
Pinheiro, Chaby, 215
Pinheiro, Floramy, 181, 249, 269
Pinheiro, Gustavo, 26, 49
Pinho, Zéluiz, 26, 196
Pinter, Harold, 280, 281
Pirandello, Luigi, 81, 140-143
Pixérécourt, Guilbert de, 70
Pizzi, Pier Luigi, 51, 52
Planchon, Roger, 203, 224-227, 237
Poe, Edgar Allan, 112, 149, 205
Polidoro, Gianni, 54
Polloni, Sandro, 122
Pompeo, João José, 278
Pongetti, Henrique, 128, 253, 254
Priestley, J. B., 135
Proust, Marcel, 64
Pushkin, Alexandre, 225

Quadros Malta, Mári, 262
Quadros Malta, Maria, 262
Quaresma, Helio, 135
Queiroz, Geraldo, 151

Racine, Jean de, 70, 72, 73
Ramos, Péricles Eugênio da Silva, 22, 23
Rangel, Flávio, 84, 122, 132, 172-174, 202, 212, 225, 233, 298, 300
Rasputin, 181
Ratto, Gianni, 83, 155, 181, 245, 246
Ravel, Maurice, 235
Real, Marcia, 299

Rego, José Lins do, 258
Reis, Cordula, 44
Reis, Darcy, 28
Reis, Mario, 268
Remi, Jean-François, 71
Restier, Renato, 293
Reston, Thelma, 184
Rey, Margarida, 38, 83, 143, 145, 146, 169
Rezende, Edy, 19
Ribeiro, Isabel, 278
Ribeiro, Milton, 44
Ribeiro, Solano, 210
Ricci, Renzo, 143
Richardson, Tony, 158
Rinaldi, Tina, 252
Ripoli Filho, Líbero, 26, 299
Rocha, Aurimar, 125
Rocha, Glauce, 266
Rocha, Sylvio, 258
Rodrigues, Nelson, 75-78, 102, 179-181
Rodrigues, Nely, 57
Romains, Jules, 283
Roosevelt, Franklin D., 217
Rosa, Noel, 33
Rosa, Sérgio, 61
Rossi, Ítalo, 14, 87, 245, 246
Rossi, Sidnea, 99
Roth, Mirian, 272
Roulien, Raul, 56, 57
Roussin, André, 126
Rubinstein, Arthur, 111
Russel, Bertrand, 263

Sagan, Françoise, 158
Salce, Luciano, 83, 150, 151, 287
Sampaio, Jacyra, 174, 190
Sandes, Hugo, 255
Santos Dumont, Alberto, 33
Saroyan, William, 280
Sartre, Jean-Paul, 7, 161, 188, 232
Schiller, Friedrich, 4, 5
Serber, José, 139, 262
Sfat, Dina, 278, 299

Shaw, George Bernard, 225, 290
Shaffer, Peter, 175-177
Shakespeare, William, 21, 23, 24, 25, 37, 38, 42, 141, 153, 225, 238, 246
Silva, Carmem, 258
Silva Filho, 181
Silveira Sampaio, 1-3, 60, 61
Simão, Elias, 155
Simon, Neil, 270, 271
Simonetti, Enrico, 15
Soares, Jô, 215
Sobrino, Carlos, 155
Sófocles, 22, 63, 141, 260
Sorano, Daniel, 68, 71, 73
Souza, Jackson de, 41
Souza, Paulo José de, 277
Souza, Ruth de, 293
Squarzina, Luigi, 91
Strindberg, Augusto, 158, 296
Stuart, Adriano, 252
Suassuna, Ariano, 42-45, 209
Suhr, Eduardo, 23, 24
Suarez, Laura, 255
Surian, Léa, 190, 258
Synge, J. M., 182-184

Tchékhov, Anton, 177, 218
Teixeira, Cândida, 150
Tereza, Isabel, 85
Thurber, James, 296
Thurret, Jean, 174
Timberg, Nathália, 14, 65, 87, 148, 149, 151, 173, 201
Tojeiro, Gastão, 267-269
Tolstoi, Leon, 153, 231

Vadeco, 138
Vakhtangov, 261
Valeri, Franca, 27
Valeri, Valeria, 94
Valli, Romulo, 52, 54
Van Druten, John, 176, 271
Van Fleet, Jo, 247
Vaneau, Marie Claire, 252, 258

Vaneau, Maurice, 12, 14, 15, 39, 41, 83, 252, 258
Vasconcelos, José, 163-166
Verlaine, Paul, 108
Viana Filho, Oduvaldo, 61, 207
Vicente, Gil, 42-44
Vieira, Ivonete, 266
Vilar, Jean, 21, 24, 66-68, 70, 71, 73, 76, 174
Vilar, Leonardo, 6, 86, 87, 109, 151, 173, 201, 232
Vinicius, Marcos, 139, 190
Voltaire, 60, 154

Waddington, Eduardo, 10, 87
Wagner, Felipe, 36, 85, 206
Weill, Kurt, 226
Wellington, Alec, 6
Wesker, Arnold, 203
Westwater, Norman, 125, 293
Wilches, Ruthinea, 106
Wilde, Oscar, 116, 242
Wilder, Thornton, 137
Williams, Tennessee, 39, 102, 137, 148-150, 177, 205, 253, 284-288
Wilson, Georges, 71, 73
Wolfe, Thomas, 248-249
Wordsworth, William, 298

Xavier, Nelson, 210

Yáconis, Cleyde, 6, 83, 173, 201, 212, 231, 232, 237, 238, 258, 293

Zampari, Franco, 12, 65, 86, 271
Zara, Carlos, 25, 48, 49, 79
Zeloni, Otello, 257, 258
Zemel, Berta, 25, 154, 196, 238
Ziembinski, Z., 5, 6, 14, 41, 75, 76, 79, 83, 117, 118, 175-178, 180, 181
Zilber, Silvio, 258, 299
Zola, Émile, 292

A PERSPECTIVA DE DÉCIO DE ALMEIDA PRADO

A Personagem de Ficção (D01)
Exercício Findo (D199)
O Teatro Brasileiro Moderno (D211)
Teatro de Alencar a Anchieta (D261)
O Drama Romântico Brasileiro (D273)
João Caetano (E11)
Apresentação do Teatro Brasileiro Moderno (E172)